本书是国家社会科学基金重大项目"张载学术文献集成与理学研究"（2010-2017年）的结项成果之一

丛书主编/袁祖社

观念会通与理论创新 丛书

林乐昌 主编

思想·著作·影响

张载理学论集

中国社会科学出版社

图书在版编目(CIP)数据

张载理学论集:思想·著作·影响/林乐昌主编.
—北京:中国社会科学出版社,2019.12
ISBN 978-7-5203-5555-1

Ⅰ.①张… Ⅱ.①林… Ⅲ.①张载(1020—1077)
—理学—思想评论—文集 Ⅳ.①B244.45-53

中国版本图书馆 CIP 数据核字(2019)第 248208 号

出 版 人	赵剑英
责任编辑	朱华彬
责任校对	张爱华
责任印制	张雪娇
出 版	中国社会科学出版社
社 址	北京鼓楼西大街甲 158 号
邮 编	100720
网 址	http://www.csspw.cn
发 行 部	010-84083685
门 市 部	010-84029450
经 销	新华书店及其他书店
印刷装订	北京市十月印刷有限公司
版 次	2019 年 12 月第 1 版
印 次	2019 年 12 月第 1 次印刷
开 本	710×1000 1/16
印 张	21.25
插 页	2
字 数	336 千字
定 价	118.00 元

凡购买中国社会科学出版社图书,如有质量问题请与本社营销中心联系调换
电话:010-84083683
版权所有 侵权必究

"观念会通与理论创新丛书"编委会

主　编　袁祖社

副主编　许　宁　石碧球

编委会　刘学智　林乐昌　丁为祥　寇东亮
　　　　宋宽锋　戴　晖　庄振华

总　　序

哲学发展史的历程表明，任何最为抽象的哲学观念、哲学理论的提出，在归根结底的意义上，都有其深厚的人类生存与生活的根基，都是对于某种现实问题的回应、诠释和批判性反思。马克思指出："任何真正的哲学，都是自己时代的精神上的精华，……哲学不仅在内部通过自己的内容，而且在外部通过自己的表现，同自己时代的现实世界接触并相互作用。……各种外部表现证明，哲学正在获得这样的意义，哲学正变成文化的活的灵魂。"[①] 马克思的上述论断深刻地表明，任何一个富有时代气息和旺盛的生命力哲学，都担负着时代赋予它的使命，都必须回答时代提出的最根本问题，都必须密切关注、思考和回答现实中提出的重大问题。

置身"百年未有之大变局"，当此人类文明转型的新的历史时期，当代世界正在发生广泛而深刻的变革，当今中国也正在经历更为全面、更为深层次的社会转型。面对愈益复杂的历史变迁格局，如何运用哲学思维把握和引领这个大变革、大转型时代，是重要的时代课题。

本套丛书的选题，从论域来看，涵盖了中国哲学、西方哲学、马克思主义哲学、伦理学、科技哲学等多个学科。本套丛书的作者，均是陕西师范大学哲学系一线教学科研人员，多年来专心致力于相关理论的研究，具有深厚的哲学理论素养和扎实的学术功底。

本套丛书的鲜明特点，概括起来，主要有以下四个方面：

1. 倡导中西马的辩证融通与对话。丛书编辑的主题思想，在于倡导

---

① ［德］马克思：《〈科隆日报〉第179号的社论（1842年）》，载《马克思恩格斯全集》第1卷，人民出版社1995年版，第220页。

中国哲学、西方哲学、马克思主义哲学在哲学观上的会通。随着经济全球化，哲学在精神领域从过去的各守门户、独持己见而开始走向融通、对话与和解。不容否认，中国传统哲学、西方哲学、马克思主义哲学在理解世界、认识人类发展命运上都独具自己的认识和思考。中国传统哲学、西方哲学和马克思主义哲学是横向层面的哲学形态，它们之间不是简单的相加和并列关系，而是一种"互补互用"的互动关系。中国传统哲学的整体性思维，对理解世界与科学的复杂现象提供了具有中国文化精神特质的历史思维渊源；西方哲学则从个体性、多样性，多角度地阐释科学人本内涵的复杂性和深刻性；马克思主义哲学基于"全部社会生活在本质上是实践的"的科学论断，以"问题在于改变世界"的姿态，深入而全面地阐述了人及其实践与世界关系的理论，努力推动哲学由传统向现代形态的转变。随着中国现代化步伐的加快，中国哲学界的主体意识的觉醒，迫切需要通过中西哲学的对话，以及现代与传统中国思想之间的融通，找到一条适合当代中国哲学未来发展的路径，探寻哲学创新的突破口。

2. 返本与开新并重基础上的创新努力。在研究方法上，本套丛书的作者们严格遵循"立本经"、求"本义"宗旨，力戒空疏的抽象诠释，务求"实事求是"的学风和求真、求实的治学精神，从而在新的时代和语义环境中实现返本开新意义上的当代哲学创新。创新是一个艰深的理论难题，其目的在于以新理念、新视角、新范式、新理解、新体会或新解释等形式出现的对时代精神的高度提炼和精准把握。无疑，思想、时代与社会现实是内在地统一在一起的。换言之，只有切入时代的思想，从问题意识、问答逻辑、问题表征和问题域等方面展开对问题范式内涵的分析，才能真正把握社会现实的真谛。同时，也只有反映社会现实的思想，才能真正切入时代。"问题范式"内含于"哲学范式"中之中，以问题导向展现研究者的致思路径，通过对时代问题的总结归纳，实现从不同视角表达哲学范式及范式转换的主旨。本套丛书分属不同的哲学研究领域，涉及不同的思想主题，但其共同的特点在于，所有的作者要么是基于对于特定问题研究中一种约定俗成的观念的质疑，要么是致力于核心理念、研究范式的纠偏和，要么强调思维逻辑的变革与创新。

3. 敏锐的问题意识与强烈的现实关切情怀境界中的使命担当。对哲学和现实关系问题的不同回答，实质上是不同时期的哲学家各自立场和世界观的真实反映。基于现实问题的基础理论探讨，本套丛书着眼于现实问题的多维度哲学反思，致力于文明转型新时期人类生存与生活现实的深刻的哲学理论思考与精到诠释，力求在慎思明辨中国实现以问题为导向的对"具体"现实问题的理论自觉。中西哲学史的演进史表明，一种具有深刻创见的哲学理论和观念的出场，都是通过回答时代提出的问题，客观地正视现实、理解现实、推动现实，务求真正把哲学创新落到实处。在这方面，马克思主义经典作家堪称典范。马克思所实现的哲学观变革，所确立的新的哲学观，是对社会现实进行无情批判的"批判哲学"，变革了以往哲学的思维范式，提升了人类哲学思维的境界，开辟了关注现实个体之生活世界的"生活哲学"；关注现实人的生存境遇与发展命运的"人的哲学"；改变现存世界的"实践哲学"；不断修正和完善自己理论的与时俱进的哲学；善于自我批判和自我超越的开放哲学。

4. "辨章学术，考镜源流"的治学规范与学术理性坚守。"辨章学术，考镜源流"出自《校雠通义序》："校雠之义，盖自刘向父子部次条别，将以辨章学术，考镜源流。非深明于道术精微、群言得失之故者，不足语此。"在中西文化交流中，梁启超有感于"中体西用论"和"西学中源论"的争辩，用于变革传统的"学术"概念，梁启超指出："吾国向以学术二字相连属为一名辞（《礼记》乡饮酒义云：'古之学术道者。'《庄子·天下篇》云：'天下之治方术者多矣'。又云：'古之所谓道术者，果恶乎在？'凡此所谓术者即学也。惟《汉书·震光传》赞称光不学无术，学与术对举始此。近世泰西学问大盛，学者始将学与术之分野，厘然画出，各勤厥职以前民用。试语其概要，则学也者，观察事物而发明其真理者也；术也者，取所发明之真理而致诸用者也。例如以石投水则沉，投以木则浮，观察此事实，以证明水之有浮力，此物理也。应用此真理以驾驶船舶，则航海术也。"① 论及"学"与"术"之间的关系，梁启超指出："学者术之体，术者学之用，二者如辅车相依而不可离。学

---

① 《梁启超全集》第四册，北京出版社1999版，第2351页。

而不足以应用于术者，无益之学也；术而不以科学上之真理为基础者，欺世误人之术也。"[1] 梁启超既不赞同一味考据帖括学，皓首穷经，而不能为治世所用的做法，同时也反对那种离学论术，模仿照抄他人经验的学舌之术。

袁祖社　谨识
2019 年 12 月

---

[1]《梁启超全集》第四册，北京出版社 1999 版，第 2351 页。

目 录

上编　张载理学思想研究

论《中庸》对张载理学建构的特别影响 …………………… 林乐昌 / 3
论张载理学对道家思想资源的借鉴和融通
　　——以天道论为中心 …………………………………… 林乐昌 / 25
张载"心统性情"说的基本意涵和历史定位
　　——在张载工夫论演变背景下的考察 ………………… 林乐昌 / 43
张载性命论的新架构及学术价值 …………………………… 林乐昌 / 55
"为生民立命"
　　——张载命运论的新解读 ……………………………… 林乐昌 / 68
宋明理学对自然秩序与道德价值的思考
　　——以张载为中心 ……………………………………… 丁为祥 / 75
从理学不同的反佛侧重到研究理学之不同进路
　　——以张载、罗钦顺为例 ……………………………… 丁为祥 / 96
论张载的"天人合一"思想及其特色 ……………………… 林乐昌 / 114
"以礼为教"：张载教育哲学主题论 ………………………… 林乐昌 / 120

中编　张载理学著作研究

通行本《张载集》整理方法得失论
　　——兼拟《张载集》订补方案 ………………………… 林乐昌 / 137

张载为什么著《正蒙》？
　　——《正蒙》一书之主体发生学考察 …………… 丁为祥 / 153
从"以经解经"到"以意逆志"
　　——张载经典诠释的原则及其意义 …………… 丁为祥 / 168
张载《正蒙》"太和所谓道"章疏解 …………… 邸利平 / 185
张载《西铭》纲要新诠 ………………………… 林乐昌 / 200
《西铭》现代诠释的三个面向
　　——以冯友兰、张岱年、蒙培元为中心 ……… 许　宁 / 210

下编　张载理学影响研究

从"太虚"到"天理"
　　——简论关、洛学旨的承继与转进 …………… 丁为祥 / 223
论程颐对张载心性思想之继承和发展 …………… 张金兰 / 246
论朱熹的《西铭》诠释模式
　　——以"理一分殊"为标志 …………………… 林乐昌 / 258
马理实学思想发微 ……………………………… 许　宁 / 274
张载关学要旨及其现代诠释 ……………………… 许　宁 / 283

参考文献 ………………………………………………… 319

后　记 …………………………………………………… 329

上编　张载理学思想研究

论《中庸》对张载理学建构的特别影响

林乐昌[*]

一 前 言

《宋史·张载传》称,张载之学所依托的儒家经典资源包括《易》《庸》《论》《孟》四种[①]。今人钱穆则进一步将其集中于《易》《庸》两种。钱穆说,与周敦颐类似,"横渠著书亦多本《易》《庸》,独二程更多引孔孟"[②]。本文认为,虽然《易》《庸》对张载理学思想发展的影响都很大,但相比之下,《中庸》所发挥的影响尤显特别。这里所谓《中庸》的"特别影响"具体指:范仲淹授《中庸》,是张载走上学术道路的起点;此后,《中庸》对张载理学思想的发展产生了持续的和多方面的影响,尤其对张载理学纲领的确立和理学体系的建构,其影响更加深刻。在理学史上,《中庸》如此持续、多方面而又深刻地影响了一位理学家思想的发展,是比较罕见的学术现象。作为专题讨论的尝试,本文拟着重从以下三个方面入手:《中庸》对张载理学思想产生了哪些特别影响;《中庸》为张载理学纲领的确立提供了直接证据;《中庸》是张载建构理学体系所依据的关键文本。

二 《中庸》对张载理学思想产生了哪些特别影响?

《中庸》对张载理学思想的特别影响,主要表现为其影响是持续的、

---

[*] 林乐昌:陕西师范大学哲学与政府管理学院哲学系教授、博士生导师。
[①] (元)脱脱等:《宋史》卷427《道学一》,聂崇岐等点校,中华书局1985年版,第36册,第12724页。
[②] 钱穆:《宋代理学三书随札》,生活·读书·新知三联书店2002年版,第138、150、211页。

多方面的、深刻的。

首先,《中庸》对张载理学思想的影响是持续的。据吕大临撰写的《横渠先生行状》(以下简称《行状》)记载,时任陕西招讨副使兼知延州的范仲淹对原本"喜谈兵"的青年张载"劝读《中庸》"之后,扭转了其人生方向,走上了学术道路。《行状》还说,张载读《中庸》,"虽爱之,犹未以为足也,于是又访诸释老之书,累年尽究其说,知无所得,反而求之六经"[①]。这种表述容易给人造成一种印象,似乎《中庸》对张载思想的影响仅限于其早年。实际上,的确有学者就是这样认为的[②]。本文主张,《中庸》对张载理学思想发展的影响并不限于早年,而是持续至他学术生涯的各个时期。当然,这需要对《中庸》影响张载思想发展的时间范围进行考察。

《中庸》影响张载思想发展的时间范围,与张载思想的阶段性演变有关。对于张载的思想演变,研究者历来仅依据吕大临《行状》和《宋史·张载传》的寥寥数语,将其划分为从"受《中庸》而读之"到"访诸释老之书",再到"反求之六经"的两次转折。其实,这两次转折都属于张载早期学术活动的范围,无法全面展现张载思想的阶段性演变脉络。有必要把张载从21岁至58岁辞世前近四十年的学术历程划分为三个时期:早期、中期和晚期,并大体确定每一时期的界限和特征[③]。

张载之学的早期,时间跨度大约二十年。这是他奠定学术基础的时期。这一时期以范仲淹"劝读《中庸》"为起点,张载时年21岁[④]。《行状》称,张载读《中庸》后,"犹未以为足也,于是又访诸释老之书,累

[①] (宋)吕大临:《横渠先生行状》,《张载集·附录》,章锡琛点校,中华书局1978年版,第381页。

[②] 杜维明说:"张载早年对《中庸》的潜心研究对他的思想发展产生了深刻的影响。"[美]杜维明:《论儒学的宗教性——对〈中庸〉的现代诠释》,段德智译,武汉大学出版社1999年版,第153页。

[③] 关于张载理学思想演进的三个阶段,请详见林乐昌《张载哲学化的经学思想体系》,载姜广辉主编《中国经学思想史》第3卷,中国社会科学出版社2010年版,第525—528页。

[④] 张载上书谒范仲淹的年龄,《横渠先生行状》记作"当康定用兵时,年十八",《宋史·张载传》则记作21岁。按,"康定"系仁宗年号,从1040年至1041年,使用不足两年。张载生于1020年,至1040年21岁。当从《宋史》所记。

年尽究其说"①。这里"累年尽究其说"的"累年"是多少年？朱熹在述及张载这段治学经历时说："夫子（指张载——引者注）早从范文正公受《中庸》之书，中岁出入于老、佛诸家之说，左右采获，十有余年。"②张载从21岁出入老、佛诸家之说"十有馀年"之后，应当30岁出头。张载总结自己读书经历说："唯六经则须着循环，能使昼夜不息，理会得六七年，则自无可得看。"③张载30多岁从佛老之学"反而求之六经"，用"六七年"之功对"六经"作过一番研究，初步奠定了学术基础，年龄应当在三十七八岁。我们不妨取张载年龄的整数，视其思想的早期阶段结束于他40岁时。

张载之学的中期，亦即其思想形成期，大约从张载40岁至50岁的十年间。40岁以前的大约二十年，是张载学术成长的早期阶段，其思想在探索中趋于形成；40岁至50岁是张载学术成长的中期阶段，其思想在形成中趋于成熟。

张载之学的晚期，大约从张载50岁至去世前的八年间。张载认为，成学自有其规律，"学者不可谓少年，自缓便是四十五十"（《经学理窟·学大原上》，第280页）。在思想初入成熟期时，张载曾回顾自己的成学经历说："某学来三十年，自来作文字说义理无限，其有是者皆只是亿则屡中。""比岁方似入至其中，知其中是美是善，不肯复出，天下之议论莫能易此。"（《经学理窟·自道》，第288页）"比岁"，意即近年。"入至其中"，可以理解为张载的学术已登堂入室。以范仲淹劝读《中庸》作为张载向学的开始，"某学来三十年"，刚好步入50岁。据此，可以把张载50岁作为其思想步入成熟期的开始。

在张载的学术生涯中，曾经对自己研读《中庸》的经验作过两次总结。

---

① （宋）吕大临：《横渠先生行状》，《张载集·附录》，章锡琛点校，中华书局1978年版，第381页。

② （宋）朱熹：《楚辞集注·楚辞后语》卷6《鞠歌第五十一》，朱杰人、严佐之、刘永翔主编《朱子全书》，上海古籍出版社、安徽教育出版社2002年版，第19册，第308页。

③ （宋）张载：《经学理窟·义理》，《张载集》，章锡琛点校，中华书局1978年版，第278页。按：本书以下凡引《张载集》，均随文夹注。

第一次总结。张载说："某观《中庸》义二十年，每观每有义，已长得一格。"（《经学理窟·义理》，第277页）张载读《中庸》始自21岁，经过二十年，已届41岁。此时，张载的思想已脱离其早期，并转入中期。此外，张载读《中庸》的历史，还有一个从不自觉到自觉的转变。而这一转变，与张载对道学（理学）的自信有关。史载，仁宗嘉祐初（1056年），张载与二程京师论学，仨人"共语道学之要"，张载遂"焕然自信曰：'吾道自足，何事旁求！'乃尽弃异学，淳如也"①。自此开始，张载便从儒学与佛、老之学的游移中摆脱出来，明确了学术方向，"专以圣人之言为学"（《经学理窟·自道》，第289页）②。如果说张载最初读《中庸》是范仲淹劝导的结果，是被动的、不自觉的，那么，从嘉祐初年开始，张载对包括《中庸》在内的儒家经典的研读，便越来越自觉了。

第二次总结。张载说，读《中庸》"须句句理会，使其言自相发明"（《经学理窟·学大原下》，第284页）。朱熹曾赞叹张载的这一总结："真读书之要法。"③ 若没有长期研读《中庸》的经验，断无可能提炼出这一"要法"。由于第二次总结发生的确切时间已难断定，因而需要思考一个问题：《中庸》对张载的晚年思想是否也产生过影响？对此，笔者的回答是肯定的。

其次，《中庸》对张载理学思想的影响是多方面的。通过对张载多种著作的分析得知，其理学思想在许多方面都受到《中庸》的影响。这些著作，既包括形成于较早时期的《经学理窟》《张子语录》及佚著《礼记说》④ 等，也包括于辞世前一年手订的《正蒙》。例如，以上所述张载两次总结自己研读《中庸》的经验，都被记载于《经学理窟》一书当中。《中庸》对《经学理窟》的影响，于此可见一斑。以下主要依据《礼记

---

① （宋）吕大临：《横渠先生行状》，《张载集·附录》，章锡琛点校，中华书局1978年版，第381—382页。

② 按："专以圣人之言为学"，通行本《张载集》误作"专与圣人之言为学"。此据南宋《诸儒鸣道》所收《经学理窟》改。

③ （宋）朱熹：《四书或问·中庸或问上》，朱杰人、严佐之、刘永翔主编《朱子全书》，黄坤点校，上海古籍出版社·安徽教育出版社2002年版，第6册，第549页。

④ 张载佚著《礼记说》辑本，（宋）张载：《张子全书》卷14《补遗一》，林乐昌编校，西北大学出版社2015年版。

说》辑本与《正蒙》这两种著作及其关系,从两方面揭示,《中庸》对张载理学的影响不仅是多方面的,而且这种影响一直持续至张载晚年。

一是从《礼记说》及其与《正蒙》的关系看《中庸》对张载理学的多方面影响。《中庸》是《礼记》的第31篇。《礼记说》是张载解说《礼记》的著作。据笔者推断,《礼记说》当形成于《正蒙》之前的某个时期①。《礼记说》之《中庸第三十一》,解说了《中庸》三十三章中的十七章,共得四十三条②。这些解说的内容包括:论太虚,论天道,论鬼神,论性命,论"时中之义甚大",论"学愈博则义愈精微",论"知德以大中为极",论"君子之道",论"德胜其气",论"气之性本虚而神",论"以心求道",论"性通极于无,气其一物耳",论"气质之性"与"天地之性",论"自诚明"与"自明诚",论"学者须是穷理为先",论"性者万物之一源",论"立必俱立,知必周知,爱必兼爱",论"大心体物",论"致曲不二",论"今且只将尊德性而道问学为心",论"小德"与"大德",论"仁智合一"等。从这些内容看,《中庸》的影响确实涵括了张载理学思想的多个层次和多个方面。值得注意的是,《中庸》虽言"性"但未言"心",而张载的解说却多次论及"心"。例如,张载既论及"以心求道",又论及"大心体物"③。显然,"心"并非《中庸》文本所固有,而属于张载对《中庸》义理的创新性发挥。这与张载特意为《中庸》首章前三句的概念序列补入"心"这一概念的思路,是一致的。张载解说《中庸》四十三条当中的相当一部分,后来被选用于其晚年著作《正蒙》,包括《太和》《诚明》《中正》《至当》诸篇。例如,张载解说《中庸》首章的"《太和》四句",被选用于《太和篇》;有关"性者万物之一源","立必俱立,知必周知,爱必兼爱","大心体物"等

---

① 《礼记说》成书的具体时间,已不可考。但有一点可以断定,除《正蒙》之外的所有著作,包括《礼记说》,皆成书于《正蒙》之前。这一推断的根据是,张载辞世的前一年将《正蒙》手稿交付弟子时说,"此书予历年致思之所得";还说,此书"乃集所立言"而成。参见(宋)吕大临:《横渠先生行状》,《张载集·附录》,第384页。据此可知,《正蒙》在一定程度上选用了此前诸多著作中仍然被张载认可的论述。

② (宋)张载:《张子全书》卷14《补遗一·礼记说》,林乐昌编校,西北大学出版社2015年版,第384—392页。

③ 同上书,第389、390页。

论述,则被选用于《诚明篇》。这些,都确凿地证明了《中庸》对张载理学的影响是一直持续到其晚年的。

二是直接从《正蒙》看《中庸》对张载理学的多方面影响。除上述《礼记说》对《中庸》的部分解说被张载选用于《正蒙》之外,从《正蒙》的部分篇章中还能直接看到《中庸》的影响。例如,对于著名的"天人合一"命题,张载有两条关键性的表述,是依据《中庸》二十一章"自诚明""自明诚"的学说,分别在《正蒙》一书的《乾称篇》和《诚明篇》中提出的。又如,《正蒙》一书对《中庸》义理阐发最集中的是《诚明篇》。作为该篇篇名的"诚明",原本就是《中庸》的关键概念。在《正蒙·诚明篇》中,张载依据《中庸》的思想资源,阐发了"诚明所知""德性之知"以及"事天诚身"等诸多重要命题。这些内容,无疑使《中庸》持续影响张载学术生涯各个时期的证据更加具有说服力。

最后,《中庸》对张载理学思想的影响是深刻的。张载理学思想的形成和发展,基于他所做的两项重要工作:一是理学纲领的确立,这由《中庸》提供了直接证据;二是理学体系的建构,这也是以《中庸》为关键文本的。这两项工作同时构成了张载理学研究的两项重大议题,是《中庸》深刻影响张载理学思想的集中表现。这两大议题将分别在本文第三部分和第四部分展开讨论。

三 《中庸》为张载理学纲领的确立提供了直接证据

在《正蒙·太和篇》中,张载提出了著名的四句话:"由太虚,有天之名;由气化,有道之名;合虚与气,有性之名;合性与知觉,有心之名。"(《正蒙·太和篇》,第9页)可以把这四句话简称作"《太和》四句"。朱熹高度评价"《太和》四句"说:"'由太虚,有天之名'至'有心之名',横渠如此议论,极精密。"[①]"《太和》四句"是张载对自己理学"天""道""性""心"四大概念的界定,构成了其理学的"天道"

[①] (宋)黎靖德编:《朱子语类》卷60《孟子十·尽心上》,王星贤点校,中华书局1986年版,第1432页。

理论和"心性"理论。在此意义上，可以把"《太和》四句"视作张载的"理学纲领"。

何谓张载理学纲领？学者中存在不同解释。早在20世纪60年代末，在论及《正蒙·太和篇》第一章，亦即"太和所谓道"这一章时，牟宗三说："此为《太和篇》之首段，大体是根据《易传》重新消化而成者。其所重新消化而成者，是以'太和'为首出，以'太和'规定道。'太和'即至和。太和而能创生宇宙之秩序即谓为'道'。""此是《太和篇》之总纲领，亦是《正蒙》着于存在而思参造化之总纲领。"① 牟氏强调，《正蒙·太和篇》第一章不仅是该篇的"总纲领"，而且也是《正蒙》的"总纲领"。牟氏概括的张载理学"总纲领"有两个特点：一是认为，张载以"太和"规定道，把"道"这个单一概念归结为"总纲领"；二是认为，"总纲领"是以《易传》作为其经典依据的。牟氏可能意识到，仅把体现客观原则的"道"视作张载理学的总纲领，难以反映张载理学的完整内容，尤其难以说明"主客观之真实统一"②。因而，他又引用张载《正蒙·诚明篇》"心能尽性，人能弘道也；性不知检其心，非道弘人也"，认为"此是'心能尽性'之总纲"③。这可以视作牟氏对"太和之道"这一"总纲领"的补缀。

一种思想或学说的纲领，应当具有框架特征的表达样式，需要以概念组合或语词组合的面目出现，用以揭示特定思想体系的整体内容或局部内容的宗旨。此外，儒学纲领或总纲领还应当以经典资源作为其依据。牟宗三所谓"总纲领"，所依据的经典是《易传》。其"总纲领"仅以"道"这个单一概念为支撑，缺乏整全的框架结构形式；而"《太和》四句"则以"天""道""性""心"四大概念为支撑，具备"纲领"的框架结构形式。相比之下，"《太和》四句"的纲领特征更加突出。任何一种学说中的纲领性论述，远比其一般性论述来得重要，对二者不可等量齐观，应当格外倚重其纲领性论述。

---

① 牟宗三：《性体与性体》，正中书局（台北）1996年版，第1册，第437页。
② 同上书，第533页。
③ 同上书，第532—533页。

多年前，笔者曾提出以"《太和》四句"作为张载的理学纲领①，但当时尚缺乏能够支持这一判断的文献依据。随着张载理学新文献的发现及整理，使问题得到了解决。北京中华书局版《张载集》外佚著《礼记说》辑本，是张载理学新文献之一。依据《礼记说·中庸第三十一》发现，"《太和》四句"原来是对《中庸》首章前三句的解说②。后来，朱熹注意到《中庸》首章前三句与"《太和》四句"之间的关系。他指出："'由太虚，有天之名'；'合虚与气，有性之名'。'天命之谓性'管此两句"。"'由气化，有道之名'。'率性之谓道'管此一句。""'合性与知觉，有心之名'。此又是'天命谓性'，此正管此一句。"③朱熹的这些分析，印证了张载"《太和》四句"与《中庸》首章前三句之间是具有对应关系的。在理学家中，无论诠释儒家经典，还是解读前辈学说，朱熹都表现出很强的"纲领"意识或"大纲"意识。在诠释"四书""五经"时，他总是首先分述各书、各经之"纲领"④。朱熹认为，"读书先须看大纲"，如《中庸》首章前三句，便是"大纲"⑤。在朱熹那里，把张载对"《中庸》纲领"解说所形成的"《太和》四句"当作其理学纲领，可以说已呼之欲出。在此基础上，经过以上的论证，今天我们直接提出这一判断，就完全顺理成章了。作为解说《中庸》纲领的张载理学新文献《礼记说》，既还原了"《太和》四句"的语境，又提供了具有关键意义的文献资料，使"《太和》四句"作为张载理学纲领的性质和地位得到确证。同时，"《太和》四句"中所涉及的"天""道""性""心"四大概念排列有序，界定清晰，具备整全的框架结构形式，能够充分展现张载

---

① 林乐昌：《张载两层结构的宇宙论哲学探微》，《中国哲学史》2008年第4期，第86页；《论张载理学对道家思想资源的借鉴和融通——以天道论为中心》，《哲学研究》2013年第2期，第38页。

② （宋）张载：《张子全书》卷14《礼记说·中庸第三十一》，林乐昌编校，西北大学出版社2015年版，第384页。

③ （宋）黎靖德编：《朱子语类》卷60《孟子十·尽心上》，王星贤点校，中华书局1986年版，第1431页。

④ （宋）黎靖德编：《朱子语类》卷14、19、62、65至卷67、78、80、83、84，王星贤点校，中华书局1986年版。

⑤ （宋）黎靖德编：《朱子语类》卷62《中庸一·纲领》，王星贤点校，中华书局1986年版，第1480页。

天人之学体系的特征。与牟宗三仅以"道"这个单一概念为支撑的"总纲领"相比,"《太和》四句"作为张载理学纲领的优势更加明显。

"《太和》四句"作为张载的理学纲领,对"《中庸》纲领"既有传承,也有创新。诠释"《太和》四句"的理学纲领意义,一是应当抉发其内在整合特征;二是应当辨析其学术思想宗旨。

第一,抉发"《太和》四句"的内在整合特征。中国古代思维方式以整合为主,以分解为辅。张载的思维方式亦然。"《太和》四句"界定的"天""道""性""心"四大概念,代表了天地间的四种存在。这四种存在之间的关系,或贯通,或感应,或同构,或联结。因此,不能把这四个概念切割开来,孤立地加以解释。

1."由太虚,有天之名"。对于《中庸》首章前三句"天命之谓性,率性之谓道,修道之谓教",古今学者多看重其中的"性""道""教"三个概念序列。而张载却特意把《中庸》首章第一句第一个字"天"纳入其概念序列,并置于首位,将《中庸》由"性""道""教"三个概念组成的序列,改造为由"天""道""性""心"四个概念组成的序列。后来,朱熹解读《中庸》首章前三句说:"此先明'性''道''教'之所以名,以其本皆出乎'天'。"[1] 这与张载的思路若合符节。张载以道家"太虚"概念释"天",是为了纠正秦汉以来儒者"知人而不知天"的"大蔽"[2],重建儒家"天"观。句中的"由"字,是介词,有"因""以""用"等义,其引申义为依据、凭借。在此句中,当以"借用"释"由"字[3]。在张载看来,秦汉以来儒者把原本形而上的超越之"天"有形化、实然化、经验化了;而道家的"太虚"概念则具有无限性、超验性、非实然性等优点,因而有必要借用道家的"太虚"概念以改造被汉儒实然化和经验化了的"苍苍之天",从而使"天"重返超越和神圣的本

---

[1] (宋)朱熹:《四书或问·中庸或问》,载朱杰人、严佐之、刘永翔主编《朱子全书》,黄坤点校,上海古籍出版社、安徽教育出版社2002年版,第6册,第46页。
[2] (元)脱脱等:《宋史》卷427《道学一》,聂崇岐等点校,中华书局1985年版,第36册,第12724页。
[3] 王夫之曾以"借用"释"由"字。参见(清)王夫之《读四书大全说》卷2《中庸》,上册,中华书局1975年版,第69页。

体地位①。

2."由气化,有道之名"。此"由"字与上句一样,也是借用的意思。古今不少学者都把这句话中"道"的意涵归结为"气"或"气化"。张载对"道"的界定,借助了阴阳家和道家的气或气化。借用气化的主体是谁?当然是上句的"天"。《中庸》第二十章曰"诚者,天之道",认为"道"是归属于"天"的。《正蒙》第三篇的篇名为"天道",也正是此意。认为"天"高于"道",这是儒家天、道关系理论的传统②。朱熹解释此句说,"道""虽杂气化,而实不离乎太虚"③。可见,"道"既不可单独归结为"气"或"气化",也不可单独归结为"天"或"太虚",它是"太虚"与"气"的统一体④。就张载的"天道"概念看,它具有一本(以天或太虚为本)、两层(宇宙本体论和宇宙生成论两个层次)、三合(天或太虚与阴气、阳气三者整合)的特征。

3."合虚与气,有性之名"。此句中的"合"字,是整合的意思。张载说:"性其总,合两也。"(《正蒙·诚明篇》,第22页)"合两"之"两",指"虚"与"气"两者;其"合",也是整合的意思。《中庸》首章第一句"天命之谓性",揭示了"性"源于"天",但并未解释何者谓"性"。在儒学史上,张载第一次对"性"的意涵加以界定,认为"性"是由本体之"天"或"虚"与现实之"气"整合而成的。在张载那里,"道"与"性"是同构的,都由"天"或"虚"与"气"所构成。这正是张载特别强调"性与天道合一""性即天道"(《正蒙·诚明篇》《正蒙·乾称篇》,第20、63页)的主要理由。值得注意的是,"太虚即气"这一命题其实说的正是"《太和》四句"中"道""性"这

---

① 张载为何以道家"太虚"释"天",如何诠释"天"或"太虚"的意涵?请参见林乐昌《论张载理学对道家思想资源的借鉴和融通——以天道论为中心》,《哲学研究》2013年第2期,第38—40页。

② 李泽厚认为:"儒道两家的差异在一定意义和范围内表现在'天''道'这两个范畴的高低上。"在道家,"'道'高于'天';儒家则相反,'天'高于'道'"。参见李泽厚《荀易庸纪要》,载李泽厚《中国古代思想史论》,人民出版社1985年版,第131页。

③ (宋)黎靖德编:《朱子语类》卷60《孟子十·尽心上》,王星贤点校,中华书局1986年版,第1430页。

④ 张岱年:《中国古典哲学概念范畴要论》,中国社会科学出版社1987年版,第60页。

两个概念①。"太虚即气",与此处所说"合虚与气",及他处所说"太虚不能无气"(《正蒙·太和篇》,第7页),其意涵是一致的,都指太虚与气这两种不同的宇宙力量在现实世界中是联结整合为一体的。尽管"道"与"性"是同构的,但二者在宇宙生成过程中的作用则各有侧重:"道"主要作为宇宙万物运行的动力,展现宇宙万物的变化过程及其秩序;而"性"则主要作为宇宙万物生成的根源,赋予宇宙万物不同的秉性或本质。"太虚即气"的"即"字义,可以与张载话语系统中的"感""合"等互证互释。"即"与"感""合",都是说"道""性"内部存在虚、气相互感应、联结与整合的机制。关于"感",是"同异、有无相感"(《正蒙·动物篇》,第19页)的"感",意为感应或感通,指特定主体对异质的他者发挥关联整合作用。关于"合",亦即"合虚与气有性之名"的"合"。张载论"合"的原则,指"合异"或"非有异则无合"(《正蒙·乾称篇》,第63页)。这意味着,相"合"的二者是异质的,而不是同质的;否则,"合虚与气"便不过是同语反复,毫无学理意义。在张载看来,"感即合也"(《正蒙·乾称篇》,第63页)。因而,"感"与"合"的意涵又是相通的。

4."合性与知觉,有心之名"。由于"《中庸》纲领"并未言及"心",而张载却在其概念序列中特意补入"心",并加以界定。这是传承中的创新。此句中的"合"仍是整合的意思;"知觉"指人的意识活动及其能力。但张载并非仅以知觉为心,而是认为知觉与性整合在一起才构成心。应当说,张载对心的规定是相当独特的。也正是在这里,表现出了与后来朱熹等人的看法有所不同。朱熹认为:"横渠之言大率有未莹处。有心则自有知觉,又何'合性与知觉'之有!"②张载所谓"心",指主体以"性"为宇宙生成论根据的认知结构及其能力,强调宇宙生生之德在转化为人性之后,能够对"知觉"活动发挥制约和范导作用。他对"心"的这种规定,凸显了"知觉"的德性根据,使心作为道德主体

---

① 《正蒙·太和篇》第9章于"太虚即气"之下,张载紧接着说:"故圣人语性与天道之极。"可见,"太虚即气"的基本意涵指向的正是"性"与"天道"。

② (宋)黎靖德编:《朱子语类》卷60《孟子十·尽心上》,王星贤点校,中华书局1986年版,第1432页。

的地位得以确立，同时也使学者对道德修养功夫的要求更加自觉和紧迫。从道德实践的层面看，张载肯定心的能动作用，认为"心能尽其性"，而"性不知检其心"（《正蒙·诚明篇》，第22页）。正是他一再强调的"心"的能动作用，激活了人体悟"天"这一宇宙最高存在的心灵活动，从而为他所明确提出的"天人合一"境界的实现提供了可能性。

由上述可知，"天""道""性""心"四大概念之间的确具有上下贯通和内在整合的特征。而且在这四大概念序列中，"天"被张载置于概念序列的首位，视作最高概念，而并未将"气"视作可与"天""道""性"相提并论的基本概念。因此，"气"仅仅是"天""道""性""心"四大概念序列之外的辅助性概念，不宜将其拔高为张载天道论的首要概念。把"气"视作张载哲学体系中的本体概念或最高概念，无法从张载的理学纲领或其他理论学说中获得支持。正是张载从"天"到"心"的概念排序及其意涵界定，才使其理学系统内部主观原则与客观原则的统一成为可能。需要特别说明的是，在张载的"天""道""性""心"四大概念序列中，除了"天"作为"至一"①的本体是无结构的，其他"道""性""心"三个概念都有其内在结构。其中，"道"与"性"都是由太虚与气整合而成的②，因而是同构的。"道""性""心"这三个概念的结构化③，既是张载理学概念的突出特征，也是对《中庸》纲领的理论创新。

第二，辨析"《太和》四句"的学术思想宗旨。关于"《太和》四句"学术思想宗旨的解释，历来争议很大。大陆学术界主流的解释是，把包括"《太和》四句"在内的张载学术思想宗旨归结为"阴阳"之

---

① 张载认为，"静"与"动"是相对的，而太虚则是"至一"的。参见（宋）张载《张子语录·语录中》，《张载集》，中华书局1978年版，第325页。

② 向世陵和冯禹较早注意到，"太虚与气"的关系，属于"构成形式的内部联系"。还提出，相比之下，"朱熹的理气截然是二物"，"是'明珠在水''人跨马'的外部联系"。参见向世陵、冯禹《儒家的天论》，齐鲁书社1991年版，第191页。这一观察是很准确的。

③ 王泛森在研究中国近代思想史时，提出把概念"想象成一个结构"的必要性。参见王泛森《中国近代思想与学术的系谱》，上海三联书店2018年版，第566页。按，与此不同，张载理学的基本概念有其结构则是真实的，而不是想象的。

"气"①。"阴阳"之名,起于西周晚期,属后世堪舆地形家之事。至战国时期,形成了"阴阳"的另一套说法,开始讲求天之气,而不再讲求地之形②。汉儒普遍受阴阳家影响,喜用"气"解释一切。傅斯年指出,阴阳之教,五行之论,渊源于战国晚期的齐国,后来这一派在汉代达到极盛③。余英时也指出,"'气'这一概念并非汉代思想家的发明",但"'气'的观念在思想史上扮演特别重要的角色则是在汉代"④。清儒皮锡瑞针对汉儒强调指出,孔子"删定六经,以垂世立教,必不以阴阳五行为宗旨",并据此认为,汉儒只是孔子儒学的"别传",而非"正传"。⑤从历史脉络看,无论是先秦孔子儒学,还是北宋张载理学,都必不以阴阳五行或阴阳之气为宗旨;其间惟汉儒之学作为孔学的别传则是例外,后来还成为明清气学的理论源头之一。

本文虽然反对把"《太和》四句"的学术思想宗旨归结为阴阳之"气",但认可张载对秦汉"气"论的汲取和改造。他以周、孔、思、孟的"天"观为基础,继承《易传》"一阴一阳之谓道"的传统,并兼取阴阳家和道家的"气"论或"气化"论,将其纳入儒家的"天道"理论,作为宇宙生成论的组成部分⑥,从而把秦汉气化之"术"改造为"学"⑦。张载引进阴阳家和道家的气论,加以消化吸收,是他诠释"《中庸》纲领"的创新。然而,《中庸》纲领毕竟无一言及气,张载也并未把"气"论作为自己理学思想的宗旨。在张载的话语系统中,"气"是用以表述生成能量、自然元素、生物禀赋、生命活力等意涵的经验性词语;在其天道论中,"气"则是在"道"的构成要素及其表现形式的意义上加以使用的。张载所谓"气",并不具有道德价值根源的意义,其分阴分阳

---

① 参见龚杰《张载评传》,南京大学出版社1996年版,第33、39页。
② 饶宗颐:《阴阳五行思想有"形"、"气"二原与"德礼"关联说》,饶宗颐《中国史学上之正统论》,上海远东出版社1996年版,资料二附录,第285—287页。
③ 傅斯年:《战国子家叙论》,《战国子家叙论·史学方法导论·史记研究》,上海古籍出版社2012年版,第67页。
④ 余英时:《东汉生死观》,上海古籍出版社2005年版,第81页。
⑤ (清)皮锡瑞:《经学通论·易经》,中华书局1982年影印版,第18页。
⑥ 林乐昌:《张载两层结构的宇宙论哲学探微》,《中国哲学史》2008年第4期,第79页。
⑦ 李零:《兰台万卷:读〈汉书·艺文志〉》,生活·读书·新知三联书店2011年版,第9页。

的相对性质和聚散不定的偶然状态,更不具备作为宇宙本体的资格。

《中庸》的学术思想宗旨,是在天人关系中彰显"天"观和"天之道"的理论。《中庸》第二十章曰:"思知人,不可以不知天。"在《正蒙·诚明篇》中,张载引用了《中庸》"思知人,不可以不知天"这句话(第21页),以表明自己的理学思想宗旨。据《宋史·张载传》记载,他主张:"学必如圣人而后已,以为知人而不知天,求为贤人而不求为圣人,此秦汉以来学者大蔽也。"① 这与《中庸》强调"知人""知天",并在天人关系中把"知天"置于优先地位的宗旨,是一脉相承的。如前所述,"《太和》四句"是张载对《中庸》纲领的解说。因此,基于《中庸》纲领解说的"《太和》四句"的学术宗旨,也就是张载理学思想的学术宗旨。把"《太和》四句"的学术思想乃至张载全部理学思想的学术宗旨都归结为"气",岂不扭转了从子思到张载以来的儒学发展方向?

四 《中庸》是张载建构理学体系所依据的关键文本

在北宋理学家中,张载是"对儒学真能登堂入室并能发展出一个新系统"的大师②。张载理学的体系特征突出,海内外学者对此是公认的③。张载于50岁时自述说:"某近来思虑义理,大率亿度屡中可用,既是亿度屡中可用,则可以大受。某唱此绝学亦辄欲成一次第。"(《张子语录·语录下》,第329页)在长期"思虑义理"的过程中,张载建构了一套涵盖天论、道论、性论、心论的理学体系。

张载用譬喻的方式,对自己的晚年著作《正蒙》作了生动的说明:

---

① (元)脱脱等:《宋史》卷427《道学一》,聂崇岐等点校,中华书局1985年版,第36册,第12724页。按,张载认为,圣人具有"知天"与"得天"的能力。他说:"圣者,至诚得天之谓。"参见(宋)张载《正蒙·太和篇》,《张载集》,章锡琛点校,中华书局1978年版,第9页。

② 韦政通:《中国思想史》下册,上海书店出版社2003年版,第749页。

③ 美国学者葛艾儒(Ira Kasoff)指出,张载的著作虽然"散佚很多,不过,留存至今的还是足以让我们勾勒出一个完整的体系"。参见[美]葛艾儒(Ira Kasoff)《张载的思想(1020—1077)》,罗立刚译,上海古籍出版社2010年版,《前言》,第1页。大陆学者庞万里也肯定,"张载之学是自成体系的"。参见庞万里《二程哲学体系》,北京航空航天大学出版社1992年版,第39页。

论《中庸》对张载理学建构的特别影响

有如"枯株，根本枝叶，莫不悉备""又如晬盘示儿，百物具在"①。这启发我们从宏观角度观察以《正蒙》为代表的张载理学体系结构，同时从微观角度揭示其中所包含的多方面具体内容。张载理学体系可以归结为"天人之学"。张载门人吕大临和张舜民曾分别以"一天人""学际天人"② 概括乃师的学问。这一概括，也颇得后世学者的认同。朱熹指出，张载"《太和》四句"的前两句，是"总说"天道；后两句"是就人上说"③。清儒康有为指出："程子言天道，不如张子言天人。"④ 这一由天道与人道上下贯通的脉络，清晰地呈现了张载的天人之学体系结构特征。而张载的这一天人之学框架，正是由"《中庸》纲领"与《中庸》二十章关于"天之道"与"人之道"的原理一起，为其提供经典依据。张载的理学结构，决定了其理学形态。因此，可以把张载的理学体系划分为形而上学和形而下学两大形态。作为张载理学纲领的"《太和》四句"，其"天""道""性""心"四大概念是自上而下排列、推演的序列。张载理学纲领前两句说的是"太虚""气化"宇宙论哲学，这是以"天""道"概念为核心的，故也可以称为"天道论"哲学。张载认为，"运于无形之谓道，形而下者不足以言之"（《正蒙·天道篇》，第14页）。可见，张载把天道论归结为形而上学。张载理学纲领后两句所说，属于"心性论"哲学，就其内容和性质看，也可以归结为形而上学。⑤ 张载的理学纲领，其实应当是其学的形而上学部分的纲领，其内容包括天道论和心性论两个维度；而其形而下学部分，则主要指张载面向现实社会，范导个体行为、社群关系和国家政治秩序的礼学，具体内容为张载的教育学说和政治学说，也包括其修身功夫理论⑥。

---

① （宋）苏昞：《正蒙序》，《张载集》，中华书局1978年版，第3页。
② （宋）吕大临：《横渠先生行状》，《张载集·附录》，第383页；（宋）张舜民：《上哲宗乞追赠张载》，载（宋）赵汝愚编《宋朝诸臣奏议》下册，北京大学中国中古史研究中心校点整理，上海古籍出版社1999年版，第1031页。
③ （宋）黎靖德编：《朱子语类》卷60《孟子十·尽心上》，王星贤点校，中华书局1986年版，第1431页。
④ （清）康有为：《续讲正蒙及通书》，《康有为全集》第2集，姜义华等编校，上海古籍出版社1990年版，第489页。
⑤ 心性论中的"见闻之知""气质之性"等内容，则不属于形而上学。
⑥ 林乐昌：《张载礼学论纲》，《哲学研究》2007年第12期，第48、49—51页。

对于张载理学体系的建构，《易传》是有贡献的。这包括张载依据《易传》提出的"天道性命"主题①，他受《易传》启发提出的天与人有分有合的原则（《横渠易说·系辞上》，第189页），以及"大人与天地合其德"的诉求，"形而上"与"形而下"的划分原则等。虽然《易传》的这些资源，都有助于张载天人之学体系的建构，但在理论建构的"精深紧凑"上，《中庸》是超过《易传》的②。因而相比之下，《中庸》为张载理学建构所提供的文本更有分量，所发挥的作用也更关键。《宋史》张载本传称，张载之学"以《中庸》为体"。这里的"体"字，其涵义与"体制""体系""结构"接近。在为陈垣著《明季滇黔佛教考》所写的序言中，陈寅恪使用了"识断之精，体制之善"③等语。所谓"体制"，说的其实就是该书的"体系"或"结构"。"以《中庸》为体"这句话，准确地揭示了《中庸》是张载理学体系建构的关键文本。

有学者把《中庸》的学术倾向"内在"化，认为《中庸》完全以人的内在人性心灵为中心，《中庸》纲领是儒家关于心性之学的基本命题④。这种看法相当片面。作为《中庸》纲领的首章和第二十章，恰恰是扣紧天命与人性、天道与人道之间的关系加以论述的。此外，《中庸》第25章提出"诚"者"性之德也，合内外之道也"，表明《中庸》是以"合内外"作为天道与心性之间的基本模式的，因而强调内在与外在两个方面的统一，而不仅仅是强调"内在"化。

"天—人"，是张载理学的大框架，而这一大框架的建构虽然也受到《易传》的影响，但其经典依据主要是由《中庸》提供的。不仅如此，张载的理学体系基于"天—人"框架的进一步展开，也是以《中庸》作为关键依据的。这些，可以从以下三个方面得到进一步说明。

---

① 陈俊民：《张载哲学思想及关学学派》，人民出版社1986年版，第66页。
② 李泽厚：《荀易庸纪要》，载李泽厚《中国古代思想史论》，人民出版社1985年版，第131页。
③ 陈寅恪：《陈垣明季滇黔佛教考序》，《金明馆丛稿二编》，生活·读书·新知三联书店2001年版，第272页。
④ 李泽厚：《荀易庸纪要》，载李泽厚《中国古代思想史论》，人民出版社1985年版，第130—131页；余敦康：《内圣外王的贯通——北宋易学的现代诠释》，学林出版社1997年版，第265页。

（一）从内部生成机制看张载理学体系建构的《中庸》依据

长期以来，国内学术界不仅多以"气"论作为张载研究的预设，而且还用源于外来哲学的"自然观""认识论""辩证法"等板块剪裁张载理学体系①。这种凭借"外生路径"形成的研究模式，既缺乏文献支撑，也疏于理论论证，其"气"论视角与板块组合之间缺乏内在关联，导致研究对象支离破碎，从而限制了对张载理学意义的认知。如本文前一部分所论证的，张载通过对"《中庸》纲领"的解读，确立了自己的理学纲领。张载的理学纲领是其天人之学体系的浓缩，而其天人之学体系则是基于其理学纲领的展开。可见，"《中庸》纲领"是张载确立自己的"理学纲领"，进而建构自己的理学体系的最切实也最直接的依据。就形成机制看，张载理学体系是由其"理学纲领"孕育、衍生的，首先形成"天—人"框架，然后从形而上学部分向形而下学部分扩展。其理学体系，由内部生成的特征相当显著。与"外生路径"相比，这种"内生路径"更具备诠释的有效性。遵循"内生路径"，将有助于对张载理学做出整体性和连贯性的诠释。

（二）从"天人合一"命题看张载理学体系建构的《中庸》依据

在中国哲学史上，张载第一次使用"天人合一"这四个字，将其作为一个思想命题明确地提了出来。他用"合一"规定天人之间的关系，使"天人合一"成为能够概括张载理学体系结构特征的重要命题，同时也是其理想境界的终极指向。张载论"天人合一"命题，有两条关键性的表述。其中第一条关键性表述，出自《正蒙·乾称篇》。张载说："儒者则因明致诚，因诚致明，故天人合一。致学可以成圣，得天而未始遗人。"（《正蒙·乾称篇》，第65页）这里所说"因明致诚，因诚致明"，依据的是《中庸》二十章"自诚明""自明诚"的学说②。张载的界说，

---

① 虽然近十几年来，这种情况有所改变，但对过往"以外释中"的研究模式并未认真反思和总结。

② 由章锡琛点校的通行本《张载集》，把这里的第一条关键性表述混入张载的早年著作《横渠易说·系辞上》（参见《张载集》，第183页）。在校记中，章锡琛说："此条依《精义》引《正蒙》补，全文见《正蒙·乾称篇》（65页）。"但《横渠易说》明清诸本，皆未见此条文字。而且，张载此条与《系辞》经文的意涵全不相应。

着重从提升精神境界的角度为儒者提供实现"天人合一"的方法。张载论"天人合一"命题的第二条关键性表述，出自《正蒙·诚明篇》。张载说："天人异用，不足以言诚；天人异知，不足以尽明。"（第20页）这里依据的仍然是《中庸》的"诚明"学说。这是张载从另一角度对"天人合一"命题的补充说明。清初理学家冉觐祖注解"天人异知"说："知人而不知天，是谓'天人异知'。"①如果人能够"知天"，便意味着天人不再"异知"。在张载看来，"知天"比"知人"更根本，是复兴儒学的首要课题。广义地看，"知天"也包括"知天道"。张载反对"天人异用"，这意味着，人们只有"本天道为用"（《正蒙·太和篇》，第8页），经由个人修养的实践、社会治理的实践和人类参与自然生成过程的实践等多种途径，才能够逐步趋近"天人合一"的理想境界。②"天人合一"是张载天人之学体系的总体性命题，既具有精神境界意义，也蕴涵了对社会秩序和自然伦理的诉求，是儒学史上天人之学的经典表述，还成为后世"天人合一"观念的理论源头。

（三）从"事天诚身"命题看张载理学体系建构的《中庸》依据

张载依据《中庸》"诚者天之道，诚之者人之道"，"君子诚之为贵"等思想资源，提出："天所以长久不已之道，乃所谓诚。仁人孝子所以事天诚身，不过不已于仁孝而已。故君子诚之为贵。"（《正蒙·诚明篇》，第21页）在他看来，"不已于仁孝"是以"天所以长久不已之道"亦即"诚"为宇宙论根据的，这就要求人以"仁孝"作为自己的核心价值；"仁人孝子"③，是人在宇宙间所应当扮演的角色；而"事天诚身"，则是人所应当履行的神圣信仰和伦理责任。无论"仁人孝子"，还是"事天诚身"，都是《中庸》资源与《西铭》义理结合而形成的观念。对于此二者的关联，程门弟子游酢有所体会。一日，他"得《西铭》诵之，则焕

---

① 林乐昌：《正蒙合校集释》上册，中华书局2012年版，第287页。
② 林乐昌：《张载"天人合一"思想及其特色》，《长安大学学报》（社会科学版）2016年第3期，第38—40页。
③ "仁人孝子"观念，源于《礼记》。《礼记·哀公问》曰："仁人事亲也如事天，事天也事亲，是故孝子成身。"

然于心，曰：'此《中庸》之理也'"①。《西铭》的主要义理内涵包括：以"乾坤"大父母为表征的宇宙根源论，以"仁孝"为核心的道德价值论，以"仁人孝子""事天诚身"为担当的伦理义务论和伦理责任论②。"事天诚身"中的"诚身"，是君子效法天道之"诚"的修身实践。此外，张载继承西周"敬天"、孔子"畏天"、孟子"事天"的传统，并对儒家的"事天"资源做了深刻的总结。他在《西铭》中说："于时保之，子之翼也。""于时保之"，引自《诗经·周颂·我将》"我其夙夜，畏天之威，于时保之"。朱熹的门人黄榦在其《西铭说》中解释道："'于时保之'以下，即言人子尽孝之道，以明人之所以事天之道。"③ 明儒刘儗解释说："'于时保之'至末，皆言事天之功，即孝子之事。"④ 黄榦和刘儗都把"事天"作为"孝子"的伦理义务和伦理责任，畏天和事天属于"尽孝之道"和"孝子之事"。这样，就把日常生活的"孝"扩大为"畏天"和"事天"的宗教行为⑤。"孝"之意涵的扩大，意味着神圣性的注入，从而使"孝"成为宗教信仰的一个重要维度。在张载的话语系统中，"事天诚身"是与"天人合一"意涵接近的另外一种表述，"诚身"功夫与"因明致诚，因诚致明"的方法是一致的，只是"事天"的宗教色彩更加浓厚。

总之，无论是张载理学的"天—人"框架，还是其理学体系的内生扩展机制，以及反映其理学体系特征的两个命题，都切实表明《中庸》是张载建构理学体系所依据的关键文本。

五 结 语

在本文结语中，除有必要重申张载理学的思想宗旨之外，还有必要

---

① （宋）杨时订定、（宋）张栻编次：《河南程氏粹言》卷2《圣贤篇》，《二程集》，中华书局2012年版，第4册，第1237页。
② 林乐昌：《张载〈西铭〉纲要新诠》，载林乐昌《张载理学与文献探研》，人民出版社2016年版，第179—188页。
③ 林乐昌：《正蒙合校集释》，《附录四》下册，中华书局2012年版，第1000页。
④ 同上书，第911页。
⑤ 陈致：《原孝》，载陈致《诗书礼乐中的传统——陈致自选集》，上海人民出版社2012年版，第174页。

在学派关系的视域下,对宋明理学的几个相关重要问题略陈己见。

第一,理学各派的经典倚重。宋明理学家多"依经立说"①,而各派学者对儒家经典又各有倚重。钱穆认为,周敦颐、张载多倚重《易》《庸》,而二程则更多重孔、孟。对此,仍需辨析。如所公认,二程和朱熹最重视由《大学》《中庸》《论语》《孟子》组成的"四书"。学术界有关《中庸》研究的最新成果表明,宋代学者对《中庸》重要性的认识差别很大。据称,程颐"对《中庸》有特别的兴趣",因而对《中庸》作过不少重要的评价②。但我们仍然无法从中获知,《中庸》对二程的理学思想究竟产生了哪些深刻影响。在"四书"中,程朱尤其重视《大学》。后来,明代王阳明也特别重视《大学》。南宋陆九渊则特别重视《孟子》。有学者主张,张载的学说与程朱类似,也属于"四书学"③。这一说法显然是不成立的,因为张载很少提到《大学》。按照《宋史·张载传》的说法,其学说倚重的经典是《易》《庸》《论》《孟》四种。这是"四书"的另外一种组合。其实,在这"四书"当中,对张载理学建构最重要的经典资源是《易》《庸》。由于《中庸》是《礼记》中的一篇,因而也可以说《易》《礼》张载理学建构最重要的经典资源。如本文以上所论析的,《中庸》是张载确立理学纲领的直接依据,同时也是他建构理学体系的关键文本。此即《宋史》张载本传所谓,其学"以《中庸》为体"。就《中庸》深刻地影响了张载理学纲领的确立和理学体系的建构而言,可以把张载视作北宋儒家学者中极其重视《中庸》的特殊例子,因而本文强调《中庸》在张载理学思想发展中的确是发挥了特别影响的。

第二,张载理学的思想宗旨。长期以来,学术界有一个引起很大争议的问题是:究竟能不能把张载理学的思想宗旨归结为"气"?据本文第三节的论析,那种把张载理学的思想宗旨归结为"气"的论点是没有经典依据的,也偏离了儒学"正传"的发展方向。这个问题,还关乎张载

---

① 马宗霍:《中国经学史》,上海书店1984年版,第115页。
② [德]苏费翔(Christian Soffel)、[美]田浩(Hoyt Tillman):《文化权力与政治文化——宋金元时期的〈中庸〉与道统问题》,肖永明译,中华书局2018年版,第6、7、49、50页。
③ 龚杰:《张载的"四书学"》,《西北大学学报》(哲学社会科学版)1994年第3期。

的学说究竟属于"理学"还是属于"气学",他的身份究竟是"理学家"还是"气学家"?范育在为乃师《正蒙》撰写的序言中反复指出,"夫子之为此书也","正欲排邪说,归至理,使万世不惑而已"。这里所谓"归至理",就是要为儒家创构一套有系统的"大道精微之理"①。但他并未说,乃师的"归至理"之学是以"气"为根据的。学术界以往认为张载重"气"不重"理",这很难成立②。据此看,张载学说当属理学无疑。1980年,前辈学者邱汉生在评议丁伟志的论文《张载理气观析疑》时,从《正蒙》与儒家经典的血肉联系,从张载对儒经的尊信,从他"与尧舜孔孟合德"的一面,从他的践履等多面,反复强调"张载是理学家,这应该是论究张载思想的出发点"③。据此看,张载本人当属理学家亦无疑。在张载理学纲领中,他首先确定"天"在宇宙中具有至高无上的超越地位,从而为儒家重建天观。据此看,张载又属于理学各派中的天学学派。理学,既可以用于称呼张载之学,也可以用于称呼宋明理学其他各派之学,属于一般意义的名称;而天学,则主要用于称呼张载之学,属于特定意义的名称。无论把张载之学称呼为理学,还是称呼为天学,都与其思想宗旨是一致的。

第三,理学概念的重新认识。上述张载学说究竟属于理学还是属于气学的问题,还涉及何谓"理学"的问题,亦即对"理学"概念如何重新认识的问题④。以义理诠释儒经,重视道德性命问题,是北宋义理之学的共识。义理之学形成后,便从中衍生出"理学"这一学术形态。这就使义理之学分化为理学性质的义理之学亦即理学,以及非理学性质的义理之学。非理学性质的义理之学包括王安石新学、二苏蜀学等学派;理学各学派则包括周敦颐濂学、张载关学、二程洛学等。所谓"理学",是把天、理(道)、心、性等根本观念作为宇宙、社会及道德性命的形上根据,并将道德伦理价值和身心修养置于功利诉求之上的新儒学学术形

---

① (宋)范育:《正蒙序》,《张载集》,章锡琛点校,中华书局1978年版,第5、4页。
② 林乐昌:《张载理观探微》,《哲学研究》2005年第8期,第24—27页。
③ 邱汉生:《对〈张载理气观析疑〉的评议》,《中国社会科学》1981年第1期,第217—219页。
④ 限于篇幅,这里不讨论"理学"与"道学"的关系。

态①。"理学"概念的一个重要功能,就是能够有效地作为宋明理学各派共同拥有的名称。把张载之学认定为"气学"所产生的困境是:其作为特定意义的"气学",如何与一般意义的"理学"相通?就理学学派的大宗看,各派都有其所主张的根本概念或最高概念,这些根本概念或最高概念又皆可以与"理"相通。例如,程朱学派以"理"为核心概念,其"理"与"天"之间具有直接的同一性("天理"或"天即理"),其理气论也已经成熟。该学派无论从广义看还是从狭义看,都属于"理学"无疑。又如,陆王学派以"心"为最高概念,主张"心即理","心"与"理"之间具有直接同一性,故也被称为"理学"。再如,张载以"天"为最高概念,虽然其"天"与"理"之间具有同一性,但与程朱不同,"理"或"道"在其概念系列中仅被置于次级地位;张载言"理气"仅一见,理气论尚处于雏形状态,这说明其"气"论还远不能与其"理"观相提并论。综上所述,"理学"有其内在学理依据,今天讨论理学概念,不能仅满足于将其视作一种约定意义上的名称。张载在其理学纲领即"《太和》四句"中提出的"天""道"("理")"性""心"四大概念系列,在一定意义上可以视作两宋理学时代的观念象征。或许纯属巧合,张载"《太和》四句"中的四大概念在一定意义上竟然能够反映两宋理学的学派分化和思想走向。

[原载《哲学与文化》(台北)2018年第9期]

---

① 林乐昌:《"宋学"构成与"理学"起源》,载林乐昌《张载理学与文献探研》,人民出版社2016年版,第266—268页。

论张载理学对道家思想资源的借鉴和融通
——以天道论为中心

林乐昌

一 引 言

在北宋儒学重建的过程中，理学家对道家和佛家的思想资源都有程度不同的汲取。李约瑟（Joseph Needham）认为，张载"可能是把道教和佛教中可接受的因素引入理学思想中最起作用的人"①。值得注意的是，张载对待佛、道两家的态度有所不同：对佛家批评多，对道家批评少且多有吸取。作为理学开创者和关学宗师，张载在天道论或宇宙论哲学②、性命论哲学、工夫论和境界论哲学等方面对道家思想资源都有所借鉴和融通。宇宙论是道家的话语主题，而儒家在这方面则相当薄弱。北宋理学各派重建儒学的进路有所不同，周敦颐和张载最注重为儒家建构宇宙论哲学。钱穆说："在北宋理学四大家中，二程于宇宙论形上学方面较少探究。濂溪、横渠则于此有大贡献。"③ 张载的贡献表现在，他以开放的胸襟，吸收和消化道家的思想资源，为儒家建立了以一本、两层、三合为总体特征的新型天道论或宇宙论哲学。基于这一认识，本文将着重从

---

① ［英］李约瑟（Joseph Needham）：《中国科学技术史》第2卷《科学思想史》，何兆武、李天生、胡国强等译，科学出版社、上海古籍出版社1990年版，第489页。
② "宇宙论"，是学界从西方引入的术语。考虑到中国古代便有"宇宙"之说，以及"宇宙"这一术语已被学界广泛使用，故本文仍沿用，并区分"自然宇宙论"与"哲学宇宙论"或"宇宙论哲学"，后者相当于钱穆所谓"宇宙论形上学"。在本文语境中，"宇宙论哲学"与"天道论"涵义相近，在需要做层次分析时多用"宇宙论哲学"，此外二者可通用。
③ 钱穆：《朱子新学案》上册，巴蜀书社1986年版，第25页。

"太虚"概念、"气化"观念和"太虚即气"的生成论模式这三个互相关联的节点，探究张载天道论哲学对道家思想资源的借鉴和融通这一关乎张载理学思想渊源的课题。

二 借鉴道家"太虚"概念，改造儒家"天"观

张载在其晚年代表著《正蒙》首篇《太和》中，用四句话概括了自己的理学思想体系："由太虚，有天之名；由气化，有道之名；合虚与气，有性之名；合性与知觉，有心之名。"（第9页）这四句话是张载晚年精心构撰的理学纲领，可称为"四句纲领"。这"四句纲领"每一句都以"名"字结句。古人所谓"名"，语意相当于现在的"概念"。"四句纲领"分别界定了"天""道""性""心"四个基本概念，是张载理学体系中自上而下的四大概念序列。"天"，是儒家经典中最古老的概念之一。儒家话语中原本并没有"太虚"概念，"太虚"概念源于道家。"太虚"最早由庄子提出，他说："外不观乎宇宙，内不知乎大初，是以不过乎昆仑，不游乎太虚。"[①]汉晋以降，"太虚"概念使用渐广，如《黄帝内经·素问·天元纪大论篇》曰："太虚廖廓，肇基化元，万物资始，五运终天。"晋韩康伯注《周易·系辞上》"阴阳不测之谓神"曰："神也者，变化之极，妙万物而为言，不可以形诘者也。故曰'阴阳不测。'尝试论之曰：原夫两仪之运，万物之动，岂有使之然哉？莫不独化于太虚，欻尔而自造矣。"[②]后来，唐孔颖达在一定程度上接受了王弼、韩康伯以"无"为本的理论，将道家的"太虚"概念引入儒家的经典诠释之中。张载的天道论哲学就正是在这种文化背景下形成的。然而，有待深究的问题是：张载以道家"太虚"释"天"的意图是什么？应当怎样如实诠释张载思想体系中"天"或"太虚"的意涵？

[①]（清）郭庆藩：《庄子集释》，王孝鱼点校，中华书局1985年版，第3册，第758页。
[②]（晋）韩康伯注、（唐）孔颖达疏：《周易正义》卷7《周易·系辞上第七》，（清）阮元校刻《十三经注疏》上册，中华书局1980年影印版，第78页。

（一）张载以道家"太虚"释"天"的意图

概言之，张载以道家"太虚"概念释"天"的意图是批评秦汉以来儒者"知人而不知天"的"大蔽"①，改造儒家"天"观。"由太虚，有天之名"句中之"由"字，系介词，有"因""以""用"等义，其引申义为依据、凭借。② 据此，本文以"借鉴""借用"释"由"字。众所周知，儒家"天"概念由来已久，而张载却借用道家的"太虚"概念以说儒家之"天"，其原因何在？这是因为，张载认定秦汉以来儒者"不知天"，亦即对自家固有之"天"的理解出现了偏误。这表现为，把原本形上的超越的"天"有形化、实然化、经验化了。针对这种倾向，张载指出："人鲜识天，天竟不可方体，姑指日月星辰处，视以为天。"（《横渠易说·系辞上》，第177页）又指出："'日月得天'，得自然之理也，非苍苍之形也。"（《正蒙·参两篇》，第12页）强调"天"不是有形的苍苍之天，而是作为支配自然界的原理或宇宙的终极根源之天。他告诫学者说："气之苍苍，目之所止也；日月星辰，象之著也。当以心求天之虚。"（《张子语录·语录中》，第326页）这是说，已少有儒者能"以心求"形上的超越之天了，更多的情形是以感官把握由气构成的"苍苍"之天。汤用彤对魏晋玄学本体论与汉代宇宙论二者差别的揭示，与此类似。汤用彤指出："玄学与汉学差别甚大。简言之玄学盖为本体论，而汉学则为宇宙论或宇宙构成论。""汉学主万物依元气而始生。元气永存而执为实物。"玄学家"王弼以为天地万物皆以无为本"。汤用彤还特意对此"本"字作了解释，说"本者宗极"。"魏晋人用宗极二字，常相当于宋儒之本体。"③ 张载之所以要引进道家的"太虚"概念，是由于"太虚"概念具有无限性、超验性、非实然性等优点，可借此改造被汉儒实然化和经验化了的"天"，从而使儒家之"天"重返"天之虚"的本体地位。应当看到，张载虽然以道家之"太虚"释儒家之"天"，但这并不意味着他背弃了周孔天观的立场。早在儒家经典《诗》《书》中，周人便

---

① （元）脱脱等：《宋史》，聂崇岐等点校，中华书局1985年版，第12724页。
② 解惠全等：《古书虚词通解》，中华书局2008年版，第957、894页。
③ 汤用彤：《魏晋玄学论稿》，人民出版社1957年版，第67页。

认为"天"是由自然义发展出天神义的,当时"高高在上的天""兼具自然及神明两义"。① 与周人不同,张载淡化了其天帝信仰的政治色彩,突显了周人天观在哲学上的超越义、主宰义和道德根源义。基于这一理解,再来看"由太虚,有天之名"句中的"有"字所指向的"天",便不再是汉儒的苍苍之天,而是张载站在周人天观的立场上,借助道家"太虚"概念改造的超越之天。

(二)应当怎样诠释张载思想体系中的"天"或"太虚"意涵

张载在重建儒家"天"观的过程中,对"天"或"太虚"概念作了系统的诠释。依据张载的诠释,我们可以从两个角度看"天"或"太虚"概念的涵义:一是从"天"或"太虚"的自身规定性看;二是从"天"或"太虚"作为自然世界的终极根源和主导力量,以及作为价值世界的终极根源看。

1. 从"天"或"太虚"的自身规定性看其意涵

首先,关于"天"或"太虚"的绝对性和独立性。天或太虚本体的绝对性,指它具有超越一切阴与阳、动与静、聚与散、虚与实、一与多、有形与无形等相对层面的特性。张载说:"静者善之本,虚者静之本。静犹对动,虚则至一。"(《张子语录·语录中》,第325页)所谓"至一",是对太虚本体摆脱一切相对层面的强调,也是对其自身所具有的绝对、惟一等特性的强调。这里的"至一",既指太虚本体具有绝对性,也指其具有独立性。太虚本体的独立性,指它具有不依赖于气及一切经验物而存在的性质,同时也指它在宇宙中所处的至高无上地位。

其次,关于"天"或"太虚"的无限性和永恒性。张载说:"天之不御莫大于太虚,故必知廓之,莫究其极也。"(《正蒙·大心篇》,第25页)这是他对天或太虚本体所具无限性的强调。张载还认为,太虚具有由气聚而成的"有形之物"所不具备的永恒不变的特性。他说,"金铁有

---

① 与历史学家许倬云的观点接近,哲学家金岳霖认为,应当把中国古代的"天"理解为"'自然'和'自然神'"。详见刘培育《道、自然与人——金岳霖英文论著全译》,生活·读书·新知三联书店2005年版,第54页。参见许倬云《西周史》(增订本),生活·读书·新知三联书店2001年版,第109、107页。

时而腐，山岳有时而摧，凡有形之物即易坏，惟太虚无动摇，故为至实。"(《张子语录·语录中》，第325页）太虚本体的这种永恒性是超时空的，而在宇宙生成论的意义上又是内在于时空的。

2. 从"天"或"太虚"作为自然世界的终极根源和主导力量，以及作为价值世界的终极根源看其意涵

首先，"天"或"太虚"是自然世界的终极根源和创生万物的主导力量。这涉及"天"或"太虚"的感应性。张载提出："大率天之为德，虚而善应。"(《正蒙·乾称篇》，第66页）所谓"虚而善应"，是说天或太虚本体具有善于感通阴阳之气，创生宇宙万物的能力。张载强调："无所不感者虚也，感即合也。""若非有异则无合。"(《正蒙·乾称篇》，第63页）虽然太虚本体"至静无感"(《正蒙·太和篇》，第7页），但太虚作为生成万物的主导力量则又是"无所不感者"。(《正蒙·乾称篇》，第63页）"感"指特定主体对异质的他者发挥关联、整合作用时的感应机制。在张载看来，经由这种感应机制，天或太虚发挥其"合异"的功能，将"有异"亦即异质的东西整合为统一的宇宙创生力量。若太虚与气的涵义没有差异，则张载理学"四句纲领"第三句的"合虚与气"便成了同语反复，毫无意义可言。据此可以推断："太虚即气"与"合虚与气"的意涵一致，前者的"即"字义等同于后者的"合"字义。在此基础上，张载强调天或太虚是包括人在内的宇宙万物的终极根源，他说，"虚者天地之祖"，"万物取足于太虚，人亦出于太虚"(《张子语录·语录中》，第326、324页）。在张载看来，天或太虚也是创生万物的主导力量，他说："天惟运动一气，鼓万物而生。"(《横渠易说·系辞上》，第185页）就是说，阴阳之气的变化，以及万物的生成，最终都是由天或太虚所主宰和推动的。张载还认为，天或太虚不仅是万物的始原，而且也是万物消散的归宿，万物最终必然"形溃反原"(《正蒙·乾称篇》，第66页），"散而为太虚"(《正蒙·太和篇》，第7页）。

其次，"天"或"太虚"又是价值世界的终极根源。这涉及"天"或"太虚"的包容性。张载认为，天或太虚具有"包藏万物于内"(《正蒙·乾称篇》，第63页）的包容能力。天的包容能力作为仁爱的价值根源，是在"活的"生命创造过程中得以体现的，而绝不是毫无价值意蕴

的"死的"物理空间。对于天或太虚作为价值世界的终极根源,张载也有所论述。他指出:"虚者,仁之原。""虚则生仁,仁在理以成之。"(《张子语录·语录中》,第325页)"至善者虚也。"(《张子语录·语录中》,第326页)在张载的道德价值系统中,其核心价值是:"天秩"之"礼","生生"之"仁",以"乾称父、坤称母"为宇宙根源之"孝"。

总之,张载所谓天或太虚是涵括了精神性实在和物质性实体的最高本体,而不是单纯的物质性;天或太虚既是自然本体,又是价值本体,是自然世界和价值世界的终极根源。天或太虚本体,既不像气那样具有阴、阳两端的可分性,也不像气那样具有聚与散、有形与无形之类的相对性、多样性和偶然性。① 能够作为"本体"的,其本身必须是自足的、唯一的和绝对的,能够自己作为自己的根据,不需要依赖任何外在条件来说明自身的本然状态,而且还能够作为宇宙间一切存在物的根源和归宿。张载等宋代理学家对本体的理解,已达到了魏晋玄学以来的新的哲学高度。

三 吸取道家"气化"观念,重构儒家天道理论

张载吸取道家的"气化"观念,为儒家重构天道理论,是以早期儒家既有的天道观作为出发点的,并对汉儒气论的弊病有所批评。

(一) 秦汉儒家的天道观点和气论特征

孔子说:"天何言哉?四时行焉,百物生焉,天何言哉?"② 这是孔子对天(道)在默默运行中生成"百物"的描述,可以视作他对天道的体

---

① 宋儒已具备形上本体至一而不可分的观念。例如,曾与张载一起论学的邵雍说:"气变而形化,形可分而神不可分。"参见(宋)邵雍《皇极经世书》,黄畿注、卫绍生点校,中州古籍出版社1992年版,第323页。可见,宋明理学不同学派提出的天、理、心(本心或良知)等本体观念,都具有不可分的特点。此外,早有学者发现,古人"举凡一切相对之事物,皆以阴、阳包括之"(参见朱文鑫《历法通志》,商务印书馆1934年版,第300页)。使用阴与阳、聚与散、有形与无形等相对性术语,无法说明张载天或太虚本体的超越意义。

② (魏)何晏集解、(宋)邢昺疏:《论语注疏》卷17《阳货第十七》,(清)阮元校刻:《十三经注疏》,中华书局1980年影印版,第2526页。

认。另据《荀子·哀公篇》载孔子之言曰："大道者，所以变化遂成万物也。"子思接续其祖，更为明确地提出了天道生成的思想。他在《中庸》中提出："诚者，天之道也。"在子思看来，天道的基本功能是"其为物不贰，则其生物不测。"孔子和子思言自然天道，但却都未言自然生成之气。

早期儒家言气不多，如孔子所谓"血气"①，指人的生理或物质贪欲（"色""得"）及情绪冲动（"斗"）。这可视作孔子所确立的儒家气论传统，它一开始就没有把"气"作为人的道德行为的根据。相反，在儒家话语系统中，"'气'是诸如情欲、进攻性与贪婪等情绪化行为的根据"②。因此，生理、情绪之"气"是儒者在改善人性的过程中需要加以调整和控制的对象。孔子提出的"血气"，与后来张载所谓"气质之性"比较接近。

孟子言"气"多于孔子，因视角不同两人言气的意涵也有所不同。孟子论气的第一种涵义，指人的喜怒等情绪。孟子说："夫志，气之帅也。气，体之充也。夫志至焉，气次焉。故曰持其志，无暴其气。"③ 孟子主张以志帅气，就是说，以精神性的"志"掌控情感或情绪性的"气"。这样，人就能够做到"无暴其气"。此"无暴其气"的"气"，与孔子所谓"血气"接近。孟子论气的第二种涵义，是指"浩然之气"④。"浩然之气"与上述"体之充""无暴其气"之"气"的涵义有所不同，指人的精神气概、道德勇气或道德意志⑤，与上述作为"气之帅"的"志"性质相近。张载甚少言"浩然之气"，只是化用孟子"塞于天地之间"一语，将"天地之塞，吾其体"的语句写入自己的名篇《西铭》之中。

与孔、孟不同，荀子从气的角度论述万物生成，他说："列星随旋，日月递炤，四时代御，阴阳大化，风雨博施，万物各得其和以生，各得

---

① （魏）何晏集解、（宋）邢昺疏：《论语注疏》卷16《季氏第十六》，（清）阮元校刻：《十三经注疏》，中华书局1980年影印版，第2522页。
② [美]艾兰（Sarah Allan）：《水之道与德之端：中国早期哲学思想的本喻》，张海晏译，上海人民出版社2002年版，第97页。
③ （汉）赵岐注、（宋）孙奭疏：《孟子注疏》卷3《公孙丑章句上》，（清）阮元校刻：《十三经注疏》，中华书局1980年影印版，第2685页。
④ 同上。
⑤ 王国维：《王国维文集》第3卷，中国文史出版社1997年版，第210页。

其养以成。"① 可见，荀子对阴阳气化观念已有所触及，而且还将阴阳之气与万物生成联系起来。荀子虽然认为"天有常道"②，但却没有将天道与气直接结合在一起。此外，与孔、孟专就人言气不同，荀子是儒家最早从自然观视角言气者，这很可能受道家的影响③。

汉代是气论发展的重要时期。与先秦儒家相比，汉儒的气论有了明显的改变，其重心已经从人过渡到自然。海内外汉语中国哲学研究者普遍认为，王充是汉儒气论的主要代表人物。④ 王充在强调人和万物都"因气而生"⑤ 的同时，也偶然论及"天道自然"⑥，但多从天体运行的天文学角度视之，似未从宇宙生成论的角度论述。这表明，王充等汉儒与先秦儒家类似，虽然既言气也言道，但却仍将二者分而言之。总之，秦汉儒家言自然天道都未曾或很少凭借气或气化观念。

早在春秋时代，儒家之"天"或"天道"就已经具备了作为人间道德法则和秩序的意义。⑦ 张载认为，"知人而不知天，求为贤人而不求为圣人，此秦汉以来学者大蔽也。故其学尊礼贵德，乐天安命"。⑧ "知天"，是为"尊礼贵德"的儒家道德伦理价值谋求终极根据，这也是张载不以气为本体的根本原因所在。与张载不同，在王充等汉儒的意识结构中存在着重视知识，轻忽道德意识的偏向。⑨ 这既是汉代气论的局限，也是"气"概念本身的局限。

---

① （清）王先谦：《荀子集解》下册，沈啸寰、王星贤点校，中华书局1988年版，第308页。
② 同上书，第311页。
③ 李存山：《中国气论探源与发微》，中国社会科学出版社1990年版，第176页。
④ 道家对汉代思想界影响颇大，故汉儒学说中不免充斥道家色彩。因此，也有一些学者认为王充应当属于道家。笔者认同王充当属于广义的或非正统的儒家这一观点。
⑤ 黄晖：《论衡校释》（附刘盼遂集解）卷3《物势篇》，中华书局1996年版，第1册，第144页。
⑥ 同上书，第778页。
⑦ 陈来：《古代思想文化的世界——春秋时代的宗教、伦理与社会思想》，生活·读书·新知三联书店2002年版，第61、65、67页。
⑧ （元）脱脱等：《宋史》，聂崇岐等点校，中华书局1985年版，第12724页。
⑨ 徐复观：《两汉思想史》第2卷，华东师范大学出版社2001年版，第356、357、359页；蔡仁厚：《中国哲学史大纲》，吉林出版集团有限责任公司2009年版，第90、91页。

(二) 张载对道家气论、气化观念的吸取

汉代道家认为,阴阳二气是宇宙生成之基因。① 还认为,"道"与"一"是属于同一层次的概念,在这一阶段无法直接生成万物;"道"与"一"还需要一个"二"的阶段,因为从"二"才能够进入万物的生化。② 这正如《淮南子·天文训》所说:"道始于一,一而不生,故分而为阴阳,阴阳合和而万物生。"这里涉及阴阳二气与道的关系问题。基于阴阳二气的流行变化,汉代产生了"气化"观念。《黄帝内经·素问·气交变大论篇》明确提出了"气化"一词,认为万物的生化、蕃育"各从其气化也"。五代道士谭峭更是基于道与气的关系多次言及"气化",他说:"道之委也,虚化神,神化气,气化形,形生而万物所以塞也。"③ 在这里,"道"与"气化"是源与委的关系,亦即源与流的关系。"气化",指阴阳之气的流行过程,在气的流行过程中生成有形的万物。

张载正是在此意义上吸取道家的气化观,以充实自己的宇宙生成论的。他明确提出:"由气化,有道之名。"(《正蒙·太和篇》,第9页)该句中的"由"字,同样可作"借鉴""借用"义。若从字面看,张载对"道"的界定容易造成他仅以"气化"言"道"的误判。程颢评价"气"在张载道论中的定位和作用相当精准,他说:"横渠言气,自是横渠作用,立标以明道。"④ 这就告诉我们,张载"言气"在其"明道"中的作用仅仅是"立标",而不是"立本"。

全面理解张载对道家气化观念的吸取,不仅应当辨析其"气"或"气化"与"道"之间的关系,而且还应当辨析其"道""神""性""天"("太虚")"气""物"等一系列概念之间的关系。首先,关于气化之道的特性。张载指出:"气有阴阳,推行有渐为化,合一不测为神。"(《正蒙·神化篇》,第16页)"推行有渐为化",可以视作张载对气化之道特性的揭示。"推行",指内在于道的推动气化流行的动力性;"有渐",是

---

① 饶宗颐:《中国宗教思想史新页》,北京大学出版社2000年版,第50页。
② 陈静:《自由与秩序的困惑:〈淮南子〉研究》,云南大学出版社2004年版,第198页。
③ (五代)谭峭:《化书》,丁祯彦、李似珍点校,中华书局1996年版,第1页。
④ (宋)程颢、程颐:《程氏遗书》五,《二程集》,程颢语,王孝鱼点校,中华书局1981年版,第79页。

指气化之道的渐进性和秩序性。① 简言之，在张载的话语中，"道"指气化过程及其动力和秩序。其二，关于"神"的内涵及其功能。张载在论及气化之"道"特性的同时，也论及"神"，即所谓"合一不测为神"。关于"神"，张载还有其他论述："神者，太虚妙应之目。"（《正蒙·太和篇》，第9页）将此句与前句"合一不测为神"合观，可知"神"乃太虚本有的能够整合阴阳之气的神妙莫测的感应功能，由此形成统一的创生力量。凡是有形的万物都是神的产物，此即张载所谓："凡天地法象，皆神化之糟粕尔"（《正蒙·太和篇》，第9页）；"万物形色，神之糟粕"（《正蒙·太和篇》，第10页）。其三，关于"神"与"天"之间的关系。张载指出："神化者，天之良能。"（《正蒙·神化篇》，第17页）"天之不测谓神，神而有常谓天。"（《正蒙·天道篇》，第14页）"神"是就"天"之变化莫测的生化妙用而言的，"天"则是就"神"之恒常本体而言的。张载还说："鼓天下之动者存乎神。"（《横渠易说·系辞上》，第205页）这表明，"神"与"天"在动、静不同侧面是有所区别的，"神"偏就动态而言。其四，关于"神"与"道"之间的关系。张载说："神，天德；化，天道。德，其体；道，其用。一于气而已。"（《正蒙·神化篇》，第15页）在张载看来，具有"天德"和"天能"的"神"是体，而气化之道则是用。另一方面，就"神"与"道"而言，二者又都是天或太虚内化于气化流行过程而形成的，气化流行是"神"与"道"发挥造化生成作用的外在显现形式。正是在此意义上，张载才说"一于气而已"。"一于气"，绝不是要把"神"与"道"都化约为"气"。其五，关于"道"与"性"的关系。张载指出："天所性者，通极于道；气之昏明，不足以蔽之。"（《正蒙·诚明篇》，第21页）在他看来，"性"与"道"是同一层次的形上概念，而形下之"气"则无法遮蔽"性"和"道"的本质。如果张载欲将"道"完全归结为气或气化，那他以如此轻蔑的口吻言"气"便很难理解了。其实，张载论"道"和"性"，都不是单方面地着眼于"气化"，而是把"道"和"性"置于他所谓"天参"

---

① 在《正蒙发明》一书中，明儒徐必达解"推行有渐为化"云："化有节次。""节次"，含有秩序义。（参见林乐昌编校《正蒙合校集释》上册，中华书局2012年版，第214页）

结构之中的。张载说："天所以参,一太极两仪而象之,性也。"(《正蒙·参两篇》,第10页)若把张载的"道""性"概念分置于其"四句纲领"中作整体性的观察,则与以上的分析完全吻合,因为第一句的"天"要下贯于第二句的"道"和第三句的"性",成为气化流行的主导力量和万物的终极根源。

综上所述,一方面,虽然原始儒家道德法则性格的"天"可以大体满足人间道德根据的要求,但由于孔、孟儒家的气论主要不是自然观的,故缺乏解决天神或天道如何创生万物这一问题的理论资源。[①] 另一方面,虽然汉儒的气论是自然观的,但却无视形上超越之"天"作为万物生成的终极根源以及在万物生成过程中的主导作用,故张载批评其"不知天"。张载对道家和汉儒的气化资源加以融会贯通,为儒家天道论注入了新的活力,在儒学史上第一次明确提出"由气化有道之名",使儒家天观与阴阳气化融合为宇宙的整体力量,这就充实并深化了儒家的天道理论。但也必须看到,与道家单纯言气化有所不同,张载建构气化之道,是在坚持《中庸》将"道"附属于"天"("天之道")这一立场的前提下进行的。同时,张载在重构天道论哲学时还弥补了汉儒气学在本体论和价值论方面的缺失,为儒家价值世界开辟了超越源头,奠定了终极根据。因此,张载天道论哲学兼具本体论、生成论、自然观和价值观,是这四者的复合体,而不仅仅是自然观或物理学。

四 "太虚即气"生成论模式的道家影响

张载天道论哲学的道家影响,除表现在借鉴"太虚"概念和吸取"气化"观念方面之外,还表现在"太虚即气"的生成论模式方面。

为了便于说明问题,参照张岱年把"宇宙论"分为"本根论"与"大化论"[②]两个层次的思路,有必要从两个各有侧重的角度把张载宇宙论哲学视作两个层次:把侧重强调本体超越性地位的理论视作宇宙本体

---

① 徐复观:《两汉思想史》第2卷,华东师范大学出版社2001年版,第379页。
② 张岱年:《中国哲学大纲》,中国社会科学出版社1982年版,第1、6、92页。

论层次，把侧重强调宇宙结构和万物生成过程的理论视作宇宙生成论层次。所谓宇宙本体论，是面对宇宙万物和道德价值"发源立本"（《张子语录·语录下》，第329页），探究其形上本体和终极源头的理论。张载宇宙本体论突出的是太虚本体与气及一切经验物的区分，突出的是太虚本体超越时空、超越相对层面的"至一"独立地位。宇宙本体论层次的基本概念是"天"或"太虚"。"道"是老庄道家的最高概念，而张载则将"天"置于"道"之上，视"天"为儒家的最高概念。所谓宇宙生成论，是关于天地万物的生命成长条件、构成、根源、动力、变化过程及其秩序的理论，其内容也包括由生成论衍生的人性论在内。为了批判佛教以世界为"幻化"的观点，基于充分肯定现实世界的真实性这一目的，张载在宇宙生成论层次强调太虚与气之间的关联性和不可分割性，主张"太虚即气"（《正蒙·太和篇》，第8页），"太虚不能无气"（《正蒙·太和篇》，第7页）。这里，张载突出的不再是太虚本体的独立地位，而是其"合"的作用的发挥，亦即在宇宙创生过程中，太虚本体经由感应的神妙机制与阴阳之气整合为统一的宇宙创生能量。宇宙生成论层次的基本概念是"道"和"性"，也包括"神"。

与张载宇宙论哲学的两个层次相关，他关于宇宙万物生成根源的学说也有两个层次，前面的两个层次与后面的两个层次之间是有对应关系的。张载说："性者万物之一源。"（《正蒙·诚明篇》，第21页）这里的"性"，指创生万物的直接根源，这与张载的宇宙生成论是相对应的。在张载看来，太虚本体又是"性之渊源"（《正蒙·太和篇》，第7页），因而是宇宙万物的终极根源，这与张载的宇宙本体论是相对应的。张载还指出："言虚者未论阴阳之道。"（《张子语录·语录中》，第325页）"未论阴阳之道"的太虚本体，尚处于"阴阳之道"亦即生成之道的始前，其本然状态是"至静无感"（《正蒙·太和篇》，第7页）的。天或太虚本体不仅是万物生成的终极根源，而且还是宇宙的根源，后者涉及张载对宇宙起源问题的深刻思考。作为宇宙最终根源的天或太虚，更能体现其自身的先在性和独立性，是与张载的宇宙本体论相对应的。之所以要把张载宇宙论哲学划分为两个层次，其原因在于：一是要突显天或太虚的独立地位，包括天或太虚本体作为万物生成始前的存在，此涉及张载的宇宙起源观；二是要突显天或太虚作为宇宙创生主导力量的存在，而不能将宇宙生成之"道"化约为"气"或"气化"过程。

虽然张载把"天"或"太虚"视作宇宙间的终极实在和最高本体，但"天"或"太虚"本体毕竟不可能停留于"未论阴阳之道"的无生状态，它必然要下贯、参与现实世界的生成过程，并发挥自身鼓动万物的作用，成为创生的主导力量，以显其"天德""天能"。这是天或太虚作为宇宙本体下贯并与气化动力整合为统一的宇宙创生能量的过程。正因为如此，张载言说的重心便更多地表现于宇宙生成论层面。

"太虚即气"，是张载宇宙生成论的基本命题。作为张载对现实世界的基本认识，"太虚即气"表达的是相感相合的太虚与气是宇宙中两类最基本的力量：天或太虚本体是宇宙的最高实在、终极根源和主导力量，而气则是万物得以生成的基质、材料和活力。在万物生成的过程中，气的作用是为万物的生成和存在提供不可或缺的材质和活力；而天或太虚本体的作用则是成就万物的本性或本质，赋予其存在的根据，并成为推动万物运行的主导力量。对于万物生成过程而言，太虚与气二者的作用是缺一不可的。张载宇宙生成论的要义，是揭示万物生成的根源、动力和秩序，而"太虚即气"便正是能够完整体现宇宙万物生成的根源性、动力性和秩序性的重要命题。

经由进一步观察不难发现，"太虚即气"的宇宙生成论也是具有结构性的。其结构特征表现为，它是由三方面力量构成的。以下我们将会看到，张载的宇宙论结构模式是整合了儒、道多种理论资源，对其进行取舍吸收、融会贯通才得以形成的，其中也包括道家思想资源的影响。

历史上有两个最具影响力的宇宙生成论系统，一个是《周易》的生成论系统，另一个是《老子》的生成论系统。张载的生成论模式主要是依据《易传·说卦》建立的。《易传·说卦》曰："参天两地而倚数。"韩康伯《注》曰："参，奇也。两，耦也。"[1] 孔颖达《疏》曰："盖古之

---

[1] （晋）韩康伯注、（唐）孔颖达疏：《周易正义》卷7《周易·系辞上第七》，（清）阮元校刻：《十三经注疏》上册，中华书局1980年影印版，第93页。

奇耦，亦以三两言之。且以两是耦数之始，三是奇数之初故也。"① 据此，张载在《正蒙·参两篇》第一章便提出："地所以两，分刚柔男女而效之，法也；天所以参，一太极两仪而象之，性也。"（第 10 页）这里的"参"与"叁（三）"，古字通用，有同一结构中三方面力量参错会合之意。

张载的"天参"说也有取于《易传·系辞上》"太极生两仪"的生成论模式。《易传·系辞上》曰："是故易有太极，是生两仪，两仪生四象，四象生八卦。"② 孔颖达《疏》以"天地"解"两仪"，而张载则发挥《说卦》，除以"刚柔男女"指"两仪"外，还以气之阴阳指"两仪"，故他于《正蒙·参两篇》第二章接着说："一物两体，气也；一故神，两故化，此天之所以参也。"（第 10 页）庞朴认为，"两是形而下的器，参是形而上的道"③。此论极精准。张载之后，"天参"也成为南宋朱熹等理学家时常言及的一个术语。

对于《易传·系辞上》所提出的"一、两、四、八……"这一宇宙生成模式序列，张载仅截取其前两句所蕴含的三个基本方面，亦即"太极""两仪"，作为"天参"生成模式的内容。此句中的"太极"，即指太虚，是"天参"结构的一个重要方面；"两仪"，则指阴阳之气，是"天参"结构的另外两个重要方面。张载把"天参"归结为"性"，这与他在"理学四句纲领"的第三句所说"合虚与气，有性之名"完全一致。"天参"，不仅指"性"的三重结构，而且也指"道"的三重结构。《正蒙·太和篇》首章所谓"太和所谓道，中涵浮沉、升降、动静、相感之性"，说的便是"道"本身就蕴涵着"性"，"道"与"性"是同构的，这也是张载特别强调"性与天道合一存乎诚"（《正蒙·诚明篇》，第 20 页）或"性即天道"（《正蒙·乾称篇》，第 63 页）的理由。因此，"太虚即气"既是张载的性论命题，也是张载的道论命题。④

---

① （晋）韩康伯注、（唐）孔颖达疏：《周易正义》卷 7《周易·系辞上第七》，（清）阮元校刻：《十三经注疏》上册，中华书局 1980 年影印版，第 93 页。
② 同上书，第 82 页。
③ 庞朴：《一分为三》，海天出版社 1995 年版，第 102 页。
④ 《正蒙·太和篇》第九章于"太虚即气"之下，张载紧接着说："故圣人语性与天道之极。"（第 8 页）可见，"太虚即气"的基本意涵正是"性"与"天道"。

张载的"太虚即气"或"天参"宇宙模式，涉及作为统一体的宇宙生成结构这一古老问题。屈原在其《天问》中，就已对宇宙结构模式问题这样发问："阴阳三合，何本何化？"游国恩在其主编的《天问纂义》中，采诸家之说，比较异同，认为诸说中"当以柳宗元《天对》自注所引《穀梁》之解为正"①。《穀梁传》曰："独阴不生，独阳不生，独天不生，三合然后生。"② 显然，"三合"指阴、阳和天这三种力量的参错会合、互感互动。据此，我们也可以把张载的"天参"生成论称为"三合"生成论。实际上，在张载关于"太虚即气"的"天参"或"三合"宇宙结构中，可能也受到老子宇宙生成论模式的启发。如果说张载的宇宙本体概念"太虚"主要来自《庄子》，那么，张载的宇宙生成模式则有取于《老子》。《老子》第四十二章曰："道生一，一生二，二生三，三生万物。"孔颖达《周易正义》曰："太极生两仪，即《老子》云'一生二'也。"③ 本文认为，上引《老子》第四十二章之第四句"三生万物"正是全章的关键。因为，这里的"三"表达了道家生成论的基本模式。可以认为，张载整合了《老子》《天问》《易传·系辞》《易传·说卦》《穀梁传》有关宇宙生成模式的理论资源，以"太虚即气"亦即"天参""三合"结构建立了形式与内容统一的宇宙生成论模式，圆满地回答了屈原《天问》所提出的宇宙生成过程"何本何化"的问题："本"，指作为天道之本体的"天"或"太虚"；"化"，则指天道之运用，亦即由天或太虚本体所主导的气化流行过程。

五 结 语

张载为儒家建构的新型天道论哲学，是以"一本""两层""三合"为其总体特征的。所谓"一本"，指"至一"的"天"或"太虚"本体，

---

① 游国恩：《天问纂义》，中华书局1982年版，第26—27页。
② （晋）范甯集解、（唐）杨士勋疏：《春秋穀梁传注疏》卷5《庄公三年》，（清）阮元：《十三经注疏》，中华书局1980年影印本，第2381页。
③ （晋）韩康伯注、（唐）孔颖达疏：《周易正义》卷7《周易·系辞上第七》，（清）阮元校刻：《十三经注疏》，中华书局1980年影印本，第82页。

它是宇宙万有的本始和归宿。所谓"两层",是指从不同角度把张载天道论哲学视为两个层次,即宇宙本体论层次和宇宙生成论层次。所谓"三合",是指天或太虚本体下贯至现实的宇宙生成过程之中,与阴阳气化相感相合,共同构成宇宙创生的三方面力量,即作为超越性实在及主导力量的天或太虚本体,以及作为宇宙物质力量的阴阳气化。张载的宇宙生成论,就是有关统合这三种力量共同创生万物及其过程的理论。这也是前述以"天参"或"三合"为结构的"太虚即气"之性、"太虚即气"之道。在张载关于两层宇宙论哲学的言述中,述及更多的是其宇宙生成论。"一本""两层""三合",既是张载宇宙论哲学的总体特征,同时也可以视作张载宇宙论哲学的诠释框架。

"一本""两层""三合"的天道论哲学,是张载经过理论整合与历史总结两方面的努力建构而成的。

第一,关于天道论哲学的理论整合。张载建构天道论哲学有其既有的儒家思想资源。他以此为出发点,借鉴道家的"太虚"概念和"气化"观念;其"太虚即气"的宇宙生成论模式,更是融会贯通了儒道两家思想资源的结果。先就"太虚"概念看。张载借助道家"太虚"概念的真实意图,是针对汉儒以气解释一切,将天实体化、经验化的偏向,改造和重释儒家天观,回归周、孔、思、孟的"畏天""知天""事天"传统。这是张载建构儒家天道论哲学的根本方向。再就"气化"观念看。早期儒家孔子和子思言自然天道,但不言自然生成之气。王充等汉儒虽然既言自然生成之气也言道,但却将二者分而言之。秦汉儒家言自然天道,都未曾或很少凭借气或气化观念。张载在儒学史上第一次明确提出"由气化有道之名",在借助道家气化观念的同时,以《中庸》将"道"附属于"天"("天之道")这一传统作为出发点,重建儒家的天道观,使阴阳气化与经过改造的儒家天观整合为"天参"的宇宙整体力量。最后就"太虚即气"的生成论模式看。张载整合了《老子》《天问》《易传·系辞》《易传·说卦》《榖梁传》有关宇宙生成模式的理论资源,以"太虚即气"即"天参""三合"结构建立了形式与内容统一的宇宙生成论模式,圆满地回答了前人提出的宇宙生成过程"何本何化"的问题。

第二,关于天道论哲学的历史总结。从古代天道论哲学发展的历史脉络看,张载等理学家建构的新型天道论哲学吸收各家之优长,克服了先秦、汉晋宇宙论哲学的不确定性和片面性,是对我国古代天道论哲学的总结。先就张载与老子宇宙论哲学的关系看。在宇宙本体论层次上,尤其在对宇宙起源的思考中,张载承认天或太虚本体的独立地位,这与老子学说强调道本体的独立性比较接近;然而在宇宙生成论层次上,张载却基于对老子"有生于无"理论的批评,提出了"太虚即气","有无混一"(《正蒙·太和篇》,第8页)之新说,主张不同的宇宙力量"共生"论,即认为必须由统合起来的无与有、太虚本体与阴阳气化等不同宇宙力量共同创生万物。另外,与老子"三生万物"模式的纯形式化有所不同,张载所建构的"天参"或"三合"模式是被赋予了天或太虚本体与阴阳气化这些实在内容的。再就张载与汉晋宇宙论哲学的关系看。一方面,张载宇宙论哲学吸收了魏晋玄学的本体意识和有无辩证思维;另一方面,张载批评了汉儒之学"不知天"的气论形态和非本体化倾向,并弥补了汉儒气学在价值论上的缺失,为儒家的价值世界开辟了超越源头,确立了终极依据。可以认为,汉代元气宇宙论与魏晋本体论的分化,是对以老子为代表的先秦宇宙论哲学的否定;而以张载等宋代理学家为代表的宇宙论哲学,则是在总结秦汉思维成果基础上所做的综合,这是一个辩证否定的历史过程。

  张载借鉴道家"太虚"所建构之"天",既不能如朱熹那样归结为"理"[①],也不能如时贤那样归结为"气"。用所谓"以气为本""天人一气""气者万物之一源"等说法来突出"气"在张载学说中的地位,甚至为其学说定性,这在张载著述中都是找不到文本依据的。对于"气"这一概念,张载只是将其视为象征自然物或生命活力的经验性词语,只是在说明"道""性"概念或阐发自然观和生成论的实现形式时才使用的。因此,"气"仅仅是张载有关"天""道""性""心"四大基本概念序列之外的辅助性概念,不宜将其拔高为张载天道论的首要概念。把"太虚"与"气"视作同质的,进而把"气"视作张载哲学体系中的本体概念或最高概念,无法从张载的理学纲领或其他学说中获得支持。其

[①] (宋)朱熹:《四书章句集注》,中华书局1983年版,第65页。

实，在张载哲学中只存在气化论，不存在气本论。由于张载哲学以"天"为本体概念或最高概念，故可以将其定性为"天学"，而不宜定性为"气学"，也不宜视作"物理学"。虽然我们不能把张载天道论哲学定性为"气学"，但张载天道论哲学却能够消化儒道两家气学，以充实并深化儒家天道论哲学。对张载天道论哲学的基本性质和"天""道""性"等概念一律以"气"视之，有其复杂的背景和原因，然而深受汉儒气论思维方式的影响当是其中的主因之一。

（原载《中国哲学史》2008年第4期）

张载"心统性情"说的基本意涵和历史定位
——在张载工夫论演变背景下的考察

林乐昌

一 引 言

北宋理学奠基人、关学领袖张载（1020—1077）提出的"心统性情"说，是宋明理学心性论研究中令人颇感棘手的难题。据朱熹、吕祖谦合编的《近思录》记载，"心统性情"一语出于《横渠语录》，而今所见《张子语录》却不载此条；明、清不同版本的《张子全书》及今本《张载集》所收之《性理拾遗》，都保留了张载论"心统性情"的一段话，这成为流传至今的唯一资料。虽然张载"心统性情"说的详尽内容今天已难获知，但若紧扣《性理拾遗》保留下来的资料，并结合张载著作中有关心、性、情及其关系的论述，其实了解"心统性情"说之大意并不是不可能的。然而，从该课题动态研究的要求来看，关键在于改变思路，对以下诸问题作深度思考：张载是于何时、为解决何问题而提出"心统性情"说的？为什么在张载主要著作如《经学理窟》《正蒙》中对心统性情竟不再置一词，使之成为"孤语"？[①] "心统性情"是张载终生坚持不变的学说吗？笔者认为，"心统性情"说应当定性为张载哲学系统中的修养工夫论，而非本体论，此说是他早期为寻求学问开端和入手工夫提出的。同时还应当看到，"心统性情"说与张载重视修养工夫的积累，并将此过程划分为不同阶段的思考是有密切关联的。因此，应当把"心统

---

① 牟宗三：《心体与性体》，台湾正中书局1995年版，第3册，第474页。

性情"说置于张载修养工夫论演变的背景中加以考察。正是基于这一思路，本文提出："心统性情"说是张载前期对为学初级工夫形态的思考尚不成熟的产物，此说的缺陷是对心所统之性的表述尚显模糊，易生误解，因而并未成为张载终生坚持不变的学说。张载在其思想步入成熟期后，逐渐以变化气质、知礼成性等修养方法取代了早期的"心统性情"。虽然"心统性情"与变化气质等工夫有相通之处，但相形之下，毕竟后者才是他在初学工夫方面更加合理、更加成熟的形态。

值得注意的是，"心统性情"说在张载思想成熟期的著作《经学理窟》《正蒙》中绝口不再提起，而这与张载著作的形成特点是不相吻合的。张载在其早先著作中提出的有价值的思想，往往会被保留于后来的著作中。例如，南宋以来的史志和官私书目，多著录有张载《孟子说》一书，此书有可能是张载在其思想形成时期撰写（或由弟子记录）的著作。虽然《孟子说》已佚，但由其辑本可以发现，其中有40余条被编入张载晚年的著作《正蒙》的《神化》《诚明》《大心》诸篇，可见《正蒙》的构成与张载早期著作之间的密切关系[①]。这种在后期著作中对前期合理思想有所吸收并加以坚持的情况，也发生在张载的其他著作中。因此，张载在《经学理窟》《正蒙》中不再提"心统性情"说，一定有其缘由。不能从张载思想演进的视角考察问题，看不到张载的工夫论是在探索和变动中逐步形成的，把"心统性情"当作张载坚持一生始终不变的学说，可能是我们面对这一课题而无法求解的误区所在。

虽然以上观点或可聊备一说，但毕竟有假设性质，这里只是先作初步的说明，下面将通过对张载"心统性情"说的基本意涵和历史定位两个方面，对本文提出的假设作进一步的展开论证。本文的研究作为一次尝试，其观点和论证上的不足和不当是难免的，这都有待于学术界同仁的批评和指正。

二 张载"心统性情"说的基本意涵

欲对张载"心统性情"说进行比较准确的历史定位，首先必须搞

[①] 林乐昌：《张载〈孟子说〉辑考》，《中国哲学史》2003年第4期。

清此说的大意。这里有必要结合张载有关心、性、情的论述,并对张载与朱熹的相关思想加以比较,以便从更多方面揭示张载心统性情说的确切意涵。

按照心统性情说的结构顺序,"心"是此说的首要范畴。张载是从心的来源和结构界说心的,他指出:"合性与知觉,有心之名。"(《正蒙·太和篇》,第9页)这里的"知觉",主要指人的意识活动及其能力。但张载并非仅以知觉为心,而是认为知觉与性结合在一起才构成心。应当说,张载对心的规定是相当独特的,也正是在这里表现出与后来朱熹的看法有所不同。在朱熹哲学中,心的主要涵义是指知觉①,他常说:"有知觉谓之心。"② 因此,朱熹不同意张载的看法,他说:"横渠之言大率有未莹处。有心则自有知觉,又何合性与知觉之有!"③

那么,张载论心时为何特意提出"性"?这里所谓"性"的涵义是什么呢?张载"自立说以明性"(《经学理窟·义理》,第275页),孤明独发地提出了"合虚与气有性之名"(《正蒙·太和篇》,第9页)的理论。张载论性,有两方面的特征。第一,"性"所涉之"虚",即"太虚",是"气之本体",亦可谓性体。此性既是万物生成的根源,又是道德价值的本原。第二,张载从整合虚(性体)与气亦即本体界与现实界入手,进而提出了"天地之性"和"气质之性"的学说。在这里,根源于太虚本体、以"至善"为内涵的"天地之性"是德性的本体根据,而所谓"气质之性"则表明张载的人性论并未忽略人性的现实层面。④ 当然,有德君子决不会以"气质之性"为性。(《正蒙·诚明篇》,第23页)由于张载是从宇宙论的高度论性("合虚与气有性之名")的,同时他以"天地之性"作为人性本体,而性又是与心结合在一起的,于是在张载哲学中,性便成为心的宇宙本体论根据,以及主体自身的道德原则。⑤ 由此可知,张载所谓心,是指主体以性为宇宙本体论根据的精神结构及其能力。

---

① 陈来:《朱熹哲学的"心统性情"说》,《浙江学刊》1986年第4期,第213页。
② (宋)黎靖德编:《朱子语类》卷140,王星贤点校,中华书局1986年版,第3340页。
③ (宋)黎靖德编:《朱子语类》卷60,王星贤点校,中华书局1986年版,第1432页。
④ 林乐昌:《张载对儒家人性论的重构》,《哲学研究》2000年第5期。
⑤ 蒙培元:《理学范畴系统》,人民出版社1989年版,第200页。

张载对心的这种规定，凸显了心的道德根据和方向，使心作为道德主体的地位得以确立，同时也使学者对道德修养工夫的要求更加自觉和紧迫。以心的如上哲理规定为基础，应当怎样理解作为修养工夫的"心统性情"之"心"？具体言之，其涵义指一切"有志于学者"（《张子语录·语录中》，第321页）的道德志向和意识，这也就是张载所说："今且只将'尊德性而道问学'为心。"① 故在此意义上张载又强调"立心"，即"求立吾心于不疑之地"②，使心立于德性根基之上。与张载不同，朱熹把统性情之心视为"虚灵不昧，何有不正"的"未发"之心。对此，王夫之批评说："有不正者而正始为功"，若按朱熹统性情之心言之，"则正心之功，亦因以无实。"③ 实际上，张载的工夫论也包含"正心求益"的要求，他提出，学者当"整理其心使归之正"（《张子语录·语录抄》，第335页）。从而，心既是以德性为根据的道德意识的体现者，又是需要经由道德修养工夫不断加以调整和端正的对象，心统性情和正心在工夫实践过程中是互动的。显然，这样的心是"已发"之心、待正之心，而不是朱熹所谓"未发"之心、已正之心。

在张载的心统性情中，心所统之"性"的涵义究竟是什么？这里应当紧扣《性理拾遗》留下的唯一一段资料，略作分析。张载说："心统性情者也。有形则有体，有性则有情。发于性则见于情，发于情则见于色，以类而应也。"（第374页）显然，这里心所统的对象是指性和情。情的涵义比较清楚，问题主要在于对性的理解。张载论性的内容，无非是"其总"之性，即作为万物生成和存在根源的性；以及"合两"之性，亦即两重化的天地之性和气质之性。值得注意的是，张载在对性情加以说明时为何言及形体？按宋代理学家的一般理解，形指形气，体指体质，形体是形气体质的略语。换言之，形体亦指气质，气质是由形气构成的一定体质，它是人的生理和心理的基础。虽然张载没有对形体与性情的

---

① （清）王梓材、（清）冯云濠编撰：《宋元学案补遗》卷18《横渠学案补遗下·横渠文集》，沈芝盈、梁运华点校，中华书局2012年版，第1367页。
② （宋）张载：《张载集·拾遗·近思录拾遗》，章锡琛点校，中华书局1978年版，第376页。
③ （清）王夫之：《读四书大全说》，中华书局编辑部点校，中华书局1989年版，第8页。

关系作更多的说明，但他在言及形体亦即气质之后所说的性，应当指"气质之性"，这与他在《正蒙·诚明篇》中所说"形而后有气质之性"的意思是一致的。明代湛甘泉的弟子吕怀在其《心统图说》中，曾提出心所统之性应为气质之偏的看法，亦可作为此处佐证。① 总之，这里心所统之性应当指气质之性，而心所统之情则指与气质之性处于同一层次的情感和情欲等。

朱熹哲学经过不同时期的发展，终于用心统性情的模式建构起完备的心性理论。朱熹主要是从"心兼性情"和"心主性情"两个方面说明心统性情的内容的②。朱熹所谓"心兼性情"，强调了心为意识活动的总体范畴的意义③，同时也表明朱熹是用心统性情作为自己心性理论的总体构架模式的。朱熹所谓"心主性情"的"主"，有"主宰""管摄"等义。心主性情，又可分为心主情和心主性。心主情，是指人的理智和道德观念对情感、情欲的主导和控制。就此意义看，与张载心统性情说的意涵大体一致。然心对性的"主宰"却令人费解，这恰恰反映出朱、张在处理心性关系方面的歧异。按照朱熹的理解，不能以为"未发时无心"，"未发而知觉不昧者，岂非心主乎性者乎"④ 他还认为，"夫心，主乎性者也。敬以存之，则性得其养而无所害矣"⑤。这是说，未发之心以主敬工夫对"性"加以存养和涵养。把未发之心对本体之性施以涵养工夫说成心对性的"主宰"，毕竟过于勉强。从学理上看，说心能主宰本体之性与朱熹哲学以性（理）为最高范畴的基本特性也是有矛盾的。对此，王夫之批评说："性自是心之主，心但为情之主，心不能主性也。"⑥ 与朱熹不同，张载是从两个不同层次处理心与性的关系的。首先，就本体论

---

① （清）黄宗羲：《明儒学案》卷38《甘泉学案二》，沈芝盈点校，中华书局1985年版，第912页。
② 陈来：《朱子哲学研究》，华东师范大学出版社2000年版，第251—263页。
③ 同上书，第14页。
④ （宋）朱熹：《晦庵先生朱文公文集》卷42《答胡广仲五》，朱杰人、严佐之、刘永翔主编《朱子全书》，上海古籍出版社、安徽教育出版社2002年版，第22册，第1904页。
⑤ （宋）朱熹：《晦庵先生朱文公文集》卷32《答张敬夫问目》。朱杰人、严佐之、刘永翔主编《朱子全书》，上海古籍出版社、安徽教育出版社2002年版，第21册，第1398页。
⑥ （清）王夫之：《读四书大全说》，中华书局1989年版，第554页。

看，张载认为，"性大于心"，"性，原也；心，派也"①。就是说，性高于心的地位不能颠倒。在性体或天道（"性即天道"）面前，心有其有限性，张载对此有清醒的认识，认为心不能穷尽、更不能"主宰"天道（性体）这一最高实在。张载说："有谓'心即是易，造化也。'心又焉能尽易之道？"（《横渠易说·系辞上》，第206页）② 其次，就工夫论看，言工夫不能不言心，故张载认为"心能尽性，'人能弘道'也"（《正蒙·诚明篇》，第22页）。这里强调的是心对性与道的能动性作用方面，就是说，通过为学的努力心能够自觉省察内在的本体论根据，并尽力实现和弘扬天道的原理。尽管如此，心的能动性和实现作用也仍然不能视为对性、道的"主宰"。

朱熹发挥"心统性情"说的另一个问题是把"统"解释为"兼"和"主"。朱熹以"兼"释"统"，这种完全从理论着眼的解释有可能减弱道德主体对修养工夫的关注。当然，这与他对"心统性情"说的兴趣主要集中于其理论方面有关，这也正是朱熹发挥"心统性情"的主要用意所在。而朱熹以"主"释"统"，则是从工夫意义着眼的，其所谓心主性之不当，已如上述；而其所谓心主情，虽然与张载"心统性情"的本意大致接近，但仔细分辨，二者言"统"之意味仍有不小的差异。可以说，张载的"心统性情"说是对孔颜"克己复礼"思想的继承，他在前期著作《易说》中指出："克己要当以理义战退私己，盖理乃天德，克己者必有刚强壮健之德乃胜己。"（《横渠易说·下经·大壮》，第130页）"以理义战退私己"，与张载思想成熟期的变化气质所强调的"以德胜气""矫恶为善"的工夫指向是完全一致的。朱熹在谈到心主情时，曾经用"统军"之喻来说明"统"义③，但朱熹此喻似乎只是在统兵列阵操练的

---

① 转引自（宋）朱熹《四书或问》，黄珅点校，上海古籍出版社、安徽教育出版社2001年版，第491页；可参阅林乐昌《张载〈孟子说〉辑考》，《中国哲学史》2003年第4期，第125页。

② 朱熹门人陈淳在解释二程天道论时提及"所谓易便是心"的断语。参见（宋）陈淳《北溪字义》，中华书局1983年版，第14页。据此似乎可以认为，横渠所说"有谓'心即是易'"一段话，很可能是批评二程，尤其是批评明道的。参见林乐昌《张载答范育书三通与关学学风之特质》，《中国哲学史》2002年第1期，第76页。

③ （宋）黎靖德编：《朱子语类》卷98，王星贤点校，中华书局1986年版，第2513页。

意义上使用的。其实，这一比喻也可以用于张载的学说，只是张载更看重克敌制胜亦即"胜己"和"以德胜气"的意义。① 从"克己""心统性情"，到"变化气质"，都可以归结为二程在对张载进行批评时所称的"防检"工夫；其实"防检"不失为对张载工夫特征的一种概括，它与程朱以"涵养"为主的工夫属于不同的系统。古人佩剑器"所以防检"②，其功用在防暴除恶；而防检作为修身工夫，其所防则指自身的过、恶及其根源，这也就是张载所说的："天资美不足为功，惟矫恶为善，矫惰为勤，方是为功。"（《经学理窟·气质》，第271页）总之，从张载本人使用过的相关用语看，心统性情的"统"，当与"克己"的"克""战退私己"的"战退"、"胜气"的"胜"、"矫恶"的"矫""制得习俗之气"的"制得"、"变化气质"的"变化"等词义相通。

对比张、朱两家之说可见，朱熹的"心统性情"说既是心性理论构架，又是未发、已发工夫，几乎成为无所不包的心性论体系；而张载所谓"心统性情"则只是初学入手的修养工夫形态。而且，即使就工夫论意义而言，两人在对心、性、统的涵义以及"心统性情"指向的解释上，也有相当大的距离。朱熹一生论述"心统性情"的言论甚多，然而却只字不提张载在这四个字以外的其他思想资料，这就不能不使人怀疑，朱熹仅仅是借用张载"心统性情"四字，以阐发自己的心性理论而已。或许可以这样说，"心统性情"这个被张载弃置不用的命题，后来却由朱熹接了过去，在其哲学中以不同于张载的诠释使"心统性情"思想得以复活。

三 张载"心统性情"说的历史定位

这里有必要对张载思想演变的分期略作分疏，以便为"心统性情"说的历史定位提供一个时间坐标。这里拟将张载思想的发展大致划分为

---

① 清儒朱一新曰："古注训'克己'为'约身'，与'去私'意近，特内外微显之别耳。"又曰："'克'之训'胜'，《经典达诂》、《左传》'楚灵王不能自克'。杜《注》亦训'克'为'胜'。""心苟多欲，何以约身？故学者克治己私，最宜勇猛。此斩关夺隘工夫。"参见（清）朱一新《无邪堂答问》卷4，吕鸿儒、张长法点校，中华书局2000年版，第129页。

② （清）厉鹗：《南宋院画录》卷5，文渊阁《四库全书》本。

三期：前期（探索期），始于嘉祐初，张载36岁；后期（成熟期），约始于熙宁三年（1070年），张载50岁前后①；以及介于前期和后期之间的中期（形成期），这一时期很难给出准确的起始年代，暂以45岁左右为界标：此前，张载的思想在探索中趋于形成；此后，其思想在形成中趋于成熟。

吕大临《横渠先生行状》说：（先生）"年十八，慨然以功名自许，上书谒范文正公。公一见知其远器，欲成就之，乃责之曰：'儒者自有名教，何事于兵！'因劝读《中庸》。先生读其书，虽爱之，犹未以为足也，于是又访诸释老之书，累年尽究其说，知无所得，反而求之《六经》。嘉祐初，见洛阳程伯淳、正叔昆弟于京师，共语道学之要，先生涣然自信曰：'吾道自足，何事旁求！'乃尽弃异学，淳如也。"② 这里"累年尽究其说"的"累年"是多少年？朱熹论述张载经历的一段话，似可作为答案，他说："夫子蚤从范文正公受《中庸》之书，中岁出入于老佛诸家之说，左右采获十有余年，既自以为得之矣……"③朱熹所说"中岁出入于老佛诸家之说，左右采获十有余年"，是许多宋代理学家都有过的经历，故当张载出于佛老"而反求之《六经》"时，应在30岁以后。张载在总结自己读书经验时说："唯《六经》则须着循环，能使昼夜不息，理会得六七年，则自无可得看。"（《经学理窟·义理》，第278页）如此算来，嘉祐初年36岁的张载与二程会见于京师时，他对《六经》已作过系统研究。这次会面对张载有很大的激励作用，使他开始致力于道学的探索。嘉祐四年（1059年），程颢撰《答横渠张子厚先生书》，回答张载（39岁）所问的"定性"问题。程颢在答书开始时说："承教，谕以'定性

---

① 张载思想的形成和成熟比较晚，他说："学者不可谓少年，自缓便是四十五十。"参见（宋）张载《经学理窟·学大原上》，第280页。又说："某学来三十年……皆未得其门而入……比岁方似入至其中……"参见（宋）张载《经学理窟·自道》，第288页。以范仲淹授《中庸》作为张载向学之始，"某学来三十年"，张约50岁；"比岁方似入至其中"，可理解为其思想至50岁前后才进入成熟期。

② （宋）吕大临：《吕大临横渠先生行状》，《张载集·附录》，章锡琛点校，中华书局1978年版，第381页。

③ （宋）朱熹：《楚辞集注·楚辞后语》卷6《鞠歌第五十一》，朱杰人、严佐之、刘永翔主编《朱子全书》，上海古籍出版社、安徽教育出版社2002年版，第19册，第308页。

未能不动，犹累于外物'，此贤者虑之熟矣，尚何俟小子之言。"① 张载的原书已佚，但从程颢的话中可以看出，他们在书信中讨论的是宋明理学中的重要问题之一即实践工夫论②，而且这也是张载前期探索的一个主要问题。"定性未能不动，犹累于外物"，所要解决的是在心性修养中怎样才能够不为外物所累的问题，而按照张载后来对工夫修为过程不同阶段的划分，这显然不是初学入手工夫。③ 熙宁二年（1069年），在张载任崇文院校书期间（49岁），程颐写了《答横渠先生书》及《再答》。张载的原书也已佚，但从程颐的书信中可以看出，此时张载已经建立了"太虚即气"的宇宙本体论，此外，信中讨论的中心仍然集中于实践工夫论问题。程颐认为，张载所论工夫"以大概气象言之，则有苦心极力之象，而无宽裕温厚之气"，并且希望张载能够放弃自己的修养方法，而改用洛学重"完养""涵泳"的工夫。④ 据此可知，此时张载的思想已然比较成熟，不仅确立了自己哲学的完整构架，而且还形成了以谨严、勤勉、精苦和重"次序"为特色的工夫系统。参照以上分期可以推断，"心统性情"说的提出，当在与程颢讨论"定性"问题之后开始思考初学入手工夫时期，即在张载思想的前期和中期之间，时间大约在他45岁前后。

此外，"心统性情"说的历史定位还应当放在张载工夫论特质及其演变的背景下加以考察。自"定性"讨论之后，张载可能意识到"定性"并不是初学入手工夫，以此为起点，经过长期探索，逐渐形成了一套独特的工夫理论。从总体上看，张载的工夫论主要有以下特质。其一，关于"致学可以成圣"（《正蒙·乾称篇》，第65页）的信念。张载的工夫论是以成圣为终极目标的，据《宋史·张载传》，张载"以为知人而不知天，求为贤人而不求为圣人，此秦汉以来学者大蔽也"。然而，"求为圣人"唯赖于"学"。所谓学，既是作为当时士人确定自己

---

① （宋）程颢、程颐：《河南程氏文集》卷2《答横渠张子厚先生书》，《二程集》，程颢语，王孝鱼点校，中华书局1981年版，第460页。
② 张亨：《定性书在中国思想史上的意义》，载《思文之际论集》，台湾允晨文化实业股份有限公司1997年版，第407页。
③ 同上书，第428页
④ （宋）程颢、程颐：《河南程氏文集》卷9《答横渠先生书》，《二程集》，程颐语，王孝鱼点校，中华书局1981年版，第596页。

身份的一种活动①,也是学者通过修养实践克服自身过、恶以维持道德状态的必由之路。因此,张载突出强调"学"的重要性,他所说:"苟志于学则可以胜其气与习"(《张子语录·语录下》,第330页),"性不美则学得亦转了"(同上书,第332页)等,都对激发学者"自奋"向学有积极的作用。

其二,关于成性根据和工夫指向。张载的修养工夫论是以其人性论为基础的。虽然张载继承了孟子的性善论,但对人性的负面因素如"恶""褊"等有十分清醒的认识,故他非常重视修为基础工夫的指向,"学者须要识所恶"(《张子语录·语录上》,第312页),而修养工夫的目的也主要在于"改过"和"矫恶"。值得注意的是,张载曾经提出人的过、恶之源以及"气"在"性、学之间"的重要思想,相当深刻。② 这里所谓性,正是指修养工夫要以德性亦即天地之性作为本体根据。

其三,关于"积累工夫"和工夫"次序"。张载在修养工夫方面的经验相当丰富。张载的为学工夫强调"逐日"积累的过程,至少要以一年乃至三年作为进学阶段。③ 与此相关,张载的工夫理论还包括注重"次序"亦即工夫阶段划分的思想,这一思想与二程论工夫"失于太快"④形成了鲜明的对照。张载将修养工夫划分为如下三个阶段。第一是学者阶段,此阶段的切近目标是学贤人而不是学圣人,张载说,"学者须是学颜子"(《张载语录·语录下》,第332页),张载是把颜子作为贤人的代表的。学者阶段的主要工夫形态是"知礼成性"和"变化气质"。张载说:"学者且须观礼,盖礼者滋养人德性。"(《经学理窟·学大原上》,第279页)故"知礼"能够从正面"滋养"人的德性根据,而"变化气质"则是要化除人性中的负面因素亦即过、恶及其根源。学者阶段的工夫具有"勉勉"亦即勉力而为的特点,张载说:"惟知学然后能勉,能勉

---

① [美]包弼德:《斯文:唐宋思想的转型》,刘宁译,江苏人民出版社2001年版,第344页。
② 林乐昌:《张载对儒家人性论的重构》,《哲学研究》2000年第5期,第53页。
③ 林乐昌:《张载答范育书三通与关学学风之特质》,《中国哲学史》2002年第1期,第74—75页。
④ (宋)程颢、程颐:《河南程氏遗书》卷10《洛阳议论》,《二程集》,王孝鱼点校,中华书局1981年版,第115页。

然后日进而不息可期矣。"(《正蒙·中正篇》,第27页)由于学者阶段的工夫具有基础性,而且与圣人阶段的工夫也有着内在的联系①,故张载对此论述得最多。第二是贤人阶段。与学者不同,贤人(亦称大人)"雅意则直要做圣人"。(《张子语录·语录下》,第332页)贤人"术正"(《横渠易说·上经·乾》,第79页),与学者相比更能正确地运用修养方法,这表现在:所求在于"极善"即"中道"(《张子语录·语录下》,第332页),"好仁而恶不仁","好恶两端并进"。(同上)贤人阶段的工夫具有"好学不倦"(《正蒙·中正篇》,第26页)、"向学紧"(《张子语录·语录下》,第333页)亦即更具自觉性和迫切性的特点。第三是圣人阶段。作为圣人工夫的"圣修"和"圣功",在前两阶段工夫的基础上,其火候已经达到了"德盛仁熟之致,非智力能强也"(《正蒙·神化篇》,第17页),"熟后无心如天"(《经学理窟·气质》,第269页)的地步。与前两个阶段作为"有心"工夫不同,此时则是"虚心""无心"工夫(此有别于朱熹未发时不能无心的主张),由此才能够达至"性与天道合一存乎诚"(《正蒙·诚明篇》,第20页)的圣人境界。此时,圣人之心已是"体无偏滞"(《正蒙·乾称篇》,第65页)、"不累于物"(《正蒙·至当篇》,第34页),而这又可看作张载对自己前期"定性"工夫思考中合理因素的吸收。

依据前节对"心统性情"说基本意涵的分析,并以张载的工夫阶段划分为坐标可知,"心统性情"显然属于学者阶段的工夫形态,它的提出是张载于其学术生涯的形成期为寻求学者修养工夫所做的一次尝试,当时他对于修养方法尚在探索之中。在张载思想成熟期的著作《经学理窟》、《正蒙》中,均不再提及"心统性情"工夫,而与此形成强烈对比的是,张载在其思想后期对于同样是作为学者工夫的变化气质和知礼成性却"多告"②"屡书"(《经学理窟·丧纪·黄巩跋》,第304页),反复

---

① 张载说:"为学大益,在自求变化气质,不尔皆为人之弊,卒无所发明,不得见圣人之奥。故学者先须变化气质,变化气质与虚心相表里。"参见(宋)张载《经学理窟·义理》,第274页;另见(宋)张载《张子语录·语录中》,第321页。

② (宋)吕大临:《横渠先生行状》,《张载集·附录》,章锡琛点校,中华书局1978年版,第383页。

言及。这里的缘由可能在于，与变化气质、知礼成性相比，"心统性情"有其缺陷，即心统之性所指为何，其表述尚嫌含糊，易生误解。而就变化气质来说，则其指向明确，决不至于歧义纷纭；加之变化气质与知礼成性相配合，其优胜之处更为显豁，这表现在：它们能够同时顾及修养工夫正、负两个方面的要求（而心统性情则仅侧重于克治人性的过、恶等负面因素），既从正面强调"善反"以"滋养"德性根据，又使得工夫指向明晰确定，从而纠偏为正，矫恶为善，使学者在工夫入手处便有所循守，并有利于在此基础上向高阶工夫转进，这些也正是它们能够取代心统性情的主要根据所在。可以说，"心统性情"只是张载所谓学者工夫的过渡形态，它的提出只是张载工夫论演变进程中的一个插曲。当然，张载所提出的学者工夫形态从心统性情演变为变化气质，其间也有一定的连续性亦即相通之处，"心统性情"说的某些优点，诸如能够凸显心的自觉性和能动性，后来便以"当以己心为严师"（《经学理窟·学大原上》，第280页）等言述形式在张载的工夫系统中被保留了下来。

（原载《哲学研究》2003年第12期）

张载性命论的新架构及学术价值

林乐昌

儒家性命论兴盛于宋代。① 当时,士人"谈道德性命之学不绝于口"②。张载(1020—1077,字子厚,学者称横渠先生)是宋代理学家中讲论性命的重要代表人物。据史籍记载,张载"自立说以明性"(《经学理窟·义理》,第275页),且"喜论命"。③ 他在继承孟子"性善"论和"立命"论的同时,致力于自立新说,建构了自成系统的性命论。这一理论的价值在于,格外强调人的生命意义的方向选择,以及实现人生意义的工夫实践。学术界以往有关张载性论和人性论的研究成果比较多,然而却缺少整合其性论与命论的专题研究。为了弥补这一缺憾,本文拟把张载性论与命论这两部分内容整合起来加以探究,其内容包括性有本末、命分德气、成性至命三个部分。

一 性有本末

包括人性论在内的性论是宋代理学家普遍关注的时代课题。程颐说:"孟子所以独出诸儒者,以能明性也。"④ 张载在继承孟子"性善"论的同时,"自立说以明性"(《经学理窟·义理》,第275页),对孟荀以来

---

① 唐君毅:《中国哲学原论·导论篇》,中国社会科学出版社2005年版,第376页;高怀民:《宋元明易学史》,广西师范大学出版社2007年版,第14页。
② (元)脱脱等:《宋史》卷202《艺文志序》,聂崇岐等点校,中华书局1980年版,第5031页。
③ (宋)邵伯温:《邵氏闻见录》,李剑雄等点校,中华书局1983年版,第221页。
④ (宋)程颢、程颐:《河南程氏遗书》卷18《伊川先生语四》,《二程集》,王孝鱼点校,中华书局1981年版,第204页。

的性论尤其是人性论作了相当完整和富有哲理深度的重构，无怪乎后来王夫之高度评价张载有"辨性之功"①。

张载对"性"的界定相当独特，他提出，"合虚与气，有性之名"（《正蒙·太和篇》，第9页），"有无虚实通为一物者，性也"（《正蒙·乾称篇》，第63页）。张载据此立说，并批评了佛老单纯以虚言性，以及"陋儒"单纯以气言性的两偏之失。②张载从整合虚与气亦即本体界与现实界入手，运用体与用、虚与气、无与有"兼而不偏举"（《横渠易说·系辞上》，第206页）的思维方式，为儒家建构了更加完备合理的性论和人性论。

张载揭示了包括人类在内的万物生成的共同根源，提出"性者万物之一源，非有我之得私也"（《正蒙·诚明篇》，第21页）的论断。在他看来，"虚"与"气"是生成万物必不可少的基本条件。张载还说："性其总，合两也。"（《正蒙·诚明篇》，第22页）这诚如明儒徐必达所解："性者万物之一源，故曰其总。"③由于张载是从世界总体的角度揭示万物及人的共同生成根源的，因而此"性"便具有了"其总"的特征。性不仅具有生成万物的根源意义，而且还有其内在结构层次。这仍如明儒徐必达所解："然有天地之性、气质之性两者，故曰合两。"④内在结构分为两个层面的"合两"之性，与"合虚与气有性之名"中的"虚"与"气"，是有对应关系的。在张载的话语中，有时把"天地之性"与"气质之性"简称为"天性"与"气性"，或径直称为"性"与"气"。当然，对这些相关话语的涵义要依据文本的上下语境加以研判。

值得注意的是，在张载看来，"天地之性"与"气质之性"，或"性"与"气"之间的关系并不是并列的，而是有本有末的。"天地之性"与"气质之性"，或"性"与"气"这两方面究竟何本何末？这是关乎人性

---

① （清）王夫之：《张子正蒙注》卷3《诚明篇》，中华书局编辑部点校，中华书局1975年版，第110页。

② 林乐昌：《张载对儒家人性论的重构》，《哲学研究》2000年第5期。按，张载称汉儒为"陋儒"。

③ （明）高攀龙集注、（明）徐必达发明：《正蒙释》卷2《发明》，清康熙无锡刻本。或转见于林乐昌《正蒙合校集释》上册，中华书局2012年版，第319页。

④ 同上。

善恶冲突、价值方向、道德根据和修养工夫的实质内容。张载认为,"性之本原,莫非至善"①,强调在人性论上"发源立本"的道德价值意义。张载对"天地之性"与"气质之性"或"性"与"气"究竟何本何末的问题,其态度是比较清楚的。请看其相关论述:

> 天所性者,通极于道;气之昏明,不足以蔽之。(《正蒙·诚明篇》,第21页)性通极于无,气其一物尔。(《正蒙·乾称篇》,第64页)
> 运于无形之谓道,形而下者不足以言之。(《横渠易说·系辞上》,第207页)
> 形而后有气质之性,善反之则天地之性存焉。故气质之性,君子有弗性者焉。(《正蒙·诚明篇》,第23页)
> 湛一,气之本;攻取,气之欲。口腹于饮食,鼻舌于臭味,皆攻取之性也。知德者属厌而已,不以嗜欲累其心,不以小害大、末丧本焉尔。(《正蒙·诚明篇》,第23页)

由于受佛道及玄学精于形上思辨的影响,张载等宋代理学家开始运用体用、本末、有无等思维方式处理自身的理论热点问题。张载对于"天地之性"与"气质之性"或"性"与"气"究竟何本何末的定位,所采用的正是本末、体用思维方式。在以张载为代表的宋代理学家看来,体与用、本与末两相比较,体、本占据着优先和主导的地位,是形而上者;而用、末则处于次要和被动的地位,是形而下者。至于对"天地之性"与"气质之性"或"性"与"气"之间关系问题的认识,张载认为,作为"气质之性"或"攻取之性"根源的"气",属于"小"或"末";作为"天地之性"根源的"湛一"之"太虚"或"天",则属于"大"或"本"。"小"或"末"的"气",对于"大"或"本"的"太虚"("天"),往往会造成损害。因此,张载告诫崇尚德性之人切莫"以

---

① (宋)张载:《孟子说》,《张子全书》卷16,林乐昌编校,西北大学出版社2015年版,第445页。

小害大、末丧本"。总之，对于天地之性与"气质之性"或"性"与"气"究竟何本何末的问题，张载的结论是："天地之性"为本，"气质之性"为末；或"性"（"天性"）为本，"气"为末，而绝不是相反①。而且，在张载看来，人们安身立命的价值，只能以源于"天"的"天地之性"亦即善性为根据，而不能以源于"气"的"气质之性"或"攻取之性"为根据。以善性为根据，有助于人以积极的心态面对人性问题，并以善性为价值理想，激励人性的提升。

二 命分"德""气"

张载所建构的性命论，是由性论与命论两部分组成的。性论是命论的理论根据。而命论则具有很强的实践性，需要按照性论所开示的方向和原则，经由相应的工夫实践，使人的命运遵循正确的方向得以展现。在中国历史上，宋儒的性命论是中国言命理论的新形态②。张载依据"命于德"还是"命于气"的不同选择，最早将"命"划分为"德命"与"气命"两个层次③。据此，可以把张载命论称作"德命—气命"论。这一理论的特色在于：一是使"命"字的基本语义发生了转换；二是对传统命论的思考框架进行了更新。

其一，关于"命"字基本语义的转换。与"性"字语义相对简明清晰有所不同，"命"字的语义则相当繁复难解。张载说："大凡说义理，命字为难。"（《经学理窟·义理》，第278页）他甚至说："人言命字极难。"（《横渠易说·系辞上》，第198页）"命"作为多义字，有命令、赋予、使命、命运等含义。历史上各种命论类型④多强调"天"之"命"，其

---

① 对于天地之性为本，气质之性为末的进一步展开论列，涉及性与道相通，并以太虚为其究极根源；人性以至善为本原亦即以天地之性为本原，后天的殊异的有限的气质之善不能作为道德何以可能的超越和普遍根据等问题，详阅林乐昌《张载成性论及其哲理基础研究》，《中国哲学史》2005年第1期，第52—53页。
② 唐君毅：《中国哲学原论·导论篇》，中国社会科学出版社2005年版，第376页。
③ 崔大华：《儒学引论》，人民出版社2001年版，第616页。
④ 傅斯年将中国早期命论划分为五种类型：命定论、命正论、俟命论、命运论、非命论。参阅傅斯年《性命古训辨证》，广西师范大学出版社2006年版，第102—105页。

"命"字为命令义。这在孔子那里尤其如此。美国著名汉学家史华慈指出,中国"命"字的"原初含义是命令,后来经过延伸,意指一种'权威与权力的委任令'"。这后一含义,又意指"天交给人的终生任务"①。与孔子"天命"论有所不同,孟子所谓"立命"是专就人的命运而言的。张载继承孟子命论,并有所创新,除明确以命运诠释"命"字之外,他还将人的命运分为"德命"与"气命",而这二者都是以命运义为着眼点的。这就使"命"字的基本语义发生了转换:从"天"的"命令",转向了"人"的"命运"。对命运的关注,有助于人们在自己的生活历程中发挥自主性。有学者把张载所谓"命"归结为"自然常则""身不由己"的倾向②,这显然与张载命论的基本观点相悖。

其二,关于传统命论思考框架的更新。在张载之前,各类命论中的主流看法是把支配人的命运的力量全都归结为"天命"这一种力量。史华慈认为,在中国古代,"命"这个词"似乎涵盖了所有在儒家心目中人类不是无法控制就是无须控制的人类生活的各个方面"③。这可以视作中国早期命论的一重化思考框架。与此不同,张载把"德命"和"气命"视作影响人的命运的两种不同力量,是中国近世命论的两重化思考框架。这种两重化的思考框架显然受到孟子划分"正命"与"非正命"的启发。在张载所谓"德命"中,不再强调"命"作为命令的含义,而是强调"性诸道,命诸天"(《正蒙·诚明篇》,第22页),"德命"要以天为根源。此外,张载还提出,在"德命"力量之外,还有"气命"这一不容忽视的力量存在。"气命"之"命"字,也是命运的意思。

依据张载的命论,我们可以尝试为"命运"做出如下界定:所谓命运,一般指人的生活境遇。在此生活境遇的展开中,人们必然要受德命的影响,同时也要受气命的限制。具体言之,人们必然要遭遇贫或富、

---

① [美]本杰明·史华慈:《孔子的宗教层面和"命"的概念》,载[美]本杰明·史华慈《思想的跨度与张力:中国思想史论集》,王中江编,中州古籍出版社2009年版,第186、187页。
② 程宜山:《张载哲学的系统分析》,学林出版社1989年版,第87页。
③ [美]本杰明·史华慈:《孔子的宗教层面和"命"的概念》,载[美]本杰明·史华慈《思想的跨度与张力:中国思想史论集》,王中江编,中州古籍出版社2009年版,第186页。

贵或贱、吉或凶、福或祸、顺或逆、寿或夭、生或死等难以预知的处境；而且当人们身处这些境遇时，往往会做出与自身价值取向相一致的反应方式。人生中可控与不可控的力量，能动与受动的反应，所有这些相关因素交织在一起所形成的合力及其结局，就是人的命运。命运论涉及的问题相当广泛，包括德命力量与气命力量的张力，这两种力量可控与不可控的关系，人生目标求而可得与求而不可得的关系，命运限度（有限）与突破限度（无限或永恒）的关系等。人类命运所面临的这些问题，都关乎人的生命意义的方向选择。

张载虽然倡导"为生民立命"①，有时也涉及国之命（运），但其命论在多数情况下指向的是个人的命运，这正如他所谓"命则又就己而言之也"（《横渠易说·说卦》，第235页）。以下，从三个方面略述张载命论的内容及其特色。

第一，"德命"和"气命"的二重结构论。在儒学史上，孟子最早提出"立命"之说："存其心，养其性，所以事天也。夭寿不贰，修身以俟之，所以立命也。"② 这里的"立命"，指选择并确立命运的方向。张载命论深受孟子把人的命运划分为"正命"和"非正命"的影响。孟子说："莫非命也，顺受其正。是故知命者不立乎岩墙之下。尽其道而死者，正命也；桎梏死者，非正命也。"③ 这是说，因意外祸端而死或因刑狱之灾而死，都属于"非正命"；而"尽其道而死"，则属于"正命"。孟子把道义这种精神价值与"正命"连接在一起，作为"立命"的根据，主张"顺受其正"。孟子所谓"立命"，侧重于对不同死亡方式的选择，而张载却把"立命"运用于人们命运方向的思考，为儒家建立了新的命运理论。张载继承孔子的"天命"观，以天或天道为性命的根源，认为"性尽其道，则命至其源也"（《横渠易说·说卦》，第234页）。他依据"命于德"还是"命于气"的不同选择，把人的命运划分为"德命"和"气

---

① 林乐昌：《"为天地立心"——张载"四为句"新释》，《哲学研究》2009年第5期，第61—62页。

② （汉）赵岐注、（宋）孙奭疏：《孟子注疏》卷13上《尽心章句上》，（清）阮元校刻：《十三经注疏》，中华书局1980年影印本，第2764页。

③ 同上。

命"两个层次。他说:"德不胜气,性命于气;德胜其气,性命于德。穷理尽性,则性天德,命天理。"(《正蒙·诚明篇》,第 23 页)在张载看来,来源于天或天道的命属于"德命"或"理命",而来源于气亦即物质欲望的命则属于"气命"或"遇命"。他说:"性通极于无,气其一物尔。命禀同于性,遇乃适然焉。人一己百,人十己千,然有不至,犹难语性,可以言气;行同报异,犹难语命,可以言遇。"(《正蒙·乾称篇》,第 64 页)"德命"或"理命",指人生境遇中受道德理性支配的确定性力量,它包含"道德性命是长在不死之物也,己身则死,此则常在"(《经学理窟·义理》,第 273 页)的永恒价值。这可以称作道德理性命运论。"气命"或"遇命",则指人生境遇中受恶俗及生理意欲支配的不确定性的力量。受孟子启发,张载以"德命"或"理命"为"正",以"气命"或"遇命"为"非正",强调人在面对自己命运时一定要"顺受其正":"顺性命之理,则得性命之正,灭理穷欲,人为之招也。"(《正蒙·诚明篇》,第 24 页)对于张载的"德命—气命"论,朱熹理解得相当透彻。他说:"德性若不胜那气禀,则性命只由那气;德性能胜其气,则性命都是那德。两者相为胜负。""'性天德,命天理',则无不是元来至善之物矣。"① 依据孟子"求无益于得"与"求有益于得"的区分,张载还提出了命运追求的原则,就是"求有益于得"和"求在我者"。他说:"富贵、贫贱皆命也。今有人,均为勤苦,有富贵者,有终身穷饿者,其富贵者只是幸会也。求而有不得,则是求无益于得也。道义则不可言命,是求在我者也。"(《张子语录·语录上》,第 311 页)"富贵、贫贱皆命也"之"命",以及"道义则不可言命"之"命",都指的是"气命";而"求在我者"所指向的则是以"道义"为价值原则的"德命"。总之,张载虽然并不否认"气命"的存在有其合理性,但却格外强调以"德命"驾驭"气命",而绝不是相反②。

第二,"德者福之基"的德福观。张载对德福关系的理想状态充满了

---

① (宋)黎靖德编:《朱子语类》卷 98《张子之书一》,王星贤点校,中华书局 1986 年版,第 2516 页。

② 唐君毅指出:"吾人固不能直依于此气,以行道成德,而尽性立命也。"详见唐君毅《中国哲学原论·导论篇》,中国社会科学出版社 2005 年版,第 380 页。

憧憬，他指出："至当之谓德，百顺之谓福。德者福之基，福者德之致，无入而非百顺，故君子乐得其道。"（《正蒙·至当篇》，第32页）当然，他也清醒地看到，在现实生活中德福既有统一，也有分裂。在他看来，无论是德福统一，还是德福分裂，对人的成长都是有积极意义的。因此，他说："富贵福泽，将厚吾之生也；贫贱忧戚，庸玉女于成也。"（《正蒙·乾称篇》，第63页）就是说，人遇富贵固然是幸事，即使遭遇挫折也应当处之泰然，使自己在逆境中得到磨炼。值得注意的是，张载是鼓励人们追求富裕生活和世俗意义上的幸福的。他说："人多言安于贫贱，其实只是计穷力屈，才短不能营画耳。若稍动得，恐未肯安之。须是诚知义理之乐于利欲也乃能。"（《经学理窟·气质》，第271页）张载认为，"营画"等人为之"能"关涉"义理"与"利欲"之间的辩证关系，这一认识相当深刻。张载还认为，富贵等世俗利益的诉求要受制于人为力量所无法操控的外在因素，"求"并不一定"有益于得"，因此，不应当将它作为命运的终极支撑，而应当"乐得其道"，因为道义和道德性命之理等精神价值才是命运中真正"求有益于得"的，是命运的最终根据。

第三，"存顺没宁"的生死观。张载命论的内容包括生死观。对于生与死，张载在《西铭》中提出了一个著名的观点："存，吾顺事；没，吾宁也。"（《正蒙·乾称篇》，第63页）钱锺书指出，张子此言"已是《庄子·养生主》口气，失孔门之心法矣"[1]。饶宗颐也指出，此言受《太平经》卷一百三《道毕成戒》之影响："天地之性，独贵自然，各顺其事，毋敢逆焉。"[2] 对于道家以气之聚散解释生死这一看法，张载是认同的，并有所吸收。同时，他还认为，人死即气散"反原"，以返回太虚本体为归宿。因而，他主张面对死亡应当保持宁静的心态。全面地看，在这种生死观中的确包含了道家的色彩；但就张载生死观的基本立场看，却仍然是儒家的。张载强调："'莫非命也，顺受其正'，顺性命之理，则得性命之正。灭理穷欲，人为之招也。"（《正蒙·诚明篇》，第24页）据此可知，"存，吾顺事"之"顺事"，当指"顺性命之理，则得性命之正"。

---

[1] 钱锺书：《谈艺录》，中华书局1984年版，第236页。
[2] 饶宗颐：《老子想尔注校证》，上海古籍出版社1991年版，第63页。

钱氏认为张载此说"失孔门之心法",似非确评。张载还指出:"聚亦吾体,散亦吾体,知死之不亡者,可与言性矣。"(《正蒙·太和篇》,第7页)这里所谓"死之不亡者",指超越气之聚散变化之上的道德价值根据。张载认为,"道德性命"是"长在不死之物"(《经学理窟·义理》,第271页)。可知,张载所谓"死之不亡者",或"长在不死之物",都是就"性"或"道德性命"这些永恒的价值存在而言的,而不是就"气"的存在而言的。有学者以"气"论说"死之不亡者",乃无据之谈。

三 成性至命

在张载性命论中,性论与命论之间是有对应关系的:"天地之性"对应于"德命",而"气质之性"则对应于"气命"。因此,"成性"与"至命"的目标也是对应的,而且"成性"与"至命"各有其工夫特色。

(一)"成性"的目标和工夫

如本文第一节的结论所揭示的,性有本末,从而人类安身立命的价值只能以源于"天"的"天地之性"为根据,而不能以源于"气"的"气质之性"或"攻取之性"为根据。这就为成性确立了目标和方向。张载成性论着眼于人性成长的持续过程,此过程可以划分为三个阶段。张载提出:"由学者至颜子一节,由颜子至仲尼一节,是至难进也。二节犹二关。"(《经学理窟·义理》,第278页)在这里,颜子(颜渊)是作为大人或贤人的代表,而仲尼(孔子)则作为圣人的代表;"二节""二关",指在成性过程中从一个阶段转进到更高一级阶段所要经历的两个关节或关口,包括:从学者阶段到大人阶段为一个关口,而从大人阶段到圣人阶段则为另一个更高级的关口。成性的阶段不同,工夫主体的称谓不同,成性的目标以及工夫形态也不同。

第一,以"知礼成性"工夫"常存德性"的学者阶段。张载从事教育,重在"以礼教学者"[①]。"知礼成性"与"变化气质",同为张载教学

[①] (宋)程颢、程颐:《河南程氏遗书》卷2上《元丰己未吕与叔东见二先生语》,《二程集》,王孝鱼点校,中华书局1981年版,第23页。

者的基本工夫形态。学者阶段的成性目标是"德性"的养成，这正如张载所说："学者常存德性。"（《正蒙·天道篇》，第15页）此处"成性"之"礼"，指在道德修养过程中人所应当遵循的礼仪规范；而"知礼成性"，则应当理解为有关礼仪的知识与践行礼仪相统一的工夫形态。

第二，"勉勉以成性"以及"成不独成"的大人阶段。在大人或贤人的成性阶段，其成性目标与上一阶段一致，仍然是"德性"的养成。然而，所不同的是，一方面，大人或贤人的修养工夫具有"勉勉以成性"的特征，张载举例说："如颜子者，方勉勉于非礼勿言，非礼勿动。勉勉者，勉勉以成性也。"（《经学理窟·礼乐》，第264页）另一方面，大人或贤人与学者阶段的不同还表现在，大人或贤人"术正"（《横渠易说·上经》，第79页），与学者相比更能正确地运用修养方法，使自身"德性久"。（《横渠易说·系辞上》，第179页）张载说："惟大人为能尽其道，是故立必俱立，知必周知，爱必兼爱，成不独成。"（《正蒙·诚明篇》，第21页）由于大人或贤人"能尽其道"即"尽其性"，故其成性能够"成不独成"，超出"成己"的范围，进一步拓展到"成人"及"成物"的阶段。

第三，以"不思不勉""尽性"工夫达至"位天德""至诚"境界的圣人阶段。尽管张载承认"大与圣难于分别"（《横渠易说·上经》，第77页），但在他看来，作为圣人阶段的"圣修"和"圣功"，与大人工夫相比，的确要求更高。张载认为，虽然圣人与大人都以"知礼成性"为其工夫，但圣人实践"知礼成性"工夫的要求与大人有所不同，"大人之事则在思勉力行"，而圣人"德盛仁熟之致，非智力能强也"（《横渠易说·系辞下》，第218页）。另一方面，圣人还有其独特的工夫形态，包括"大其心""尽心"乃至"虚心"等，这些都是贯通性命之源的工夫。圣人成性的目标，是达至"位天德""至诚"的最高境界。张载把儒家的"圣人"观念引入其成性论，提出"大成性而后圣"（《正蒙·神化篇》，第17页），把圣人作为成性过程高级阶段的修为目标，从而使圣人观成为其成性论的构成部分。张载圣人观的一个重要特征是，把圣人与作为宇宙本体的"天"相联结，坚持"必学至于如天则能成性"（《经学理窟·气质》，第266页）。在张载看来，与学者和大人相比，圣人的德性更加圆满，已然达到"位天德"的境界。

（二）"至命"的目标和工夫

张载的至命论，源自《易传·说卦》所谓"穷理尽性以至于命"这一命题。他关于"至命"的目标和工夫的论述，都是围绕此命题展开的。在张载看来，必须以"德命"而不是以"气命"为"至命"的目标，这是"至命"的方向问题。在"至命"方向的引导下，张载为"尽性""穷理"等工夫的落实提出了两条具有内在关联的原则，一是"学者须是穷理为先"；二是"知命与至命尽有近远"。对于这两条原则，张载与二程之间一直存在着分歧和争论。

第一，"学者须是穷理为先"。在"穷理尽性以至于命"的工夫次序中，包括三个环节：一是"穷理"；二是"尽性"；三是"至于命"或"至命"。前两个环节说的是工夫；第三个环节说的是工夫欲达致的目标。二程主张"只穷理便是至于命"。这是认为，只需要"穷理"这一个工夫环节就能够"至于命"，可以省略中间的"尽性"工夫环节。因此，张载批评二程的主张"失于太快。此义尽有次序。须是穷理，便能尽得己之性。既尽得己之性，则推类又尽人之性。既尽得人之性，须是并万物之性一齐尽得。如此，然后至于天道也。其间煞有事，岂有当下理会了？学者须是穷理为先"。[①] 张载认为，实现"至命"目标的工夫，应当遵循其从"穷理"到"尽性"的"次序"。而在这一工夫次序中，必须以"穷理为先"。在张载看来，"穷理"，就是对"理"的彻底探究。作为探究对象的"理"，当有二义：一是"性命之理"，二是"物理"。有学者把"穷理"之"理"仅仅归结为"天下之理亦即'物理'"，[②] 这种看法失之片面，也很肤浅。所谓"穷理"之"理"，虽然涵盖"物理"，但不能归结为"物理"。张载恰恰主张："不曰性命之理，谓之何哉？"（《正蒙·参两篇》，第12页）而且，他还反复强调要"顺性命之理"（《正蒙·诚明篇》，第22、23页）。只有"顺性命之理"，才能够保障所"至"

---

① （宋）张载：《礼记说·中庸》，《张子全书》卷14，林乐昌编校，西北大学出版社2015年版，第390页。

② 程宜山：《张载哲学的系统分析》，学林出版社1989年版，第119页。

之"命",是"德命"而不是"气命"。张载还认为,穷理不可能一蹴而就,应当是一个渐进的过程。就是说,"穷理亦当有渐。见物多,穷理多,从此就约,尽人之性,尽物之性。天下之理无穷,立天理乃各有区处,穷理尽性,言性已是近人言也。既穷理,又尽性,然后能至于命,命则又就己而言之也"(《横渠易说·说卦》,第234页)。以穷理为基础,还必须进一步转入"尽性"工夫环节,而尽性工夫也有其过程:"须是穷理,便能尽得己之性。既尽得己之性,则推类又尽人之性。既尽得人之性,须是并万物之性一齐尽得。"①张载把承认"穷理"与否作为区别儒释的标志,他说:"释氏元无用,故不取理。彼以有为无,吾儒以参为性,故先穷理而后尽性。"(《横渠易说·说卦》,第234页)

第二,"知命与至命尽有近远"。张载仍然针对二程"只穷理便是至于命"的观点,坚持修养工夫及其目标必须从穷理到尽性,再从尽性到至命的次序,反对二程混淆"知命"与"至于命",主张二者"尽有近远,岂可以知便谓之至也?"②张载有时把"知命"与"至于命"简化为"知"与"至",认为,"知与至为道殊远,尽性然后至于命,不可谓一。不穷理尽性即是戕贼,不可至于命。然至于命者止能保全天所禀赋,本分者且不可以有加也。既言穷理尽性,则不容有不知"(《横渠易说·说卦》,第234页)。据此可知,张载是把"穷理尽性"归结为"知命"工夫的。这就把"知命"的途径具体化了。这样,"知命"就意味着知天和知天道。因为,"性尽其道,则命至其源也"(《横渠易说·说卦》,第234页)。命之根源在天,故张载说:"命于天者,不可不顺。"③《宋史》张载本传说他"以为知人而不知天,求为贤人而不求为圣人,此秦汉以来学者大蔽也"④。张载批评秦汉以来儒者"不知天",是指他们对"天"的理解出现了偏误。这表现为,把原本超越的宇宙本体之"天"实然化、

---

① (宋)张载:《礼记说·中庸》,《张子全书》卷14,林乐昌编校,西北大学出版社2015年版,第390页。
② 同上。
③ 同上书,第397页。
④ (元)脱脱等:《宋史》卷186《道学一》,聂崇岐等点校,中华书局1980年版,第12723页。

经验化了。张载在论述天道性命相贯通时指出:"故思知人不可不知天","知人知天与穷理尽性以至于命同意"。(《正蒙·诚明篇》,第21页;《横渠易说·说卦》,第234页)清初理学家冉觐祖注解"天人异知"说:"知人而不知天,是谓'天人异知'。"① 如果人能够"知天",便意味着天人不再"异知"。在张载看来,"知天"比"知人"更根本,是复兴儒学的首要课题。广义地看,"知天"也包括"知天道"。张载曾说,他撰写《西铭》的意图,就是"只欲学者心于天道"(《张子语录·语录上》,第313页)。为何知命或穷理尽性就能够"至于命"?张载指出,这是因为,"尽性,然后知生无所得,则死无所丧"(《正蒙·诚明篇》,第21页)。他还指出,"知死之不亡者,可与言性矣"(《正蒙·太和篇》,第7页)。这里所谓"性",指"道德性命是长在不死之物"(《经学理窟·义理》,第273页)。

总之,在张载看来,从"知命"到"顺命",再到"至命",在此过程中要以"道德性命"驾驭人生方向,以工夫实践提升自我,让生命不断成长。

[原载《陕西师范大学学报》(哲学社会科学版)2017年第2期]

---

① 林乐昌:《正蒙合校集释》上册,中华书局2012年版,第287页。

"为生民立命"

——张载命运论的新解读

林乐昌

"横渠四句"（亦称"四为句"）的第二句"为生民立命"，是张载命论的重要命题。"生民"，最早见于《尚书》，是人民的意思。常有学者感叹张载"四为句"的前两句费解，而第二句"为生民立命"的费解程度仅次于第一句"为天地立心"。"为生民立命"费解的焦点不在"生民"，而在"立命"。认为这句话费解有两个原因：一是对不同版本的异文在认定上有差异，容易导致解读的分歧；二是在确定异文之后，如何才能够获得"为生民立命"这句话与所在四句整体语境相吻合的解读效果，也有难度。因而，需要首先解决"为生民立命"的异文认定，然后着重解读"为生民立命"的思想意涵。

一 "为生民立命"的异文认定

张载"四为句"常见的版本有两个系统。在这两个系统中，主要的异文恰恰就出现在"四为句"的第二句中。"四为句"的第一个版本系统包括以下文献：南宋朱熹与吕祖谦合作编撰的《近思录》，南宋《诸儒鸣道》所收的《横渠语录》，还有南宋末吴坚刻本《张子语录》。这几种文献所录的"四为句"第二句皆作"为生民立道"。明版《张子全书》所

---

① 笔者曾撰写《"为天地立心"——张载"四为句"新释》一文（载《哲学研究》2009年第5期），重点阐发了"四为句"的第一句"为天地立心"。当时限于篇幅，未能对第二句展开阐发。这里集中阐发"四为句"的第二句，可以视作对前一篇论文的补充。

收"四为句"是对南宋文本的沿袭。"四为句"的第二个版本系统包括以下两种文献：一是晚明关学学者冯从吾所撰《关学编·自序》；二是清代黄宗羲原著、全祖望补修《宋元学案》卷十七《横渠学案上》黄百家的案语。这两种文献所引的"四为句"第二句均作"为生民立命"①。"为生民立道"与"为生民立命"，究竟应当以哪一句作为解读的文本基础？在现代学者中，冯友兰认可"为生民立道"，而张岱年则认可"为生民立命"。而且，张岱年还指出，"宋、明各本所传当为原文，《宋元学案》所引则经过后人润色，但流传较广"②。这里，张岱年未曾留意之处有两点：一是在《宋元学案》之前，冯从吾《关学编·自序》便已率先把"四为句"第二句引作"为生民立命"；二是"为生民立命"比"为生民立道"流传更广，不是没有原因的。晚明冯从吾较早把"为生民立道"改引作"为生民立命"的原因，在他看来，很可能是"为生民立命"更贴近张载"四为句"整体语境的思考脉络。这是以思想诠释的方式参与文本选择的一个案例。冯从吾对文本的选择，可能影响了后来的黄宗羲。可见，异文的认定，有时需要跳出纯粹的文献版本视野。海外新儒家的代表如唐君毅、牟宗三都是极具思辨力的哲学大家，他们在这句话的两种不同文本中都认同"为生民立命"，这绝非偶然。依据以上的多方论析，以"为生民立命"作为解读的文本对象，应当更具有充分的理由。

二 "为生民立命"的思想解读

有学者在解读"为生民立命"时认为，这句话来源于孟子讲过的"正命"，意思是要让人民过正常的生活③。把孟子"正命"之"命"训解为"生活"，似缺乏根据；进而认为张载"为生民立命"与孟子"正

---

① （明）冯从吾：《关学编·自序》，中华书局1987年版，第1页；（清）黄宗羲原著、（清）全祖望补修：《宋元学案》卷17《横渠学案上》，陈金生等点校，中华书局1986年版，第664页。
② 张岱年：《试谈"横渠四句"》，载《中国文化研究》1997年第15期，第2页。
③ 刘梦溪：《"和而不同"是中国文化的大智慧》，《北京观察》2015年第3期，第71页。

命"一样，意思也是让人民过正常的生活。这是对孟子和张载的误解。本文认为，人民生活所涉及的方面极其广泛，无所不包，而"为生民立命"讲的只是与人民大众的道德价值取向有关的命运问题，并不是泛泛地讲人民的生活。

"为生民立命"这一命题，既有对孔孟命论的传承，也有对儒家命论的创新。当然，这些都需要展开解读。

先看张载是如何传承孔孟命论的。"为生民立命"的关键词是"命"和"立命"。"命"是一个多义词，有命令、吩咐、使命、赋予、命运等含义。孔子提出："不知命，无以为君子也。"[①] 他说自己"五十而知天命"[②]。"天命"论，是孔子命论的基本形态。孔子强调"天命"，其"命"字为命令义，其"天命"是"天"所发布的命令，也就是交付给君子或圣人的使命。孔子五十岁时所知的"天命"是整理西周的文化遗产，具体指整理"六经"，因而这是一种神圣的文化使命。在《中庸》首章首句中，子思提出"天命之谓性"，是说人的德性是由天所赋予的。因而，子思所言的"命"，不是命令的意思，而是赋予的意思。子思的"天命之谓性"虽然没有直接说人的命运，但他的这句话却与人的命运有关，涉及命运的"德性"方向，与后来张载所说的"德命"涵义比较接近。与孔子、子思的命论相比，张载的"为生民立命"主要是对孟子命论的继承和创新。

孟子创建了儒学史上最早的"立命"说。他提出："存其心，养其性，所以事天也。夭寿不贰，修身以俟之，所以立命也。"[③] 这体现了儒家对"安身立命"问题的特别关注。孟子所说的"立命"，指确立命运的方向。对命运的重视，可以帮助人们在自己的生活当中发挥自主性。此外，把人的命运分为"正命"与"非正命"，也是孟子对儒家命论的贡

---

① （魏）何晏集解、（宋）邢昺疏：《论语注疏》卷20《尧曰第二十》，（清）阮元校刻：《十三经注疏》，中华书局1980年影印本，第2536页。
② （魏）何晏集解、（宋）邢昺疏：《论语注疏》卷20《为政第二》，（清）阮元校刻：《十三经注疏》，中华书局1980年影印本，第2461页。
③ （汉）赵岐注、（宋）孙奭疏：《孟子注疏》卷13上《尽心章句上》，（清）阮元校刻：《十三经注疏》，中华书局1980年影印本，第2764页。

献。他说:"莫非命也,顺受其正。是故知命者不立乎岩墙之下。尽其道而死者,正命也;桎梏死者,非正命也。"① 就是说,因为飞来横祸而死或因为犯罪遭受牢狱之灾而死,都算是"非正命";相反,"尽其道而死",则属于"正命"。孟子把作为精神价值的"道"与"正命"联系起来,视作"立命"的根据,同时主张应当"顺受其正"。以上所引孟子所谓"修身以俟之所以立命"的"命",以及"知命者不立乎岩墙之下"的"命",都不再指天的命令,而是指人的命运。显然,这对张载产生了深刻的影响。张载"为生民立命"的"命",与孟子"修身以俟之,所以立命"的"命"一样,也指的是人的命运。但二者的命运论也有区别:在孟子那里,确立命运的根本只是对士人君子而言的;而张载则是要为人民大众确立命运的价值方向,表现出强烈的社会责任感。

再看张载是如何创新儒家命论的。史书记载,张载"喜论命"②。但他深知,"人言命字极难"(《横渠易说·系辞上》,第198页)。张载这里所说的"命",其涵义如果同于孔子所谓"天命"的话,在理解上就不应当那么"难"。张载既然极言论"命"之"难",表明他所谓"命"一定是比"天命"更加复杂的"命",也就是人的命运。孟子论"命"时说,"莫非命也"。这是说,人的命运是受多方面难以把握的力量或因素支配的,无论支配人的命运的力量或因素多么复杂,也无论人的命运如何多变,出现多么难以预知的结局,所有这些无非都属于人的命运。当然,孟子不会满足于这样泛泛地说命运,因而他第一次为人的命运规定了两种不同的方向:一种是"正命";另一种则是"非正命"。在他看来,人们面对这两种方向有别的命运,必须做出正确的抉择。

依据"命于德"还是"命于气"的不同选择,张载在理学家中第一次把人的命运分为"德命"与"气命"两种③。这是受孟子划分"正命"与"非正命"的影响。后来,程朱理学家把"德命"也叫作"理命"。可以把张载的命运论称作"德命—气命"论。张载提出:"德不胜气,性

---

① (汉)赵岐注、(宋)孙奭疏:《孟子注疏》卷13上《尽心章句上》,(清)阮元校刻:《十三经注疏》,中华书局1980年影印本,第2764页。
② (宋)邵伯温:《邵氏闻见录》,李剑雄等点校,中华书局1983年版,第221页。
③ 崔大华:《儒学引论》,人民出版社2001年版,第616页。

命于气；德胜其气，性命于德。穷理尽性，则性天德，命天理。"（《正蒙·诚明篇》，第23页）就是说，以天或天道为根源的命运属于"德命"，以生理欲望及恶俗等因素为根源的命运则属于"气命"或"遇命"。张载说："性通极于无，气其一物尔。命禀同于性，遇乃适然焉。人一己百，人十己千，然有不至，犹难语性，可以言气；行同报异，犹难语命，可以言遇。"（《正蒙·乾称篇》，第64页）他所谓"德命"，指的是人生境遇中受道德理性支配的确定性力量，包含"道德性命是长在不死之物也，己身则死，此则常在"（《经学理窟·义理》，第273页）的永恒价值。这是站在道德理性命运论的立场上所做的界定。"气命"或"遇命"，则指的是在人生遭遇中受生理意欲及恶俗支配的不确定性力量。由于受孟子启发，张载视"德命"为"正"，视"气命"或"遇命"为"非正"，而且还特别强调人们在面对自己的命运时一定要"顺受其正"："顺性命之理，则得性命之正，灭理穷欲，人为之招也。"（《正蒙·诚明篇》，第24页）此外，张载还提出追求命运的原则，就是"求有益于得"和"求在我者"。他说："富贵、贫贱皆命也。今有人，均为勤苦，有富贵者，有终身穷饿者，其富贵者只是幸会也。求而有不得，则是求无益于得也。道义则不可言命，是求在我者也。"（《张子语录·语录上》，第311页）这一原则，源自孟子"求无益于得"与"求有益于得"的区分。张载所谓"富贵、贫贱皆命也"的"命"，以及"道义则不可言命"的"命"，都指的是"气命"；而"求在我者"所指向的则是以"道"为价值原则的"德命"。他主张对"德命"与"气命"这两种不同层次的命运，都应当予以安立；但格外强调要以"德命"驾驭"气命"，而绝不是相反。[①]

基于张载命运理论，有必要用现代语言对"命运"加以表述。所谓命运，简言之即指人的生活遭遇或生活境遇。在人生遭遇或境遇的展现中，人们一定既会受"德命"的影响，同时也会受"气命"的限制。具体言之，人们往往会遭遇贫穷或富有、高贵或低贱、长寿或短命、幸福

[①] 唐君毅指出："吾人固不能直依于此气，以行道成德，而尽性立命也。"参见唐君毅《中国哲学原论·导论篇》，中国社会科学出版社2005年版，第380页。

或灾祸、顺境或逆境、生存或死亡等难以预料的处境；当人们身处这些遭遇或境遇时，往往需要做出与自身价值取向相一致的反应。上述人生中所有这些遭遇交织在一起所形成的合力及其结局，便是人的命运。命运所涉及的问题是极其复杂的，既有"德命"与"气命"的张力，以及这两种力量可控与不可控的关系，又有人生目标"求而可得"与"求而不可得"的关系，命运的限度（有限）与突破限度（无限或永恒）的关系，不一而足。所有这些矛盾的解决，都取决于人们的价值方向和生命意义的选择。

人生注定，谁都无法逃脱死亡这一大限。因而，张载的命运论也包括生死观在内。在《西铭》中，张载提出了一个著名的观点："存，吾顺事；没，吾宁也。"（《正蒙·乾称篇》，第63页）据此，我们可以用"存顺没宁"来概括张载的生死观。他还强调："'莫非命也，顺受其正'，顺性命之理，则得性命之正。灭理穷欲，人为之招也。"（《正蒙·诚明篇》，第24页）由此可知，张载所谓"存，吾顺事"之"顺事"，当指"顺性命之理，则得性命之正"。他还认为，人的死亡其实是返归太虚本体这一终极归宿，就好像回到天地自然的怀抱一样。因而，他主张人们面对死亡时应当保持宁静的心态。针对张载"存顺没宁"的说法，钱锺书曾指出，张载此言"已是《庄子·养生主》口气，失孔门之心法矣"[1]。说张载此言是庄子口气，认为他以气之聚散解释生死，这比较中肯；但说张载的生死观"失孔门之心法"，则并非确评。其实，张载的生死观并未丧失孔子儒学的立场。陈垣指出："自孔子有'未知生焉知死'之言，人遂以为儒家不谈生死。不知'死生有命'，固儒家所恒言，即《鲁论》一书，言生死者何限。"[2] 与道家有所不同，张载除以气之聚散解释生死之外，还强调"聚亦吾体，散亦吾体，知死之不亡者，可与言性矣"（《正蒙·太和篇》，第7页）。张载所谓"死之不亡者"，指的是超越于气之聚散变化之上的道德价值根据。这里所谓"死之不亡者"，与上引"长在不死之物"的说法一样，都是就"性"或"道德性命"这些永恒的价值而

---

[1] 钱锺书：《谈艺录》，中华书局1984年版，第236页。
[2] 陈垣：《通鉴胡注表微》，生死篇第十九，辽宁教育出版社1997年版，第280页。

言的，而不是就"气"而言的。有的学者以"气"解释"死之不亡者"，这完全是没有根据的。

总而言之，"为生民立命"作为张载的重要命题，其"立命"观是沿着孟子所开辟的方向立说的。但孟子仅着眼于士人君子的修身"立命"，而张载则要为社会大众"立命"，意思是为民众确立命运的道德价值方向，使民众能够据以做出正确的抉择，从而掌控自己的命运，赋予生活以意义。在张载的思考脉络中，"为生民立命"是有其前提条件的，就是首先需要"为天地立心"，把源于"天地"也就是宇宙论意义的"生生之德"向下转化为民间社会的"仁""孝""礼"等道德价值系统。这正像现代海外新儒学的代表唐君毅所说的，"横渠之言'立心'，亦犹其言'立命'"。[①] 张载提出的"为天地立心"与"为生民立命"这两"立"，体现了当时士人对社会教化责任的自觉担当。

[原载《西北大学学报》（哲学社会科学版）2019年第3期]

[①] 唐君毅：《中国哲学原论·导论篇》，中国社会科学出版社2005年版，第380页。

宋明理学对自然秩序与道德价值的思考

——以张载为中心

丁为祥*

儒学的核心问题是天人关系问题,这一问题不仅表现为子贡"夫子之言性与天道,不可得而闻也"①的感慨,表现为司马迁"究天人之际,通古今之变"②的宏愿,而且也表现在张载"性与天道合一存乎诚"(《正蒙·诚明篇》,第20页)的论定中。因此,这一问题完全可以说是贯彻儒学始终的问题。但对于这种贯彻始终的重大主题,不同时代的儒学却可以根据其不同的视角作出完全不同的探索与回答——这又构成了儒学发展的历史性与时代性;而不同时代的儒学,其借以区别的标志,往往也就体现在其对天人关系之不同的把握视角上。

具体到宋明理学来说,它的一个根本性的任务,就是要对天地万物作出本体论的思考和论证;而这样一种任务,同时也表现着其作为新儒学对佛老之空、无本体的一种创造性的回应。至于张载的"为天地立心(志),为生民立命(道),为往(去)圣继绝学,为万世开太平"③,其实也正表现了理学家经天纬地的关怀。但是,当理学家在这一规模的基础上展开其"造道"追求时,一个基本性的前提却在于:其究竟应当从

---

* 丁为祥:陕西师范大学哲学与政府管理学院哲学系教授、博士生导师。

① (魏)何晏集解、(宋)邢昺疏:《论语注疏》卷5《公冶长第五》,(清)阮元校刻:《十三经注疏》,中华书局2009年影印本,第5373页。

② (汉)班固撰、(唐)颜师古注:《汉书》卷62,傅东华等点校,中华书局1962年点校本,第2735页。

③ 关于张载的"四为",现行《张载集》中有两种不同的表达,前者("立心")见于《近思录拾遗》,后者("立志")则见于张载《语录》;而这两处的后边均表达为"立道"和"去圣"。至于今人所常用的"立命""往圣"诸说,则不知起于何时、为何人所改定。而这两种不同表达则分别见于《张载集》中第376页和320页。

自然秩序出发来说明道德价值还是应当从道德理性出发给天地万物以人伦道德的观照与诠释？在宋明时代，大多数理学家都对这一问题作出了明确而又肯定的回答，这就是必须以道德价值来说明宇宙天道的自然秩序。实际上，这一点也正是理学之为理学的标志。宋明理学这一形成上的特色不仅从根本上决定了研究理学的途径，而且也决定着对理学推陈出新的基本方法。

一 天人合一的不同传统

已如前述，天人关系问题是传统文化中最古老的问题，但在不同的思想派别或不同的思想谱系中，对这一关系却可以具有完全不同的把握视角，比如道家的"无以人灭天，无以故灭命"[①]与儒家的"参天地，赞化育"[②]就代表着两种根本不同的视角。而在儒学内部，不同时代的儒学也可以因为其不同的时代思潮而具有完全不同的探索侧重。

从天人合一的角度看，天与人的合一当然首先取决于天的含义，但"天"的含义实际上又是由人对"天"之不同的取义决定的，正如《尚书·泰誓》所谓的"天视自我民视，天听自我民听"[③]一样。春秋时代，随着传统天命观的式微，"天"的含义也大体分裂为三层，这就是对应着传统天命观并作为传统天命观之遗留的神性主宰义，对应于"西周人文精神的跃动"而形成的道德超越义，以及对应于人对自然和社会历史现象的不断反思所形成的客观自然义；而这三重含义，又正好落实在当时正在形成中的儒、道、墨三家中。儒家作为三代文明的主要继承者，其对于"天"的取义当然是三种含义并存的，但由于它以复兴周礼为职志，因而主要弘扬了"天"的道德超越义；道家出于史官，"历记成败存亡祸

[①] （战国·宋）庄周：《庄子·秋水》，见（清）郭庆藩《庄子集释》，王孝鱼点校，中华书局2012年版，第588页。

[②] 《礼记·中庸》云："唯天下至诚，为能尽其性……能尽人之性，则可以赞天地之化育；可以赞天地之化育，则可以与天地参矣。"参见（汉）郑玄注、（唐）孔颖达疏《礼记正义》卷53《中庸》，（清）阮元校刻：《十三经注疏》，中华书局2009年影印本，第3543页。

[③] （汉）孔安国传、（唐）孔颖达疏：《尚书正义》11卷《泰誓中》，（清）阮元校刻：《十三经注疏》，中华书局2009年影印本，第385页。

福古今之道,然后知秉要执本,清虚以自守,卑弱以自持"①,所以主要阐扬了"天"的客观自然义;至于墨家,由于其社会下层的出身、强烈的社会不平感以及为了确保其"兼爱"情怀得以贯彻落实的"天志""明鬼"诸说,则主要发挥了"天"的神性主宰义。如此一来,从天人合一的角度看,则春秋时代的天人关系主要也就表现为三种进路或三种不同形态。道家的"无以人灭天"显然表现了人与天之自然而又本源式的合一——从老子的"天下万物生于有,有生于无"②,一直到王弼的"崇本以息末,守母以存子"③,就典型地表现着道家的这种反向溯源的思路;而庄子的"万物一也""通天下一气耳",则不仅给天与人以完全自然的解释,而且其"无听之以耳,而听之以心;无听之以心,而听之以气"④的认知方式以及其"生于陵而安于陵,故也。长于水而安于水,性也。不知吾所以然而然,命也"⑤的修养要求,也都明确地表达了一种完全将人生自然化的追求指向。墨家则主要是以天能赏罚、鬼能报应的方式宣扬它的"天志",自然,这也就是以赏罚报应的方式来发挥天的神性主宰义。至于儒家的天人关系则显然要复杂一些。一方面,作为"三代"文化的主要继承者,当时天的三种含义在儒学中都有所表现;但另一方面,由于儒家主要是以西周以来的"德治"传统作为弘扬对象的,因而道德超越义的天也就成为其天人关系的主要担当者;而神性主宰义、客观自然义也就全然围绕着其道德超越义而展开。如此一来,作为"三代"文化的继承者,儒学同时也就成为当时思想文化界的主流了。

正因为儒家既是"三代"文化的主要继承者,同时又是当时思想文化界的主流,所以当时所有的天人关系以及其合一的种种进路在儒学中都有所表现;而从发展的角度看,则儒学各种不同的历史形态实际上也

---

① (汉)班固撰、(唐)颜师古注:《汉书》,傅东华等点校,中华书局1962年版,第1732页。
② (魏)王弼注、楼宇烈校释:《老子道德经注校释》,中华书局2008年版,第110页。
③ (魏)王弼注:《老子指略》,《王弼集校释》,楼宇烈校释,中华书局1980年版,第196页。
④ (战国·宋)庄周:《庄子·知北游》,见(清)郭庆藩《庄子集释》,王孝鱼点校,中华书局2012年版,第152页。
⑤ 同上书,第656页。

就成为其天人合一之各种不同进路的一种历史展现了。比如在孔子的思想中,"天"既具有道德超越的含义,又具有神性主宰的含义,同时还具有客观自然的含义;与之相应,其天人关系及其合一的途径也就有了各种不同的表现。比如"获罪于天,无所祷也"①"知我者其天乎"②,自然表现了天的神性主宰义;但所谓"天生德于予"③"下学而上达"④,则又表现着天的道德超越义;至于所谓"四时行焉,百物生焉"⑤,显然又具有客观自然的含义。

正由于儒家在思想上的主体地位,因而它也不得不首当其冲地面对当时"礼崩乐坏"的人伦现实,思想上的主体地位以及其急切的拯救情怀也使它无暇他顾,因而必然要以"德治"传统中"德"(仁)与"礼"的互补、以"为己"与"正己"的互校作为对治"礼崩乐坏"的主要方法。这样一来,"文行忠信"必然成为其施教的主要内容,而由"孝悌"以至于"泛爱众"的日用伦常也就必然成为其基本的入手。这样一种进路,自然会促成子贡所谓"夫子之文章,可得而闻也,夫子之言性与天道,不可得而闻也"⑥的感慨。但孔子却并非全然不谈天人关系,他只是以"孝悌""亲仁"的方式表现其"下学而上达"——合人于天的实践追求而已。此后,由于道、墨两家的刺激,所以到子思,就以"天命之谓性"的方式直接揭示天与人的价值渊源关系,同时又以"诚者,天之道也;诚之者,人之道也"⑦的方式明确表达其天人合一的祈向。到了孟

---

① (魏)何晏集解、(宋)邢昺疏:《论语注疏》卷3《八佾第三》,(清)阮元校刻:《十三经注疏》,中华书局2009年影印本,第5358页。
② (魏)何晏集解、(宋)邢昺疏:《论语注疏》卷14《宪问第十四》,(清)阮元校刻:《十三经注疏》,中华书局2009年影印本,第5459页。
③ (魏)何晏集解、(宋)邢昺疏:《论语注疏》卷7《述而第七》,(清)阮元校刻:《十三经注疏》,中华书局2009年影印本,第5393页。
④ (魏)何晏集解、(宋)邢昺疏:《论语注疏》卷14《宪问第十四》,(清)阮元校刻:《十三经注疏》,中华书局2009年影印本,第5459页。
⑤ (魏)何晏集解、邢昺疏:《论语注疏》卷17《阳货十七》,(清)阮元校刻:《十三经注疏》,中华书局2009年影印本,第5487页。
⑥ (魏)何晏集解、(宋)邢昺疏:《论语注疏》卷5《公冶长第五》,(清)阮元校刻:《十三经注疏》,中华书局2009年影印本,第5373页。
⑦ (汉)郑玄注、(唐)孔颖达疏:《礼记正义》卷53《中庸》,(清)阮元校刻:《十三经注疏》,中华书局2009年影印本,第3542页。

子,则干脆以个体之更为内在、也更为具体的"集义""养气"来实现"尽其心者,知其性也。知其性,则知天矣"①的关怀。所以说,在整个先秦,儒家的天人合一就既表现为"天"对"人"之道德性的赋予,同时又表现为"人"之自觉地不离人伦日用的道德追求——通过自己的道德实践,既实现对"天意"的贯彻和落实,同时也表现其超越"上达"的天人合一追求。

战国以降,由于百家争鸣、诸家融合,因而在"罢黜百家,独尊儒术"之后,虽然汉儒也极为重视天人关系,但其天与人却主要是沿着两个方向展开的。汉儒的天具有明确的神性主宰义;同时,其天与人的合一则又主要表现为从自然之生化到人之禀赋以及从人到天之"相副"和比附式的合一。比如关于天的神性义,董仲舒说,"天者,百神之大君也,事天不备,虽百神犹无益也"②,这显然是就其神性主宰义而言的。至于天与人的具体关系,董仲舒又说:"人之(为)人本于天,天亦人之曾祖父也。此人之所以上类天也。人之形体,化天之寒暑;人之受命,化天数而成;人之血气,化天志而仁;人之德行,化天理而义;人之好恶,化天之暖清;人之喜怒,化天之四时;人之有喜怒哀乐之答,春秋冬夏之类也……天之副在乎人,人之情性有由天者矣。"③从这两处论述来看,虽然天也代表着人之生命的根本依据和最后根源,但天与人的联系却既要借助其神性义来表现天的主宰性,又必须借助天之自然的生化来展开、落实并实现这种天人关系——其"天亦人之曾祖父"一说,一方面固然表现了天对人之生命的根源、依据和主宰性,同时人又必须借助自然的禀赋和近乎血缘一样的传承来表现其对天的遵从与"相副"关系;另一方面,由人到天则既需要通过人之充满敬畏的"相副"和效法来实现,同时天也会不断地以"灾异谴告"的方式来表达它的意志。所以董仲舒又说:"灾者,天之谴也;异者,天之威也;谴之而不知,乃畏

---

① (汉)赵岐注,(宋)孙奭疏:《孟子注疏》卷13《尽心章句上》,(清)阮元校刻:《十三经注疏》,中华书局2009年影印本,第6014页。
② (清)苏舆:《春秋繁露义证·郊语》,钟哲点校,中华书局1992年版,第398页。
③ (清)苏舆:《春秋繁露义证·为人者天》,钟哲点校,中华书局1992年版,第318—319页。

之以威……凡灾异之本，尽生于国家之失，国家之失乃始萌芽，而天出灾害以谴告之，谴告之而不知变，乃见怪异以惊骇之，惊骇之尚不知畏恐，其殃咎乃至。以此见天意之仁而不欲陷人也。"①

在董仲舒的天人关系中，天固然是"百神之大君""人之曾祖父"，"天意"固然也是"不欲陷人也"，但天的意志及其作用却完全是通过自然的力量——所谓灾异谴告的方式实现的：一方面，通过自然的生化以表现天对人包括宇宙万物的根源和依据关系；另一方面，则又必须时时以灾异谴告的方式来体现、贯彻并落实天的意志。自然的生化固然表现了天对宇宙万物的根源性，而灾异谴告则体现着天的神性主宰义。这样一来，从伦常经验的角度看，则天的神性主宰义实际也就主要落实在它的自然生化义上了。正因为这一原因，所以两汉的天人关系实际上是通过神性义与自然义的互补实现的；又由于天意高远而难知，因而其天人关系最后也就只能落实在作为宇宙本源及其通过自然力量所展现的生化关系上了。这正构成了汉代天人关系的主流。所以，作为汉代专门解经的纬书就这样规定宇宙本源及其与天地万物（当然也包括人）的生化关系：

夫有形者生于无形，则乾坤安从生？故曰：有太易，有太初，有太始，有太素。太易者，未见气也；太初者，气之始也；太始者，形之始也；太素者，质之始也。气、形、质具而未相离，故曰浑沦，言万物相浑沦而未相离也。②

天地未分之前，有太易，有太初，有太始，有太素，有太极，是为五运。形象未分，谓之太易；元气始萌，谓之太初；气形之端，谓之太始；形变有质，谓之太素；质形已具，谓之太极。五气渐变，谓之五运。③

---

① （清）苏舆：《春秋繁露义证·必仁且智》，钟哲点校，中华书局1992年版，第259页。
② （清）赵在翰辑：《七纬（附论语谶）·易纬》，钟肇鹏、萧文郁点校，中华书局2012年版，第43—44页。
③ （清）赵在翰辑：《七纬（附论语谶）·孝经纬》，钟肇鹏、萧文郁点校，中华书局2012年版，第726页。

在这一宇宙演化的过程中，如果说确实包含着天人关系，那么从无生命的山川土石到作为万物之灵的人，其实都是最原初之"太易"的产物；而所谓天人关系，实际上也就是作为宇宙本源的"太易"与作为其生化之产物——天地万物的关系了。在这里，如果说还存在着道德性的合人于天的问题，那么董仲舒的"禾、米"①之喻与扬雄对"气"之"适善恶之马"②的比喻与定位也就只能将善的实现问题落实为"气"的一种或然性了。所以说，从表面来看，虽然汉儒高扬了天的神性主宰义，但其天人关系实际上却只落实在自然生化的层面上；而这一过程，又主要是通过宇宙演化的途径实现的，所以说汉儒的天人合一，最后也就落实为一种宇宙生化论式的天人合一了。

二 宋明理学的特殊进路

天人关系问题在宋明理学中得到了新的把握和处置。这种处置既缘于来自佛教形上本体视角的批评，同时也是通过宋儒对于汉唐儒学天人合一之宇宙论进路的不断反思实现的。

所谓来自佛教的批评，其实主要是一种反衬。两汉以后，儒学之所以退缩于注经一隅，主要是因为汉儒建立在宇宙生化论基础上的天人合一说存在着重大的理论难题：一方面，以灾异谴告为特征的神性主宰义固然诡异而难知——其所体现的天意虽然超绝实际上却并不具有超越性；另一方面，建立在宇宙生化基础上的天人合一说又缺乏本体论的依据——虽然它也有宇宙论的规模，却缺乏来自形上本体层之所谓超越性与绝对性的支撑。因而两汉以降，佛老二教之所以能够大行其道，也主要是以其本体理论与形上境界为依托的。这就形成所谓"浮屠老子之书，天下共传"的格局；而儒家士大夫也纷纷对佛老之学"信其书，宗其道，天

---

① （清）苏舆：《春秋繁露义证·实性》，钟哲点校，中华书局1992年版，第311页。
② （汉）扬雄：《法言义疏》，汪荣宝义疏，中华书局1987年版，第85页。

下靡然同风"①。而从中唐起，华严五祖宗密甚至还专门以"原人论"的形式从形上本体的高度给儒道两家的宇宙生化论以严厉的批评。他指出：

> 万灵蠢蠢，皆有其本；万物芸芸，各归其根。未有无根本而有枝末者也，况三才中之最灵，而无本源乎？且知人者智，自知者明。今我禀得人身，而不自知所从来，曷能知他世所趣乎？曷能知天下古今之人事乎？……然今习儒道者，只知近则乃祖乃父，传体相续，受得此身，远则混沌一气，剖为阴阳之二，二生天地人三，三生万物，万物与人，皆气为本。②

显然，宗密的这一批评主要是针对汉唐时代儒道两家的气本气化论立说的。在宗密看来，气本身只属于生化流变之物，因而仅仅建立在气之生化流变基础上的人生理论既不足以支撑人生，也不足以为人生提供本体的依据。从道家来看，"所言万物皆从虚无大道所生者，大道即是生死贤愚之本，吉凶祸福之基，基本既其常存，则祸乱凶愚不可除也，福庆贤善不可益也，何用老庄之教耶？"③这就是说，如果天地万物都源于由原始一气所表现出来的虚无大道，那么如此一来，老庄（当然也包括儒学）所有的立教、言说活动也就成为一种纯粹的蛇足之举了。从儒家来看，既然天地万物都源于原始一气，而"天地之气，本无知也，人禀无知之气，安得欻起而有知乎？草木亦皆禀气，何不知乎？又言，贫富贵贱、贤愚善恶、吉凶祸福，皆由天命者，则天之赋命，奚有贫多富少，贱多贵少，乃至祸多福少？苟多少之分在天，天何不平乎？……既皆由天，天乃兴不道而丧道，何有福善益谦之赏、祸淫害盈之罚焉？又，既祸乱反逆皆由天命，则圣人设教，责人不责天，罪物不罪命，是不当也。然则《诗》刺乱政，《书》赞王道，《礼》称安上，《乐》号移风，岂是

---

① （宋）范育：《正蒙序》，《张载集》，章锡琛点校，中华书局1978年版，第4—5页。

② （唐）宗密：《华严原人论校释》，原人论序，石峻、董群校释，中华书局2019年版，第1—11页。

③ （唐）宗密：《华严原人论校释》，斥迷执第一，石峻、董群校释，中华书局2019年版，第37页。

奉上天之意、顺造化之心乎？是知专此教者，未能原人"①。显然，在宗密看来，这种建立在原始一气基础上的人生理论不仅不足以说明人伦现实，而且也与儒家自古以来"《诗》刺乱政，《书》赞王道，《礼》称安上，《乐》号移风"的传统相悖。而在宗密看来，儒家这种由《诗》《书》《礼》《乐》传统所表现出来的"参天地，赞化育"精神，其实是有着更为深厚的精神凭藉的，只是这种建立在气本气化基础上的宇宙论不足以说明之而已。

宗密的这一批评，实际上是站在本体论的高度对儒道两家的宇宙生化论提出了一种超越的评判，以揭示其思考的不彻底性与理论根底的不牢固性；而这种不彻底与不牢固又正好成为当时"浮屠老子之书，天下共传"的理论根源。所以，对于新崛起的宋代新儒学来说，这种来自本体论视角的批评正好成为它的一个非常重要的理论借鉴——欧阳修所谓的"修其本以胜之"②，实际上就已经表现出了宋儒对这一问题的充分自觉；而所谓"出入佛老，返于六经"③，自然也就成为两宋理学家共同的思想经历。

从宋明理学来看，虽然其本体论视角主要表现在理学开创者对汉唐儒学宇宙生化论视角的反省与人生理论的批评中，但这种反省与批评又首先是通过对来自佛教本体论视角之批评的充分借鉴实现的。因为在宗密对儒道两家的批评中，本体论视角就是其一以贯之的理论前提，而这种来自本体论视角的批评，与后来张载对汉唐儒学的反省也是基本一致的。请看张载对汉唐儒学的反省：

---

① （唐）宗密：《华严原人论校释》，斥迷执第一，石峻、董群校释，中华书局2019年版，第37页。
② （宋）欧阳修：《本论》，《欧阳修全集》，中华书局2001年版，第2册，第290页。
③ 此语不知最初为何人所提出，大体指谓两宋理学家共同的思想经历，比如张载"……访诸释老，累年究极其说，知无所得，反而求之《六经》"。参见《宋史·张载传》，《张载集·附录》，章锡琛点校，中华书局1978年版，第385—386页。另外，程颢也是"泛滥于诸家，出入于老、释者几十年，返求诸《六经》而后得之"。参见（宋）程颐《河南程氏文集》卷11《明道先生行状》，《二程集》，王孝鱼点校，中华书局1981年版，第638页。总之，都属于对理学家共同思想经历的概括。

以为知人而不知天，求为贤人而不求为圣人，此秦汉以来学者大蔽也。①

学者有专以礼出于人，而不知礼本天之自然，告子专以义为外，而不知所以行义由内也，皆非也，当合内外之道。（《经学理窟·礼乐》，第264页）

今之人灭天理而穷人欲，今复返归其天理。古之学者便立天理，孔孟而后，其心不传，如荀扬皆不能知。（《经学理窟·礼乐》，第273页）

很明显，在张载的这一反思中，一个基本的概括就是"孔孟而后，其心不传"，而所谓"荀扬皆不能知"自然是指对孔孟精神的继承而言的；至于"知人而不知天，求为贤人而不求为圣人"，又显然是指秦汉以来的儒学既缺乏超越性追求又缺乏本体论建构而言的，所以才被张载视为秦汉以来学者的"大蔽"。显然，如果仅就汉唐儒学之缺乏超越性追求与本体论建构而言，那么张载的这一反省与宗密的批评实际上是完全一致的。但张载的立场毕竟又不同于宗密，所以在其反思中，张载同时又依据儒家传统的体用不二精神，提出了天人一贯（所谓"礼本天之自然"）的指向与合内外之道的标准。很明显，这样的观点不仅不是宗密的佛教本体论立场所能提出的，而且其基本精神也是相互背反的。

正因为这一原因，所以张载并不仅仅是对汉唐儒学进行反省，而且是在"返于'六经'"——对儒家经典重新解读的基础上，同时也展开了对佛老与时儒的双向批判。而这种批判首先是从天道观的领域展开的：

若谓虚能生气，则虚无穷，气有限，体用殊绝，入老氏"有生于无"自然之论，不识所谓有无混一之常；若谓万象为太虚中所见之物，则物与虚不相资，形自形，性自性，形性、天人不相待而有，陷于浮屠以山河大地为见病之说。此道不明，正由懵者略知体虚空为性，不知本天道为用，反以人见之小因缘天地……语天道性命者，

---

① 《宋史·张载传》，《张载集·附录》，章锡琛点校，中华书局1978年版，第386页。

不罔于恍惚梦幻，则定以"有生于无"，为穷高极微之论。入德之途，不知择术而求，多见其蔽于诐而陷于淫矣。（《正蒙·太和篇》，第8页）

这里的批评，当然首先是针对时儒的，但时儒的理论却并非是出自其自创——不是对道家"有生于无"的因袭就是对佛教"缘起性空"之说的照搬；而这两家的理论，虽然表现似乎完全相反，但"言乎失道则均焉"（《正蒙·太和篇》，第7页），这就是在其看似截然相反的表现中却存在着一个共同的"体用殊绝"的毛病。在张载看来，道家是将太虚与气、无和有理解为前后相生的关系，从而陷入了"虚无穷，气有限"式的体用殊绝；而佛教又将宇宙万象仅仅理解为"太虚中所见之物"，从而又成为"物与虚不相资"之"形性、天人不相待而有"式的体用殊绝。正是这两种"体用殊绝"，使时儒的天道性命之学"不罔于恍惚梦幻，则定以'有生于无'，为穷高极微之论"。很明显，构成这一反省的基本精神，就是儒家传统的体用不二，而这种体用不二，既是张载批评佛老的思想武器，同时也成为其阐发儒家天人合一思想的主要方法。

在张载看来，对于佛教的本体论视角，儒学是必须借鉴的；但对于其本体的内涵，儒学又必须进行批判，因为其存在着似是而实非的重大毛病。所以到了人生论部分，张载就集中批评佛教的本体观念——空观理论，并以两种不同的本体观念处处突出儒与佛之间的根本对立。他指出：

> 释氏语真（实）[①]际，乃知道者所谓诚也，天德也。其语到实际，则以人生为幻妄，以有为为疣赘，以世界为阴浊，遂厌而不有，遗而弗存。就使得之，乃诚而恶明者也。儒者则因明致诚，因诚致

[①] 此处的"实际"当为"真际"之误。因为无论从其对"实际"之所谓"诚也，天德也"的规定和诠释来看，还是从其后面从对比角度所提出的"其语到实际"来看，其前面所谓的"实际"都应当是指"真际"而言。如果再结合其后面的"彼欲直语太虚，不以昼夜、阴阳累其心，则是未始见易，未始见易，则虽欲免阴阳、昼夜之累，未由也已。易且不见，又乌能更语真际"来看，则其所谓"真际"实际上正与"诚""天德"处于同一层面；如果再从其"真际""实际"之对比言说来看，则这里的"实际"也只能首先指"真际"，然后才能有对"实际"的具体言说，所以这里特意以对比的方式校出。

明，故天人合一，致学而可以成圣，得天而未始遗人，《易》所谓不遗、不流、不过者也。彼语虽似是，观其发本要归，与吾儒二本殊归矣。道一而已，此是则彼非，此非则彼是，故不当同日而语……彼欲直语太虚，不以昼夜、阴阳累其心，则是未始见易，未始见易，则虽欲免阴阳、昼夜之累，未由也已。易且不见，又乌能更语真际！舍真际而谈鬼神，妄也。所谓实际，彼徒能语之而已，未始心解也。（《正蒙·乾称篇》，第65页）

在张载的这一批评中，他对佛教的本体论立场与本体追求精神始终是有所肯定的，所以他并不否认佛教在这一层面上的"得"。但是，当进入到人生价值观部分，他又处处强调二者的"二本殊归"，并认为其二者是"此是则彼非，此非则彼是"的关系。这说明，在承认本体及其超越性这一层面上，儒与佛是一致的，当然，这同时也说明张载的"造道"必然要在本体论的层面展开。但是，当涉及本体的内涵——价值观部分时，儒与佛又成为"二本殊归"的关系了，儒家是诚明一致——所以坚持天人合一；佛教则是"诚而恶明"——因而也就成为所谓真俗背反了。这说明，张载不仅准确地把握了佛教的本体论视角及其立场，而且对其本体的内涵以及儒与佛在价值观上的分歧与对立也有着非常准确的认识。正因为如此，所以他不仅可以根据天道本体与其发用流行的一体关系阐明儒家诚明一致、天人合一的道理，而且还根据这一原则批评佛教对真际与实际一并皆妄的错误理解。

这样，由于张载对汉唐儒学、老庄与佛教各自的理论都既有肯定同时又有所批评，因而其为理学的"造道"也就成为一种博大精深而又细致的"择术而求"活动了。这种"择术而求"，首先也就表现在他对儒家传统天人合一主题的诠释中。

三 自然秩序与道德价值

当张载面对天人合一的传统主题时，儒学发展的历史为他提供了两种可能的选择。第一种选择就是由孔孟所代表的通过尽心而知性知天

（或者也可以表达为通过"孝弟""亲亲"以至于"泛爱众"）的"下学上达"路线。这一路线虽然起始于"孝弟""亲亲"，但又以道德实践的方式指向了"以天下为一家，以中国为一人"[1]，因而可以说是儒家传统的经典路线。但由于这一路线起始于个体的文行忠信修养而又始终具有不脱离人伦日用的特点，因而与佛老相比，难免使人有"大道精微之理，儒家之所不能谈"[2]之嫌。第二种选择就是以汉儒为代表的宇宙生化路线。但由于这种建立在自然生化基础上的天人合一说既缺乏超越的追求指向又缺乏本体论的依据，所以又无法抗衡于来自佛教本体论视角的批评；而仅仅建立在自然生化基础上的宇宙论既不足以彰显道德理性的绝对性，又不足以表现其超越性。正因为这些方面的原因，所以张载也就必须在对"六经"《论》《孟》综合继承的基础上，以"当自立说"的"造道"方式重新展开对天人合一的论证。具体说来，这就是"以《易》为宗，以《中庸》为体，以孔孟为法"[3]——在《六经》《论》《孟》熔为一炉基础上的综合创新活动。

张载的这一选择显然突出了本体论的取向。对于传统的天人合一来说，这就既要发掘天道本体的含义，又要以之贯通天人。一方面，将儒家的道德理性以天道本体的方式贯注于日用伦常之中，从而完成对道德理性的天道本体化论证；另一方面，在完成对道德理性之人伦日用化落实的同时也就实现了对人伦生活的天道本体化提升。这样一来，对"六经"《论》《孟》而言，张载就必须将其渗透于伦常日用中的道德理性提升到天道本体的层面；而对于汉唐儒学的气化宇宙论来说，则又必须为其充实以天道本体的基础，从而使其宇宙论真正成为天道本体贯注与统摄下的宇宙论，同时又使其本体论成为发用流行于宇宙论之中的本体论。这样一来，儒家传统的天人关系就转化为本体论与宇宙论、自然秩序与道德价值的关系。

对于宋明理学中自然秩序与道德价值的关系问题，近代以来，人们

---

[1] （汉）郑玄注、（唐）孔颖达疏：《礼记正义》卷22《礼运第九》，（清）阮元校刻：《十三经注疏》，中华书局2009年影印本，第3080页。
[2] （宋）范育：《正蒙序》，《张载集》，章锡琛点校，中华书局1978年版，第4页。
[3] 《宋史·张载传》，《张载集·附录》，章锡琛点校，中华书局1978年版，第386页。

常常习惯于从自然秩序的角度来说明道德价值的形成，并以宇宙生化的方式来说明其天道本体论。实际上，这是一种很大的误解。因为纯粹的自然秩序只能属于宇宙生化论，而宇宙生化论本身并不足以说明道德理性的价值，尤其不足以说明道德理性的超越性与绝对性；而在宋明理学中，也很少存在所谓纯而又纯的自然生化论的情形。实际上，儒学的这一特点，在宗密对汉唐儒学气化宇宙论的批判中就已经表现出来了——因为其所有的宇宙论都要完成对道德理性的论证和说明，对气化宇宙论而言，这是完全超出其自身能力的；而张载对汉唐儒学气化宇宙论的扬弃，同样也是从其宇宙生化论之缺乏本体论依据与超越性指向上着眼的。

那么，张载究竟如何处理二者的关系呢？这就是以道德理性和道德价值贯注于自然秩序之中，从而使自然秩序呈现出明显的道德价值和道德色彩。请看张载对二者关系的论述：

> 天道四时行，百物生，无非至教；圣人之动，无非至德，夫何言哉！
> 天体物不遗，犹仁体事无不在也。"礼仪三百，威仪三千"，无一物而非仁也。"昊天曰明，及尔出王，昊天曰旦，及尔游衍"，无一物之不体也。（《正蒙·天道篇》，第13页）
> 生有先后，所以为天序；小大、高下相并而相形焉，是谓天秩。天之生物也有序，物之既形也有秩。知序然后经正，知秩然后礼行。（《正蒙·动物篇》，第19页）

"四时行，百物生"包括"圣人之动"，一定程度上都可以说是纯粹自然的行为，但张载却从中看到了"至教"与"至德"；对张载来说，所谓"天体物不遗"也就必须要由"仁体事无不在"来说明。至于"生有先后"以及所谓"小大、高下"等，这本来只是自然事物之纯粹自然的属性，但张载却视之为"天序""天秩"，并以此作为"经正"与"礼行"的前提与基础。显然，这里的自然秩序都已经被张载道德化了，所谓"天序""天秩"的说法，也正是张载将自然世界之自然属性道德化的表现。所以，从一定程度上说，张载的自然观首先是他的道德秩序观和道德价值观。

对于这种道德化的秩序观和价值观，以往人们常常习惯于将其归结为"事实与价值的相混"，或者说是"认识与道德的不分"，意即这样的现象完全是因为张载搞不清二者关系的结果。实际上，如果张载真的搞不清二者的关系，那他就无法对二者加以准确区分，可事实上，张载对二者的区别又是把握得非常清楚的。比如对作为最高存在的天，张载常常以"天德"与"天道"来表达天之本体及其发用流行两面，就是说，天本身就是天道本体及其发用流行的统一；对人而言，自然也就是其所有道德的最后根源。按照这一规定，天无疑具有彻底的道德性；而张载的《西铭》甚至还专门以天地、乾坤为人的父母。从这个角度看，天显然是人之所有道德的最后根源。但在张载的论述中，天却不仅具有道德的一面，同时还具有非道德的一面，甚至是纯粹自然的一面。请看张载对天的论述：

天无心，心都在人之心。一人私见固不足尽，至于众人之心同一则却是义理，总之则却是天。故曰天曰帝者，皆民之情然也，讴歌讼狱之不之焉，人也而以为天命。（《经学理窟·诗书》，第256页）

《订顽》之作，只为学者而言，是所以订顽。天地更分甚父母？只欲学者忠心于天道，若语道则不须如是言。（《张子语录·语录上》，第313页）

天本无心，及其生成万物，则须归功于天，曰：此天地之仁也。（《经学理窟·气质》，第266页）

从这些论述来看，张载无疑是非常清楚地知道天之"无心"与纯自然一面的。那么，当他将人之道德理性与道德价值"归功于天"时，究竟是因为"搞不清"二者的关系而无意为之，还是因为"搞得清"而自觉地为之？从上面的论述来看，张载显然是自觉为之，尤其是从他的"天本无心，及其生成万物，则须归功于天"来看，张载实际上是非常清楚也非常自觉地这样做的。不过在张载看来，这种"自觉为之"与其说是"故意这样做"，不如说是一种"不得不然"。如果说这就是一种"搞不清"或"相混"吧,那么张载也是自觉地"搞不清"或自觉地"相混"。因为正是这种自觉地"搞不清"——"不得不然",才显现了张载对道德理性之绝对性与超越性的准确把握。

让我们再从儒家传统的天命观来说明这一点。在"三代"的天命观中,无论是"王令"还是"天令",其根源都在于天,而一切存在与非存在的根据也都决定于天,这就是孔子将最无奈的感慨和最强烈、最复杂的希冀上诉于天的原因[1]。在这一背景下,张载自觉地将人的道德理性"归功于天",并不是说张载真正相信冥冥苍苍之天会给人禀赋以道德的教条或训诫,而是说只要我们对人的精神生命进行穷根究底的思索,那么,道德理性就既代表着人之为人的最高本质,同时也是决定人之为人的最后根据;而从认知的角度看,它又代表着人所能认知的极致。正因为道德理性代表着人对自身精神生命所能穷究的极致,除此之外,我们再也无法找到可以解释我们精神生命的其他根源,而穷极人的认识能力,我们又无法说明它的具体生成,因而我们也就只能将这种道德理性的根源寄之于天并归功于天了。以此反观孟子,其对人的恻隐之心所归结的"我固有之""天之所与",其实并不是从生存论的角度说是天给人禀赋了这种道德理性,而是指此道德理性既代表着人对自身精神生命认识的极致,同时也是人之精神生命的最后底线——意即除了我们的内在固有与不期而然之外,我们再也无法对其作出任何说明,所以只能将其归结为"天之所与"[2]。实际上,这正是道德理性的超越性与绝对性的表现,当然也是人之精神世界的最后根源。所以对张载来说,将人的道德理性"归功于天",只可以说是"不得不然",而绝不是一种"有意为善"式的"故意而然"。因为正是这种"不得不然",才真正体现了张载对道德理性之超越性与绝对性的准确把握,如果张载是以"有意为善"的方式故意将道德理性"归功于天",那就成为一种地地道道的自欺欺人之举了。[3]

---

[1] 参阅丁为祥《命与天命:儒家天人关系的双重视角》,《中国哲学史》2007年第4期。
[2] 参阅丁为祥《从"我固有之"到"天之所与"——孟子对道德理性之发生机理、存在依据及存在根源的探讨》,《哲学研究》2008年第8期。
[3] 张载曾明确指出:"有意为善,利之也,假之也;无意为善,性之也,由之也。有意在善,且为未尽,况有意于未善耶。"参见(宋)张载《正蒙·中正篇》,第28页。

正因为这一原因,所以在张载哲学中,所有的自然秩序都透显着道德的庄严。比如对于宇宙演化和天地开辟,张载就作了这样描述:

> 游气纷扰,合而成质者,生人物之万殊;其阴阳两端循环不已者,立天地之大义。
> "日月相推而明生,寒暑相推而岁成。"神易无方体,"一阴一阳","阴阳不测",皆所谓"通乎昼夜之道"也。(《正蒙·太和》,第9页)

"游气纷扰","阴阳循环",从宇宙演化的角度看,完全是一个纯粹自然的世界,但张载却从中看到了"天地之大义";至于日月轮转、寒暑"相推"以及表现神无方、易无体的"阴阳不测",其实都是自然宇宙的四季轮转现象,但张载却从中看到了"易"之"通乎昼夜之道"。所有这些,实际只说明了一点,这就是张载是自觉地将道德价值视为自然秩序之真正依据和最后根源的;而这种根源和依据,并不是张载故意要对道德秩序与道德价值作出此种神圣与夸大的诠释,不过是其心中的道德理性之绝对性与超越性的表现与映照而已。在这里,道德理性确实具有无从解释的性质,但它本身却是一切解释和一切说明的最后根源。很明显,这就是张载不能不将道德理性"归功于天"的原因。所以说,对于自然秩序与道德价值,作为理学的开创者,张载完全是以道德价值来诠释自然秩序的。

正因为张载的这一开端及其所挺立的道德理性的超越性与绝对性,所以此后的理学家无不坚持这一基本的立场和原则,也无不坚持以道德价值来解释自然秩序。比如对于理气关系,朱子就一方面坚持"未有天地之先,毕竟也只是理。有此理,便有此天地;若无此理,便亦无天地,无人无物,都无该载了!有理,便有气流行,发育万物"[1];同时又认为:"且如万一山河大地都陷了,毕竟理却只在这里。"[2] 在朱子的这一论述

---

[1] (宋)黎靖德编:《朱子语类》卷1,王星贤点校,中华书局1986年版,第1页。
[2] 同上书,第4页。

中，如果仅仅从"先后"的角度看，那么朱子时而坚持理可以存在于气之先，时而又认为理可以存在于气之后，看起来完全是一种表达上的"自相矛盾"，其实朱子并非认为世界真的存在着一个只有理而没有气的阶段，也并非认为理就可以脱离气而独立存在。他之所以要反复地对比言说，并不是一定要坚持天理的独立自在性，而恰恰是为了揭示天理的超越性与绝对性；至于所谓"先""后"等比喻，也不仅仅是揭示天理的逻辑先在性，而恰恰是为了突出道德理性对于"气"的超越性和对人之精神世界的绝对性。

张载、朱熹都属于客观性较强而又比较注重外向认知的理学家，他们也自然是从客观一面来揭示道德理性的超越性与绝对性的。那么，对于比较注重人之主体性和道德实践的陆王心学来说，情况又如何呢？请看陆象山与王阳明的相关论述：

> 此道充塞宇宙，天地顺此而动，故日月不过，而四时不忒；圣人顺此而动，故刑罚清而民服。①
>
> 此理充塞宇宙，天地鬼神，且不能违异，况于人乎？②
>
> 人的良知，就是草木瓦石的良知。若草木瓦石无人的良知，不可以为草木瓦石矣。岂惟草木瓦石为然，天地无人的良知，亦不可为天地矣。③

在这里，从陆象山的"日月不过""四时不忒"到王阳明的"天地无人的良知，亦不可为天地矣"，其强调的只有一点，这就是道德理性"固不以人之明不明、行不行而加损"④，并且正是在这一基础上，才有所

---

① （宋）陆九渊：《与黄康年》，《陆九渊集》卷10，钟哲点校，中华书局1980年版，第132页。
② （宋）陆九渊：《与吴子嗣》，《陆九渊集》卷11，钟哲点校，中华书局1980年版，第147页。
③ （明）王守仁：《传习录》下，《王阳明全集》，吴光等编校，上海古籍出版社1992年版，第107页。
④ （宋）陆九渊：《与朱元晦》，《陆九渊集》卷2，钟哲点校，中华书局1980年版，第26页。

谓"天地无人的良知,亦不可为天地"的。显然,所有这些论述,并不是说道德理性就是自然事物的存在根源和依据,而仅仅是就道德理性之超越性与绝对性而言的。这说明,以道德理性和道德价值来解释自然秩序,正是跨越理学各派的一个基本共识。所以,从道德理性的超越性与绝对性来说明自然秩序和自然世界,既是理学形成的共法,也应当成为打开理学世界的钥匙。

四　关于理学研究与诠释的反思

对于宋明理学,所谓道德本体论的定位现在基本上已经成为一种常识了[①]。这一定位无疑是比较接近宋明理学自身特质的。但是,能否真正从道德本体——所谓道德理性的超越性与绝对性的角度来把握宋明理学,则又是决定着我们能否真正进入宋明理学、能否对宋明理学推陈出新的关键。

在20世纪的宋明理学研究中,一个较为普遍的出发点就是所谓实在论视角。这种实在论视角又有两种典型表现。第一种表现就是从宇宙论的角度对道德理性作出符合宇宙演化和社会发展的说明;第二种则是从存在论或认识论的角度对道德理性作出符合人的一般认识进程的说明。比照于宋明理学本身的特质,应当说这两种视角本身并不足以揭示道德理性的超越性与绝对性,因而在20世纪的宋明理学研究中,对它的否定

---

① 关于宋明理学总体上的道德本体论性质,请参阅牟宗三的《心体与性体》第一册第三章《自律的道德与道德的形上学》,主要指宋明理学是由道德的进路直达形上本体的领域,而不是将道德(规范)直接提升至本体的层面,牟宗三常常指谓宋明理学包括整个儒学都是"成德之教",就是指其由道德的进路直达宗教信仰的领域而言的。(牟宗三:《心体与性体》(一),正中书局1990年版,第115—190页)关于宋明理学的这一特点,也请参阅张岱年先生的《中国哲学大纲》中的"中国哲学之特色"一节,比如"中国哲人探求真理,目的乃在于生活之迁善,而务要见之于生活中";"中国哲学在本质上是知行合一的。思想学说与生活实践,融成一片";"中国哲人在方法上更极重道德修养,以涵养为致知之道……穷究宇宙人生的真际,要在德行实践上做工夫";"中国哲人认为真理即至善,求真乃即求善。真善非二,至真的道理即是至善的准则。即真即善,即善即真"。甚至,张岱年先生在1957年为该书所做的"新序"中就明确指出:"程朱理学以'理'的名称把封建道德的基本范畴永恒化绝对化了,以为是宇宙万物的根源……"以上引文,均见张岱年《中国哲学大纲》,中国社会科学出版社1982年版,第5—7页;最后一条引文则见于其"新序",第13页。

远远大于对其所应有的肯定，而理学也往往是作为一个负面的概念出现在人们的言谈中的。如果说宋明理学本身就代表着儒学发展的一种较为高级的形态，那么这种根本不到位的研究既影响着人们对它的认识，同时也深深地影响着传统文化的推陈出新，影响着传统文化的现代化。

让我们先从这两种不同的研究视角说起。

第一种研究主要是将道德理性的天道观基础仅仅归结为宇宙演化的说明，因而它往往是从自然世界之发生发展或人类社会之发展变化的角度来说明宋明理学，并由此以说明道德理性的形成。由于这种研究本身就是从宇宙生化论出发的，因而它往往表现出两个明显的偏向：其一即以宇宙论为本体论，视宇宙生化之源为天地万物的本体；其二则是将道德理性归结为一种对自然秩序之扭曲性的认识，或者是从自然秩序之发生发展的角度来说明道德理性的生成。这种研究实际上是将宋明理学的道德本体论诉诸汉唐儒学的气化宇宙论来说明。如果从形成的角度看，那么这种研究实际上又是与宋明理学的形成过程相逆而行的：理学所要扬弃的宇宙论，恰恰成为它所弘扬的自然宇宙论或客观天道观；而理学所要弘扬的道德本体意识，则又往往因为其无法理解、无法说明而成为其所批判的对象。这种研究的最大偏蔽就是无法把握道德理性的超越性与绝对性，因而总是试图给道德理性以宇宙演化或历史发展的说明。

第二种研究主要是将宋明理学的道德本体论仅仅作为揭示客观世界的存在论或作为一般认识论来把握，所以它往往将宋明理学概括为一种建立在对客观世界认识基础上所形成的知识论或概念化体系，并诉诸人的一般认识进程来把握——即运用所谓客观存在论来说明理学家的精神世界，运用所谓认识规律来比照、套解宋明理学的范畴关系。所以，对于它所不能理解的关系，则不是诉之以"神秘"来回避，就是斥之为"夸大"来批判。作为一种典型表现，比如对于宋明理学中的格物致知说，人们往往将其作为一种认识论的案例来解剖；而对于程朱的天理观，则又往往诉诸认识论的所谓普遍规律来"格义"；至于理学中的知行关系，则又直接以认识和实践的关系来定性。由于这种研究往往将理学家的精神世界视为一种存在论基础上认识结果，其方法则以主客二分为前提，因而实际上就等于已经预设了研究者与理学之间的悬隔和距离；而宋明理学的意义，似乎也就仅仅停留在对现代人之认识论思想的启发性上了。这种研究的最大偏蔽，就在于将道德理性的超越性与绝对性仅仅落实为存在论的普遍性；而对其道德修养与践行精神，则又往往作为一种概念关系来分析解剖，从而也就是以理论形成之逻辑推演的方式来代替道德理性之实践落实的任务了。

对于宋明理学来说，前一种研究主要在于将其意义定位在宇宙生化论上——道德理性只有作为宇宙演化与社会发展的产物时才有其价值，并且也只有在宇宙演化和社会发展的过程中才有其意义；后一种研究则又往往将其意义定位在对古代社会的揭示与认识上，虽然它也承认宋明理学是一种道德本体论，并且也特别重视道德修养，但这种道德修养论说到底也只有认识古人之道德心理方面的意义，并且还存在着社会历史的局限性。前者的问题在于没有看到宋明理学对于汉唐气化宇宙论的扬弃，后者则又完全无视从张载到程朱陆王所一贯坚持的道德理性之于物理认知的超越性。所以，这两种研究都不是就道德来研究道德，也不是从道德理性之超越性与绝对性的角度来把握宋明理学的道德本体论。这样一来，对于宋明理学的诠释与推陈出新来说，恐怕也就只有各取所需之"照镜子"的意义了。

实际上，宋明理学作为儒学发展的一种高级形态，其根本特征主要在于对道德理性之本体化思考与本体论论证上，而这一论证既是对传统天人合一主题的极大推进——由宇宙演化论推进到道德本体论，同时也是对人之为人精神的一种穷根究底的探索。因此，宋明理学的真正价值，主要也就集中在其对做人之基本精神与道德关系的思考与提炼上；而其超越性的意义，也就在于它真正塑造了一种"为天地立心，为生民立命，为往圣继绝学，为万世开太平"的儒家知识分子。这种"四为"，既是理学家担当精神与为人气象的表现，同时也是其最具有现代价值、最值得推陈出新的精神。

（原载《文史哲》2009年第2期）

从理学不同的反佛侧重到研究理学之不同进路

——以张载、罗钦顺为例

丁为祥

　　从崛起动因的角度看，宋明理学本质上是一种对应于佛老之超越追求而崛起的儒学再造思潮。因而，对儒佛之别的自觉以及究竟如何从理论上辟佛排老，往往也就成为理学自身性质、形态及其走向的一个决定性因素。这一因素，不仅是把握理学发展分化的一个基本线索，同时也决定着以后人们如何诠释理学的基本进路。从这个意义上说，分析宋明理学家如何反佛以及其反佛的视角、进路等，一定程度上也就成为对我们今天如何研究理学的一种再反思。

　　在宋明理学的诸多大家中，较为强烈的反佛者无过于张载与罗钦顺二位。前者既是宋明理学的开创者，同时也是"北宋五子"中率先与佛老在理论上"较是非，计得失"的理学家，因而也就最典型地表现着理学崛起时代的儒佛关系以及理学开创者对佛教的认识；后者则既是明代的"朱学后劲"，同时也是理学走向高峰时代之激烈反佛的代表性人物，所以罗钦顺的反佛又在一定程度上代表着宋明理学对佛教之总结性的认识，而其反佛之心态、视角往往也就代表着国人对佛教之最一般的认识。但在张载与罗钦顺之间，从其反佛之心态、视角一直到其对理学的研究进路又不能无差别；而这种差别，至今仍在一定程度上决定着我们如何诠释理学的基本进路。从这个角度看，宋明理学对当今社会的影响，首先也就表现在人们将如何认知他们的辟佛排老，从而又以何种视角、何种进路进入对理学的研究中。

一 张载：儒家价值观的自觉与形上视角的反佛

如上所述，宋明理学本质上是相应于佛老炽传而崛起的一种儒学再造思潮。所以，还在北宋中叶，当理学还孕育于古文运动的襁褓时，欧阳修就从总结儒学发展之历史经验的角度提出了"修其本以胜之"的指向。他指出："昔战国之时，杨、墨交乱，孟子患之而专言仁义，故仁义之说胜，则杨、墨之学废。汉之时，百家并兴，董生患之而退修孔氏，故孔氏之道明而百家息。此所谓修其本以胜之之效也。"① 从欧阳修的这一评论来看，当时佛老之学所以炽传，首先是由于儒学的不振造成的，因而儒学要辟佛排老，确立自己的思想主体地位，首先也就必须退修其本，以作为其辟佛排老的理论前提。

那么，儒学究竟应当如何"退修其本"？这就不能不追索到儒学与佛老在人生价值观上的对立，也不能不首先唤醒儒学对其人生价值观的基本自觉。因为还在中唐，韩愈就曾发出过排佛的先声，并提出要对佛老之徒"人其人，火其书，庐其居"。② 但由于韩愈本人属于辞章之儒——缺乏对儒家价值观的充分自觉，因而其所谓反佛最后也就沦落为一种"闲言词"的层次③——因为其与佛教根本就站不到同一理论层面上，因而其反佛也就根本反不到佛教的要害上。正是对前人反佛历史经验的借鉴和总结，所以作为理学主流的关洛之学也就不约而同地展开了一种"出入佛老，返于六经"④ 式

---

① （宋）欧阳修：《本论》，《欧阳修全集》，李逸安点校，中华书局2001年版，第2册，第290页。

② 韩愈：《原道》，《韩昌黎全集》，中国书店1991年影印本，第174—175页。

③ 张载说："大凡能发见即是气至，若仲尼在洙、泗之间，修仁义，兴教化，历后千有余年用之不已。今倡此道不知如何，自来元不曾有人说着，如扬雄、王通又皆不见，韩愈又只尚闲言词。今则此道亦有与闻者，其已乎？其有遇乎？"参见（宋）张载《经学理窟·自道》，第291页。

④ "出入佛老，返于六经"代表着早期理学家一种共同的思想经历，比如"先生读其书（《中庸》），虽爱之，犹未以为足也，于是又访诸释老之书，累年尽究其说，知无所得，反而求之《六经》。"参见（宋）吕大临《横渠先生行状》，《张载集·附录》，章锡琛点校，中华书局1978年版，第381页。再比如程颢也有相同的经历："先生为学，自十五六时，闻汝南周茂叔论道，遂厌科举之业，慨然有求道之志。未知其要，泛滥于诸家，出入于老、释者几十年，返求诸六经而后得之。"参见（宋）程颐《明道先生行状》，《河南程氏文集》卷11，《二程集》，王孝鱼点校，中华书局1981年版，第638页。

的探索，从而既实现儒家人生价值观的自觉，同时也借以形成其反击佛老之理论上的制高点。自然，这样的探索本身就代表着理学的崛起。

对于作为理学开创者的张载来说，他之所以要排辟佛老，关键在于，在他看来，正是佛老的炽传，才导致了人将不人的格局。所以，对于隋唐五代以来人们精神中的各种混乱现象，佛老的炽传是要负主要责任的。他在《与吕微仲书》中写道：

> 自其说炽传中国，儒者未容窥圣贤门墙，已为引取，沦胥其间，指为大道。乃其俗达之天下，致善恶知遇，男女臧获，人人著信。使英才间气，生则溺耳目恬习之事，长则师世儒崇尚之言，遂冥然被驱，因谓圣人可不修而至，大道可不学而知。故未识圣人心，已谓不必事其迹；未见君子志，已谓不必事其文。此人伦所以不察！庶物所以不明，治所以忽，德所以乱，异言满耳，上无礼以防其伪，下无学以稽其弊……（《文集佚存·与吕微仲书》，第351页）

这一看法，后来又被张载收入到作为《正蒙》全书结论的《乾称》一章中，这就说明，正是这种"上无礼以防其伪，下无学以稽其弊"的现象，不仅表现了张载辟佛排老的根本动因，而且也蕴含着其"当自立说以明性"的基本宗旨。因为这一看法不仅表现了儒学与佛老在人生价值观上的根本对立，而且也明确说明了儒学所以辟佛排老的根本原因，而其关键，也就在于佛老对儒家人伦世教关怀的根本否定上。至于所谓"未识圣人心，已谓不必事其迹；未见君子志，已谓不必事其文。此人伦所以不察，庶物所以不明，治所以忽，德所以乱，异言满耳，上无礼以防其伪，下无学以稽其弊"等，也都是从佛老炽传及其对人伦社会之危害性的角度所提出的批评。

但是，如果儒与佛的对立就仅仅表现在人生价值观上，那么站在儒家的角度看，韩愈所谓"人其人，火其书，庐其居"的呼声似乎也就未必没有道理，何以其反佛的主张又被张载视为"闲言词"呢？这主要是因为，佛老尤其是从根本上否定儒家人伦关怀的佛教是有一套来自形上视角的超越追求理论的，正是这一套理论，才促使"其徒侈其说，以为大道精微之理，儒家之所不能谈，必取吾书为正。世之儒者亦自许曰：'吾之《六经》未尝语也，孔孟未尝及也'，从而信其书，宗其道，天下靡然同风……"① 显然，佛教的形上视角与超越追求精神，不仅是其否弃人伦关怀的集中表现，而且也是其所以能够炽传中国的理论根源。因而儒学要辟佛排老，就不仅要看到其相互在人生价值观上的根本对立一点，而且还要注意到其来自形上视角之超越追求在理论上的优势；如果看不到这一层，难免就会像韩愈一样，仅仅一味要求对佛老之徒"人其人，火其书，庐其居"，最后却难免使自身沦落到"闲言词""闲议论"的境地。正因为这一原因，所以张载的辟佛排老也就表现为两个不同层面的兼顾与统一：一方面，是对佛老价值观的批判与对儒家价值观的阐发两个方面的统一；另一方面，则无论是对佛老的批判还是对儒家价值观的阐发，也都必须从超越追求之形上视角的高度作出根本性的澄清。

正是对这一问题的充分自觉，使张载选择了儒家传统中的体用不二作为基本方法，从而既以之辟佛排老，同时又以之作为阐发儒家价值观的基本方法。所以，在《正蒙》中，张载就处处将儒学与佛老对立起来：

> 太虚不能无气，气不能不聚而为万物，万物不能不散而为太虚。循是出入，是皆不得已而然也。然则圣人尽道其间，兼体而不累者，存神其至矣。彼语寂灭者往而不反，徇生执有者物而不化，二者虽有间矣，以言乎失道则均焉。
>
> 聚亦吾体，散亦吾体，知死之不亡者，可与言性矣。
>
> 知虚空即气，则有无、隐显、神化、性命通一无二，故聚散、出入、形不形，能推本所从来，则深于《易》者也。若谓虚能生气，则虚无穷，气有限，体用殊绝，入老氏"有生于无"自然之论，不识所谓有无混一之常；若谓万象为太虚中所见之物，则物与虚不相资，形自形，性自性，形性、天人不相待而有，陷于浮屠以山河大地为见病之说。此道不明，正犹懵者略知体虚空为性，不知本天道为用，

---

① （宋）范育：《正蒙序》，《张载集》，章锡琛点校，中华书局1978年版，第4—5页。

反以人见之小因缘天地。明有不尽，则诬世界乾坤为幻化……语天道性命者，不罔于恍惚梦幻，则定以"有生于无"为穷高极微之论。入德之途，不知择术而求，多见其蔽于诐而陷于淫矣。（《正蒙·太和篇》，第7—8页）

这几段文字，作为对佛老的批判固然是根本性的批判，而作为对儒家价值观的阐发，也是根本性的阐发；至于其关键，则主要集中在体用不二与体用殊绝两种根本不同的思路与视角的对立上。从佛教"往而不返"的人生追求到道家"有生于无"的宇宙生化论，实际上都是以"体用殊绝"为基本特征的，至于道教"徇生执有"的长生期待，则又往往会沦落为一种"物而不化"；所以儒家的圣贤追求就既要"兼体"，又要"存神"，至于所谓"聚亦吾体，散亦吾体"，正表现了儒家传统的体用不二之双向肯定的指向，所以张载又说："知死之不亡者，可与言性矣。"很明显，相对于佛教的"往而不返"与道家的"有生于无"而言，儒学所强调的是"兼体而不累者，存神其至也"；但对于道教的"徇生执有"来说，则儒学同时又坚持"知死之不亡者，可与言性矣"。这就是说，相对于佛老之"体用殊绝"，儒学所突出的是"体用不二"；相对于道教的"物而不化"，则儒学同时又突出了"死之不亡"的关怀，这显然又是就其超越的形上追求而言的。所以，从这个角度看，"体用不二"既是张载批评佛老的理论武器，同时也是他阐发儒家价值观的基本方法。

与汉唐儒学相比，张载的这一视角主要突出了儒家的超越追求，所以他反省说："知人而不知天，求为贤人而不求为圣人，此秦汉以来学者大蔽也。"[1] 这一批评，显然是针对汉唐儒学之缺乏形上视角、缺乏超越性追求而言的。而对佛教来说，虽然张载也批评了其以"体用殊绝"为特征之"往而不返"的追求，但却并没有批评其超越的形上视角本身，因而也可以说，张载对佛教的批评主要集中在其"往而不返"的人生价值观上，但对其超越的形上视角，则张载不仅没有批评，甚至也可以说是一种主动借鉴或积极继承的态度。

---

[1] 《宋史·张载传》，《张载集·附录》，章锡琛点校，中华书局1978年版，第386页。

正因为这一原因，所以在张载看来，佛教的问题主要在于其"往而不返"——背弃人伦世教的价值追求上，而不在其超越的形上视角及其理论方法本身。职是之故，张载不仅可以坦然接受佛教超越的形上视角及其理论方法，甚至也可以自如地借鉴、运用来自佛教的名相概念，并借以表达儒家的超越追求。比如在《正蒙》的最后一章，张载写道：

> 释氏语实（真）① 际，乃知道者所谓诚也，天德也。其语到实际，则以人生为幻妄，以有为为疣赘，以世界为阴浊，遂厌而不有，遗而弗存。就使得之，乃诚而恶明者也。儒者则因明致诚，因诚致明，故天人合一，致学而可以成圣，得天而未始遗人，《易》所谓不遗、不流、不过者也。彼语虽似是，观其发本要归，与吾儒二本殊归矣。道一而已，此是则彼非，此非则彼是，固不当同日而语……彼欲直语太虚，不以昼夜、阴阳累其心，则是未始见易，未始见易，则虽欲免阴阳、昼夜之累，未由也已。易且不见，又乌能更语真际！舍真际而谈鬼神，妄也。所谓实际，彼徒能语之而已，未始心解也。（《正蒙·乾称篇》，第65页）

在这里，"真际"与"实际"显然都是来自佛教的概念，但既不妨碍张载对它的借鉴，也不妨碍张载将其与儒家的同类概念加以汇通性的运用，并借以展示其共通性特征。不过，张载虽然运用了佛教的概念，但既不妨碍其对佛教的批评，也不妨碍其对儒家超越追求精神的阐发与表达。② 这说明，在张载看来，儒学与佛老的对立主要在于价值观的层面而不在其理论方法或名相概念的层面。这就是理学开创时代的儒佛关系，也代表着理学开创者对儒佛关系的基本看法。

---

① 此处的"实际"似当为"真际"之误。请参阅拙文《宋明理学对自然秩序与道德价值的思考——以张载为中心》，《文史哲》2009年第2期，其中的脚注说明。

② 作为一个例证，冯友兰先生在20世纪40年代也曾运用过"真际"与"实际"的概念来分析理学中的理气关系，这说明，理学与佛教的对立主要在于价值观的层面，而不在于名相概念或理论方法的层面上。参见冯友兰《贞元六书》上，《冯友兰文集》第4卷，长春出版社2008年版，第40—41页。

二 罗钦顺：从理论方法到名相概念的反佛

理学反佛的另一位代表人物是罗钦顺。罗钦顺生于明中叶，崛起于朱子学成为国家意识形态之后，因而罗钦顺也就自然而然地成为当时的"朱学后劲"；由于他激烈反佛，所以又被视为"自唐以来，排斥佛氏，未有若是其明且悉者，卫道于是乎有功矣"①。

罗钦顺的反佛主要集中在他的儒佛之辨上。而其儒佛之辨的一大特点，就在于他主要是从心性之别的角度来辨儒佛的。罗钦顺说：

> 释氏之"明心见性"，与吾儒之"尽心知性"，相似而实不同。盖虚灵知觉，心之妙也。精微纯一，性之真也。释氏之学，大抵有见于心，无见于性。故其为教，始则欲人尽离诸相，而求其所谓空，空即虚也。既则欲其即相、即空，而契其所谓觉，即知觉也。觉性既得，则空相洞彻，神用无方，神即灵也。凡释氏之言性，穷其本末，要不出此三者，然此三者皆心之妙，而岂性之谓哉！②
>
> 且如吾儒言心，彼亦言心，吾儒言性，彼亦言性，吾儒言寂感，彼亦言寂感，岂不是句句合？然吾儒见得人心道心分明有别，彼则混然无别矣，安得同！③

在这两处儒佛之辨中，前者是以心性辨儒佛，因而认为"凡释氏之言性，穷其本末，要不出此三者，然此三者皆心之妙，而岂性之谓哉"！所以他认为"释氏之学，大抵有见于心，无见于性"。这就是罗钦顺儒佛之辨的第一标准，也是最根本的标准。后者虽然让了一步，认为儒学与释氏都既可以言心，亦可言性，同时也可以言寂感，所以二者也可以说确实具有"句句合"的相似性，但由于儒家"见得人心道心分明有别，

---

① （明）黄芳：《困知记·序》，《困知记》，阎韬点校，中华书局1990年版，第178页。
② （明）罗钦顺：《困知记》卷上，阎韬点校，中华书局1990年版，第2页。
③ （明）罗钦顺：《困知记》续卷下，阎韬点校，中华书局1990年版，第88页。

彼则混然无别矣",所以其结论也就成为"安得同"的关系了。在宋明理学的话语系统中,由于人心道心本来就指心与性之实然落实而言的,因而在罗钦顺看来,所谓心性之别实际上就是儒与佛最根本的区别;至于是否承认道心人心之别,不过是其心性之别的一种延伸与落实而已。

除了心性与道心人心之别,罗钦顺还常常从是否承认灵明知觉的角度来区别儒佛,在他看来,由于灵明知觉本身就建立在心性尤其是心之明觉的基础上,所以是否陶醉于灵明知觉,就既是其心性标准的一种自然延伸,也是其区别儒佛的又一标准。他比较说:

> 盖吾儒之有得者,固是实见,禅学之有得者,亦是实见,但所见者不同,是非得失,遂于此乎判尔。彼之所见,乃虚灵知觉之妙,亦自分明脱洒,未可以想象疑之。然其一见之余,万事皆毕,舒卷作用,无不自由,是以猖狂妄行,而终不可与入尧舜之道也。愚所谓"有见于心,无见于性",当为不易之论。使诚有见乎性命之理,自不至于猖狂妄行矣。①
>
> 慈湖顿悟之机,实自陆象山发之。其自言"忽省此心之清明,忽省此心之无始末,忽省此心之无所不通",即释迦所谓"自觉圣智境界"也……其敢于侮圣言,叛圣经,疑误后学如此,不谓之圣门之罪人不可也。②

在这两段分析中,由于前者所坚持的主要是从是否背弃人伦世教的角度辨儒佛,所以也可以说是从现实关怀的角度辨儒佛。作为儒与佛的区别,这无疑是一种公认的标准。但由于罗钦顺又将释氏之背弃人伦世教完全归结于其对"虚灵知觉之妙"的认识,以为正是陶醉于"虚灵知觉之妙",从而才导致了其背弃人伦世教之所谓"猖狂妄行",因而在他看来,所谓陶醉于"虚灵知觉之妙"实际上也就成为释氏背弃人伦世教的一个根本原因了。所以到了后一段,罗钦顺就把象山弟子杨简的"忽

---

① (明)罗钦顺:《困知记》卷下,阎韬点校,中华书局1990年版,第40页。
② (明)罗钦顺:《困知记》续卷下,阎韬点校,中华书局1990年版,第78页。

省""忽觉"之类统统归结为释迦所谓的"自觉圣智境界",并把"侮圣言,叛圣经"的罪名加于象山心学一派。

至于罗钦顺儒佛之辨的最后一条标准,也就全然从理学内部展开了,而其特点,则恰恰在于看一个理学家的理论命题是否更近于释氏、是否更喜欢运用释氏的"话头"。所以,这就等于专门从名相概念的角度辨儒佛了。如此一来,只要运用了释氏的"话头",无疑就是释氏之徒,起码也是"窃取释氏之妙者"。而这样一种标准,一定程度上等于是在理学内部展开的一场大清洗,比如他先从作为理学宗主的程颢分析起:

> 程伯子尝言:"万物皆备于我,不独人尔,物皆然。"佛家亦言:"蠢动含灵,皆有佛性。"其大旨殆无异也,而伯子不可其说。余尝求其所以不可之故,竟莫能得也。夫佛氏之所谓性者觉,吾儒之所谓性者理,得失之际,无待言矣。然人物之生,莫不有此理,亦莫不有此觉。以理言之,伯子所谓"不独人尔,物皆然"是也。以觉言之,"蠢动含灵",与佛容有异乎?①

在这里,由于程颢在理学中的宗主地位是举世公认的,所以罗钦顺也不敢贸然将其归结到佛禅一边去,但他已经明显地表露出其不满之情,认为其不明确区分"理"与"觉"实际上就已经是在故意混淆儒与佛的界限。在罗钦顺看来,理学之所以会沾染释氏之病,一定程度上是从程颢发端的,似乎由此也就决定了理学所永远无法根绝的一种释氏之病。至于以后的历代心学家,罗钦顺毫不留情地将其统统驱赶到释氏一边,而其理由,主要在于他们都是"窃取释氏之近似者"。比如他分析说:

> 象山之学,吾见得分明是禅,弟则以为"似禅"。似之为言,仿佛之谓也。以余观之,佛氏有见于心,无见于性,象山亦然。其所谓至道,皆不出乎灵觉之妙,初不见其有少异也,岂直仿佛云乎!②

---

① (明)罗钦顺:《困知记》卷下,阎韬点校,中华书局1990年版,第33页。
② (明)罗钦顺:《答允恕弟》,《困知记》,阎韬点校,中华书局1990年版,第114页。

> 象山之不动心，其心活，盖诚有得于顿悟之妙，从源头便是佛氏"本来面目"，夫岂末流之失乎？①
>
> 慈湖之志于道，不为不笃，然终蔽于所见，直以虚灵知觉为道心，夫安得不谬乎！②
>
> 今观白沙之所举示，曰"无学无觉"，曰"莫杖莫喝"，曰"金针"，曰"衣钵"，曰"迸出面目来"，大抵皆禅语也。岂以圣经为未足，须藉此以补之耶？③
>
> 湛元明议论多持两端，余尝拟之扬子云矣，况渠乃象山派下真法嗣乎？④

至于与他同朝为官的王阳明（湛元明——甘泉也与他同朝为官，但影响不及阳明，所以罗钦顺可以直接批评），罗钦顺似乎不愿多谈，却明确地将其视为明代的达摩或"诬孟子以就达摩"之集大成。从一定程度上说，罗钦顺所有批评释氏的言论，实际上都是与阳明心学直接相关的，并且也是始终围绕如何批评阳明心学才展开对历史上的心学进行各种各样的检视与批评的。所以，其最后必然要回到对阳明心学的批评上。比如：

> 世顾有尊用"格此物""致此知"之绪论，以阴售其明心之说者，是成何等见识耶！佛氏之幸，吾圣门之不幸也。⑤
>
> ……顾乃诬孟子以就达磨，裂冠毁冕，拔本塞源，言之可为痛恨！其自误已矣，士之有志于学而终不免为其所误者，何可胜计！非有高明特立之君子，以身障其流而扑其焰，欲求斯道大明于世，其可得乎！⑥

---

① （明）罗钦顺：《答陈侍御国祥》，《困知记》，阎韬点校，中华书局1990年版，第131页。
② （明）罗钦顺：《困知记》续卷下，阎韬点校，中华书局1990年版，第79页。
③ （明）罗钦顺：《答允恕弟》，《困知记》，阎韬点校，中华书局1990年版，第150页。
④ 同上书，第115页。
⑤ （明）罗钦顺：《困知记》卷上，阎韬点校，中华书局1990年版，第4页。
⑥ （明）罗钦顺：《与林次崖金宪》，《困知记》，阎韬点校，中华书局1990年版，第154页。

从这一心态就可以清楚地看出，罗钦顺之所以兢兢念念于儒佛之辨，与其说是为了辟佛，不如说主要是为了排拒心学。而其之所以要以"身障其流而扑其焰"的精神来反佛，固然也是出于一种卫道之情，但其所卫之道实际上也就成为一种"绝德"了。但罗钦顺就是不思考，难道释氏的理论不都首先是借用中国文化或儒家的术语来表达的吗？既然儒学的术语可以用来表达释氏之道，为什么就不能借用佛教的语言来表达儒家的学理呢？所以，对于罗钦顺的这种反佛标准，刘蕺山评价说："先生矽矽以心性辨儒释，直以求心一路归之禅门，故宁舍置其心以言性，而判然二之，处理于不外不内之间，另呈一心目之象，终是泛观物理……盖至是而程朱之学亦弊矣，由其说，将使学者终其身无入道之日，困之以二三十年工夫而后得，而得已无几，视圣学几为绝德。"[1]

到了这一地步，就有了一个基本问题，即为什么罗钦顺一定要将心学推向佛禅一边？如果说他在"进行心性之辨时，本身就已经预设了儒佛之别的前提"[2]，那么其儒佛之辨的标准又是如何形成的呢？显然，这就涉及其对儒佛之别的认识了。

如前所述，两宋理学尤其是作为理学主流的关洛之学本身都有一种"出入佛老，返于六经"的经历，正是"出入佛老"，才使他们能够充分借鉴佛老超越的形上智慧，这既是其"返于六经"的前提，同时也是其能够将"'六经'《论》《孟》熔为一炉"的基础。所以，在张载、程颢等理学开创者看来，儒与佛的区别与其说是在理论观点上，不如说主要在其人生价值观上，而对于超越的形上智慧，佛老固然可以用，儒学也同样可用，所以后来的王阳明就用"三间房"的比喻来批评后儒专门为佛老送家当之举。所有这些认识，都是在对佛老之学真正有所涉猎、有所钻研的情况下形成的。但南宋以后，经过朱子"致广大，尽精微，综罗百代"的努力，儒学终于形成了一个无所不包而又无所不贯的宇宙本

---

[1] 刘宗周：《明儒学案·师说》，《刘宗周全集》，浙江古籍出版社2007年版，第5册，第525页。

[2] 丁为祥：《罗钦顺的理气、心性与儒佛之辨》，《中国哲学史》2002年第3期。

体论体系，这就使得"大道精微之理，儒家之所不能谈"的时代成为过去，明儒之所以不同于宋儒，就在于宋儒大概都有一段"出入佛老"的经历，而明儒则常常以所谓"绝口不言佛老"自我标榜，这就导致了理学超越的形上视角的失落，自然也就成为其识见上的一大倒退。

具体到罗钦顺来说，其早年确实有过一段参禅悟道的经历，但正是这一段根本未曾参透的经历，反倒使他对禅家的"虚灵之妙"形成了一种深恶痛绝的成见。他回忆说：

> 愚自受学以来，知有圣贤之训而已，初不知所谓禅者何也。及官京师，偶逢一老僧，漫问何由成佛，渠亦漫举禅语为答云："佛在庭前柏树子"。愚意其必有所谓，为之精思达旦。揽衣将起，则恍然而悟，不觉流汗通体。既而得禅家《证道歌》一编，读之，如合符节，自以为至奇至妙，天下之理莫或加焉。后官南雍，则圣贤之书，未尝一日去手。潜玩久之，渐觉就实，始知前所见者，乃此心虚灵之妙，而非性之理也。自此研磨体认，日复一日，积数十年，用心甚苦。年垂六十，始了然有见乎心性之真，而确乎有以自信。①

正是这一段经历，使罗钦顺认为所有的"开悟""顿悟"之说说到底都不过是一种"虚灵之妙"，所以他由此也就形成了其对佛教虚灵知觉之至为反感的立场，认为凡是陶醉于灵明心性者，都是"窃取释氏之妙"，也无不要将其驱赶到佛禅一边而后快。其之所以要以心性辨儒佛，关键取决于其早年的这一段上当受骗的经历。②

正因为这一原因，罗钦顺对两宋理学所公认的儒佛之辨之所谓自私

---

① （明）罗钦顺：《困知记》卷下，阎韬点校，中华书局1990年版，第34—35页。
② 据笔者认知，人在一味苦思的条件下出现"恍然而悟，不觉流汗通体"，以至于顿觉"身心洒落"极有可能是心血由"不通"（凝神而思）而"通"的过程，这样的记载在明儒当中极为常见，比如王泰州"一夕梦天坠压身，万人奔号求救，先生独奋臂托天而起……万人欢舞拜谢。醒则汗溢如雨，顿觉心体洞彻，万物一体……"参见（明）张峰《年谱》，《王心斋全集》，江苏教育出版社2001年版，第68页。这可能主要是一种生理现象，但由于是伴随着人的精神思索出现的，因而古人常常会将这种现象称为"大悟"，比如王阳明的"龙场大悟"也是这样出现的。

自利的标准也就大为不满，认为这不过是"就形迹上断"，根本没有说到释氏的"病根"上。在他看来，儒佛之别与其说是在其自私自利的价值观上，不如说主要在于"识见"上。他比较说：

> 释氏之自私自利，固与吾儒不同。然此只是就形迹上断，他病根所在，不曾说得。盖以灵觉为至道，乃其病根，所以异于吾儒者，实在于此。①

这样一来，罗钦顺也就等于形成了一套新的儒佛之辨的标准，从而专门以所谓虚灵知觉来辨儒佛。但对于这一标准，刘蕺山却评论说："如此而所云之之归之者，亦是听其自之之而自归之，与我无与焉，则亦不自觉其堕于恍惚之见矣。"② 这就是说，罗钦顺这样的儒佛标准其实也就建立在所谓"恍惚之见"的基础上。对于儒学来说，这样的儒佛之辨，"不免操因噎废食之见，截得界限分明，虽足以洞彼家之弊，而实不免抛自家之藏"③。这就是说，罗钦顺的反佛标准，不仅是从价值观的层面"堕于恍惚之见"的层面，而且也是通过自觉地将儒与佛之共同的理论方法退还给佛家来反佛的。

三　汉学与宋学：从反佛到研究理学之不同进路

张载与罗钦顺两种不同的反佛侧重，自然代表了理学内部对儒佛关系的两种不同看法。从历史的角度看，这种不同的反佛侧重在一定程度上决定了后世研究理学之不同视角与不同的进路。

首先，从对儒佛关系的认识来看，张载的反佛是在掌握并且真正借鉴了佛教超越的形上视角基础上的反佛，因而对佛教来说，可以说是一种入室操戈式的反佛，起码也是与佛教站在同一理论层面上的批评；而

---

① （明）罗钦顺：《答允恕弟》，《困知记》，阎韬点校，中华书局1990年版，第114页。
② （明）刘宗周：《明儒学案·师说》，《刘宗周全集》，浙江古籍出版社2007年版，第5册，第525页。
③ 同上书，第526页。

罗钦顺的反佛，则完全成为一种将佛教外在化、对象化式的外在排拒了，所以只要一见到人在运用佛教的名相概念，他就毫不留情地将其推向佛禅一边去，并以"窃取释氏之妙"为之归罪。张载的反佛，是从不同价值观出发之不同理论方法（诸如体用殊绝与体用不二）的相互攻错；而罗钦顺的反佛，则是对从性到心再到道心、人心以及心之虚灵明觉直到具体的名相概念之层层辨析，从而也就将儒学与佛禅彻底对立起来。这样的反佛，实际上也就完全成为一种外在的对垒与排拒了。

作为理学家，为什么张载与罗钦顺会形成这种完全不同的反佛侧重呢？一方面，此固然存在着历史的原因，一定程度上也可以说是历史发展的结果。因为在两宋尤其是北宋时代，当时的形势是"大道精微之理，儒家之所不能谈"；即使到了南宋，朱陆两家也都有过一段对佛老之学的钻研时期。但进入明代后，形势却根本不同了：由于朱子"致广大，尽精微，综罗百代"的努力，儒家宇宙本体论的理论体系已经建立，因而也就造成了明儒"绝口不言佛老""生平不读佛书"的习惯。这样一来，儒学与佛老完全成为一种彼此外在的对立关系。

具体到明儒来看，从曹端开始，就明确地坚持一种"平生不喜佛、老，不悦斋醮，恶其害道乱正也"[①] 的态度，一直到晚明的顾炎武，也仍然坚持"生平不读佛书，如《金刚经解》之类未曾见也。"[②] 这就全然将佛老外在化，而在这一基础上的反佛，也就难免只从理论方法与名相概念上做文章。但同样是理学家，真正对佛老有所钻研者就大不一样。比如王阳明，其早年在圣贤之学走不通的条件下固然也有所谓佛老之溺，后来虽然告别了佛老，并且也明确地批判佛老，但其对佛老的批判就大不一样。比如王阳明晚年就屡屡检讨世儒批评佛老之观点的不正确与方法的不得当，《年谱》记载：

> 张元冲在舟中问："二氏与圣人之学所差毫厘，谓其皆有得于性

---

① 张信民：《曹月川先生年谱》，《曹端集》，中华书局2003年版，第302页。
② 这一说法是李二曲对顾炎武来书中原话的转述，转引自李颙《答顾宁人书》三，《二曲集》，陈俊民点校，中华书局1996年版，第151页。

命也。但二氏于性命中着些私意，便谬千里矣。今观二氏作用，亦有功于吾身者，不知亦须兼取否？"

先生曰："说兼取，便不是。圣人尽性至命，何物不具，何待兼取？二氏之用，皆我之用：即吾尽性至命中完养此身谓之仙；即吾尽性至命中不染世累谓之佛。但后世儒者不见圣学之全，故与二氏成二见耳。譬之厅堂三间共为一厅，儒者不知皆吾之用，见佛氏，则割左边一间与之；见老氏，则割右边一间与之；而己则自处中间，皆举一而废百也。圣人与天地民物同体，儒、佛、老、庄皆吾之用，是之谓大道。二氏自私其身，是之谓小道。"①

如果比照于王阳明对世儒批评佛老的这一段检讨，那么也可以说这其实正是对罗钦顺之反佛进路与方法的明确批评。但如果将王阳明的这一批评与张载对佛老的批评稍加比较，马上就可以发现其对佛老的批评以及其对批评佛老者的反批评完全是对张载精神的继承，而其批评佛老的方法也同样是对张载方法的继承与发展。这样一来，王阳明与罗钦顺在对待佛老态度上的差别，实际上可以说是张载与罗钦顺之不同反佛侧重的明代表现。

但问题并没有结束。由于罗钦顺是与王阳明同时并立的理学家，他们不仅在对待朱子学上有截然相反的态度，而且也始终坚持着完全不同的反佛标准。这样一来，由于罗钦顺是当时公认的"朱学后劲"，因而此后无论是崇尚朱学、反对心学抑或是排拒佛老，也都必然会以罗钦顺为归，加之明清易鼎这一时代机缘的影响，因而王阳明与罗钦顺，其相互的关系也就如同儒释疆界一样阵线分明了。这就形成了一种源远流长的"传统"。待到乾嘉时代，所谓汉学家对宋学的批评，实际上也就成为对罗钦顺批评佛老——批评心学之态度与方法的一种全面继承了。比如作为乾嘉大师的戴震对朱子的一段批评，其方法全然成为对罗钦顺之反佛方法的一种继承。《东原年谱》载：

---

① （明）钱德洪：《年谱》三，《王阳明全集》，吴光、钱明、董平、姚延福编校，上海古籍出版社1992年版，第1289页。

就傅读书……授《大学章句》，至"右经一章"以下，问塾师："此何以知为孔子之言而曾子述之？又何以知为曾子之意而门人记之？"师应之曰："此朱文公所说。"即问："朱文公何时人？"曰："宋朝人。""孔子、曾子何时人？"曰："周朝人。""周朝、宋朝相去几何时矣？"曰："二千年矣。""然则朱文公何以知然？"师无以应，曰："此非常儿也。"①

梁启超也就此评论说：

此一段故事，非惟可以说明戴氏学术之出发点，实可代表清学派时代精神之全部。②

在这里，戴震对朱子的批评固然与张载和罗钦顺之反佛并无直接关系，但其批评的视角与方法却是一脉相承的；而梁启超的评点，则既足以揭示乾嘉汉学的基本精神，也可以代表罗钦顺之反佛精神的继续。实际上，这就完全是以所谓实然的认知之真来衡论超越的价值之善了；但其结论却未必就是正确的——因为即使汉儒离孔子更近，能保证其就比朱子更理解孔子精神吗？显然，这只是一种或然性，并不具有必然性。如果再联系到戴震对《周易》之"形而上者谓之道，形而下者谓之器"之所谓"形而前""形而后"式的诠释，③也就完全可以看出，这种以汉学方法对宋明理学的批评，实际上正是张载与罗钦顺之不同反佛侧重的

---

① （清）段玉裁撰、（清）杨应芹订补：《东原年谱订补》，《戴震全书》，黄山书社1995年版，第6册，第650页。
② 梁启超：《清代学术概论》，转引自（清）段玉裁撰、（清）杨应芹订补《东原年谱订补》，《戴震全书》，黄山书社1995年版，第6册，第650页。
③ 戴震说："形谓已成形质，形而上犹曰形以前，形而下犹曰形以后……阴阳之未成形质，是谓形而上者也，非形而下明矣。器言乎一成而不变，道言乎体物而不可遗。不徒阴阳是非形而下，如五行水火木金土，有质可见，固形而下也，器也；其五行之气，人物咸禀受于此，则形而上者也。"参见（清）戴震《孟子字义疏证·天道》，《戴震全书》，黄山书社1995年版，第6册，第176页。

继续；区别仅仅在于，罗钦顺是以理论方法与名相概念的相似性而将心学完全驱赶到佛禅一边，而戴震则是以反对形上学的方式将整个理学都赶到释氏一边。这就形成了所谓汉宋之学的对立。

这一对立，虽然源于宋明理学内部对佛教的两种不同批评，但当其发展成为汉学与宋学两种不同的学风时，也就构成了人们研究理学的两种不同方法，进而成为研究中国哲学的两种不同进路。就对中国哲学的研究而言，我们当然可以汉宋方法并用，但如果以汉学排斥宋学，或者专门以所谓汉学方法来研究宋明理学，那就难免会以罗钦顺之反佛心态来对待理学了，因而所谓"阳儒阴释"以及"朱子道，陆子禅"之类的说法常常成为人们对宋明理学之一种简单的攻讦与归罪。就汉学与宋学方法而言，他们当然各有所长，也有其独立的价值与意义；但就二者相比而言，则后者无疑要高于前者，因为宋明理学毕竟代表着对汉学的一种历史性扬弃，也代表着儒学更高一个层级的发展。① 如果专门以所谓汉学方法来研究宋明理学，势必会像罗钦顺一样完全将心性之学都推到佛禅一边去，从而不得不再次重复王阳明"三间房"的魔咒。

此中的原因在于，汉代的儒学固然也是对孔孟精神的继承，但由于当时特殊的历史条件——儒学刚刚开始与大一统政权结合，因而其对孔孟精神继承得根本不到位，所以其局限也就成为一种发生学上的局限了；而这种局限，也正好为其以后一败于玄学，再败于佛教的历史所证实，于是才有了隋唐的三教并行与三教论争，于是有了两宋儒学以"修其本以胜之"的方式之重新崛起。从这个角度看，汉学虽然有所不足，但其不足却正好为以后的宋明理学所弥补。但是，当理学内部由罗钦顺之反佛而重新激荡起一种所谓汉学式的研究时，由于这种汉学全然以反宋学为指向，因而所谓汉学已经不再是历史上的汉学，而恰恰具有某种"三寸金莲"之夸俗的意味。

再从宋学来看，宋明理学的形上视角与超越追求，固然也有接受佛教刺激的一面，但其本质上却并不源于佛教，而其对现实世界之体用不

---

① 就人的精神层级而言，义理阐发毕竟比章句训诂高一层次，因而也更接近于孔孟精神，这就是笔者一直以为汉宋之学不足以对立，也不足以以汉学排斥宋学的理论根据。

二的双向肯定指向也与佛老体用殊绝之弃俗归真的追求指向是完全相反的。就其结果而言，无论是从其反佛的实际效果来看，还是就其对佛教形上智慧的吸收与消化来看，以张载为代表的宋学进路与宋学方法远比罗钦顺的方法与进路更为成功，也更为积极。当然，站在今天的角度看，无论是汉学还是宋学、理学还是佛老，其实都是中国的传统学术，或者说都属于传统学术的发展，只有当我们完全满足于所谓形下实然的一层世界时，才会将儒家超越的形上追求精神通过批评宋学的方式拱手送给佛老，从而成为文化精神上一种狭隘的民族主义与民粹主义。① 这就是本文之比较研究的一个基本结论。

(原载《中国哲学史》2011年第1期)

---

① 所谓狭隘的民族主义，主要是指其外在的排佛立场而言；而所谓狭隘的民粹主义，则又主要是指其反形上学——将形而上的超越追求精神一概送给佛老并加以排斥而言。

论张载的"天人合一"思想及其特色

林乐昌

一 引 言

"天人合一"是中国历史上的一个古老观念①。这一观念演变至西周时期,被视为王权合法性的神圣依据。轴心时期(孔子时代)的"天人合一"观念开始从王权垄断向个人转型,从而使这一观念向所有追寻精神价值和生命意义的个人开放。②与转型期的方向一致,张载(1020—1077,字子厚,学者称横渠先生)在历史上第一次使用"天人合一"这四个字,将其作为一个思想命题明确地提了出来,并对这一命题做了明确的界说。在《正蒙·乾称篇》中,针对佛教"诚而恶明"的倾向,张载强调指出:"儒者则因明致诚,因诚致明,故天人合一。致学可以成圣,得天而未始遗人,《易》所谓不遗、不流、不过者也。"(第65页)这一界说,着重从提升精神境界的角度为儒者提出实现"天人合一"的方法。值得注意的是,张载"天人合一"思想所依据的经典除了《周易》经传之外,显然对《中庸》更加倚重。不难理解,《中庸》对张载的学术生涯曾经产生过特殊的影响,也包括对张载"天人合一"思想的影响。上引张载所说"因明致诚,因诚致明",来源于《中庸》二十一章"自诚明""自明诚"的学说。张载在其《正蒙》首篇《太和》提出:"由太

---

① 张亨:《"天人合一"的原始及其转化》,载《思文之际论集:儒道思想的现代诠释》,台北允晨文化实业股份有限公司1997年版,第249、279页。
② 余英时:《论天人之际:中国古代思想起源试探》,中华书局2014年版,第119、138页。

虚，有天之名；由气化，有道之名；合虚与气，有性之名；合性与知觉，有心之名。"（第9页）这四句话是张载对"天""道""性""心"四大概念的界定，也是他对自己理学体系的概括，可称为张载理学"四句纲领"。这"四句纲领"，本来就是对《中庸》首章"天命之谓性"等前三句的解说；① 这与《中庸》二十章"天之道"与"人之道"关系的原理一起，为张载之学提供了一个天人关系框架。此外，张载依据《中庸》二十五章所谓"诚"者"性之德也，合内外之道也"的表述，将"合内外"确立为实现"天人合一"的基本模式。仍与《中庸》有关，张载还从另一角度对"天人合一"思想做了重要的补充说明。他说："天人异用，不足以言诚；天人异知，不足以尽明。"（《正蒙·诚明篇》，第20页）这表明，张载强烈反对在"用"和"知"这两个向度上使天人关系发生背离。这就启发我们，应当从"用"和"知"这两个向度全面考察张载的"天人合一"思想。

二 从"知"的向度考察张载"天人合一"思想及其特色

张载认为，在处理天人关系时，"用"应当以"知"为前提，所"知"的对象是"天"及"天道"。这使我们有必要把"知"置于"用"之前加以论析。

第一，批判秦汉以来"知人而不知天"的"大蔽"。《宋史·张载传》本传说他"以为知人而不知天，求为贤人而不求为圣人，此秦汉以来学者大蔽也"[②]。张载在论述天道性命相贯通时指出，"故思知人不可不知天"（《正蒙·诚明篇》，第21页），"知人知天与穷理尽性以至于命同意"（《横渠易说·说卦》，第234页）。清初理学家冉觐祖注解"天人异

---

① （宋）张载：《张子全书》卷14《礼记说·中庸》，林乐昌编校，西北大学出版社2015年版，第384页。
② （元）脱脱等：《宋史》卷427《道学一·张载》，聂崇岐等点校，中华书局1985年版，第36册，第12724页。

知"说:"知人而不知天,是谓'天人异知'。"① 如果人能够"知天",便意味着天人不再"异知"。在张载看来,"知天"比"知人"更根本,是复兴儒学的首要课题。

张载批评秦汉以来儒者"不知天",是指他们对"天"的理解出现了偏误。这表现为,把原本超越的宇宙本体之"天"实然化、经验化了。张载反对"姑指日月星辰处,视以为天"(《横渠易说·系辞上》,第177页),他批评说:"'日月得天',得自然之理也,非苍苍之形也。"(《正蒙·参两篇》,第12页)强调不能把"天"理解为苍苍之天,而应当理解为支配自然界的义理之天。他还告诫学者:"气之苍苍,目之所止也;日月星辰,象之著也。当以心求天之虚。"(《张子语录·语录中》,第326页)这是说,已少有儒者能"以心求"超越的宇宙本体之天了,更多的情形是以耳目感官把握由气构成的"苍苍"之天。广义地看,"知天"也包括"知天道"。张载曾说,他撰写《西铭》的意图是"只欲学者心于天道"(《张子语录·语录上》,第313页)。

第二,以"合内外"作为实现"天人合一"的基本模式。在张载著作中,多次使用源自《中庸》的"合内外"。这一说法是分别从"用"的向度和"知"的向度说明天人关系的。这里先对天人关系"知"的向度略作阐发。张载说:"人谓己有知,由耳目有受也;人之有受,由内外之合也。知合内外于耳目之外,则其知也过人远矣。"(《正蒙·大心篇》,第25页)这涉及两种"合内外"之知:一是"耳目有受"的"合内外"之知,"内"指人的耳目感官,"外"指认知对象,"合"指人的感官对外在对象"有受",使内外发生关联,从而获得"闻见之知";二是超出"耳目之外"的"合内外"之知,"内"指人的思考器官"心","外"指超出"耳目有受"范围的认知对象,亦即"天"及"天道",其"合"所形成的"知"是高于"闻见之知"之上的"德性所知",乃至作为最高知识的"诚明所知"。因此,"天人合一"意义上的"内"与"外",分别指"人"与"天";"合",意味着融合"天"与"人"二者,使之达到统一。这第二种"合内外",是超越认识论的指向境界论的"合

---

① 林乐昌:《正蒙合校集释》上册,中华书局2012年版,第287页。

内外"。

张载认为，天人之间是有分有合的。他曾指出："人不可以混天。"（《横渠易说·系辞上》，第189页）"天人合一"命题的提出，本身就意味着"天"与"人"之间是存在间隔的，"天"与"人"是两个有实质性差异的概念。张载提出所谓"天人合一"，并不是要消解天人二者的差异，而是在承认天人二者之"分"的前提下，扬弃差异，进而谋求二者之"合"，实现天人之间真正的"合一"。德国现代哲学家恩斯特·卡西尔（Ernst Cassirer）指出："真正的统一性，乃是先假定了分离，而复于此一分离中重建其自身的那一种统一性。"① 与卡西尔所谓"假定"的"分离"有所不同，张载所理解的"分离"是真实的，因此需要加以面对和承认，承认差异才能够扬弃差异；而对于真正的统一性需要经过一个"重建自身"的过程，对此张载则是能够认同的。程颢的天人观与张载相反，他提出："天人本无二，不必言合。"② 这就完全把外在的超越的天或天道内在化了，同时也取消了天人之间的真正的统一性。时下有学者把"天人合一"观念中的天人二者归结为"相即不离的内在关系"③，这与程颢的观点接近。在张载看来，天人关系是内外双向的：天作为宇宙本体是外在的，而人对天的体悟则是内在的。不能因为天人关系有其内在的一面就消解其外在的一面，将内外双向关系完全归结为内在的。其实，张载实现"天人合一"的基本模式，既不是"外在"的，也不是"内在"的，而是"合内外"的。

三 从"用"的向度考察张载"天人合一"思想及其特色

张载批评佛教"不知本天道为用"，主张"得天而未始遗人"。如何

---

① [德]恩斯特·卡西尔（Ernst Cassirer）：《人文科学的逻辑》，关子尹译，联经出版事业公司1986年版，第17页。
② （宋）程颢、程颐：《河南程氏遗书》卷6《二先生语六》，《二程集》（第1册），王孝鱼点校，中华书局1981年版，第81页。
③ 汤一介：《论"天人合一"》，《中国哲学史》2005年第2期，第10页。

"本天道为用"？考察张载的有关论述可知，这需要经由个人修养的实践、社会治理的实践和人类参与自然生成过程的实践等途径。

第一，通过"善反之"的修养工夫以"成性"。张载的人性论是由"合两"说与"成性"说两部分构成的。① 如果说人性是沟通天人的枢纽，② 那么，"成性"则是天人合一的实现。张载主张，儒者需要通过一系列"善反"工夫，变化气质以"成性"。他指出："形而后有气质之性，善反之则天地之性存焉。故气质之性，君子有弗性者焉。"（《正蒙·诚明篇》，第23页）张载还把成性的过程分为学者、大人与圣人三个不同的阶段。③ 与学者和大人相比，圣人能够达到"反之本而不偏，则尽性而天矣"（《正蒙·诚明篇》，第23页）的境界。

第二，通过"知秩然后礼行"为自然秩序与社会秩序的统一奠定基础。张载不认同"专以礼出于人"的观点，提出："大虚（太虚）即《礼》之'大一（太一）'也。大者，大之一也，极之谓也。礼非出于人，虽无人，礼固自然而有，何假于人？今天之生万物，其尊卑小大，自有礼之象，人顺之而已，此所以为礼。或者专以礼出于人，而不知礼本天之自然。"④ 他还指出："生有先后，所以为天序；小大、高下相并而相形焉，是谓天秩。天之生物也有序，物之既形也有秩。知序然后经正，知秩然后礼行。"（《正蒙·动物篇》，第19页）张载将体现人类社会秩序的礼诉诸宇宙根源，认为"不闻性与天道而能制礼作乐者末矣"（《正蒙·神化篇》，第18页）。就是说，人类社会秩序必须符合宇宙运行的基本秩序。这是对春秋时期"天礼合一"思想⑤的传承和发挥。

张载的"天人合一"思想不仅是对宇宙自然秩序与人类社会秩序统一的诉求，而且表现为人伦道德意义与自然生态意义之间的交织。正是

---

① 林乐昌：《张载对儒家人性论的重构》，《哲学研究》2000年第5期，第52—53页。
② 李泽厚：《宋明理学片论》，载《中国古代思想史论》，人民出版社1985年版，第224页。
③ 程宜山：《关于张载的"德性所知"与"诚明所知"》，《哲学研究》1985年第5期，第65—66页。
④ （宋）张载：《张子全书》卷14《礼记说·礼运》，林乐昌编校，西北大学出版社2015年版，第342页。
⑤ 陈来：《孔夫子与现代世界》，北京大学出版社2011年版，第164—167页。

在这种交织关系中，才使得"天人合一"命题既具有精神境界意义，也具有自然生态意义。可以认为，张载的"天人合一"思想的确同时构成了人类如何正确对待自然的基本态度和实践原则。首先，张载强调人应当以"并立乎天地"的平等精神参与自然生成过程。他说："尽人道，并立乎天地以成三才，则是与天地参矣。"（《横渠易说·系辞上》，第178页）"尽人道"，是实现自然生态意义的"天人合一"的前提。只有实践"诚明""致中和"等工夫，自觉调整性情，提升道德水准，人类才能够以健全的心态参与自然万物的生成过程，顺从而不违逆自然秩序，从而实现人与自然的和谐。其次，张载提出著名的"民吾同胞，物吾与也"（《正蒙·乾称篇》，第62页）的口号，强调人与自然之间应当成为互相依赖、和解共生的伙伴关系。这个口号不仅体现了人对自然万物的亲近态度，而且可以将其视为人如何与自然万物保持和谐关系所应遵循的基本准则。

总之，张载的"天人合一"思想是张载天人之学体系的总体性命题，也是儒学史上天人之学的重要理论源头。当然，张载所谓"天人合一"，不可能自发地在个人修养、人间社会和自然生态中变为现实。因此，这一观念主要用以昭示人们：只有经由不懈的修为和实践，人类才能够在精神领域、社会领域和自然领域中逐步趋近这一理想境界。

[原载《长安大学学报》（社会科学版）2016年第3期]

"以礼为教":张载教育哲学主题论

林乐昌

儒家学者历来关心"为学之方"与"教人之法"的问题。儒学的这一传统特征,至宋代尤著。朱熹和吕祖谦合编的《近思录》卷二题为"论学",卷十一题为"教人",恰好与儒学的这一传统相呼应。在儒家传统的"教"与"学"这两类活动中,"教"尤其是儒学原型的基本要素,而且是传递"学"的必要途径。考察宋明理学各派的教学活动可知,其"教人之法"互不相同,例如宋代程朱学教人专讲"涵养居敬""格物穷理",陆学教人专讲"发明本心",而明代王学教人则专讲"致良知",等等。

张载(1020—1077,字子厚,学者称横渠先生)逝世两年后(元丰二年,1079年),程颐(1033—1107,字正叔,学者称伊川先生)在总结张载教学方法的基本特征时说:"子厚以礼教学者,最善,使学者先有所据守。"[①] 作为与张载往来密切的洛学代表人物,程颐的就近观察是相当真切的。程颐对张载教学宗旨的这一评语,后来在宋、元、明、清学者的广泛征引中被浓缩为"以礼为教"四字,以更简明的语句彰显张载教学实践的基本特质。宋代学者吕本中、吕祖谦、朱熹、真德秀,元代学者胡炳文,明代学者吕柟,清代学者顾炎武、颜元等,都曾以各自的方式揭示了张载"以礼为教"的教育哲学宗旨。

胡适是20世纪率先创制"中国哲学史"这一现代学科形态的学者。在其所著《中国哲学史大纲》卷上开篇,他将哲学分为六个门类,其中就包括"教育哲学"。由于在中国古代典籍中"教育"和"教学"这两个术

---

① (宋)程颢、程颐:《河南程氏遗书》卷2上《东见录》,程颐语,《二程集》,王孝鱼点校,中华书局1981年版,第23页。

语多交互并用,故儒家之教育哲学,也可以称为教育学说或教学思想。对于张载的教育哲学,我们不妨在最一般的意义上将其本质理解为有关教学目标、教学内容、教学次序和教学方法的原理。然而就学术界对张载教育哲学或教育思想这一课题的研究来看,在一些相关论著中,很少论及张载"以礼为教"的教学主旨,更谈不到进行专题研究;① 或仅仅将张载礼学归结为"工夫论"②,未能准确理解此课题的基本性质。因而,本文首先认为应当将"以礼为教"定性为"张载教育哲学的主题"才比较确切。张载在宋代以"尊礼"著称,③ 形成了独树一帜的礼学思想,并以此作为自己教学实践和教育哲学的宗旨。张载教育哲学的主题意识及教学思想特征,也正是基于此而展现的。本文拟首先考察作为张载教育哲学形成背景的北宋重教兴学运动,然后探究张载以礼学为基础的教育哲学原理,最后论析张载礼教"以礼成德"和"用礼成俗"的实践功能。

一 北宋重教兴学运动:张载教育哲学形成的背景

北宋政治具有明显的"文治"取向特征,并将"以儒立国"作为基本国策。这一政治取向的选择和基本国策的确立,自太祖朝肇始,后来被太宗、真宗、仁宗、神宗各朝保持下来,而这恰恰为北宋历次重教兴学运动提供了极其重要的政策环境。

北宋初、中期的文教政策,作为"文治"政策的具体化,直接促成了几次大的兴学运动。咸平四年(1001年),真宗下诏,在向州、县官学颁赐《九经》的同时,同样将《九经》颁发给民间聚徒讲学的书

---

① 王云五在其所著《宋元教学思想》(商务印书馆1971年版)第六章《周程张四子的教学思想》中,对张载的"以礼为教"思想只字不提;另如,姜国柱所著《张载关学》(陕西人民出版社2001年版)第九章专论张载的教育思想,苗春德主编《宋代教育》(河南大学出版社1992年版)第六章也讨论了张载的教育思想,但都仅涉及张载的具体教学方法,对于张载"以礼为教"的教育思想主题却都略而不提。

② 程宜山:《张载哲学的系统分析》第三章《张载的认识论和修养方法》之第四节《"虚心"与重礼相结合的"修持之道"》,学林出版社1989年版,第122—126页。

③ (元)脱脱等:《宋史》卷427《道学传一》,聂崇岐等点校,中华书局1985年版,第36册,第12724页。

院。① 王夫之（1619—1692，字而农，号薑斋）在回顾"三代之隆，学统于上"，孔子时代"上无学而教在下"之后，指出，"宋分教于下，而道以大明，自真宗昉"②。这是对真宗旨在使民间教育和私家讲学合法化的文教政策的高度评价。庆历四年（1044年），仁宗诏令诸路州、府、军、监立学③，促使全国各地兴办学校的盛况空前。神宗熙宁二年（1069年），王安石（1021—1086，字介甫，号半山）主持变法，并领导熙宁教育改革，其主要成就是改革太学体制，扩建太学规模，使官方的最高学府得以完善，从中央到地方形成了比较完整的学校网络。

咸平以来的几次兴学立教运动，尤其是庆历和熙宁的教育改革，都与政治变革有直接的关联。虽然这几次兴教运动均因变法失败而暂歇，但其影响却是巨大的。王夫之在总结真、仁朝以来文教政策和兴教运动的影响时说："嗣是而孙明复、胡安定起，师道立，学者兴，以成乎周、程、张、朱之盛。"④ 这显然是认为，当时的兴学立教，是理学形成和发展的重要推动力量。对北宋理学兴起的背景，学界历来仅关注古文运动和政治改革，而对兴学运动的作用则重视不够。其实，北宋的重教兴学运动对于理学兴起的推动作用，要远远大于古文运动。作为当时积极参与兴学运动的"学者"，其中相当一部分人既是教育家，又是经师或理学家。理学家与政治家各自对于兴学立教的着眼点是有所区别的。例如，熙宁变法的领导者王安石与洛学领袖二程兄弟，对于政治变法与兴教运动的关系，看法便有所不同：王安石重变法甚于教育，而二程重教育则甚于变法。⑤ 程颢（1032—1085，字伯淳，学者称明道先生）曾说："治天下不患法度之不立，而患人材之不成。人材之不成，虽有良法美意，孰与行之？"⑥ 钱穆评价说："此乃洛学与安石根本相异处。"⑦ 对于

---

① （清）王夫之：《宋论》卷3《真宗》，舒士彦点校，中华书局1995年版，第53页。
② 同上书，第53、54、55页。
③ （清）徐松：《宋会要辑稿·崇儒》，苗书梅等点校，王云海审订，河南大学出版社2001年版，第82—83页。
④ （清）王夫之：《宋论》卷3《真宗》，舒士彦点校，中华书局1995年版，第53页。
⑤ 钱穆：《国史大纲》（修订本）下册，商务印书馆1994年版，第591、796页。
⑥ 转引自钱穆《国史大纲》（修订本）下册，商务印书馆1994年版，第591页。
⑦ 钱穆：《国史大纲》（修订本）下册，商务印书馆1994年版，第591页。

政治与教育关系的看法，不惟洛学领袖二程兄弟如此，关学宗师张载亦然。因此，钱穆指出："范仲淹、王安石诸人，政治意味重于教育"，而"二程、横渠以来，教育意味重过政治。"① 张载自己也说："今欲功及天下，故必多栽培学者，则道可传矣。"（《经学理窟·义理》，第271页）又说："今日之往来，俱无益，不如闲居，与学者讲论，资养后生，却成得事。"② 可见，张载把讲学传道、培养学者视作"功及天下"的头等大事。

在北宋理学家及其他儒家学者中，通晓礼学者不乏其人，但明确把"以礼教学者"作为自己教育哲学主题和教学实践宗旨的，则惟张载一人而已。本节所述北宋重教兴学运动，正是张载"以礼为教"教育哲学形成的时代背景。

二 以礼学为基础的教育哲学原理

张载教授学生之礼学，其内容相当广泛，除个体道德修养外，还包括经世致用的实用知识。二程曾对张载说："关中之士，语学而及政，论政而及礼乐兵刑之学，庶几善学者。"③ 我们可以将张载的礼学结构分为三个层次。

张载礼学结构的第一个层次是：成德践行之礼。此一层次的礼，主要表现形式和功能是就个体而言的"以礼成德"④，亦即张载自己所说的个体"行礼"实践。（《经学理窟·气质》，第266页）与此相关，还包括个体的举止得体、行为庄敬等内容。

张载礼学结构的第二个层次是：社会教化之礼。此一层次的礼，主要内容是在社群尤其是在家族生活中推行日常礼仪，如冠礼、婚礼、丧

---

① 钱穆：《国史大纲》（修订本）下册，商务印书馆1994年版，第796页。
② 转引自《河南程氏遗书》卷10《洛阳议论》，（宋）程颐、程颢《二程集》，王孝鱼点校，中华书局1981年版，第115页。
③ （宋）程颢、程颐：《河南程书粹言》卷1《论学篇》，《二程集》，王孝鱼点校，中华书局1981年版，第1196页。
④ （宋）张载：《礼记说·礼器第十》，《张子全书》卷14《补遗一》，林乐昌编校，西北大学出版社2015年版，第344页。

礼、祭礼等，其目的是"用礼成俗"，以改良地方社会秩序。

张载礼学结构的第三个层次是：养民治民之礼。张载"慨然有意三代之治"①。"三代之治"的基础是礼乐制度，因而张载认为治理国事要"以礼乐为急"（《张子语录·语录中》，第317页）。他还认为，礼乐制度应当发挥养民和治民的功能。②

值得注意的是，张载的教育哲学原理是以其礼学为基础的，并以礼学贯穿始终。张载的教育哲学思想，其远源出于周、孔之学，其近源则在乎《礼记》。《礼记·曲礼》篇云："是故圣人作，为礼以教人。"③ 而《礼记·学记》篇与张载教育哲学思想的关系，尤其值得注意。司马光（1019—1086，字君实）认为，《学记》《大学》《中庸》《乐记》诸篇，为《礼记》之精要，且以《学记》在《大学》之前。④ 在北宋理学诸派中，二程教弟子重《礼记》之《大学》篇，张载则较少言及《大学》篇，而是更重《学记》篇。张载有关《学记》的系统解说，今天可见其佚著《礼记说》辑本。⑤ 当然，《学记》与《大学》也有共同之处，即二者都论及"大学之道"，即大学教育的基本原理。因而，朱熹（1130—1200，字元晦，号晦庵）重《大学》，同时也甚重《学记》。他在《仪礼经传通解》中论《学记》时说，此篇"言古者学校教人传道授业之次序与其得失兴废之所由，盖兼大小学而言之。旧注多失其指，今考横渠张氏之说，并附己意，以补其注"⑥。此处"横渠张氏之说"，主要指张载《礼记说》对《学记》诸篇的解说。清代学者陈澧（1810—1882，字兰甫，号东塾）说："今人但知朱子有《大学》《中庸》章句，罕知朱子

---

① （宋）吕大临：《横渠先生行状》，《张载集·附录》，章锡琛点校，中华书局1978年版，第384页。

② 张载礼学结构分为三个层次的内容，详见林乐昌《张载礼学论纲》，《哲学研究》2007年第12期，第49—51页。

③ （汉）郑玄注、（唐）孔颖达疏：《礼记正义》卷1《曲礼上第一》，（清）阮元校刻：《十三经注疏》，中华书局1980年影印本，第1231页。

④ （宋）司马光：《书仪》卷4，《文渊阁四库全书》本。

⑤ 已收入（宋）张载：《张子全书》卷14《补遗一》，林乐昌编校，西北大学出版社2015年版。

⑥ （宋）朱熹：《仪礼经传通解》卷首《篇第目录》，朱杰人、严佐之、刘永翔主编：《朱子全书》，上海古籍出版社、安徽教育出版社2002年版，第2册，第38页。

有《学记补注》者矣。"① 据此可知，张载关于《学记》篇的解说，是朱熹为《学记》补注的主要依据。《学记》是一篇全面论述古代儒家教育思想的纲领。从《张载集》以及集外佚著《礼记说》对《学记》篇的解说可知，"以礼为教"四字大体可以涵盖张载教育哲学或教学思想的精华。

张载作为教育家深感"教人至难"②，其一生对于如何达至"善教"之境多所用心，总结出一整套教育哲学原理。概言之，张载的教育哲学原理以"教"与"学"为其两个面向，对"教"之职责、"学"之方向等问题都有很精到的认知。同时，他又以"先正其志""成德谓之学"的教学目的论，"学礼""知礼""行礼"的教学内容论，"学在乎推广""成不独成"的教学过程论，作为自己教育哲学原理的三条主线。

第一，"先正其志""成德谓之学"的教学目的论。张载提出，教育的首要职责在于使学者"正其志"，并认为这是"教之大伦"（《正蒙·中正篇》，第 32 页）。按照王夫之的解释，"大伦，可以统众事者。正其志于道，则事理皆得，故教者尤以正志为本"。③ 这里所谓"正其志"，是要学者先端正其为学之"志"，而此"志"指向的是"教人使入德"（《正蒙·中正篇》，第 31 页）。张载在解说《礼记·学记》篇所谓"继其志"时说："教者是使学者继其志，循循然善诱，是继志也。"这里的"继志"是指"继学之志也"。由于"始学之人，未必能继"（《正蒙·中正篇》，第 31 页），因而如何使学者"能继"，便成为教学的首要任务。教师若能够做到使学者始终保持成德之志，才称得上是"善教者也"④。

张载在解说《礼记·学记》篇时说："何谓学？成德谓之学。"⑤ 以

---

① （清）陈澧：《东塾读书记》，杨志刚点校，生活·读书·新知三联书店 1998 年版，第 178 页。
② （宋）张载：《礼记说·学记第十八》，《张子全书》卷 14《补遗一》，林乐昌编校，西北大学出版社 2015 年版，第 361 页。
③ 王夫之：《张子正蒙注》卷 4《中正篇》，夏剑钦点校，岳麓书社 1996 年版，第 12 册，第 118 页。
④ （宋）张载：《礼记说·学记》，《张子全书》卷 14《补遗一》，林乐昌编校，西北大学出版社 2015 年版，第 362 页。
⑤ 同上书，第 359 页。

"成德"为"学",是对为学方向的实质性规定,也关乎学者的使命。从历史上看,对"学"之内涵的界定是随时代而演变的。唐代所谓"学",注重的是学术的文化性、综合性道路;至北宋,在朝廷文教政策的推动下,士人亦即学者的人数剧增,此时的"学"不仅成为确认士人身份的尺度,而且"学"本身的内涵也转变为道德的自我修养。① 可以说,张载对"学"的界定与"学"的历史转变趋势完全一致。

第二,"学礼""知礼""行礼"的教学内容论。在教学内容方面,张载强调学"礼"的优先性。对此,司马光看得相当真切。正如他评价张载教学特点时所说:"教人学虽博,要以礼为先。"② 张载指出:"进人之速无如礼。"(《经学理窟·礼乐》,第265页)可以认为,张载教学的多方面内容几乎都是以"礼"为中心的,上述张载礼学结构的多层面展现,也都可以视为张载教授弟子的具体内容。

张载在以礼教弟子的教学活动中,"学礼""知礼"和"行礼"等都是为张载所看重的方面。

首先,关于"学礼"。张载说:"古人于孩提时已教之礼,今世学不讲,男女从幼便骄惰坏了,到长益凶狠,只为未尝为子弟之事,则于其亲已有物我,不肯屈下,病根常在。"(《经学理窟·学大原上》,第280—281页)因此,张载强调学者必须观礼、学礼。他说:"学者且须观礼。盖礼者滋养人德性,又使人有常业;守得定,又可学便可行,又可集得义。"(《经学理窟·学大原上》,第279页)他还说:

> 某所以使学者先学礼者,只为学礼则便除去了世俗一副当世习熟缠绕。譬之延蔓之物,解缠绕即上去,上去即是理明矣,又何求!苟能除去了一副当世习,便自然脱洒也。又学礼则可以守得定。(《张子语录·语录下》,第330页)

---

① [美]包弼德:《斯文:唐宋思想的转型》,刘宁译,江苏人民出版社2001年版,第344页。
② (宋)司马光:《又哀横渠诗》,《张载集·附录》,章锡琛点校,中华书局1978年版,第388页。

"以礼为教"：张载教育哲学主题论

这是张载对学礼优先性的强调。他又说：

> 学礼，学者之尽也，未有不须礼以成者也。学之大，于此终身焉，虽德性亦待此而长。惟礼乃是实事，舍此皆悠悠。圣庸共由此途，成圣人不越乎礼，进庸人莫切乎礼，是透上透下之事也。①

朱熹曾说，横渠"却是用官法教人，礼也易学"。② 因而可以认为，张载教人以礼是对西周官方礼教模式的继承。

其次，关于"知礼"。"知礼成性"，是张载为学者制定的修身工夫基本形态之一。"知礼成性"作为修身工夫的整体，"知礼"是指对礼的本质理解；"成性"则指道德人性的完成的。在此意义上，"知礼成性"也就是张载所谓"以礼成德"。

最后，关于"行礼"。所谓"行礼"，就是对礼的遵从。在"行礼"实践中，张载主张从"洒扫应对"等最基本的工夫环节做起。他认为，"洒扫应对是诚心所为，亦是义理所当为也"（《经学理窟·学大原下》，第287页）。以此为起点，"从基本一节节实行去，然后制度文章从此而出"（《经学理窟·学大原下》，第288页）。前述"变化气质"工夫，从字面上看似乎与"礼"无关，其实不然。张载说："但拂去旧日所为，使动作皆中礼，则气质自然全好。"（《经学理窟·气质》，第265页）可见，"变化气质"与"知礼成性"是可以互相配合的工夫，都有益于学者的"行礼"实践。

第三，"学在乎推广""成不独成"的教学过程论。张载提出："学在乎推广，而不可以不思。"③ 张载所谓"学在乎推广"，涉及为学由近及远，即由己及人、由己及物的扩充过程。在张载看来，通过教师的努

---

① （宋）张载：《礼记说·曲礼上第一》，《张子全书》卷14《补遗一》，林乐昌编校，西北大学出版社2015年版，第310页。
② （宋）黎靖德编：《朱子语类》卷93《孔孟周程张子》，王星贤点校，中华书局1986年版，第6册，第2363页。
③ （宋）张载：《礼记说·学记第十八》，《张子全书》卷14《补遗一》，林乐昌编校，西北大学出版社2015年版，第359页。

力，使学者"继其志"，成德之心不停息。这时，学者才算得上"可与立也"；而这对于教者而言，则"可以无恨矣"①。

张载说："惟大人为能尽其道，是故立必俱立，知必周知，爱必兼爱，成不独成。"（《正蒙·诚明篇》，第 21 页）张载关于"成不独成"的思想，是对《大学·学记》中为学"大成"思想的发挥。《学记》篇论述为学"大成"云：

> 比年入学，中年考校：一年视离经辨志，三年视敬业乐群，五年视博习亲师，七年视论学取友，谓之小成。九年知类通达，强立而不反，谓之大成。夫然后足以化民易俗，近者悦服，而远者怀之。②

张载解释为学"大成"思想说："化民易俗之道，非学则不能至。此学之大成也。"③ 据此可知，张载"成不独成"的思想，着眼于社会民众道德风俗的改良，已经超出了一己成德的范围，体现了孔子的忠恕精神和儒家的经世理想。

综上所述，我们有理由认为，张载"强礼然后可与立"（《正蒙·中正篇》，第 29 页）的论述是他以"礼"为中心的教育哲学的理论支点。在这一理论支点中，所"立"的目标是主体道德人格的确立，而"立"的根基则在于"礼"。因而，张载反复强调"人必礼以立"（《横渠易说·系辞上》，第 192 页），"立本既正，然后修持"（《经学理窟·气质》，第 270 页）。在张载看来，立于礼是"继志""入德"的有效方法。他认为："学者行礼时，人不过以为迂。彼以为迂，在我乃是捷径，此则从吾所好。文则要密察，心则要洪放，如天地自然，从容中礼者盛德之至也。"（《经学理窟·礼乐》，第 265 页）在张载的学说中，"行礼"实践是人性

---

① （宋）张载：《礼记说·学记第十八》，《张子全书》卷 14《补遗一》，林乐昌编校，西北大学出版社 2015 年版，第 359 页。
② （汉）郑玄注、（唐）孔颖达疏：《礼记正义》卷 36《学记第十八》，（清）阮元校刻：《十三经注疏》，中华书局 1980 年影印本，第 1521 页。
③ （宋）张载：《礼记说·学记第十八》，《张子全书》卷 14《补遗一》，林乐昌编校，西北大学出版社 2015 年版，第 359 页。

完成的过程，而人性的成长和提升需要礼仪规则的约束。德国哲学家康德（1724—1804 年，Immanuel Kant）指出："在教育中人必须受到规训。规训意味着力求防止动物性对人性造成损害。"① 人的"天性没有被置于规则之下，这才是恶的原因"②。康德对规则在人性教育中重要作用的洞见，有助于我们理解张载强调"学礼""行礼"在人性修养中的积极作用。总之，通过张载以礼学为基础的教育哲学原理的审视，我们完全有理由把"以礼为教"认定为张载教育哲学的主题。

三 礼教的实践功能："以礼成德"和"用礼成俗"

张载非常注重礼教的实践功能。其中，他尤其重视"以礼成德"的修身方法，以提高个体的德性；同时，他也很重视"用礼成俗"，以改良地方社会秩序。

第一，"以礼成德"的个体修身作用。程门弟子谢良佐（1050—1103，字显道，学者称上蔡先生）与弟子论学时，这样评论张载"以礼教学者"的方式：

> 横渠教人以礼为先，大要欲得正容谨节。其意谓世人汗漫无守，便当以礼为地，教他就上面做工夫。然其门人下稍头溺于刑名度数之间，行得来困，无所见处，如吃木札相似，更没滋味，遂生厌倦，故其学无传之者。明道先生则不然，先使学者有知识，却从敬入。③

谢良佐的评论后来被广泛征引，尽管所论不免含有抬高程门教法的门户之见，但他的确意识到张载门人行礼"如吃木札相似，更没滋味，遂生厌倦"这一现象的严重性。所谓"吃木札"，是形容只知被动和机械循礼的贫乏无味。在这里，谢良佐提出了一个重要问题，即在行礼实践过程

---

① ［德］康德：《论教育学》，赵鹏、何兆武译，上海世纪出版集团 2005 年版，第 10 页。
② 同上书，第 9 页。
③ （宋）谢良佐：《上蔡语录》卷上，《朱子全书外编》，朱杰人等主编，华东师范大学出版社 2010 年版，第 3 册，第 4 页。

中怎样才能够避免把礼仪规则当作枯槁、僵化的教条？怎样才能够使"仁""诚""敬"等内在精神价值与外在礼仪规范形成内外良性互动的关系？

在"礼"与"仁""诚""敬"等内在价值之间关系的处理上，张载首先强调的是"礼"的优先作用。张载指出，仁"不得礼则不立"（《经学理窟·义理》，第274页）。张载的一句佚诗说的也很明确："若要居仁宅，先须入礼门。"① 值得注意的是，张载这里对"礼"的强调似乎超过了作为儒家最高核心价值的"仁"。但仔细分析则可发现，张载对礼的强调，只是从教学步骤的优先性这一特定角度而言的。就是说，若要实现"仁"的价值，则必须通过"学礼"和"行礼"的途径，而这与"仁"在儒家价值系统中的最高地位并不冲突。对于"诚"或"诚意"与"礼"的关系，其道理也如此。正如张载所说："诚意而不以礼则无征，盖诚非礼无以见也。"（《经学理窟·气质》，第266页）但张载强调"礼"的优先地位，并不是要消解"诚""敬"等内在道德价值的作用。例如，他指出："'敬，礼之舆也'，不敬则礼不行。"（《正蒙·至当篇》，第36页）就是说，外在的"礼"必须有内在的"敬"作为承载。对此，必须全面地加以理解。张载反对修身实践过程中外在规则与内在精神这两方面的背离，强调行礼实践中必须坚持"合内外之道"。他认为，"诚意与行礼无有先后，须兼修之"（《经学理窟·气质》，第266页）。他主张："修持之道，既须虚心，又须得礼，内外发明，此合内外之道也。"（《经学理窟·气质》，第270页）所谓"合内外之道"，是强调修身的途径在于把握内外"兼修"的原则，使内在精神价值与外在礼仪规范形成共时性的内外互动机制，内与外在行礼实践中得到统一。

后来，元儒许衡（1209—1282，字仲平，号鲁斋）讨论这一问题时指出：

> 横渠教人以礼，使学者有所据守。程氏教人穷理居敬。然横渠

---

① 转见于（宋）吕本中《童蒙训》卷上，《文渊阁四库全书》本。

之教人，亦使知礼之所以然乃可。礼，岂可忽耶？制之于外，以资其内。外面文理都布摆得，是一切整暇身心，安得不泰然？若无所见，如吃木札相似，却是为礼所窘束。①

许衡认为，张载"教人以礼"，首先要求学者充分理解"礼"的原理。在此基础上，还要处理好内外两方面的关系。若如此，在行礼实践中就能够身心"泰然"，避免出现谢良佐所谓教人以礼"如吃木札相似"的消极结果。许衡的论析，有助于回答谢良佐对张载以礼教弟子的质疑。

第二，"用礼成俗"改良地方秩序的作用。司马光准确地将张载在家族和乡里推行儒家古礼的工作概括为："好礼效古人，勿为时俗牵。"② 吕大临对乃师在家族和乡里推行儒家古礼的情况有过这样的具体描述：

近世丧祭无法，丧惟致隆三年，自期以下，未始有衰麻之变；祭先之礼一用流俗节序，燕亵不严。先生继遭期功之丧，始治丧服，轻重如礼；家祭始行四时之荐，必尽诚洁。闻者始或疑笑，终乃信而从之，一变从古者甚众，皆先生倡之。

其家童子，必使洒扫应对，给侍长者；女子之未嫁者，必使亲祭祀，纳酒浆，皆所以养孙弟，就成德。尝曰："事亲奉祭，岂可使人为之！"③

由于张载竭力倡导和推行古礼，"于是关中风俗一变而至于古"，④ 取得了"关中学者用礼渐成俗"的成就。

在张载生活的时代，人们普遍"不安于礼"，社会风俗中"礼意犹有

---

① （元）许衡：《语录下》，《许衡集》，王成儒点校，东方出版社2007年版，第37页。引文标点符号有改动。
② （宋）司马光：《又哀横渠诗》，《张载集·附录》，章锡琛点校，中华书局1978年版，第388页。
③ （宋）吕大临：《横渠先生行状》，《张载集·附录》，章锡琛点校，中华书局1978年版，第383页。
④ （清）黄宗羲原著、（清）全祖望补修：《宋元学案》卷17《横渠学案》上，中华书局1986年版，第664页。

所缺"。① 在这种背景下，张载与程颢之间有过一次对话。张载说："关中学者用礼渐成俗。"程颢评价说："自是关中人刚劲敢为。"张载补充说："亦是自家规矩宽大。"② 可见，张载竭力推行古礼，"用礼成俗""用礼""化俗"，而不流于习俗。这在当时是需要一种"刚劲敢为"的勇气的。同时，这也表明张载对自己依托古礼所建构的"宽大"礼仪体系是充满自信的。后来，张门弟子吕大钧兄弟撰写《乡约》，并推行于其乡京兆蓝田（今陕西蓝田），正是把张载礼学落实于地方秩序整顿的一个具有深远影响的案例。

张载明确地意识到，他所坚持的儒家礼仪与社会习俗之间是有区别的，他把当时的习俗称作"当世习熟"或"当世习"，主张通过"学礼"而"除去之"（《张子语录·语录下》，第 330 页）。这与司马光区分"礼"与"时俗"的用意相同。张载"善法圣人之遗意"。③ 他所教儒家之礼，是周、孔文化创造的结晶，具有深厚的文化和历史根据。"礼"作为国家政治的运行机制，以及家族、乡里中调节宗族和社群关系的价值规范系统，具有稳定性和范导性。《说文》解释"俗"字说："俗，习也。"《说文》段注引《汉书·地理志》云："好恶取舍，动静无常，随君上之情欲，谓之俗。"④ 习或俗，是指那些在人们日常生活中反复发生而形成的惯性状态。⑤ 据此可知，习俗是在现实生活或现实情境中自发形成的，是积淀而成的惯性的东西，无法有效地为人们的行为提供理性指导。风俗有美恶，改恶为良为善，此即所谓"移风易俗"。儒家传统认为，改易风俗的力量在于"礼"。张载坚持儒家传统，明确地把礼的社会

---

① （宋）张载：《礼记说·杂记下第二十一》，《张子全书》卷 14《补遗一》，林乐昌编校，西北大学出版社 2015 年版，第 373 页。
② （清）黄宗羲原著、（清）全祖望补修：《宋元学案》卷 17《横渠学案》上，陈金生等点校，中华书局 1986 年版，第 771 页。
③ （宋）吕大临：《横渠先生行状》，《张载集·附录》，章锡琛点校，中华书局 1978 年版，第 384 页。
④ （汉）许慎著、（清）段玉裁注：《说文解字注》上册，许惟贤整理，凤凰出版社 2007 年版，第 659—660 页。
⑤ 徐复观：《两汉思想史》第 2 卷，华东师范大学出版社 2001 年版，第 171 页。

作用归结为"用礼成俗"和"化民易俗之道",[1] 凸显了以礼改造社会习俗的能动性。今人在评析传统儒家之"礼"时,往往与现实生活中的"习俗"混为一谈,将二者合称为"礼俗",并常用"礼俗主义"这一说法。这是一种误解。混淆"礼"与"俗"二者的区别,容易导致学理上的混乱。如果将"礼俗主义"改称为"习俗主义",才比较准确。

(原载《孔学堂》2017年第1期)

---

[1] （宋）张载：《礼记说·学记第十八》,《张子全书》卷14《补遗一》,林乐昌编校,西北大学出版社2015年版,第359页。

中编　张载理学著作研究

通行本《张载集》整理方法得失论

——兼拟《张载集》订补方案

林乐昌

前 言

张载（1020—1077，字子厚，学者称横渠先生）是北宋理学的创始人之一，也是关学学派宗师。据朱熹和吕祖谦合编《近思录》之引用书目、晁公武撰《郡斋读书志》（包括赵希弁撰《读书附志》）、陈振孙撰《直斋书录解题》、尤袤撰《遂初堂书目》以及《宋史·艺文志》等公私书目著录，张载著述甚多。然元、明以降，其书颇有散佚。曾著录于宋元公私书目、今已散佚的张载著作主要有两类：一类是"诸经说"[1]，包括《横渠春秋说》《横渠礼记说》《横渠诗说》《横渠论语说》《横渠孟子说》等；另一类是礼仪方面的著作，如《横渠张氏祭礼》《冠昏丧祭礼》等。

1978年，由章锡琛（1889—1969，字雪村）整理点校的《张载集》由北京中华书局出版。张载的存世著作都被收入该集之中，包括《正蒙》《横渠易说》《经学理窟》《张子语录》《文集佚存》等。《张载集》至今已印刷7次，印数达3.9万册，是中华书局"理学丛书"中印数最多的一种。《张载集》作为被众多学者长期使用的通行本，发挥了重要的作

---

[1] 明儒黄巩胪列张载著作说："先生《西铭》、《正蒙》皆列学官，若《文集》、《语录》、诸经说之类，朱文公编次《近思录》则固取之矣。"（《经学理窟·黄巩跋》，第304页）张载的"诸经说"类著作，详见（宋）朱熹、吕祖谦《近思录》引用书目等。

用。然而，该集出版毕竟已近四十年。伴随学者的长期使用和深化研究，有理由对通行本《张载集》（简称"通行原集"或"原集"）的整理质量提出更高的要求。在长期使用中，笔者对通行原集有越来越深入的观察，认识到原集虽然有其优长，但也存在着不少导致文字讹误的严重缺陷。因而，有必要对原集整理方法的是非得失加以总结和论析。以下，本文将首先论析通行原集整理方法之得，然后重点论析其失，并在此基础上提出拟议中的订补方案。

一 通行本《张载集》整理方法之得

著名古文献学家黄永年（1925—2007）指出，古籍整理主要有两种方式：一是以一个旧本为底本加以校勘；二是汇集各种旧本并增添新材料进行重编。[①] 通行本《张载集》的整理，采用的是第一种方式。这一判断，是全面考察通行原集整理方法的基础。以此为基础，笔者在长期使用原集的过程中认识到，其整理方法有得也有失。本节论述原集整理方法之得，亦即其整理方法之优长，这主要表现在存旧、选本、编排、增补等方面。

（一）存旧

黄永年强调，古籍整理"要讲存旧"，"愈多保存愈好，切勿师心自用"，因为需要"尽可能把古籍的本来面目提供给读者、研究工作者"。[②] 古籍整理的"存旧"要求，包括保存旧序跋、保存旧题衔、保存原有书名等。

首先，关于保存旧序跋。通行原集整理所用底本，为明万历四十六年（1618年）《张子全书》凤翔府沈自彰刻本的清初翻刻本；[③] 所用校本

[①] 黄永年：《古籍整理概论》，陕西人民出版社1985年版，第167、168页。
[②] 同上。
[③] 章锡琛在《整理说明》第二条中说："本书以明万历四十八年沈自彰凤翔府《张子全书》官刻本清初翻刻本为底本。"（《张载集》，中华书局1978年版，第1页）这里，"明万历四十八年"是笔误，当作"明万历四十六年"。关于《张子全书》的版本考订，参阅胡元玲《张载易学与道学》附录一《张载著作及版本考》，台湾学生书局2004年版，第234—235页。

共四种，包括《张子全书》眉县刻本、朱轼刻本，以及收入《正谊堂丛书》的《张横渠集》，还有吕柟编纂的《张子抄释》。《张子全书》清代各本及《张子抄释》所收序跋数量不等，通行原集整理者从中选录序跋十种收入集内的附录。这十种序跋，对于稽考张载著作集的版本源流具有重要价值。

其次，关于保存旧题衔。以上言及，通行原集整理者从《张子全书》多种清本及《张子抄释》中选录十种序跋，收入集内的附录。对于所收入的序跋，原集整理者保存了其题衔的旧式，既未改题，也未删节，使读者能够看到序跋题衔的原貌。

最后，关于保存原有书名。按理说，除了上面言及以重编方式整理的古籍外，以一个旧本为底本加以校勘、标点的古籍，"一律要保存原有的书名，任何人没有权利替古人修改书名"[1]。与存世的张载著作集明清诸本多称作《张子全书》不同，通行原集却采用《张载集》作为书名。这样做可能有两个理由：一是《宋史·艺文志》所著录的张载著作集，确有称作《张载集》者（今已亡佚）；二是《张载集》被纳入中华书局"理学丛书"，而该丛书对所收入的著作集大多采用理学家姓名外加一个"集"字作为书名，例如《邵雍集》《陆九渊集》《胡宏集》等。因而，通行本《张载集》对书名的这种处理方式并非凭空杜撰，可视作对历史上曾经传刻的张载著作集不同名称的选用，因而并未完全违背古籍整理的存旧原则。

（二）选本

《张子全书》明清诸本所收的《语录抄》，沿用的是明吕柟编纂《张子抄释》所收的《语录》。值得注意的是，原集的整理者并未将《张子全书》所收《语录抄》直接移录至集内，而是以南宋吴坚编刻的《张子语录》加以替换。被替换至原集内的南宋吴坚本《张子语录》，不仅文字更可靠，而且比《张子全书》所收《语录抄》的篇幅多出三分之二，其文献价值远胜于《张子全书》所收《语录抄》。此外，《张子抄释》所收

---

[1] 黄永年：《古籍整理概论》，陕西人民出版社1985年版，第169页。

《语录》的最后七条，乃南宋吴坚刻本所缺，通行原集整理者将这七条语录作为佚文附于《张子语录》之后，并标以星号，以示区别。经过这些特殊处理，使之成为通行原集选本中最好的部分。

（三）编排

对于《张子全书》的编排体例，通行原集整理者作了多处合理的调整。

首先，《张子全书》清本将朱熹注释的《西铭》《东铭》作为第一卷，置于《正蒙》之前。这是沿袭《张子全书》明本的处理方式。而通行原集整理者则把《西铭》《东铭》分别归于《正蒙》第十七篇《乾称》的首章和末章，恢复了《西铭》《东铭》在《正蒙》一书中的篇章定位，同时还删去了朱注。其实，这些调整恰恰与《正蒙》宋本的编例是一致的。

其次，与《张子全书》清本不同，通行原集整理者把《易说》列于《正蒙》之后，《经学理窟》之前，突出了《易说》的地位。与此同时，由于从南宋的《直斋书录解题》到清代的《四库全书总目》，都称《易说》为《横渠易说》，原集整理者据此恢复旧称，是必要的。

其三，通行原集所收《张子语录·后录上》的内容出自《程氏遗书》和《程氏文集》，与《张子全书》清本之《拾遗》所收《二程书拾遗》的内容有一部分是重复的，故原集不再收入《二程书拾遗》。

最后，与《张子全书》清本多分作十五卷不同，通行原集则不再分卷。这样处理，是符合时代要求的。清儒章学诚说，西汉刘向、刘歆父子受命整理皇家藏书，其著录"多以篇、卷为计。大约篇从竹简，卷从缣素，因物定名，无他义也"①。由此可知，"卷"作为载体是帛书的计量名称，也与帛书的装帧形式"帛书卷子装"有关。② 明代以后，纸书的线装形式流行。这时所谓"卷"，虽然仍起计量作用，但已失去装帧形式的涵义。在纸书采用现代装帧形式以后，一书之内的分卷便不再具有实

---

① （清）章学诚：《文史通义校注》上册，叶瑛校注，中华书局1985年版，第305页。另参阅李零《兰台万卷：读〈汉书·艺文志〉》，生活·读书·新知三联书店2011年版，第10页。

② 李致忠：《古书版本鉴定》（修订本），北京图书馆出版社2007年版，第53页。

质意义。

（四）增补

《张子全书》明清诸本所收《文集》或《文集抄》，仅得文 10 篇、诗 14 首。通行原集的整理者据吕祖谦编纂的《宋文鉴》补文 4 篇，另据其他文献补诗一首，共得文 14 篇、诗 15 首。此外，原集整理者对集内附录文献也做了少量增补。

总之，通行本《张载集》是张载著作集的第一个现代整理本，近四十年来为学术界的张载理学研究提供了必不可少的基本文献，所发挥的作用不容低估。

二 通行本《张载集》整理方法之失

1983 年，刘建国在其所著《中国哲学史史料学概要》一书中评价通行本《张载集》时说，这是"目前最好的本子"[1]。笔者虽然肯定了《张载集》作为被学者长期使用的通行本发挥了重要的作用，但同时认为古籍整理质量的提高是没有止境的，并且在长期使用过程中认识到通行原集存在着不少缺陷，有些还比较严重。2010 年，笔者以通行原集所收《正蒙》为研究对象，对其选本和校勘提出了批评。[2] 2011 年，笔者看到美国学者葛艾儒（Ira E. Kasoff）所著《张载的思想（1020—1077）》一书的中译本。葛艾儒认为，通行本《张载集》的辑校（"辑校"当作"校勘"——引者注）"过于自由"，"使用时需要慎重"。[3] 葛氏还指出："编者（指章锡琛——引者注）时或在证据不够充分时便出了校。"[4] 在《张载的思想（1020—1077）》一书中，葛艾儒多达十数次强调，他未遵

---

[1] 刘建国：《中国哲学史史料学概要》上册，吉林人民出版社 1983 年版，第 446 页。萧萐父也认为，《张载集》"是目前最好版本"。（萧萐父：《中国哲学史史料源流举要》，武汉大学出版社 1998 年版，第 221 页）
[2] 林乐昌：《通行本〈正蒙〉校勘辨误》，《中国哲学史》2010 年第 4 期。
[3] ［美］葛艾儒：《张载的思想（1020—1077）》，罗立刚译，上海古籍出版社 2010 年版，第 38 页，脚注之④。
[4] 同上书，第 181 页。

从《张载集》的校勘。葛氏著作的英文本出版于1984年。这表明，葛艾儒早在三十多年前就率先指出了《张载集》的校勘方法存在着缺陷。对于一位西方学者而言，这是非常难能可贵的。由于葛艾儒有可能受中国古文献学知识的局限，因而估计他并不很清楚通行原集校勘致误的原因所在，也无法对通行原集整理方法之失做出全面的论析和评价。

本文所谓通行本《张载集》整理方法之失，是指该集在整理方法上的诸多失误或缺陷。作为全文的重点，本节将从选本方法、校勘方法和其他整理方法等三方面论析通行原集之失，以便在下节当中有针对性地提出拟议中的订补方案。

（一）选本方法之失

著名历史学家和文献学家陈垣（1880—1971，字援庵）所著《校勘学释例》（原名《元典章校补释例》），是学术界公认的典范之作。胡适（1891—1962，字适之）高度评价《校勘学释例》，认为这部书"超越前人"，"是中国校勘学的一部最重要的方法论"，还认为陈垣的校勘实践"是新的中国校勘学的最大成功"，使"中国校勘学第一次走上科学的路"。[①] 根据胡适对陈垣校勘学成就的理解，校勘工作"必须从搜求古本入手"，而且认为校勘工作的每一个步骤也都必须依赖善本。[②] 按照古籍传刻的规律，时代越早的本子便越可靠，少经一次传抄或翻刻，自然会避免许多讹谬。这也正是古籍校勘必以古本为贵的道理所在。

如上节所述，通行原集选本最好的部分，是用南宋吴坚编刻的《张子语录》替换《张子全书》所收的《语录抄》。但是，《张载集》整理者对集内张载其他著作的选本却并未沿用这一经验。上节曾言及，原集整理所用底本为明万历四十六年（1618年）《张子全书》凤翔府沈自彰刻本的清初翻刻本。其实，早于此前十二年即明万历三十四年（1606年），徐必达就已辑编《合刻周张两先生全书》，其中的《张子全书》是最早的传世本。若就明代《张子全书》以外的版本看，再向前追溯，张载的著

[①] 胡适：《元典章校补释例序》，载陈垣《校勘学释例》，中华书局2004年版，第1、15、8—9页。

[②] 同上书，第9、6、4页。

作集不仅有明本，而且还有宋本。南宋朱熹与吕祖谦都曾编辑和刊刻过《横渠集》，① 而《宋史·艺文志》则著录《张载集》10卷。可惜，这些曾刊行于宋代的张载著作集都未能传世。南宋理宗端平二年（1235年）《诸儒鸣道》黄壮猷修补印本共收入张载著作3种，包括《横渠正蒙》8卷、《横渠经学理窟》5卷、《横渠语录》3卷。这可以视作现存最早的张载著作选集。明嘉靖年间，吕柟编辑刊行了《张子抄释》6卷，除收录《正蒙》《经学理窟》《语录》外，所辑录的《文集》共得诗、文11种。《张子抄释》也属于张载著作选集。再就张载的单刻著作看，《正蒙》有南宋宁宗庆元三年（1197年）《国朝二百家名贤文粹》书隐斋刻本所收《正蒙》上下两卷，还有明永乐十三年（1415年）胡广等纂修《性理大全书》卷四至六所收《正蒙》及《西铭》。原集整理者舍弃宋明古本不用，而只用相距数百年之后的清本，其间各代传本不知要经过多少增删改削，讹误衍脱自不可免。

通行原集整理者选本出现偏差的原因，一是对集内的张载多种著作未沿用《张子语录》的选本经验；二是限于条件不了解张载著作集或单刻著作的版本源流。

（二）校勘方法之失

在《校勘学释例》一书中，陈垣提出了著名的校勘工作应当依循的四种方法，即对校法、本校法、他校法和理校法。所谓对校法，指先择定一个恰当的底本（最好用祖本或完善的古本），再用别本校对，以发现歧异，并寻求判定是非之证，择善而从。陈垣指出："凡校一书，必须先用对校法，然后再用其他校法。"② 胡适认为："用善本对校是校勘学的灵魂，是校勘学的惟一途径。向来学者无力求善本，又往往不屑作此种'机械'的笨工作，所以校勘学至今不曾走上科学的轨道。"③ 所谓本校法，指以本书的前后文互相对比，以发现异同，并改正错误。在未获祖本或别本之前，此法最适宜使用。所谓他校法，是以他书校本书之法。

---

① 束景南：《朱熹年谱长编》上册，华东师范大学出版社2001年版，第364页。
② 陈垣：《校勘学释例》，中华书局2004年版，第129页。
③ 胡适：《元典章校补释例序》，载陈垣《校勘学释例》，中华书局2004年版，第11页。

他书，指本书异本之外的汇编书、注释书、类书等；他校，则是用他书中援引的本书文字来校正本书。使用此法，当格外谨慎，因为他书所据非尽属善本，而且引用文献并无严格规范，有的删节原文，有的撮述大意，有的则仅凭记忆引述，随意性很大，故不能一概以他书所引为是，并据以改本书，否则易混淆是非。所谓理校法，是一种推理的校勘，指校勘者以自己掌握的学识进行判断推理，进而谋求解决问题的方法。使用此法的前提，是遇到"无古本可据，或数本互异，而无所适从"的情况。[1] 陈垣强调，在这四种校法中，必须首先使用对校法，然后再根据所掌握的校本条件综合运用其他校法。

通行原集整理者在校勘方法的使用上陷入了两个误区：一个误区是依赖"他校法"，另一个误区是偏好"内校法"。[2]

所谓依赖"他校法"，指原集整理者罔顾校勘方法的首要原则，几乎以他校法取代了应当优先使用的对校法。原集整理者所依据的他书多达九种，使用最多的是吕祖谦撰《周易系辞精义》，其次是王夫之撰《张子正蒙注》、黄宗羲撰《宋元学案》等。清儒朱一新曾批评此类"喜援他书以改本文"的做法，认为这将"使古书皆失真面目。此甚陋习，不可从。凡本义可通者，即有他书显证，亦不得轻改"[3]。而且，一味使用他校法，还势必让读者陷入"日读误书而不知"[4] 的尴尬处境。

所谓偏好"内校法"，指原集整理者依据张载不同时期著作中"互见的文字"进行校勘，[5] 例如用《横渠易说》的相关文字校《正蒙》，或反过来用《正蒙》的相关文字校《横渠易说》。值得注意的是，在陈垣所谓四种校法亦即对校法、本校法、他校法和理校法当中，并未见所谓"内校法"。张岱年曾将"内校法"界定为："据本书前后文句校。"[6] 显而易

---

[1] 陈垣：《校勘学释例》，中华书局2004年版，第133页。
[2] 章锡琛：《编校说明》第二条，《张载集》，中华书局1978年版，第1页。
[3] （清）朱一新：《无邪堂答问》卷3，吕鸿儒等点校，中华书局2000年版，第94—95页。
[4] 陈垣：《通鉴胡注表微·校勘篇第三》，辽宁教育出版社1997年版，第29页。
[5] 章锡琛：《编校说明》，《张载集》，中华书局1978年版，第1页。
[6] 张岱年：《中国哲学史方法论发凡》，《张岱年全集》第4卷，河北人民出版社1996年版，第192页。

见，张岱年所谓"内校法"，指的就是陈垣所谓"本校法"。因此，所谓"内校法"应当是"本校法"的别称。与"本校法"有关的所谓"本书"，指的是特定作者的同一种著作，而"本校法"则指以这同一种著作内部的前后文互校，不应当指以不同著作的文字互校。这是因为，特定作者著于不同时期的著作，其文字和思想不可能没有差异。然而，通行原集整理者所使用的"内校法"，则偏离了"本校法"的公认规定，把同一种著作内部的前后文互校，扩大至不同著作的文字互校。这种所谓"内校法"，究其实质，属于"本校法"的变体。它在校勘实践中的使用，是以预设不同时期的张载著作之间并不存在文字和思想差异为前提的。这种预设，既不符合张载著作和思想都有其演变过程的实际，也不利于学者对张载著作和思想的发展进行动态研究。

据统计，通行本《张载集》出校总数约630条。其中，原集整理者使用他校法出校约390条，使用所谓"内校法"出校100多条，二者合计出校约490条，占原集出校总数的78%；使用对校法出校约46条，仅占原集出校总数的7.6%。原集整理者使用他校法和所谓"内校法"的次数，与使用对校法的次数相比，前者竟超过后者十倍！显而易见，这严重违背了校勘必须先用对校法的原则。而且，原集整理者在校勘时，对异文的是非甚少提供辨析和裁断，而且甚少提出取舍的理由。这也不符合校勘工作的一般准则。

通行原集整理者由于一味依赖他校而导致的文字讹误比较严重，仅集内《正蒙》一书的文字讹误就多达70余处。以下，仅举两例说明原集整理者依赖他校法之蔽。

例一，《正蒙·太和篇第一》：

> 气块然太虚，升降飞扬，未尝止息，《易》所谓"细缊"，庄生所谓"生物以息相吹"、"野马"者欤！此虚实、动静之机，阴阳、刚柔之始。浮而上者阳之清，降而下者阴之浊。其感遇聚散，为风雨，为雪霜，万品之流形，山川之融结，糟粕煨烬，无非教也。

【校记】"其感遇聚散"，通行本《张载集》整理者依《周易系辞精义》改作"其感通聚结"(《正蒙·太和篇》,第8页)。《正蒙》宋本及明清本皆作"其感遇聚散"。笔者按:张载多以气之阴阳言聚散,以为"阴性凝聚,阳性发散"。(《正蒙·参两篇》,第12页)"聚"与"结",同为凝结、聚合之义。如此,则阴阳气化本具凝聚和发散之两途,便仅剩凝聚之一端了。明清诸儒刘玑、王植、方潜等各家《正蒙》旧注,亦皆作"其感遇聚散"。此皆可证"其感通聚结"非是。①

例二,《正蒙·至当篇第九》:

"日新之谓盛德",过而不有,不凝滞于心,知之细也。浩然无害,则天地合德;照无偏系,则日月合明;天地同流,则四时合序;酬酢不倚,则鬼神合吉凶。天地合德,日月合明,然后能无方体;能无方体,然后能无我。

【校记】"不凝滞于心",通行本《张载集》整理者依《周易系辞精义》删"不"字,作"凝滞于心"(《正蒙·至当篇》,第33页)。笔者按:《正蒙》宋本及明清诸本皆作"不凝滞于心",意为心不为外物所累,与前句"过而不有"语义一致。此义张载屡言之。明儒刘儓、高攀龙、徐必达等各家《正蒙》旧注,亦皆作"不凝滞于心"。《张载集》整理者依他书轻率删字,致使语义正相悖反,不可从。②

(三) 其他整理方法之失

除选本方法和校勘方法之失以外,通行原集的其他整理方法之失,主要有以下数端。

首先,集内个别著作称名不当。例如,《张子全书》明清诸本的诗文部分旧称《文集》或《文集抄》,而通行本《张载集》却改称《文集佚存》。这一改称实属画蛇添足,而且新添加的"佚存"一词语义模糊,只能给读者徒增困扰。"佚存"或"存佚",是著录古籍的专用术语,指所

---

① 林乐昌:《正蒙合校集释》上册,中华书局2012年版,第42页。
② 林乐昌:《正蒙合校集释》下册,中华书局2012年版,第500页。

著录的古籍或"佚"、或"存"的不同状态。① 日本著名汉学家神田喜一郎曾使用"佚存书"一词，其涵义比较特殊，专指中国已佚而日本犹存的中国典籍。② 把张载的诗文集称作"文集佚存"，其语义模棱两可，使读者难以知悉其意究竟是指"佚"，还是指"存"？这一称名方式，远不如《张子全书》旧称《文集》或《文集抄》的意指来得明晰。

其次，纠正著作称名不够彻底。对张载不同著作的称名历来不一。如前所述，通行原集的整理者依据宋《直斋书录解题》和清《四库全书总目》，恢复《易说》的旧称《横渠易说》，这是必要的。但这一纠正，还不够彻底。其实，不仅《易说》当称《横渠易说》，南宋以来的史志书目在著录张载著作时，其书名也多冠以"横渠"二字。据此，应当在张载其他著作的名称前面都增加"横渠"二字。

再次，集内增补张载著述较少。通行原集虽然对张载的诗文做了零星增补，但进一步扩大搜求范围，辑得更多的张载佚文和佚诗乃至佚著，其空间仍然很大。

最后，附录文献分类不甚合理。通行原集整理者未对集内的附录文献严格分类，例如误把《正蒙》历代注本的序跋文字混入张载著述的序跋中。若剔除这些类例不明的部分，其附录文献便只剩25种。

三　通行本《张载集》之订补方案

针对通行本《张载集》存在的诸多缺失，笔者拟定了一个订补方案。作为这一方案的最终成果，将完成一部新的张载著作集。与通行原集的整理方式有所不同，这部新集将采用重编方式。基于张载著作集称名的历史依据和使用习惯，笔者在重编张载著作集时，仍将保留"张载集"这一使用了近四十年的名称，作为新书题名的主体部分；同时根据通行

---

① （清）朱彝尊：《经义考》，中华书局1998年版（据中华书局1936年《四部备要》缩印）。在该书著录所有各书的题名和卷数之下，都标明其书或"存"、或"佚"、或"未见"等不同状态。

② ［日］神田喜一郎：《中国书籍记事》，《日本学人中国访书记》，钱婉约、宋炎辑译，中华书局2006年版，第181—182页。

原集毕竟需要订补的实际，在"张载集"三字后面补缀"新编"二字，总题作"张载集新编"。这里使用"新编"二字，是表示要对通行本《张载集》进行全面订补，从而使之以全新面目重现于世。所谓"订"，是指订正通行原集之偏误，主要包括选本和校法两个方面的缺陷，以提高张载著述的文本品质；所谓"补"，是指补充通行原集之未备，运用辑佚等方法补入张载佚文、佚诗和佚著以及附录文献二十多万字。与二十八万字的通行原集相比，新集的篇幅将成倍增加。通过全面订补，精编精校，谋求为学术界提供一部更加完备可靠的张载著作集。

《张载集新编》的编次框架是，将全书内容分为"原编""补编"及"附录"三大部分。第一部分原编和第二部分补编是正文，属于基本文献；第三部分是附录，属于附载文献。对于新集的这三大部分，均采纳通行本原集不再分卷的编辑体例。

（一）原编

《张载集新编》之"原编"，包括《横渠正蒙》《横渠易说》《横渠经学理窟》《横渠语录》《横渠文集抄》《拾遗》六种张载著作和相关文献。对于这六种著作和相关文献，除称名略作调整之外，仍旧保留其内容和编次不变，使新集之原编能够与通行原集一一对应，以方便近四十年来已熟悉通行原集的学者，同时着重纠正其选本和校勘方面的偏误。"原编"重在订正。

第一，关于选本的订正。《张载集新编》将参照通行原集以南宋吴坚编刻的《张子语录》替换《张子全书》清本所收《语录抄》的经验，对原集所收的每一种著作都不受《张子全书》清本的限制，从而对每一种张载著作都重新择优选本，尽量采用宋本或其他善本，以保障《张载集新编》的版本质量。这里，以《正蒙》和《张子语录》两书的选本为例，加以说明。

先说明《正蒙》的选本。《正蒙》作为张载的晚年代表著作，其传世版本甚多。《张载集新编》对《正蒙》的版本不求其全，但求其精，精在源流有序，而且有校勘价值。《正蒙》的选本，以今藏上海图书馆的南宋理宗端平二年（1235年）《诸儒鸣道》黄壮猷修补印本①所收《横渠正蒙》八卷为底本，以南宋《国朝二百家名贤文粹》所收《正蒙》二卷、明代胡广等纂修《性理大全书》所收《正蒙》二卷、《张子全书》明代徐必达刻本所收《正蒙》三卷、《张子全书》明代沈自彰刻本所收《正蒙》三卷、《张横渠集》清代张伯行刻本所收《正蒙》三卷、《张子全书》清代贺瑞麟刻本所收《正蒙》三卷等六种别本为对校本。此外，以通行原集所收《正蒙》、《全宋文》所收《正蒙》、王夫之《张子正蒙注》中华书局本、王夫之《张子正蒙注》岳麓书社《船山全书》本等四种点校本作为参校本。

再说明《张子语录》的选本。如前所述，笔者虽然肯定通行原集整理者以南宋吴坚编刻的《张子语录》替换《张子全书》清本所收《语录抄》的选本经验，但这并不意味着新集原编的选本一定要照搬这一经验。因为，《张子语录》尚有更优善的版本可供选用，这就是南宋《诸儒鸣道》所收的《横渠语录》。其优善之处，表现在以下三方面。首先，《诸儒鸣道》所收《横渠语录》似早于吴坚编刻的《张子语录》。吴坚，生卒年不详，于南宋德祐元年（1275年）签书枢密院事，次年晋左丞相兼枢密使，曾受命与文天祥出使元军，后降元。② 其刊行《张子语录》，当早于德祐元年（1275年）。黄壮猷修补刊印《诸儒鸣道》，时在南宋理宗端平二年（1235年）。据此判断，《诸儒鸣道》之原刻当早于理宗端平二年（1235年）。其次，吴坚本《张子语录》有缺文，而《诸儒鸣道》所收《横渠语录》则是完足的本子。张元济校勘吴坚本《张子语录》时说："是本卷上首页缺前九行，旧藏汲古阁毛氏。艺芸书舍汪氏，迄铁琴铜剑楼瞿氏，均未补得。余闻滂喜斋潘氏有宋刻《诸儒鸣道集》，因往假阅，

---

① 《诸儒鸣道》，亦称《诸儒鸣道集》，南宋理宗端平二年（1235年）黄壮猷修补印本，今藏上海图书馆。应当指出，有学者将该书误称作《诸儒鸣道集说》，并误以为今藏北京国家图书馆。（孙钦善：《儒藏编纂学术谈》，北京大学《儒藏》编纂中心：《儒家典籍与思想研究》第一辑，北京大学出版社2009年版，第412页）笔者按，上海图书馆所藏《诸儒鸣道》乃海内外孤本，而国家图书馆所藏只是清初宋氏荣光楼影抄本。此二者不能相提并论。（参阅陈先行《古籍善本》，上海文艺出版社2003年版，第60—61页）

② 张元济：《张子语录跋》，《张载集》，中华书局1978年版，第346页。

则是书所缺九行俨然具存,遂得影写补足。"① 最后,吴坚本《张子语录》三卷之后另有《后录上》和《后录下》,《后录上》的内容出自《程氏遗书》和《程氏文集》,《后录下》的内容出自《朱子语类》。而《诸儒鸣道》所收《横渠语录》则没有《后录上》和《后录下》之类内容。新集原编以《诸儒鸣道》所收《横渠语录》作为底本,不仅能够避免《语录》与《拾遗》内容重复的问题,而且有助于以更加合理的方式对通行原集的《拾遗》与新集的《拾遗辑补》进行重编。

第二,关于校法的订正。《张载集新编》的校勘工作将首先使用对校法,然后辅之以其他校法,避免像通行原集的点校者那样一味依赖他校法。此外,考虑到张载著作及思想是有前后不同时期的变化的,因而《张载集新编》不使用通行原集点校者所谓"内校法"。就是说,新集不以张载不同时期著作当中互见的文字进行校勘,从而使学者动态地研究张载思想的演变过程成为可能。对于校勘中的异文,凡有可能导致歧解的,则尽量加以辨析和裁断,并简要说明理由。

第三,关于称名的订正。这里所谓"称名",指有根据地确定《张载集新编》集内张载各种著述的名称。通行原集依据宋《直斋书录解题》和清《四库全书总目》,恢复了《易说》的旧称《横渠易说》,这是正确的做法。其实,不仅应当恢复《易说》的旧称《横渠易说》,由于南宋的史志书目在著录张载著作时其题名多冠以"横渠"二字,因而也应当据以恢复张载各种著作的旧称。例如,南宋《诸儒鸣道》黄壮猷修补印本共收入张载著作三种,分别称作《横渠正蒙》《横渠经学理窟》《横渠语录》。据此,《张载集新编》将还原张载各种著作题名的旧称,在张载著作题名前皆增加"横渠"二字。需要说明的是,这是针对张载著述的正式题名而言的,有时对于张载著述的题名也可以使用简称,例如,以《正蒙》为《横渠正蒙》的简称,以《经学理窟》为《横渠经学理窟》的简称,等等。至于《拾遗》部分,由于其性质不属于张载著述,故不必称作"横渠拾遗"。另外需要说明的是,对于《文集》部分,《张载集

---

① 张元济:《张子语录跋》,《张载集》,中华书局1978年版,第346页。并参阅(清)潘祖荫《滂喜斋藏书记》,佘彦焱标点,上海古籍出版社2007年版,第48—49页。

新编》将不再称作《文集佚存》，而是依据宋明古本称作《横渠文集》。

（二）补编

由于通行本《张载集》只做了零星的辑佚工作，故需要加大对张载著述补遗工作的力度，从多种相关文献中辑出更多张载佚文和佚诗乃至佚著，务求详备。《张载集新编》的"补编"，共辑录张载著作和相关文献八种，包括《横渠礼记说》《横渠论语说》《横渠孟子说》《横渠诗说》《横渠仪礼说》（残篇）、《横渠周礼说》（残篇），以及《横渠文集辑补》《拾遗辑补》。"补编"重在辑补。

《横渠礼记说》与《横渠论语说》《横渠孟子说》《横渠诗说》等四种，均属于新辑出的张载佚著。在《张载集新编》中，这四种佚著将依照《近思录》引用书目的先后顺序排列。由于《横渠仪礼说》仅获录十一章，《横渠周礼说》仅获录六章，二者均属于佚著残篇，故置于以上四种佚著之后。

第七种《横渠文集辑补》，其内容由张载所撰诗、文组成。新集之文集部分的辑补工作，是在《张子全书》明清各本之《文集》或《文集抄》，以及通行本《张载集》之《文集佚存》的基础上增补完成的。先看其"文"部分。通行本原集之《文集佚存》收文13篇，与《张子全书》明清各本所收《文集》或《文集抄》相比，多收四篇。《张载集新编》之《横渠文集辑补》，则收文23篇，与通行原集之《文集佚存》相比，多收文10篇。再看其"诗"部分。通行原集之《文集佚存》共收"杂诗"15首，与《张子全书》明清各本相比，新增内容仅为最后所附的邵雍和诗1首。《张载集新编》"补编"之《横渠文集辑补》收张载"佚诗"56首，与通行原集之《文集佚存》所收15首相比，多收41首。

第八种《拾遗辑补》的编辑工作比较复杂。通行原集所收《张子语录·后录上》的内容出自《程氏遗书》和《程氏文集》，这与《张子全书》明清各本的《拾遗》所收《二程书拾遗》有所重复，因而通行原集在《拾遗》中不再收入《二程书拾遗》。这种处理方式有其合理性。对于《张子全书》明清各本的《拾遗》所收《二程书拾遗》，《张载集新编》之《拾遗辑补》则不必照原样收入，而是以重新编录的方式处理。其重编方法是，依据中华书局版《二程集》中的张载语录、张载与二程的交往记事和对话及二程对张载其人其学的评价等内容，与性质接近的《张子语录·后录上》《二程书拾遗》加以整合，重编为《二程集拾遗》。通行原集所收《张子语录·后录下》的内容出自《朱子语类》，而《张载集新编》之《横渠语录》则没有《张子语录·后录下》之类内容。考虑到《张子语录·后录下》的内容对张载理学思想研究具有重要的参考价值，因而这部分内容不但不应当简单地加以舍弃，而且还有扩大其收录范围的必要。基于这一考虑，我们直接依据《朱子语类》所收的张载语录、朱子对张载其人其学的评价等内容，与《张子语录·后录下》加以整合，重编为《朱子语类拾遗》。在《张载集新编》之《拾遗辑补》中，经重编之后，共补入两种拾遗类文献，一种是《二程集拾遗》；另一种是《朱子语类拾遗》。

（三）附录

通行原集整理者未对正文之后的附录文献严格分类，其中包括误将《正蒙》历代注本的序跋文字混入张载著述的序跋中。若剔除这些类例不明的文字，原集附录收入的相关文献为 25 种。《张载集新编》把附录分作三类：附录一：张载年表、传记资料；附录二：张子全书、张载集、张横渠集序跋书目提要；附录三：单刻张载著述序跋书目提要。这三类附录，合计共得相关文献四十三种，比通行原集附录所收多出十八种。

[原载《北京大学学报》（哲学社会科学版）2016 年第 3 期]

张载为什么著《正蒙》?

——《正蒙》一书之主体发生学考察

丁为祥

张载为什么著《正蒙》? 对于理学研究来说, 这简直就不是个问题。因为不仅《正蒙》的思想内容明确显示着张载的辟佛排老关怀, 而且作为理学的开创者之一, 其"当自立说"的"造道"关怀也决定着他必然要有开创性的述作。所有这些, 当然都是《正蒙》不得不作的原因, 作为成因, 也可以说是客观的社会历史之因。但是,《正蒙》究竟何时作、以何种方式作以及最后作成何种形态, 则又不仅仅是这些原因所能决定的。

如果说《正蒙》不得不作是其所以形成之客观的社会历史条件, 那么张载在何种精神的推动下以及以何种方式作《正蒙》, 则是其所以形成之具体而又现实的主体促成之因。对于《正蒙》而言, 前者是其由时代背景、客观的社会环境所决定的历史必然性, 而后者则需要张载主观的担当精神、当下的现实关怀以及其具体的人生境遇并由之所决定之主体实践的必然性来说明。前者固然重要, 后者也绝不能忽视, 因为只有后者, 才能使我们更接近于从张载的角度看《正蒙》, 从而才能揭示其具体的主体发生学上的成因。下面, 本文就从其不得不作之客观的历史必然性出发, 以层层追溯并层层透显其具体的现实促成之因。

一 辟佛排老与对汉唐儒学的纠偏

关于张载著《正蒙》的原因, 范育曾在《正蒙序》中说得很明确: "自孔孟没, 学绝道丧千有余年, 处士横议, 异端间作, 若浮屠老子之书,天下共传……子张子独以命世之宏才,旷古之绝识,参之以博闻强记之学,质之以稽天穷地之思,与尧、舜、孔、孟合德乎数千载之间。闵乎道之不明,斯人之迷且病,天下之理泯然其将灭也,故为此言与浮屠老子辩,夫岂好异乎哉?盖不得已也。"① 这就是说,张载著《正蒙》似乎主要是为了"与浮屠老子辩",为了与佛老在人生基本理论上"较是非,计得失"(《正蒙·乾称篇》,第65页)。结合当时的时代思潮以及"三教"理论之彼消此长,应当说这确实是张载著《正蒙》的根本原因或首要原因。因为就在《正蒙》的开端《太和篇》,张载就已经明确指出:"彼语寂灭者往而不反,徇生执有者物而不化,二者虽有间矣,以言乎失道则均焉。"(第7页)显然,无论是"语寂灭者"还是所谓"徇生执有",都是人生"失道"的表现,而《正蒙》一起始就是从对这种看似相反而实相同之"失道"思想的批评上着眼的。所谓"语寂灭者"自然是指佛教,而所谓"徇生执有",则显然又是指道教而言,这正可以说是《正蒙》作为张载辟佛排老之作的一个内证。

但张载的辟佛排老恰恰又是通过"出入佛老,返于六经"实现的,"出入佛老"固然无须多言,因为它就代表着宋代理学家一种共同的思路轨迹——从北宋五子到南宋朱陆都有一种出入佛老的经历;至于"返于六经"则不仅包含着对孔孟思想的重新解读与重新诠释,而且也首先表现为对儒学历史发展的深入反思。而这一反思自然也就指向了汉唐时代占统治地位的经学。在张载看来,佛老之所以炽传,首先是由于儒学不振导致的:正是儒学的不振,缺乏超越性追求,从而才有佛老的乘虚而入。所以他检讨说:"知人而不知天,求为贤人而不求为圣人,此秦汉以来学者大蔽也。"② 甚至,在其所存不多的《杂诗》中,也充满了对汉唐儒学的反省与批评,如"秦弊于今未息肩,高萧从此法相沿。生无定业田疆坏,赤子存亡任自然"(《文集佚存·杂诗·圣心》,第367页);再如"圣心难用浅心求,圣学须专礼法修。千五百年无孔子,尽因通变老忧游"(《文集佚存·杂诗·圣心》,第368页)。显然,在张载看来,佛

---

① (宋)范育:《正蒙序》,《张载集》,章锡琛点校,中华书局1978年版,第5页。
② 《宋史·张载传》,《张载集·附录》,章锡琛点校,中华书局1978年版,第386页。

老之所以炽传,首先是由于"千五百年无孔子"——所谓"学绝道丧"的结果,所以说《正蒙》之作,必然同时包含着对汉唐儒学纠偏补弊的关怀。

关于《正蒙》之辟佛排老关怀以及其对汉唐儒学之纠偏补弊指向,不仅《正蒙》言之甚详,而且自范育以来的历代研究也无不就此立论。但对张载来说,这只可以说是其《正蒙》不得不作的时代背景或历史必然性。因为无论是辟佛排老还是对汉唐儒学的纠偏补弊,都首先表现为他对儒学的现状及其历史发展的不满:正是这种不如人愿的发展,才有所谓"未识圣人心,已谓不必求其迹;未见君子志,已谓不必事其文。此人伦所以不察,庶物所以不明,治所以忽,德所以乱,异言满耳,上无礼以防其伪,下无学以稽其弊"(《正蒙·乾称篇》,第64页)等种种弊端。显然,从当时的"三教"关系来看,这也正是范育所说的"其(佛老)徒侈其说,以为大道精微之理,儒家之所不能谈,必取吾书为正。世之儒者亦自许曰:'吾之《六经》未尝语也,孔孟未尝及也',从而信其书,宗其道,天下靡然同风……"[①] 范育的这一分析,既是对《正蒙》不得不作之历史必然性的说明,同时也更明确地指向了宋代的社会现实,尤其是宋代"三教"关系的现实。

这说明,张载的《正蒙》并不仅仅是为了清算"三教"的历史旧账,更重要的还在于其现实关怀,在于为现实的儒学复兴"造道"。所以说,正是为儒学的"造道"关怀,才将《正蒙》不得不作的原因从历史引向了现实。

二 "造道"关怀

关于《正蒙》的"造道"关怀,张载曾明确指出:"吾之作是书也,譬之枯株,根本枝叶,莫不悉备,充荣之者,其在人功而已。又如晬盘示儿,百物具在,顾取者如何尔。"[②] 这说明,从历史的因缘看,张载著

---

① (宋)范育:《正蒙序》,《张载集》,章锡琛点校,中华书局1978年版,第4—5页。
② 同上书,第3页。

《正蒙》主要是为了与佛老"较是非,计得失"——"奋一朝之辩";但从深层或更根本的原因来看,则主要是为刚刚崛起的理学"造道"——其所谓的"根本枝叶,莫不悉备,充荣之者,其在人功而已"以及"晬盘示儿,百物俱在,顾取者如何"的比喻都清楚地表明了这一点。结合张载的"四句教"——"为天地立志(心),为生民立道(命),为去(往)圣继绝学,为万世开太平"(《张子语录·语录中》,第320页)的志向,应当说《正蒙》不仅为宋明理学种下了一棵根深叶茂的大树,而且确实为儒学的发展开辟了"稽天穷地"的广阔前景。

那么,张载的"造道"关怀主要表现在哪些方面呢?从根本上说,主要也就表现在"天道性命相贯通"一点上。因为这一点不仅从根本上区别于佛老,而且也从根本上有别于汉唐儒学;反过来看,佛老的荒谬与汉唐儒学的不足主要也就在于"体用殊绝"以及由此所表现的"略知体虚空为性,不知本天道为用"(《正蒙·太和篇》,第8页)这一根本性的"不知"上。所以,张载的"造道"关怀首先表现为对佛老与汉唐儒学的双向批判:

> 若谓虚能生气,则虚无穷,气有限,体用殊绝,入老氏"有生于无"自然之论,不识所谓有无混一之常;若谓万象为太虚中所见之物,则物与虚不相资,形自形,性自性,形性、天人不相待而有,陷于浮屠以山河大地为见病之说。此道不明,正由懵者略知体虚空为性,不知本天道为用,反以人见之小因缘天地。明有不尽,则诬世界乾坤为幻化。(《正蒙·太和篇》,第8页)

在这里,张载双向批判的依据主要就在于其对天道体用的重新理解,他明确指出:"太虚无形,气之本体,其聚其散,变化之客形尔;至静无感,性之渊源,有识有知,物交之客感尔。客感客形与无感无形,惟尽性者一之"。(《正蒙·太和篇》,第7页)

显然,在张载看来,如果将太虚与气、本体与万象理解为"本源"与"派生"的关系,最后必然会陷于道家的"有生于无",从而"不识所谓有无混一之常";但如果将万象理解为"无自性"的因缘起现,而视其本体只是所谓"空",则又必然会陷于浮屠的"形性、天人不相待而有",从而又将客观的山河大地仅仅归结为人之"见病",以至于"诬世界乾坤为幻化"。张载这里虽然是以对"此道不明"的世儒时论——所谓汉唐儒学的宋代表现来分析其如果不陷于道家的窠臼,也就必然会陷于佛教巢穴之理论指向的,但如果从深层来看,则张载正是借此既批评了道家的"有生于无"——"不识所谓有无混一之常",同时又批评了佛教的"形性、天人不相待而有"。而所有这些毛病,在张载看来,其实都是一个形上与形下的悬隔——"体用殊绝"的问题。正因为体用殊绝,所以表现于道家,就是否认太虚本体对万象的超越性以及其与万象的同时共在,从而将二者理解为同一层面上之前后"相生"的关系;表现在佛教,则是"形性、天人不相待而有",从而又将山河大地仅仅归结为人之"见病";而表现于世儒时论,则又是"略知体虚空为性,不知本天道为用",因而流荡失据,"语天道性命者,不罔于梦幻恍惚,则定以'有生于无',为穷高极微之论"。(《正蒙·太和篇》,第8页)

由此可见,从佛老二教到汉唐儒学乃至于当时的世儒时论都构成了张载的批判对象,而张载也就借助儒家天人合一之体用不二传统,在对佛老与汉唐儒学包括所谓世儒时论的双向批判中,论证了儒家天道性命相贯通的天道观基础。

从天道观到人生论,儒家的"天道性命相贯通"也就由本体与现象的不二落实为人生修养中的诚、明两进。张载指出:

> 天人异用,不足以言诚;天人异知,不足以尽明。所谓诚明者,性与天道不见乎小大之别也。
>
> 义命合一存乎理,仁智合一存乎圣,动静合一存乎神,阴阳合一存乎道,性与天道合一存乎诚。(《正蒙·诚明篇》,第20页)

从人生修养来看,"诚"就是天人合一的逻辑枢纽:正是通过"诚",才能达到"性与天道不见乎小大之别"的境地。但是,"诚"为何能担当这一重任呢?这是因为,"诚"以"性"为基,而"性"则是天所命于人者,所以张载说,"性于人无不善,系其善反不善反而已"(《正蒙·诚明篇》，第22页）；"形而后有气质之性，善反之则天地之性存焉。故气质之性，君子有弗性者焉"（《正蒙·诚明篇》，第23页）。很明显，在张载看来，人虽然具有双重人性，但只有天地之性才是人之为人的本体、本根之性；而以天地之性为人性，就不能不"大其心"，不能不"体天下之物"，从而也就不能不超越见闻的桎梏而以穷神知化为指向。这样，从"大其心""穷其理"到"尽其性"，也就成为一条以天地之性为基、由穷理而尽性——由明而诚的超越上达之路。

这一由明而诚、诚明两进的极致，就是乾父坤母、民胞物与。所以，在《正蒙》的最后一篇，张载专门以其早就形成的"西铭"揭示了人生的最高理想。在这一理想中，就个体而言，可以说是"天地之塞，吾其体；天地之帅，吾其性"（《正蒙·乾称篇》，第62页），是即所谓乾父坤母、"混然中处"的大我气象；而就人伦群体而言，则是"大君者，吾父母宗子；其大臣，宗子之家相也。尊高年，所以长其长；慈孤弱，所以幼吾幼"（《正蒙·乾称篇》，第62页），显然，这就是民胞物与、万物一体之仁。在这一境界中，人生所有的遭际、际遇，包括所谓横逆，也都将成为人的进身修养之资，所以他又说："富贵福泽，将厚吾之生也；贫贱忧戚，庸玉汝于成也。存，吾顺事，没，吾宁也。"（《正蒙·乾称篇》，第63页）对于当时刚刚崛起的理学来说，这无疑既是一种超越的指向，也是儒家自古以来孜孜以求并念念守护的价值理想；而这一理想，就建立在其理论体系之体用不二与人生修养之明、诚两进的基础上。

所以，当《正蒙》以"西铭"作为其整个体系的归结时，确实表现了张载为理学所开创的稽天穷地而又万物一体的人伦理想。

说《正蒙》是张载的造道之作，这当然是没有问题的，因为张载的时代正是一个"学统四起"的时代，而《正蒙》的内容——无论是其对佛老的批判还是对汉唐儒学的纠偏以及其对儒家原始经典的重新解读也都充分证明了这一点。但是，如果《正蒙》仅仅是所谓"造道"之作，那么张载其实就既可以开始于其思想成熟后的任何时期，也可以采取古人所常用的任何方式，但张载之著《正蒙》，时间上则是其一生中的最后七年，具体形式则采取了"当自立说"的方式；至于其当时的具体情况，则正如吕大临所描述的："终日危坐一室，左右简编，俯而读，仰而思，有得则识之，或中夜起坐，取烛以书……"① 真所谓"志道精思，未始须臾息，也未尝须臾忘也"②。这样一种精神，确实是"有苦心极力之象"③；而以近七年的时光聚精于《正蒙》的写作，也不纯粹是所谓理论上的"造道"就能够完全说明的。如果我们将这一时段对应于北宋的朝廷政治并与张载当时的具体境遇联系起来，那么其作《正蒙》的现实机缘以及其与王安石变法的关系也就立刻浮现出来。而这一点，实际上正是《正蒙》不得不作的具体助缘或现实促成之因。

三 《正蒙》与熙宁变法

把《正蒙》这种"造道"性的文字与作为"新政"的熙宁变法联系起来并不是笔者的立心求异，而恰恰是儒家自孔孟以来的传统；相反，那种完全脱离现实的所谓纯理论探讨其实才是真正背离儒学传统的。具体到张载来说，其对佛老的批判、对汉唐儒学的纠偏以及其对世儒时论的批评无疑也首先是从现实的角度着眼的，甚至可以说主要是针对当时的现实而言的；而从其根本指向上看，则最后必然要落实为人间秩序的重建。所以，从与熙宁变法关系的角度来理解张载的"造道"活动，是从其根本指向包括现实关怀与主体境遇的角度来揭示《正蒙》一书的具体形成，这可能才更接近张载著《正蒙》的发生学实际。

分析《正蒙》与熙宁变法的关系实际上也就是分析张载和王安石的关系，并通过熙宁变法揭示后者对张载"造道"的影响。总的来说，他们年纪相近（王安石小张载1岁），同朝为官，不仅都从地方受荐入朝，而且从思想倾向上说，他们都是"孟子升格运动"④ 的积极推动者。就是说，他们都是当时儒学复兴运动的积极倡导者。如此说来，他们理应

---

① （宋）吕大临：《横渠先生行状》，《张载集》，章锡琛点校，中华书局1978年版，第383页。

② 同上。

③ （宋）程颐：《答横渠先生书》，《河南程氏文集》卷9，《二程集》，王孝鱼点校，中华书局1981年版，第596页。

④ 潘富恩、徐洪兴：《中国理学》第1卷，东方出版中心2002年版，第25—31页。

成为新政与变法之坚定的同盟。但是，恰恰是这一系列的"同"却蕴涵着其相互的一种根本性的"异"，从而蕴涵着《正蒙》不得不作的现实推动力。

熙宁（1068—1077）初年，刚登基的宋神宗欲有所作为，于是一大批较有政声的地方官员受荐入朝。王安石因为仁宗年间的《上仁宗皇帝言事书》有较大影响，故被召为翰林学士兼侍讲，又因为神宗的特别赏识，所以很快拜参知政事。这样一来，王安石实际上也就成为变法的最高主持了，且与神宗皇帝达成了同心一德的共识。在这种条件下，张载受荐入朝，同样是为了共襄新政大计。因而，当宋神宗以"治道"为问时，张载就对以"为政不法三代者，终苟道也"①。张载的这一回答，不仅合于神宗当时的自我期许，而且也与王安石为神宗所树立的"以尧舜为期"的理想完全一致。所以，仅从这一点来看，此时的张载可以说是帝、相共悦，不仅神宗表示"将大用"，而且王安石也明确表示"新政之更"要借重于张载。

但是，虽然熙宁君臣共以"复三代"相号召，可其对"三代"的理解又是完全不同的。王安石虽然以伊尹、周公为期，但其变法实际上却集中在财政问题上，而这正是张载所委婉批评的"苟道"；而张载在"徐观旬月"之后，也发现不仅王安石变法的思想路线是所谓"苟道"，而且其为人性格也显得过于刚愎，很难共事。所以，就在对其具体任命之前，王安石与张载展开了如下一段对话：

> 他日见执政，执政尝语曰："新政之更，惧不能任事，求助于子何如？"
> 先生对曰："朝廷将大有为，天下之士愿与下风。若与人为善，则孰敢不尽！如教玉人追琢，则人亦故有不能。"
> 执政默然……②

---

① 《宋史·张载传》，《张载集·附录》，章锡琛点校，中华书局1978年版，第386页。
② （宋）吕大临：《横渠先生行状》，《张载集》，章锡琛点校，中华书局1978年版，第382页。

张载为什么著《正蒙》?

这一对话不仅批评了王安石的性格,而且实际上批评了其变法的思想路线与用人路线,包括其推行新法之过于"狷急"、强人所难的方式。当然,这一对话也就决定了张载很难得到重用。所以,紧接着的任命就是"校书崇文"这样的闲职,"未得谢,复命案狱浙东。或有为之言曰:'张载以道德进,不能使之治狱。'执政曰:'淑问如皋陶,犹且献囚,此庸何伤!'"① 实际上,这等于是有意给张载穿小鞋。适逢作为监察御史里行的张戬(张载弟)"累章论王安石乱法,乞罢条例司及追还常平使者"②等,也等于明确地与王安石唱对台戏,因而立即受到了"出知公安县"的处分。及张载狱成还朝,见到这一情况,愈益不安,于是亟辞西归。

从这一经历可以看出,张载本来是作为新政的赞助者入朝的,但由于他和王安石在变法路线上的分歧,很快就退出了"新政",其中的关键,主要在于他和王安石对新政的理解不同。王安石虽然也以"复三代"相号召,并为神宗许下"以尧舜自期"的目标,但其入手主要集中在"理财"上;张载虽然并不反对"理财",但在他看来,如果新政集中于理财或仅仅从理财出发,那就不仅是医头医脚的"苟道",而且对于真正的尧舜之道来说,也无异于挂羊头卖狗肉——一种莫大的讽刺③。这一分歧,其实在张载对神宗"为政不法三代者,终苟道也"的答问中,就已经表现出来了;而其与王安石"教玉人追琢"的对话,则明确表示了一种难以合作的态度。

张载与王安石的不合作以及熙宁变法对他的影响主要表现在其退隐之后。回到关中,张载似乎过起了隐士般的生活:"土床烟足纫衾暖,瓦釜泉干豆粥新,万事不思温饱外,漫然清世一闲人。"(《文集佚存·杂诗·土床》,第369页)自然,这里也许表现着某些自嘲心理,也不乏自我安慰的意味。但另一方面,正是在这"万事不思"之外,张载才真正展开了其"造道"追求——其《正蒙》的撰写,所谓"终日危坐一室,

---

① (宋)吕大临:《横渠先生行状》,《张载集》,章锡琛点校,中华书局1978年版,第383页。
② (元)脱脱等:《宋史·张戬传》,《二十五史》卷10,中国文史出版社2002年版,第2297页。
③ 关于王安石变法之集中于"理财"以及道学集团(关学、洛学)与他的分歧和对他的批评,请参阅李存山《王安石变法的再评价》,《博览群书》2006年第9期。

左右简编，俯而读，仰而思，有得则识之，或中夜起坐，取烛以书"，正是张载当时精神状态的写照，而与这一活动相应的，则正是轰轰烈烈并席卷全国的熙宁变法；至于所谓"造道"，实际上也就是专门从学理的角度，完全依据自己对儒家精神的理解、对新政的构想所进行的另一种"变法"。至于其"为万世开太平"的志向，则不仅表现在《正蒙》一书的撰写中，同时更表现在其当时的几项重要作为以及其对变法的种种批评上——张载正是要以其"天道性命相贯通"的"稽天穷地之思"，来反衬熙宁变法医头医脚的"苟道"。

张载的这一用心主要表现在其退隐之后所从事的几项志业上。在张载一生中的最后七年，他实际上主要干了三件大事：

第一，以"造道"的精神发愤著《正蒙》，这正表现了张载与熙宁变法的激反与对着干的精神；而《正蒙》其实也可以说是张载依据自己对儒家精神的理解所展开的另一种"新政"或"变法"。关于这一点，作为其同朝为官的弟子——范育其实是看得很清楚的，所以他在《正蒙序》开篇就明确指出：

> 子张子校书崇文，未伸其志，退而寓于太白之阴，横渠之阳，潜心天地，参圣学之源，七年而道益明，德益尊，著《正蒙书》数万言……①

作为与张载一同任职"崇文"的弟子，范育显然深知《正蒙》是张载"校书崇文"而又"未伸其志"的产物，所以其《序》一起始就明确点明了这一点。由于当时不少的新党还位居枢要，所以范育不能说得太明确。但从其"泣血受书，三年不能为一辞"②的悲愤以及其末尾对《孟子》的再三致意，也就可以看出他是有意以孟子一生的不遇来述说张载著《正蒙》之具体心态的；至于"七年而道益明，德益尊，著《正蒙书》数万言"云云，则正标志着张载依据儒家的学理和精神对新政的探

---

① （宋）范育：《正蒙序》，《张载集》，章锡琛点校，中华书局1978年版，第4页。
② 同上书，第6页。

张载为什么著《正蒙》?

讨。所以,仅从这一点来看,《正蒙》与熙宁变法的对反以及张载著《正蒙》的具体心态就是非常清楚的。

第二,"先生慨然有意三代之治……尝曰:'仁政必自经界始。贫富不均,教养无法,虽欲言治,皆苟而已。世之病难行者,未始不以亟夺富人之田为辞,然兹法之行,悦之者众,苟处之有术,期已数年不刑一人而可复,所病者特上未之行尔'……方与学者议古之法,共买田一方,画为数井,上不失公家之赋役,退以其私正经界,分宅里,立敛法,广储蓄,兴学校,成礼俗,救灾恤患,敦本抑末,足以推先王之遗法,明当今之可行"①。这就是明确地与熙宁变法对着干。所不同的是,王安石试图从"理财"入手以达到富国强兵的目的,而张载则认为所有的新政都必须从"正经界"作起,其批评熙宁变法的"苟道",正是以此"正经界"作为标准的。当然,这一点也可以说是张载对立足于道德、出发于经界的万世太平之道的具体探索,所以他实际上是怀着"纵不能行之天下,犹可验之一乡"②的精神来从事的。这无疑可以说是张载关于新政、变法的另一种试点,而其在《经学理窟》中对"井田""经界"的具体谋划与实践步骤的详细讨论,正可以视为其关于新政试点的文字记录。

第三,在张载的指导下,由其弟子三吕发起并在蓝田推行《吕氏乡约》,其内容包括"德业相励,过失相规,礼俗相交,患难相恤"③等方面的内容,这一举措既是对道德礼教的推广,同时也是对社会风俗的激扬与提升,可以说是其"正经界"的同步配套措施。所以在后来的"洛阳议论"中,张载就自豪地介绍说"关中学者用礼渐成俗",并以此批评二程的"规矩太宽"④;而他所反复告诫学者的"知礼成性变化气质之道"⑤,

---

① (宋)吕大临:《横渠先生行状》,《张载集》,章锡琛点校,中华书局1978年版,第384页。
② 同上。
③ (宋)吕大临等:《蓝田吕氏遗著辑校》,陈俊民辑校,中华书局1993年版,第563、565页。
④ (宋)程颢、程颐:《河南程氏遗书》卷10,《二程集》,王孝鱼点校,中华书局1981年版,第114页。
⑤ (宋)吕大临:《横渠先生行状》,《张载集》,章锡琛点校,中华书局1978年版,第383页。

实际上也正是以对《吕氏乡约》之先行实践为基础的。这样，如果我们将这三点连成一线来把握，也就可以看出张载是在与王安石的熙宁变法对着干；所谓"纵不能行之天下，犹可验之一乡"的预期、所谓"治天下不由井地，终无由得平"（《经学理窟·周礼》，第248页）的批评，实际上也都明显地表露了张载的具体用意。总之，张载退隐后的这几大举措，处处体现着其与熙宁变法的对反，也处处表现着张载对立足于道德、出发于经界的万世太平之道的具体探索。

当然，作为理论探讨性的著作，《正蒙》在形式上与现实政治似乎并无瓜葛，但如果我们将其置于形成和发生的具体过程中，则完全可以看出其与现实政治的密切关联以及熙宁变法对它之形成的推动与促进作用。所以，从一定意义上说，如果没有熙宁变法中的受排挤和靠边站，可能也就不会有《正蒙》，起码不会是如此这般地作；另外，即使是作为"造道之言"，《正蒙》其实也并不是张载离群索居、闭门造车的产物，而是首先蕴涵着他对熙宁变法纠偏、抗衡与补弊的关怀。至于小程批评《正蒙》的"有苦心极力之象，而无宽裕温厚之气"[①]，如果将其放在与熙宁变法相激反的环境中，则小程所不理解的"急迫"，自然也就不难理解了。

四　几点反思

《正蒙》与熙宁变法，作为对同一时代社会问题的不同反应，除了其政治层面的"变法"与理论层面的"造道"这种不同的表现方式外，仅就其对当时社会问题的看法而言，也确实存在着不小的分歧。而这一分歧，既是张载辞官以退出新政的原因，当然也是后来变法失败而王安石再次罢相的原因。作为重大的社会历史事件，如果说熙宁变法本身就源于宋代的社会现实，因而具有独立自主的性质——仅变法本身就足以从社会运动的各个角度和各种层面进行独立的分析和研究，那么，与熙宁变法具有激反性质的《正蒙》则并不能仅仅从理论创造的角度来理解，

[①] （宋）程颐：《答横渠先生书》，《河南程氏文集》卷9，《二程集》，王孝鱼点校，中华书局1981年版，第596页。

它不仅需要当时"三教"关系之消长、对汉唐儒学之纠偏以及理学崛起之"造道"需求来说明,而且由于《正蒙》撰写的特殊背景,因而也需要张载受变法排挤的激反并对变法的批评和纠偏来说明。而张载与王安石在新政问题上的不合作以及其与"变法"的对着干,也从一个侧面表现出了道学集团对于现实政治的关注以及其与王安石新学的分歧。因此,对于《正蒙》,切不可将其仅仅视为与现实全然无关的纯理论著作。

正因为这一原因,所以对《正蒙》的研究也就不能脱离熙宁变法这一重大的社会历史背景。但在过去"两军对战"的年代,由于王安石被列宁称为"中国十一世纪时的改革家"[1],这就使其成为双重的正面典范——哲学上的唯物主义与推动社会进步的改革力量;而张载又被公认为"中国11世纪唯物主义哲学家",即被视为哲学方面的正面标准;于是张载与王安石在新政问题上的分歧,也就被人们故意地视而不见或尽量地作简化处理:要么认为二人主要是性格上的分歧(其实他们的性格极为一致,张载的"刚毅"与王安石的"狠愎"其实只是同一性格的两个不同侧面);要么认为张载实际上并不反对变法。总之,是尽量弥合推动社会进步的改革力量与哲学上的"唯物主义"之间的不协调性。但这样一来,对王安石政治上的变法与张载哲学上的"造道"实际上也就形成了一种双向遮蔽。王安石变法固然可以从唯物史观的角度作出进步性的评价,而张载的"造道"尽管也是一种"唯物主义"哲学,实际上仅仅成为一种闭门造车的纯理论活动,其价值、意义似乎也仅表现在其辟佛排老的"唯物主义"立场上。

从上面的比较可以看出,虽然两人哲学上都属于"唯物主义",也都可以视为"中小地主阶级"的代表,并且也都坚持谋求社会的长治久安之道,但由于他们在新政问题上具有完全不同的出发点(道德与功利)和不同的入手(经界与财政),因而他们之间仍然可以表现出不可调和的对立;而对于变法来说,这一对立实际上也就起着功败垂成的制约作用。

---

[1] 关于列宁这一说法的原意及其"误引"在中国学界所引起的"扬王(安石)抑范(仲淹)"方面的"定调"作用,请参阅李存山《关于列宁评价王安石的一个误引》,《光明日报》2004年8月10日史学版。

改革开放以来，人们开始冲破教条化的"两军对战"模式，并试图从理论自身的角度研究哲学史的发展，这当然是一种进步，说明哲学史的研究已经开始关注理论本身的发展逻辑了。但这种单纯关注理论发展的研究模式又带来了另一种弊端，即将历史上的哲学家全然视为纯粹的理论创造者，他们似乎没有时代、没有现实关怀，甚至没有现实人生中的种种苦恼，有的只是一味地进行纯理论的建构和纯逻辑的推演。这就走向另一个极端了，似乎哲学家一生的任务也就仅仅在于理论问题的解决。如果说前者的弊端在于教条化地运用了"唯物主义"和社会进步观念，那么后者的弊端则使历史上的哲学家全然成了一种"无人身的理性"。这同样脱离了中国哲学发展的实际。真正实际情况是：哲学家固然要从事理论创造，而理论创造又不能不从前人的理论格局和理论问题出发，而这种出发的直接动因则在于现实社会，在于现实社会所提供的对前人理论的理解背景与诠释氛围。从这个角度看，虽然张载很早就形成了"当自立说"的"造道"宏愿，但这一宏愿却只有在熙宁变法的激发与打击下才变成现实——从一定意义上说，《正蒙》其实也就是张载以理论的方式所建构的"新政"、以学理探讨的方式所展开的"变法"。所以，对于《正蒙》来说，熙宁变法的激发作用以及其所提供的精神动力是绝对不能忽视的。

最重要的是，这种不同理解实际上首先涉及对理学性质的认识以及其社会作用的评价问题。自清儒颜元、戴震以来，他们出于自己反理学的需要，或者将理学家描述为"四肢荒而爪牙废"的"冬烘先生"，或者将理学家打扮成不近人情、只会唱道德高调的所谓"伪道学"。自此以后，空疏无用的道德高调似乎成了理学家的代名词；而仅仅从理论的角度来研究理学，似乎也就正好成为一种对症下药式的研究了。实际上，这正是以讹传讹的表现，从历史的角度看，空疏无用的"伪道学"当然不能说绝对没有，但却绝不是理学的主流，理学自形成起就具有强烈的关注现实、关注政治的品格。从最具有"烟霞气"但却"不辞小官"的周敦颐一直到张载、大程，都积极地关注现实、参与政治，而张、程二位甚至也都是因为在地方的政绩才进入朝廷的。

具体到张载来说，从其早年"欲结客取洮西之地"①到其中年的治理地方，再到其晚年与新政的对着干和对"万世太平"之道的具体探索，也就清晰地呈现出了一条理学家积极关注现实、参与政治的人生轨迹。只是由于政治资源的唯一性与垄断性，所以最后才不得不"退而寓于太白之阴，横渠之阳，潜心天地，参圣学之源"，从而也才有了《正蒙》的撰写。所以说，《正蒙》固然是张载的"造道之言"，但对其本人来说，却不过是张载退求其次的产物和表现。

即使到了南宋，虽然理学家已经明显地表现出了一种"内敛气象"，但从朱子到象山，也都不是书斋里的巨人，而首先是干练的政府官员——朱子之"巡按浙东"、象山之"知荆门"，都充分表现出了理学家治世能臣的品格。而对张载来说，其著《正蒙》之现实因缘，说明他的本意或首要关怀并不在于著述，只有在从政之路被堵死后，才不得不退求其次。但即使如此，其理论上的"造道"也仍然包含着对现实政治的纠偏与补弊关怀，所以才有"根本枝叶，莫不悉备"一说。这说明，对于宋明理学的研究，我们不能仅仅局限于理论、学理的层面来理解，还必须将其还原到具体形成与实际发生的过程中，才能准确把握其本真面目，从而更深刻地理解其性质和作用。这就是张载著《正蒙》所给予我们的特殊启示。

(原载《哲学研究》2007 年第 4 期)

---

① 《宋史·张载传》，《张载集·附录》，章锡琛点校，中华书局 1978 年版，第 385 页。

从"以经解经"到"以意逆志"

——张载经典诠释的原则及其意义

丁为祥

历来研究张载都比较重视《正蒙》，这当然是正确的，因为《正蒙》毕竟代表着张载比较成熟的思想——《正蒙》完稿时张载对其弟子苏季明"老树枯枝"与"晬盘示儿"的比喻也充分说明了这一点。但是，如果要真正了解张载的思想，尤其是要解开张载思想究竟是如何发生、如何具体形成的，那就不能不重视《经学理窟》。因为《经学理窟》实际上是张载与"六经"《论》《孟》的一种对话，也是张载以"自道"的方式说明他究竟是如何诠解"六经"《论》《孟》的；至于宋史所概括的"以《易》为宗，以《中庸》为体，以孔孟为法"[①]，其实也更典型地表现在他的《经学理窟》中。所以，从具体发生的角度看，《经学理窟》既是张载哲学思想的真正产地，同时也准确地表现着他是如何将"六经"《论》《孟》熔为一炉而推陈出新的。自然，这首先涉及张载的经典诠释思想。

比照于时下所谓的经典诠释理论，张载的经典诠释既可以概括为内在性与超越性的互补，同时又体现着继承性与创新性的统一。所有这些，首先就表现在他对儒家经典——《六经》《论》《孟》的解读与诠释中。至于张载经典诠释的具体方法，则又主要表现为"以经解经"与"以意逆志"两大原则，并且也是通过这两大原则的互补与转换来实现其诠释学循环的。

[①]《宋史·张载传》，《张载集·附录》，章锡琛点校，中华书局1978年版，第368页。

一 "以经解经"

作为经典诠释的基本原则，所谓"以经解经"其实并不是张载的首创，而是他对前人思想的继承。在《经学理窟》中，这一方法首先是张载通过对李翱关于如何理解《诗》《书》思想的继承表现出来的。张载说：

> 圣人文章无定体，《诗》《书》《易》《礼》《春秋》，只随义理如此而言。李翱有言："观《诗》则不知有《书》，观《书》则不知有《诗》"，亦近之。（《经学理窟·诗书》，第255页）

在这里，所谓"圣人文章无定体，《诗》《书》《易》《礼》《春秋》，只随义理如此而言"一句，就明确表现出张载确实是将儒家的"六经"作为其主要研究对象的，也是将阐发"六经"的思想宗旨作为其研究之主要目底的。这正是理学精神的表现，也是张载作为理学的开创者，其研究旨趣不同于汉唐儒学的一种特质。至于"观《诗》则不知有《书》，观《书》则不知有《诗》"一说，虽然是借助李翱的说法加以表达的，实际上也明确地表达了张载关于经典诠释的一个基本原则。

何谓"观《诗》则不知有《书》，观《书》则不知有《诗》"呢？其实就是理解经典首先要紧扣其文本——研究《诗》就要通过《诗》的文本去寻求其内在精神、研究《书》则要从《书》的文本去寻求其内在义理，所以，所谓"观《诗》则不知有《书》，观《书》则不知有《诗》"，就是要通过《诗》《书》之文本本身以求得对《诗》《书》内在义理的理解；至于所谓"不知有《书》""不知有《诗》"之说，也首先是就《诗》《书》本身以探求其内在义理之意，而不能通过《诗》与《书》之间的互证互解，更不能通过所谓"附加""旁释"包括现代人所精通的各种"借鉴"之类的方法，从而师心自用，以己意为宗旨。显然，这明确承认经典有其基本的原意，并且是以把握经典之内在义理作为其经典诠释的第一出发点。

在这一基础上,所谓"观《诗》则不知有《书》,观《书》则不知有《诗》"其实也就是"以经解经"的意思。在张载的经典诠释中,这一原则虽然是借助李翱的说法加以表达的,却并非就是一种临时的借用,而是包含着张载对诠解"六经"、《论》《孟》之系统思考的。可以说,自从他接受范仲淹的建议读《中庸》起,这种"以经解经"的方法就已经成为其理解经典、诠释经典的基本原则了。因为自从张载确立"出入佛老,返于六经"的方向,① 并提出"当自立说以明性,不可以遗言附会解之"(《经学理窟·义理》,第275页)时,就已经确立了将《六经》《论》《孟》熔为一炉的基本志向,而这样一种方向,必然要求他必须形成能够对儒家经典推陈出新的基本思路。

所以,还在《经学理窟》之前,当张载通过《横渠易说》阐发儒家的天道宇宙论思想时,他就已经在系统地运用这种"以经解经"的方法了。比如在《横渠易说》中,张载就明确提出了解读儒家经典的基本方法。他指出:

> 欲观《易》先当玩辞,盖所以说易象也。不先尽《系辞》,则其观于《易》也,或远或近,或太艰难。不知《系辞》而求《易》,正犹不知礼而考《春秋》也。
>
> 《系辞》所以论《易》之道,既知《易》之道,则《易》象在其中,故观《易》必由《系辞》。(《横渠易说·系辞上》,第176页)

在这里,研究《易》之所以"先当玩辞",首先是因为"系辞"本身就是"所以说易象也"。而这样一种看法,不仅有《周易》本文的"圣人立象以尽意,设卦以尽情伪,系辞焉以尽其言"② 的根据,更重要的还在于,"系辞"本身就是由"卦象"而成立的——所谓"圣人立象

---

① 据吕大临《横渠先生行状》记载:"先生(张载)读其书(《中庸》),虽爱之,犹未以为足也,于是又访诸释老之书,累年尽究其说,知无所得,反而求之'六经'。"参见《张载集·附录》,第381页。《宋史·张载传》也有大致相同的记载,见《张载集·附录》,第385—386页。
② (晋)韩康伯注、(唐)孔颖达疏:《周易正义》卷7《系辞上》,(清)阮元校刻:《十三经注疏》,中华书局2009年影印本,第171页。

以尽意"即是此意；而"系辞"同时又是通过所谓"言"的方式表现出来的，所以说，只要抓住了"言"，抓住了"系辞"，也就等于抓住了《周易》的基本入手。否则，如果不以"系辞"为入手，那就必然会陷于所谓"或远或近，或太艰难"的境地。此中的原因，首先也就在于"圣人立象以尽意"——圣人之意首先是通过"卦象"与"系辞"表现出来的。

所以，到了《经学理窟》，张载便明确地提出："观书必总其言而求作者之意。"（《经学理窟·义理》，第275页）又说："欲求古法，亦先须熟观文字，使上下之意通贯，大其胸怀以观之。"（《经学理窟·周礼》，第251页）再比如"合内外，平物我，自见道之大端"（《经学理窟·义理》，第273页）等。所有这些说法，其实都是对"以经解经"思想的不同表达，也都是从把握经典之基本义理的角度提出的。

关于"以经解经"必须首先从文本与言语出发这一点，张载甚至还提出了一种大胆的设想。他指出：

> 语道断自仲尼，不知仲尼以前更有古可稽，虽文字不能传，然义理不灭，则须有此言语，不到得绝。（《经学理窟·义理》，第278页）

这就是说，虽然"语道断自仲尼"，但仲尼以前必然"更有古可稽"，只是由于当时"文字不能传"，所以一时无法详考。但"义理不灭"本身，自然也就决定着其"言语不到得绝"；因为义理本身首先就是通过"言语"来传承的。显然，这其实也就是孔子所谓"文献不足故也"[①]的精神。而在张载看来，诠解《六经》不仅要"熟观文字，使上下之意通贯"，而且还要"总其言而求作者之意"，从而达到"自见道之大端"的目的。很明显，这种从"言语""文字"出发，使"上下之意通贯"，并通过寻求"作者之意"以达到"自见道之大端"的过程，就可以说是张载"以经解经"的主要思想。

---

① （魏）何晏集解、（宋）邢昺疏：《论语注疏》卷3《八佾第三》，（清）阮元校刻：《十三经注疏》，中华书局2009年影印本，第5357页。

二 "以意逆志"

为什么必须把"以经解经"作为诠解"六经"的基本方法？为什么又必须从语言文字出发以求得对"六经"旨意的基本把握呢？这主要是因为，在张载看来，"六经"作为古代圣贤立身行事的言行记录无疑是包含着无穷意蕴的，起码也包含着他们应事接物的基本心态与立身处世的基本方法，所以记载古代圣贤立身行事的文献自然也就成为后世儒者之"经"，也是他们在面临新时代、面对新问题时所以推陈出新之思想基础。由于古代经典首先是以语言文字的方式加以保留的，因而其基本旨意也就首先蕴涵于语言文字之中，但仅仅语言文字又不足以代表古代经典的全部思想，不足以表达古代圣贤应事接物的全部精神。这样一来，诠解"六经"也就既要从语言文字出发，同时又不能仅仅停留于语言文字的层面，而是必须透过语言文字，以把握古代圣贤的本真精神。也许正是这一原因，所以孔子虽然也承认"圣人立象以尽意，设卦以尽情伪，系辞焉以尽其言"，但同时又明确地强调说"书不尽言，言不尽意"[1]。这样一来，就对"六经"的诠释而言，也就必须从语言文字出发，以达到超越语言文字之本真精神的层面。

如何透过语言文字以达到对"六经"之本真精神的准确把握呢？对张载来说，这又主要是通过孟子的"以意逆志"实现的。作为经典诠释的基本方法，"以意逆志"首先源于孟子对《诗经》精神的诠解与把握。在关于如何理解《诗》之基本精神的讨论中，孟子通过与其弟子咸丘蒙的一段对话，明确提出了"以意逆志"的理解与诠释原则：

咸丘蒙曰："舜之不臣尧，则吾既得闻命矣。诗云：'普天之下，莫非王土；率土之滨，莫非王臣。'而舜既为天子矣，敢问瞽瞍之非臣，如何？"

---

[1] （晋）韩康伯注、（唐）孔颖达疏：《周易正义》卷7《系辞上》，（清）阮元校刻：《十三经注疏》，中华书局2009年影印本，第170页。

从"以经解经"到"以意逆志"

曰:"是诗也,非是之谓也;劳于王事而不得养父母也。曰:'此莫非王事,我独贤劳也。'故说诗者,不以文害辞,不以辞害志。以意逆志,是为得之。如以辞而已矣,《云汉》之诗曰:'周余黎民,靡有孑遗。'信斯言也,是周无遗民也。"①

这就是孟子关于《诗经》中"普天之下,莫非王土;率土之滨,莫非王臣"一句的解读。因为咸丘蒙是借助《诗经》的这一诗句来质疑瞽叟何以"非臣"的,所以孟子也就必须首先对这一诗句之原意作出解读。在咸丘蒙看来,既然"'普天之下,莫非王土;率土之滨,莫非王臣。'而舜既为天子矣,敢问瞽瞍之非臣,如何?"显然,咸丘蒙完全是从字面上——所谓望文生义的方式——来理解这一诗句的,所以他看到的就是舜对瞽叟的"有蹙"之情以及其与《诗经》所描述的完全不一致的现象;而孟子则完全是从舜之心志的角度来理解此诗句的,因而他就看到了舜当时的一丝怨幽之情,即所谓"《诗经》言皆王臣也,何为独使我以贤才而劳苦,不得养父母乎"②!如果仅从字面上看,咸丘蒙似乎也完全是从《诗经》之文本出发的,但由于他对《诗经》做了断章取义式的理解或者说是字面意义上的运用,所以孟子明确地批评说:"是诗也,非是之谓也。"如果证之以该诗"王事靡盬,忧我父母"③ 的总体基调与具体背景,那么无论是孟子对咸丘蒙的批评还是其对《诗经》本身的理解,应当说确实是比较符合该《诗经》之原意的。

在这一基础上,孟子的"以意逆志"也就具有了较为独立之诠释方法的意义。就这一主张的正面意义而言,其关键也就集中在"不以文害辞,不以辞害志"一句的基本指向上;但如果就其所规定的"文""辞"与"意""志"的关系来看,则又主要集中在"以意逆志"一句上。本来,从诗人主体的角度看,"文"与"辞"固然都是因"意"而发,也是

---

① (汉)赵岐注、(宋)孙奭疏:《孟子注疏》卷9上《万章章句上》,(清)阮元校刻:《十三经注疏》,中华书局2009年影印本,第5950页。
② 同上。
③ (汉)郑玄笺、(唐)孔颖达疏:《毛诗正义》卷13《小雅·北山》,(清)阮元校刻:《十三经注疏》,中华书局2009年影印本,第994页。

· 173 ·

因意有的，此正所谓"文"以表"辞"，"辞"以达"意"的意思，因而所谓"文""辞"实际上也都是"意"的载体与表现。但是，由于"意"说到底又不过是诗人之"心"与"志"的表现，因而所谓"不以文害辞，不以辞害志"，实际上也就成为不应当以"文"的形式而有碍于对"辞"的理解，也不能因为"辞"的形式而有碍于对"意"与"志"的把握。在这一基础上，所谓"以意逆志"，实际上也就是要通过作者之"意"以直接把握其"心"与"志"而已。

关于"以意逆志"之从"意"出发以达到对"心"与"志"的把握这一点，古今的注释者可以说是皆无异辞。问题在于，这里的"意"究竟是谁的"意"？从赵岐的《孟子注》到朱子的《孟子集注》，都是将"意"与"志"分别两属，因而认为"志"即"诗人志所欲之事"，而"意"则是"学者之心意也"，所以赵岐注解说：

> 文，诗之文章，所引以兴事也；辞，诗人所歌咏之辞；志，诗人志所欲之事；意，学者之心意也。孟子言说诗者，当本之志，不可以文害其辞，文不显，乃反显也；不可以辞害其志。①

在《四书章句集注》中，朱子也注解说：

> 文，字也。辞，语也。逆，迎也……言说诗之法，不可以一字而害一句之义，不可以一句而害设辞之志，当以己意迎取作者之志，乃可得之。②

但在清人吴淇关于这一段的点评中，他则认为这里从"意"到"志"其实都是明确地指作者

而言的，而不是所谓"己意"或"学者之心意也"。在《六朝选诗

---

① （汉）赵岐注、（宋）孙奭疏：《孟子注疏》卷9上《万章章句上》，（清）阮元校刻：《十三经注疏》，中华书局2009年影印本，第5950页。
② 朱熹：《四书章句集注》，中华书局2012年版，第312页。

定论缘起》一文中,吴淇明确指出:

> 诗有内有外,显于外者曰文曰辞,蕴于内者曰志曰意。此意字与"思无邪"思字皆出于志,然有辨。思就其惨淡经营言之,意就其淋漓尽兴言之,则志古人之志,而意古人之意,故选诗中每每以古意命题是也。汉、宋诸儒以一志字属古人,而意为自己之意。夫我非古人,而以己意说之,其贤于蒙之见也几何矣……故以古人之意求古人之志,乃就诗论诗,犹之以人治人也。即以此诗论之,不得养父母,其志也;普天云云,文辞也。"莫非王事,我独贤劳",其意也。其辞有害,其意无害,故用此意以逆之,而得其志在养亲而已。①

如果比照于《诗经》与《孟子》原文,那么吴淇的这一点评可谓是后来居上。原因在于,在"意"与"志"之间,孟子是明确地用了一个"逆"字(实际上,整个这一行程,从"文"与"辞"到"意"与"志",本身都是以"逆"为指向的),而这一"逆"字不仅明确地表现了"意"与"志"之间的主从与表里关系,而且也只能属于同一主体——是同一主体之两个不同层面的表现。所以,对于"说诗者"而言,他只能通过层层相"逆"的方式,由"文"以达"辞",又由"辞"以解"意";然后再通过"以意逆志"的方法,以达到对作者之"心"与"志"的直接把握。相反,如果按照赵岐与朱子的理解,那么"意"与"志"之间就不再是"逆"的关系,而恰恰成为一种地地道道的"迎取"关系。如此一来,在"作者"与"说诗者"之间,不仅存在着古与今、人与我之别的限制,而且也确实存在着师心自用之可能。

当然在这里,既然"意"属于古人,那么关键性的问题也就在于如何得古人之意了,因为只有先得古人之意,然后才有可能"以意逆志",从而更求古人之心(志)。而这样一种工夫,不仅要以"以经解经"为前

---

① 吴淇:《六朝选诗定论缘起》,参见郭绍虞《中国历代文论选》上册,中华书局1962年版,第15页。

提，所谓"观书必总其言而求作者之意"，而且还要求读者与文本、今人与古代圣贤大体处于同一境地。所以，对于如何诠解"六经"，张载就提出了一系列的要求，比如：

> 欲求古法，亦先须熟观文字，使上下之意通贯，大其胸怀以观之。（《经学理窟·周礼》，第251页）
>
> 古之能知《诗》者，惟孟子为以意逆志也。夫《诗》之志至平易，不必为艰险求之，今以艰险求《诗》，则已丧其本心，何由见诗人之志！（《经学理窟·诗书》，第256页）

显然，如果说"使上下之意通贯"本身就是指作者之意而言，那么所谓"大其胸怀以观之"则又主要是指读者的主体工夫而言的，所以张载又明确指出："大其心则能体天下之物，物有未体，则心为有外。世人之心，止于闻见之狭。圣人尽性，不以闻见梏其心，其视天下无一物非我，孟子谓尽心则知性知天以此。"（《正蒙·大心篇》，第24页）很明显，在张载看来，即使从"文""辞"出发也能够达到对作者之意之上下贯通性的理解，也仍然离不开一定的主体基础，离不开主体的基本工夫——这就必须要"大其胸怀""大心体物"。其次，即使能够"大其胸怀"，也仍然不能"艰险求之"，因为"艰险求《诗》，则已丧其本心，何由见诗人之志"。这又说明，在"艰险求《诗》"的前提下，因为自己已经"丧其本心"，结果也就"何由见诗人之志"。由此看来，从孟子到张载所共同认可之"以意逆志"的诠释原则，实际上也就建立在人与人之可沟通性——人心本质同一的基础上。

也许正由于这个缘故，所以在张载看来，"万顷之波与汙泥之水，皆足受天之光，但放来平易，心便神也。若圣人起一欲得灵梦之心，则心固已不神矣。神又焉有心？圣人心不艰难，所以神也。"（《经学理窟·诗书》，第256页）他甚至还用诗的形式表达说："置心平易始通诗，逆志从容自解颐。文害可嗟高叟固，十年聊用勉经师。"（《文集佚存·杂诗·题解诗后》，第369页）所有这些，都说明张载"以意逆志"的诠释原则本身就建立在人的本性同一的基础上。

人之本性同一固然是"以意逆志"的基础，但仅仅本性同一却并不能确保人人都能"以意逆志"，即使"大其胸怀以观之"，也并不能确保人人都能把握圣贤之心志。所以在这里，除了"大心体物""大其胸怀以观之"这种主体的工夫外，"以意逆志"还必须有其客观的阶梯。而这一阶梯实际上也就源于《系辞》的言意之辨。因为自孔子提出"书不尽言，言不尽意"以来，庄子又将其发展成为一套系统的言意之辨，他说："荃者所以在鱼，得鱼而忘荃；蹄者所以在兔，得兔而忘蹄。言者所以在意，得意而忘言。"[1] 这就明确地从认知之根本目底的角度提出了所谓"得意忘言"的指向。所以到魏晋，玄学家王弼又专门提出了一套从言象出发以层层超越的言象意理论。他说：

> 夫象者，出意者也，言者，明象者也。尽意莫若象，尽象莫若言。言生于象，故可寻言以观象；象生于意，故可寻象以观意。意以象尽，象以言著。故言者所以明象，得象而忘言；象者所以存意，得意而忘象……是故，存言者，非得象者也；存象者，非得意者也。象生于意而存象也，则所存者乃非其象也；言生于象而存言焉，则所存者乃非其言也。然则，忘象者，乃得意者也，忘言者，乃得象者也。得意在忘象，得象在忘言。[2]

在这里，从主体表达的角度看，自然首先是必须有意，发而为象；然后才有具体的言说，但如果从认知的角度看，则又必须先从言辞入手，并通过"寻言以观象"，然后再通过"寻象以观意"的方式；最后才能达到"得意在忘象，得象在忘言"的目的。

站在王弼的立场上看，"得意"自然代表着其认知的最高目的，但对于通过经典诠释以推陈出新的宋代新儒学来说，仅仅认知性的"得意"显然是远远不够的，这就不仅要求对古代经典得其旨意，更重要的还在

---

[1] （战国·宋）庄周：《庄子·外物》，郭庆藩：《庄子集释》，王孝鱼点校，中华书局2012年版，第936页。

[2] （魏）王弼：《周易略例·明象》，《王弼集校释》，楼宇烈校释，中华书局1980年版，第609页。

于得圣贤之心。因为在他们看来，只有得圣贤之心，才能真正活化圣贤的精神。所以，还在理学的萌芽阶段，作为北宋三先生之一的孙复就提出了"得圣人之心"的要求，而这一要求同样是通过对具体言说的超越实现的。孙复说：

> 专守王弼、韩康伯之说而求于《大易》，吾未见其能尽于《大易》也。专守《左氏》、《公羊》、《穀梁》、杜、何、范氏之说而求于《春秋》，吾未见其能尽于《春秋》也。专守毛苌、郑康成之说而求于《诗》，吾未见其能尽于《诗》也。专守孔氏之说而求于《书》，吾未见其能尽于《书》也。①
>
> 文者，道之用也；道者，教之本也。故必得之于心，而后成之于言。②

显然，正是"得圣人之心"的指向才使他们能够不为前人之言辞与成说所限，也正是"得圣人之心"的要求，才使他们能够见前人之所"未见"。实际上，这正是一种超越于"言""意"之上的心志追求。

也正是在这一追求的基础上，张载才能以"以意逆志"的方式展开与"六经"、《论》《孟》的系统对话。当然，由于张载对"六经"的诠释是以"以经解经"为前提的，所以他虽然要求超越具体的言辞，但并不就因此而流于师心自用，而是能够认真体贴古代经典的言外之意的。这里且以《中庸》为例，请看张载对"六经"、《论》《孟》的用功："某观《中庸》义二十年，每观每有义，已长得一格。"六经"循环，年欲一观。观书以静为心，但只是物，不入心，然人岂能长静，须以制其乱。"（《经学理窟·义理》，第277页）正是在这种长期用心、认真体贴的基础上，张载才总结出了一套系统的与"六经"、《论》《孟》对话的方法：

---

① （清）黄宗羲原著、（清）全祖望补修：《宋元学案·泰山学案》，陈金生、梁运华点校，中华书局1986年版，第99页。

② 同上。

求心之始如有所得，久思则茫然复失，何也？夫求心不得其要，钻研太甚则惑。心之要只是欲平旷，熟后无心如天，简易不已。……求之太切则反昏惑，孟子所谓助长也。孟子亦只言存养而已，此非可以聪明思虑，力所能致也。（《经学理窟·气质》，第269页）

心解则求义自明，不必字字相校。譬之目明者，万物纷错于前，不足为害，若目昏者，虽枯木朽株皆足为梗。（《经学理窟·义理》，第276页）

观书且不宜急迫了，意思则都不见，须是大体上求之。言则指也，指则所视者远矣。若只泥文而不求大体则失之，是小儿视指之类也。常引小儿以手指物示之，而不能求物以视焉，只视于手，即无物则加怒耳。（《经学理窟·义理》，第276页）

人之迷经者，盖己所守未明，故常为语言可以移动。己守既定，虽孔孟之言有纷错，亦须不思而改之，复锄去其繁，使词简而意备。（《经学理窟·义理》，第277页）

很明显，这样的读书，作为对儒家经典的诠解经验，实际上也就成为一种心灵的沟通与对话了。钱穆先生在分析《朱子语类》时所提出的"千年如会于一堂，众闻悉归之一己"[①]，大概就可以指谓张载对儒家经典的解读了。正是在这一基础上，张载才能提出其既主观又客观的"合内外之道"的解读原则。

三 内在与超越、继承与创新的双向统一

在张载对儒家经典这两种不同的诠释原则中，似乎还存在着一个根本性的问题，这就是其"以经解经"与"以意逆志"是否能够接榫的问题。也就是说，从"以经解经"出发到"以意逆志"是否具有一定的必然性？进一步的问题还在于，"以经解经"与"以意逆志"作为两种不同的诠释方法，其走向能否完全合辙，从而构成一种完整的"诠释学的

---

① 钱穆：《朱子新学案·代序》，巴蜀书社1986年版，第158页。

循环"？

关于前一个问题，可以说首先是一个诠释心态及其预设的问题，就是说，当主体进入一定的诠释活动时，他本身有没有言外之意的期待？也就是说，他有没有超越字面、文本以及已有成说之外的期待？在这里，文本的客观性、对象性固然都是既定的存在，但它究竟有没有超过文字指谓或现有成说之外的含义呢？如果这一问题的答案是肯定的，那么从"以经解经"到"以意逆志"就具有了一定的必然性。在这一问题上，不仅张载的"观书必总其言而求作者之意"本身就坚持着这一看法，而且其"欲求古法，亦须先熟观文字，使上下之意通贯，大其胸怀以观之"也同样在支持着这一看法。而这一看法的最后根据，其实也就在于孔子的"书不尽言，言不尽意"一说，因为只要我们肯认书（文字）外之言与言外之意的存在，那么也就必然会肯定从"以经解经"到"以意逆志"的走向，这就是对言外之意的探索。既然如此，对书外之言与言外之意的探寻也就必然会促使人们从"以经解经"走向"以意逆志"式的解读。

关于后一问题，则所有儒者的答案都必然是否定的。为什么这样说呢？这主要是因为，在儒家看来，即使是"以意逆志"式的诠释，也永远不可能与"以经解经"式的解读完全合辙——所谓经典诠释也永远不可能回到其最初的出发点，从而构成一种所谓完整而又全面的客观含义；就是说，由这两种不同的诠释方法所构成的诠释学循环永远是开放的、不重合的，因而以此为基础的诠释活动也是永远没有止境的。在这里，不仅诠释者的预付心态本身就在支持着诠释的开放性，而且中国智慧的具体性以及其随社会生活发展而变化的特性本身也在支持着诠释的开放性与解读的无止境性。其次，从张载的诠释经验来看，他为什么一定要坚持"《六经》循环，年欲一观"呢？而他在总结自己三十年的为学经验时所提到的"或探知于外人，或隔墙听人之言，终不能自到"（《经学理窟·自道》，第288页），不正是解读、诠释的开放性与无止境性吗？最后，仅从学理的角度看，当人们在"以意逆志"的基础上重新走向"以经解经"时，这时候的"以经解经"绝对不会仅仅满足于所谓"总其言而求作者之意"的层面，而必然是面临新情况、面对新问题的启发性。所以，从这个角度看，中国智慧的具体性实际上也就是一种需要不断加以诠释、不断加以实践解读的智慧；而所谓中国文化的生生不息，实际上也就是由其智慧的具体性与诠释的开放性决定的。

在这一基础上，当我们重新审视张载对儒家经典的诠释原则时，那么它也就恰恰表现出儒家文化在存在与发展上的两大基本特征。

首先，从存在特性来看，所谓"以经解经"与"以意逆志"的互补，恰恰表现出儒家文化的一个根本性特征，这就是内在性与超越性的统一。所谓"以经解经"、所谓"观《诗》则不知有《书》，观《书》则不知有《诗》"，包括所谓"观书必总其言而求作者之意"以及"欲求古法，亦先须熟观文字，使上下之意通贯"等，实际上也正坚持着经典含义的内在性立场，至于所谓"合内外，平物我，自见道之大端"等，也都包含着对经典含义之内在性的一种明确肯认；否则，如果根本缺乏内在性含义，那么所谓经典就无从成立，而所谓经典诠释也就没有存在的必要了。

但仅仅肯认经典含义的内在性又是远远不够的，固然，含义与价值的内在性决定着经典之所以能够成为经典，但却并不能确保其不断被加以诠释的必要。一部经典，如果其含义与价值可以一览无余，那么这种内在性虽然也可以决定其作为经典的价值与地位，但却并不能决定其不断被加以诠释的必要；而经典之所以成为经典以及对它的诠释之所以成为必要，关键也就决定于"书不尽言，言不尽意"，因为正是书外之言与言外之意的存在，才为人们的进一步探索提供了可能，自然，这也就是其不断被加以诠释的必要。在这里，所谓"书不尽言，言不尽意"以及"以意逆志"等，实际上也正是以经典含义之"言不尽意""意在言外"的这种超越性、普遍性含义的存在为前提的。正是超越性与普遍性含义的存在，才使经典诠释成为一种经久不息的必要。

这样一来，作为张载经典诠释的两大原则，所谓"以经解经"与"以意逆志"的共在，实际上也就成为儒家经典含义之内在性与超越性的一种互补了。所谓"以经解经"、所谓"观《诗》则不知有《书》，观《书》则不知有《诗》"，包括所谓"观书必总其言而求作者之意"等，首先也都是从经典含义之内在性出发的，这也是整个解读诠释活动得以展开的基础。但由于"书不尽言，言不尽意"，因而所有的字面含义、包括一定时段的"作者之意"，也并不足以穷尽古代圣贤的博大情怀及其全部含义，正是在这一基础上，所谓"以意逆志""得圣人之心"才成为一种必要。自然，这也就是对其超越性与普遍性含义的探讨，也是诠释之所以成为诠释、成为一种无止境的"心灵对话"活动的一个标志。

也正是在这一基础上，张载才能对儒家的礼乐精神作出超越于礼乐形式的阐发，比如他写道：

"礼反其所自生，乐乐其所自成。"礼别异不忘本，而后能推本为之节文；乐统同，乐吾分而已。礼天生自有分别，人须推原其自然，故言"反其所自生"；乐则得其所乐即是乐也，更何所待！是"乐其所自成"。(《经学理窟·礼乐》，第261页)

礼非止著见于外，亦有无体之礼。盖礼之原在心，礼者圣人之成法也，除了礼天下更无道矣。(《经学理窟·礼乐》，第264页)

天之生物便有尊卑大小之象，人顺之而已，此所以为礼也。学者有专以礼出于人，而不知礼本天之自然，告子专以义为外，而不知所以行义者由内也，皆非也，当合内外之道。(《经学理窟·礼乐》，第264页)

生有先后，所以为天序；小大、高下相并而相形焉，是为天秩。天之生物也有序，物之既形也有秩。知序然后经正，知秩然后礼行。(《正蒙·动物篇》，第19页)

对于张载的上述诠释，我们固然也可以用"礼出于人"加以反驳，但如果比照于《礼记》所谓的"礼也者，合于天时，设于地财，顺于鬼神，合于人心，理万物者也"[1] 与所谓"夫礼者，所以定亲疏，决嫌疑，别异同，明是非也"[2]，那么我们也就不能不承认，张载对礼的诠释的确是忠实于先秦儒学之基本精神的，而我们的反驳则恰恰是与其基本精神相刺谬的。这样一来，如果说我们的反驳、批判本身就是一种诠释，那

---

[1] （汉）郑玄注、（唐）孔颖达疏：《礼记正义》卷23《礼器第十》，（清）阮元校刻：《十三经注疏》，中华书局2009年影印本，第3098页。

[2] （汉）郑玄注、（唐）孔颖达疏：《礼记正义》卷1《曲礼上第一》，（清）阮元校刻：《十三经注疏》，中华书局2009年影印本，第2663页。

么我们也就不得不承认，张载的诠释是一种积极的推进性与拓展性的诠释，而我们的反驳则只能是一种否定、批判并彻底终止其诠释的诠释。

这就涉及张载经典诠释的另一个特点，即所谓继承与创新的统一。对于以儒家为主体的中国传统文化而言，其内在性与超越性的互补也就决定了它是一种需要不断加以诠释的文化，正是在不断地诠释中，它才能充分表现其与时俱进和生生不息的特征。但无论是与时俱进还是生生不息，也都首先要以明确的主体继承精神来介入对它的诠释。这既是其含义之内在性的要求——因为其含义的内在性决定，必须以主体性的继承精神介入其中才能真正心知其意，同时也是整个诠释活动得以成立的前提基础；否则的话，非但其内在性含义无法认知，而且整个诠释活动也就无从成立了。[①] 一旦我们以主体性的继承精神进入其中时，我们自然也就有了同情的理解，而我们对古代圣贤之关怀、用心也就会有一种"如见其肺肝然"的感觉。自然，这也就是研究古代经典之"入乎其内"的要求。

但儒家经典毕竟不是一成不变的，而它的发展、变化主要就是通过主体继承性的诠释来实现的，这既是经典含义之超越性的表现（超越于具体时代之具体关怀），同时也是经典本身之不断发展、不断完善的必然要求。在这里，主体性的继承精神——所谓"入乎其内"始终在起着先在前提的作用，而对其超越性含义的发掘与拓展——所谓"出乎其外"则既是其超越性含义的表现，同时也是其与时俱进、生生不息的表现。从历史的角度看，这正是儒家文化的发展模式与发展道路。孔子对三代之礼之有沿有革、损益结合的态度，其实就是继承与发展的统一；至于张载对"诚""明"关系的诠释，虽然《中庸》本文就已经提出了所谓"诚则明矣，明则诚矣"的诚明统一指向，但仅仅止于"诚明"本身的关

[①] 在过去一个很长的时期内，所谓大批判式的诠释之所以会得出"垃圾堆"或"封资修"式的结论，之所以会成为"越看越反动"之类的批判性诠释，关键就在于诠释者本来就缺乏主体性的继承精神，从而也就无法真正"入乎其内"以"心知其意"。直到今天，由于历史的遗存，那种大批判式的诠释仍然作为一种研究方法在到处运用，这都是对中国文化的基本精神缺乏认知，同时也对自身的诠释方法缺乏反省的表现。笔者撰此文，就是希望人们在面对古代经典时，首先能够对自己的诠释方法有所反省。

系，而在张载的诠释中，对其超越性与普遍性含义作出了为学方向与为学进路方面的拓展：

> 须知自诚明与自明诚有异。自诚明者，先尽性以至于穷理也，谓先自其性理会来，以至穷理；自明诚者，先穷理以至于尽性也，谓先从学问理会，以推达于天性也。（《张子语录·语录下》，第330页）

这就是张载对儒家诚、明关系的诠释。这一诠释，一方面表现了张载对《中庸》诚明精神之一种明确的继承态度，但又不仅仅是墨守成规，而是将《中庸》的诚明关系通过"性"与"教"的区别直接推进到"先尽性以至于穷理"与"先穷理以至于尽性"的两种不同的为学进路之间。对于《中庸》而言，张载确实继承了其基本精神，但又不是简单的人云亦云；而对儒学来说，这就明确地将其推进到理学阶段了。因为从历史发展的角度看，所谓"先尽性以至于穷理"与"先穷理以至于尽性"两种不同的为学进路及其互补、互渗，实际上也就明确地提出了理学的总体发展方向，也在一定程度上规定着理学在以后数百年间的基本走向。所谓程朱理学与陆王心学的对立，也就是"先穷理以至于尽性"与"先尽性以至于穷理"两种不同为学进路的表现。自然，这就是儒家经典诠释原则之内在性与超越性的互补、继承性与创新性之统一的具体表现，当然也是张载经典诠释思想之最大的积极意义。

（原载《复旦学报》2010年第6期）

张载《正蒙》"太和所谓道" 章疏解

邸利平[*]

在以程朱思想为核心话语的宋明理学语境中，张载的《西铭》无疑占据经典地位，而《正蒙》及所反映出的理学意义则在后世经过历代思想家反复辩驳，迄无定论。这固然源于《西铭》经过程颐"理一分殊"的诠释后，被赋予了特定的程朱理学意义，从而对其本身可能展开的意义衍生场域作了限定，同时正可说明《正蒙》与程朱理学义理系统的差异性及由此引起的意义场域的难以限定性和多重解释的可能性。从诠释学的角度看，经典地位的确定源于其必须同时具备限定性和开放性两方面，前者使之不跃出于解释视域之外，后者又使之始终处于视域扩展的过程之中。本文即从《正蒙》首篇"太和所谓道"章入手，对《正蒙》如何理解先秦经典，如何确定自身的意义场域，又如何在他人解读中对推移、扩展着意义的多重性，做一疏解，以此作为探讨经典文本中意义蕴涵空间的一种尝试。

一 理解的视域、径路及歧异

《正蒙》一书是张载晚年所出之代表作，全书十七篇，两万一千余言[①]，然而在宋明理学史上，却是较为少见的系统性著作。虽然从文章应以义理为本的角度看，"以文载道"也是宋明理学相较之前魏晋文学及同

---

[*] 邸利平：西安邮电大学马克思主义学院讲师。
[①] 据胡元玲统计，《正蒙》总字数为21130字。见胡元玲《张载易学与道学——以〈横渠易说〉及〈正蒙〉为主之探讨》，台湾学生书局2004年版，第54页。

时代科举之学和文辞之学的特点，但理学家无疑更重视以"身"体道胜，而道有不可言说者，故不能受文的约束。自二程兄弟开始，论学便主要以对话（后世往往辑为"语录"）、书信的方式随机而谈。这使得理学文献显得极为零散，语义诠释空间极大。与之相较，张载是比较注重文字的。他把文字作为体贴义理的重要途径，表现出不同于二程的思辨特色。"人言命字极难，辞之尽理而无害者，须出于精义。"（《横渠易说·系辞上》，第198页）"学者潜心略有所得，即且志之纸笔，以其易忘，失其良心。若所得是，充大之以养其心，立数千题，旋注释，常改之，改得一字即是进得一字。始作文字，须当多其词以包罗意思。"（《经学理窟·义理》，第275页）张载自己评论《正蒙》道："吾之作是书也，譬之枯株，根本枝叶，莫不悉备，充荣之者，其在人功而已。又如晬盘示儿，百物具在，顾取者如何尔。"① 唐君毅亦指出："（《正蒙》）各篇之问题实次第相连。……大率其每章居前之节所说之义，恒以后节之义，加以补充。……由此细看其书，更可见其于义理之安排，亦复可以朱子所谓'枝枝相对，叶叶相当'称之。"② 《正蒙》全书的篇章编排虽未必如唐先生所说如此严格，但总体上来看的确不是任意的。也因《正蒙》的系统性特点，加之程朱对其的评论，后世理学教育往往将张载的《西铭》《正蒙》与周敦颐的《太极图说》《通书》并列为性理经典，对理学的理论发展和社会普及发挥了重要的推动作用。

"太和所谓道"章，为《正蒙》开篇。牟宗三称之曰："此是《太和篇》之总纲领，亦是《正蒙》着于存在而思参造化之总纲领，其余皆由此展转引生。"③ 因此，此章意义的理解对于把握《正蒙》全书乃至张载思想的总体特点至关重要。兹引原文如下：

> 太和所谓道，中涵浮沈升降、动静相感之性，是生絪缊相荡、胜负屈伸之始。其来也几微易简，其究也广大坚固。起知于易者乾

---

① （宋）苏昞：《正蒙序》，《张载集》，章锡琛点校，中华书局1978年版，第3页。
② 唐君毅：《中国哲学原论·原教篇》，中国社会科学出版社2006年版，第49页。
③ 牟宗三：《心体与性体》，上海古籍出版社1999年版，第375页。

乎! 效法于简者坤乎! 散殊而可象为气,清通而不可象为神。不如野马、絪缊,不足谓之太和。语道者知此,谓之知道; 学《易》者见此,谓之见《易》。不如是,虽周公才美,其智不足称也已。《正蒙·太和篇》,第7页)

以今日一般哲学观点观之,这是典型的"宇宙论"论述。张载这里所表达的,一言以蔽之,即是"以气言道"。"道"是宋明理学家共同承认的最高范畴,所不同的是程朱以"理"言道,阳明以"心"言道,而张载则以"气化流行"言道。故而很多学者将这里的"太和"直接等同于"气化",将"太和所谓道"的内涵理解为典型的"气化宇宙论",以此作为张载的思想要旨和特色。

然而,由于中国哲学的经典文本往往言简意赅,与西方哲学经典相比,缺少细致的逻辑论证,其意义的诠释空间往往难以当下限定。尤其是当其原始语境随着历史变迁而渐趋模糊后,如何理解作者的本意更是成为一大困难。因此,即便是看似非常简单直接的文本亦不能以"显见"的方式简单处理。就《正蒙》"太和所谓道"章的理解而言,其难点起码有三:

其一,用典多,而语义在承继中又发生转化。诚如唐君毅所说:"横渠书之所以煞费苦思力索,刻意经营之功夫,以成书之故,盖首在其书所用之名言概念与有关之义理,初不出自一原……横渠将此异原之名辞概念,与有关义理,熔铸在一起,后之学者,耳熟能详,视若自然,然实则初非易事。"[①] 宋明理学家所使用的核心范畴多出于先秦典籍如《论语》《孟子》《中庸》《大学》和《周易》等。《宋史》称张载之学"以《易》为宗"[②]。笼统而言,的确可以把"太和所谓道"章看作是张载对《易传》的诠释。其中的重要概念如"太和""道""几微""易简""乾坤""气""神"等,均源于《易传》。而其以此对宇宙生成的阐释视野,同样源于《易传》。张载在此章中强调"学《易》者见此,谓之见

---

① 唐君毅:《中国哲学原论·原教篇》,中国社会科学出版社2006年版,第49页。
② (元)脱脱等:《宋史》,中华书局1977年版,第12724页。

《易》",正是对此之明示。但先秦儒家经典的思想要旨和理解场域显然不会同于宋明理学,否则理学的独立思想意义便不会成立。宋明理学家虽然自认为是述前圣之所述,但其用典的语义常在承接中再做提升转化。这并不是刻意为之,而是体道规模和重点有所差异而致。因此,张载所用名词,既不能将之等同于其原始出处的义理内涵,更不能简单以生活中之常识或今日之观念去推测,而应该联系张载所下之体道工夫切入其境域。

其二,论述之客观面强,主观面隐含于其中而易被人忽视,由此导致理解径路的歧误。张载以"道学"自任,此道首先是宇宙客观运行之道,这与他"以《易》为宗"是相互吻合的。但儒家学者绝不离人而言道,宋明理学犹然。牟宗三便判"理学"实际上是"性理之学",而"实则'理'之一词是就道体性体之实而带上去的,理字并无独立之实"[①]。因此,此客观宇宙运行之道不是与人无关之道,而是道中有性,性中有理,道是人体会的对象,其中包含着工夫所及之本体。如此由人及道,作为道学之最高范畴的"道"便可得到一个理解场域的限定。但《正蒙》开篇则直接以客观之"太和"描述道,此道之意义何在,便易生歧义。后世《正蒙》注解或以"气"解道,或以"理"解道,或言"太和"即"太极",或言"太和"非"太极",歧义纷呈,就与这一难点相关。故而,理解《正蒙》中某些语句或章节的义理,需要将其放在全书中相互参读,而不能断章取义,否则其解释境域就会难以限定。不仅如此,既然儒家学者都承认"道不远人",唯"人能弘道",那么,以学者所能入手之工夫论上达圣者与贤者之体道化境的本体(道体)论和宇宙论,便成为一条可以更确切释义的可靠途径。即便是"太和所谓道"章直接从客观天道陈述其意,但张载强调其意是向"语道者"和"学《易》者"而谈,也可证明绝不能离人而言道,而所谓"几微易简"正是天人交际之处,意蕴极深。

其三,后人理解视域的变化,导致对一些重要概念的内涵的理解发生含混性。张载所言之"太和"中,有"气"有"神",二者是"太和

[①] 牟宗三:《心体与性体》,上海古籍出版社1999年版,第53页。

之道"的进一步展现。《正蒙》称引"太和"极少,且均与《易传》"保合太和"相关,似非张载所特别着意引申的概念;但用"气"与"神"之处却极多,必须重视。事实上,以往学界在"太和所谓道"章中分歧最大的问题就集中在对"散殊而可象为气,清通而不可象为神"之"气"与"神"及其关系的理解问题上。以今语言之,气似"物质",神似"精神",二者本质不同,遂有如何判断二者地位的问题,这也引起判定张载哲学性质是"唯物论"还是"唯心论"的争论。但这种受西方哲学影响而相当"现代"的理解方式,已逐渐被学界放弃。在中国哲学传统中,"气"与"神"是两个极为普遍而且重要的概念,既可以表现在人的身体中(如道教修炼所言之"精、气、神"),也可以表现在宇宙的生成和存在中,后者是张载所用之通义。表面上看,气与神的不同在于,前者具有实在性,后者具有功能性,功能表现实体的属性。但理学家所建构的作为工夫实践指向的"本体",并不以达到知识性的"实体"而为终点。张载所言"气"与"神",只有与其本体(道体)论联系起来,其真正意义和特色才能显示出来。实际上,"气"与"神"都是作为宇宙存在和人生价值之本体的功能性展现,进而成为指示学者"变化气质、知礼成性"的理论依据。

二 "太和"何以"所谓道"

《正蒙》以"太和所谓道"开篇,这无疑是对"道"的诠释。道是中国哲学公认的最高范畴之一,儒、道两家均重视对道的阐释,宋明理学亦是如此。先秦孔孟儒家所理解之道主要是在人道的范围内,而老庄道家则将道提升为一个宇宙论的范畴。成书于孟、庄之后的《易传》,已经吸收儒道两家的思想资源,既从宇宙论言天道,又容纳了儒家重视人伦秩序和道德实践的人道思想内涵。张载所言之道,直接承接《易传》,也是从宇宙论讲起,但同时又作为人伦价值的根源。天道与人道的联系在于,人生于天,性源于命,因而天道包容人道,这就使道具有了超越性的意义。由此,对天道的价值性、境界性表述构成本体论,对天道之体认途径的讨论则构成工夫论。以下先看《易传》对道的理解,再看张载对其的诠释。

(一)《彖传》对"乾道""性命"与"太和"的解释

"太和"一词,出自《周易·乾卦·彖传》:"乾道变化,各正性命,保合大和,乃利贞。"这里需要注意的是"乾道""性命"与"太和"三者之间的关系。乾道即天道或天之流行,性命是指天所生万物的性与命或其限定,太和则形容一种好的状态。乾卦《彖传》主要以卦象(天)、卦德(始、元或生)、卦体(六阳爻)和爻位(全部阳爻)解释卦辞(元亨利贞)。从《易传》开始,后儒均把"元亨利贞"释为四德,与作为卦象的"天"相联系。于是,本作占辞的"元亨利贞",便成为对天道运行的四种德性品质的概括,乾道也具有了创生宇宙万物的价值意义。在《彖传》作者看来,"元"乃天生万物之始,代表着乾具有创生万物的伟大意义和德性;"亨"乃万物流行,代表乾元的博大精神通过时位的变化贯穿于天所创生的万物之中;"利贞"者是万物秉持从创生之后所具有的本性,各尽其德,以此构成一个和合、共生、相容的状态。由此可见,在《彖传》中,已经明显展现出易学从抽象的象数原理向具有具体内容的宇宙论过渡的倾向。

《周易》中的象思维极为重要。《周易》虽然尝试以抽象的卦画以及位与数的关系来涵括现实世界的万物及其变化的各种可能性,但与之紧密结合的"象"并不是抽象符号或逻辑范畴,而是有其具体性。因而,《易传》所建构的宇宙论也不侧重于对宇宙产生之抽象源头的追溯,而是在承认现有万物具有某种统一性的基础上更着意于万物存在的价值性展示。因而,乾道即创生性的天道,性命即天所禀赋于人与物的内在道德品质,太和则是对天道流行、各尽其善的一种状态描述,其中都包含着强烈的价值意味。这种以道生物、以德显道、以物体道、以人证德的意义结构,也成为后世理学价值性体用思维的源头。

不过,由于《彖传》以"太和"概念描述一种宇宙万物的生成状态,居于统摄性的"乾元"与现实性的"各物"之间,"太和"所指为何便蕴含着更大的解释空间。汉唐易学家并没有对"太和"作过多探讨,而宋明易学家则大多把"太和"理解为气的状态,如朱熹《周易本义》释

"太和"为"阴阳会合冲和之气也"[1]。然而，如从《彖传》本身着眼，其中并没有出现"气"的概念，此处"太和"直接的意思所表明的是"各正性命"的万物之和，而非气之和。但后儒以气诠释"太和"也并不能仅仅归为误读。相反，正是气之思想的融入，提升和强化了《周易》的宇宙论思想品质。本来，作为象征符号的"乾"，既可表示天之德与性，也可表示阳气的德与性。当其代表前者时，道处于"天—物"之间；而当其代表后者时，道便处于"天—气—物"之间。由后者，"乾道变化，各正性命，保合太和"的意思就转变为"气化流行之道"，而非直接的"天生万物之道"，着眼点落在"气"而非"天"或"物"之上，万物之和也便变为"冲气之和"。显然，在"天—气—物"的宇宙论框架中，《周易》的解释视域得到了扩展，同时也可以说得到了限定。

（二）张载对"太和""道"与"性"的理解

以此再看张载对"太和"何以为"道"的解释：

> 太和所谓道，中涵浮沈升降、动静相感之性，是生絪缊相荡、胜负屈伸之始。

对这句话的内涵，可以作如下推论：

第一，所谓"浮沈升降、动静相感"以及"絪缊相荡、胜负屈伸"，似乎首先都属于"气"的性质。因此，张载对"天道"的理解也应当是"天—气—物"的宇宙论框架，"太和"也可以理解为"阴阳会合冲和之气"。

第二，张载显然将"浮沈升降、动静相感"与"絪缊相荡、胜负屈伸"进行了区分，前者称之为"性"，后者则称之为"始"。那么，二者的区别到底在哪里呢？从语义上讲，前者似乎都是气之运动的可能性条件，后者则是气之运动的实际状态。这种推测可以从张载使用"中涵……之性"与"是生……之始"的因果关系中得到证明。由此进一步

---

[1] （宋）朱熹：《周易本义》，中华书局2009年版，第33页。

推论,"性"就并非如《彖传》而言是"生"的结果,而是成为"生"的前提。显然,由物之已具之性上升到能生之天之性或气之性,性的本体论意义无疑得到了提升。

第三,张载以太和理解道,并进一步分析太和缘何可以谓道,但他理解的道却并不限于太和。在《彖传》中,乾道显然不能直接等同于气之道。因为乾直接所指是天,而非阳气。张载则在强调太和状态的同时,也潜在地赋予了道以更显著的气化内涵。但他并没有把天也理解为气。"由太虚,有天之名;由气化,有道之名"(《正蒙·太和篇》,第9页),这就使"天"与"道"也有区分。"太和所谓道"章,没有直接出现"天"的概念,但"天"应当成为所有表述的基本背景。

在作如上梳理之后,可再参考历代《正蒙》注解的理解。需要注意的是,历代《正蒙》注解者主要是程朱理学派的学者,其基本倾向是将讨论对象"理学化"。如理学家对《周易·乾卦·彖传》"乾道变化,各正性命,保合大和,乃利贞"的理解,就把朱子"性即理"与"太和,阴阳会合冲和之气也"的观点奉为权威,因而这句话便成为对理气关系的认识。对于《正蒙》"太和所谓道"章的理解,也与此类似。

首先,大部分注家都将太和理解为气,但是否将道也理解为气,则有不同的解释。

宋儒熊刚大说:"太和即阴阳之气也,一阴一阳所以运行者谓之道。"[①]这显然是受到了程颐所说"'一阴一阳之谓道',道非阴阳也,所以一阴一阳道也"[②]的影响,把道与气做了区分。明儒刘儓也说:"太和以气言,道以理言。"[③] 清儒华希闵也认为:"气是形而下,道是形而上。太和是气,而曰'所谓道'者,欲人就气认理,非以气为理也。'所谓'二字,

---

[①] (宋)熊刚大:《性理群书句解》,载林乐昌《正蒙合校集释》,中华书局2012年版,第6页。
[②] (宋)程颢,程颐:《河南程氏遗书》卷3,《二程集》,王孝鱼点校,中华书局1981年版,第67页。
[③] (明)刘儓:《新刊正蒙解》,载林乐昌《正蒙合校集释》,中华书局2012年版,第11页。

要看得好。"① 熊刚大、刘儓、华希闵以"理"释"道",属于典型的理学家。其诠释特点是严分理气,突出理的绝对性和超越性。

但支持"气即是道"者,亦不在少数。明儒刘玑说:"张子状道之体,以为道理悉从气上流行出来,故指太和以名道,欲人即气见道耳。"② 韩邦奇更是强调:"太和是阴阳迭运、绸缊交密者,乃化育流行,天道也。孔子所谓'一阴一阳之谓道'者是也",并盛赞"自孔子而下,知道者惟横渠一人。"③ 这即是说太和就是气之流行,即是道,气与道没有根本上的分际,其中暗含着对朱子学者理气二分理论的批评。高攀龙、王植等人的看法,与此相类。这种观点的特点是突出气的流行意谓。但他们也不否认道体的超越性,只是更强调超越的道体一定要落实于化育流行之道中,因而更重视道体的创生性和活动性,因而与朱子强调的"无情意,无计度,无造作"的"净洁空阔"④ 之理有了区别。

显然,由于《正蒙》"太和所谓道"章没有直接使用"理"的概念,故而在程朱理学的语境中,遗留了多重解释的可能。但这不能归咎于张载理解的不成熟,而是表现出理学形态的差异。与后世理学相较,张载无疑更突出道的动态性和创生性,而非实体性,无论这种实体性属于理,还是属于气。

其次,"太和所谓道"不仅涉及理气关系,也涉及性道关系。受程朱"性即理"解释的影响,无论将"太和所谓道"中的"道"理解为理还是气,都不影响将之后的"中涵浮沈升降、动静相感之性"的"性"理解为气中所涵之理。由此,"中涵浮沈升降、动静相感之性,是生绸缊相荡、胜负屈伸之始"二句,便成为前者为体、后者为用的关系。历代注家如吴讷、高攀龙、王夫之、华希闵、王植等,都作如此解释。⑤ 但仍需究明这是何种意义上的体用关系?

---

① (清)华希闵:《正蒙辑释》,载林乐昌《正蒙合校集释》,中华书局2012年版,第13页。
② (明)刘玑:《正蒙会稿》,载林乐昌《正蒙合校集释》,中华书局2012年版,第10页。
③ (明)韩邦奇:《正蒙拾遗》,载林乐昌《正蒙合校集释》,中华书局2012年版,第6页。
④ (宋)黎靖德编:《朱子语类》卷1,王星贤点校,中华书局1986年版,第3页。
⑤ 林乐昌:《正蒙合校集释》,中华书局2012年版,第7—14页。

张载极为重视浮沈、升降、动静、相感、絪缊、相荡、胜负、屈伸等这些状态用词。在这些概念中，除浮沈、升降之外，大部分出自《易传》。如"动静有常，刚柔断矣"（《周易·系辞上》），"寂然不动，感而遂通天下之故"（《周易·系辞上》），"天地絪缊，万物化醇"（《周易·系辞下》），"刚柔相摩，八卦相荡"（《周易·系辞上》），"屈信相感而利生焉"（《周易·系辞下》）等。但《易传》中，这些词并非直接指气之属性。张载将之与气相关联，固然提升了这次概念的宇宙论意义，同时也突出了天道变化的动态意义。张载说："凡可状，皆有也；凡有，皆象也；凡象，皆气也。"（《正蒙·乾称篇》，第63页）又说："所谓气也者，非待其蒸郁凝聚，接于目而后知之；苟健顺、动止、浩然、湛然之得言，皆可名之象尔。"（《正蒙·神化篇》，第16页）可见，张载对指气之处，总是在突出象的动态意义，而非气之实体性，也非理之绝对性。这是他与后世程朱理学的最大区别。

总之，张载从天道讲起，又借助于太和理解天道，意在通过气之性质和状态来感悟宇宙创生的内在精微之理。但他所理解的性、道与理，是具有运动性、感通性、生化性的性、道与理。张载明确说："不见易则不识造化，不识造化则不知性命。既不识造化，则将何谓之性命也？有谓心即是易，造化也，心又焉能尽易之道！"（《横渠易说·系辞上》，第206页）这虽然是直接针对佛道的批判而言，但也凸显出他与其他理学家之间的差异，成为其理论特点和理论贡献所在。

三 从宇宙生成论到宇宙本体论

"太和所谓道"章首句揭示张载对性、道与气之关系的理解，接下来的部分则是表述此"道"的价值意义，从中可以看到更为明显的由宇宙生成论指示宇宙本体论而从为人道立基的理论关怀。以下试作逐层解析。

（一）"几微易简"与"广大坚固"

由前述张载对"太和所谓道"的解读，接下来他说：

张载《正蒙》"太和所谓道"章疏解

其来也几微易简，其究也广大坚固。

"其"指为何？历代注家，如刘玑、高攀龙、王植等认为是"气之流行"；刘儗认为"其指太和"；徐必达则认为指天。① 但如与首句衔接，"其"当指"太和所谓道"之"道"。不过，道的主体是天，其运行展现为气，将这一句的主语理解为天或气也是允许的。《系辞传》曰："广大配天地，变通配四时，阴阳之义配日月，易简之善配至德。"这里省略的主语应当为"易之道"。张载此句使用了"易简"与"广大"的概念，显然与《系辞传》有关。

需要注意的是，这里所谓"来"与"究"，隐含着一个从客体到主体的视角过渡。张载在本章之末提出"语道者知此，谓之知道；学易者见此，谓之见易"，显然是对学者的警戒，同时也说明本章所描述的天道始终是针对主体之人道而言的。因此，这里的"来"与"究"便同时兼备主客体的双重意义。"来"对主体而言，是由远及近、由隐到显、由幽到明、由体到用的展现。《系辞传》曰"极数知来""遂知来物""神以知来""彰往而察来"，均是这一意思；"究"也包含着动词意义上的穷极，由近及远，由显到隐，由明到幽，由用见体。一来一究，从"几微易简"到"广大坚固"，表明了道的全体大用。

由于"来"与"究"之间的体用关系，所以把握道之"来"中所隐含的"几微易简"更加重要。再进一步，"几微"与"易简"又有所不同，几微是象，而易简则是德。《易传》反复强调："几者，动之微，吉之先见者也。君子见几而作，不俟终日。""夫《易》，圣人之所以极深而研几也。""知几其神乎。"之所以如此，在张载看来，是因为在"几"之中恰恰表现和把握的是"象"："几者象见而未形也，形则涉乎明，不待神而后知也。"（《正蒙·神化篇》，第18页）

易简是易学中的重要概念之一，后世注者大部分将之等同于简易、平易、容易，实际上将"简"融于"易"，又将"易"理解为"易"之三义（简易、变易、不易）中的"简易"。张载将易简与几微并提，正如

---

① 林乐昌：《正蒙合校集释》，中华书局2012年版，第11—15页。

"几者，动之微"，几和微的意思相近，微可纳入几中，都是事物始生时的初露之象，由此可推知易和简的意思亦有相近之处，简可纳入易中，因而可以理解为简易、平易。但如果从《易传》"乾知大始，坤作成物。乾以易知，坤以简能。易则易知，简则易从"来看，易与简又有所不同，二者分别体现着乾之刚健与坤之柔顺。体现在宇宙论上即是：易为乾创生万物的无思无为、自然之道，简为坤成就万物的包容涵纳、有理有则。张载解释《易传》此二句说："乾至健无体，为感速，故易知；坤至顺不烦，其施普，故简能。"（《横渠易说·系辞上》，第179页）因此，易简可以对应于乾坤，是对天地创生之德的表述。

（二）"易简"与"乾坤"

张载接下来解释易简的重要性：

> 起知于易者乾乎！效法于简者坤乎！

易简与乾坤不同的地方在于，乾坤是对"天地之位"的拟象，而易简则是"天下之理"，位与象均得于理。因而《易传》先讲乾坤为天地中不变之位，再究察其易简之理，以应用于人事德业，而张载则先讲易简之理，后落实于天地乾坤之位，以展现天道之博大。较之《易传》，张载的宇宙客观面的论述显然增强了，但其所表述的德性价值意义则毫无二致。

由易简落实于乾坤，乾之平易是知，是始，是内在之精神；坤之简明是行，是成，是事物之展现。由此很容易联想到张载提出的"知礼成性"命题。"知礼成性"之说也源于《周易·系辞上》："夫易，圣人所以崇德而广业也！知崇礼卑，崇效天，卑法地。天地设位而易行乎其中矣！成性存存，道义之门。"知是心在自觉性认识上的要求，礼则是行为上潜移默化地养成上的要求。乾与坤、易与简、起知与效法、知与礼，都是相互对应的关系。

因此，乾坤既可以指有象之天和有形之地，也可以指创生性的宇宙德性依据。张载对乾坤之德的重视，可以从其最著名的《西铭》看到。

《西铭》开篇即谈道:"乾称父,坤称母;予兹藐焉,乃混然中处。故天地之塞,吾共体;天地之帅,吾其性。民吾同胞,物吾与也。"(《正蒙·乾称篇》,第62页)与"太和所谓道"章自上而下地以宇宙生成论表述以德性价值为内蕴的宇宙本体论不同,《西铭》则自下而上地从人的视角讲宇宙德性本体。但二者的意旨是相同的,所不同的只是,后者明确提出作为主体的人需要充分展开其主动性,通过修养德性,体悟"易简之理",达到"民胞物与""天人合一"的精神境界。张载说:"乾坤,天地也;易,造化也。圣人之意莫先乎要识造化,既识造化,然后其理可穷。彼惟不识造化,以为幻妄也。不见易则何以知天道?不知天道则何以语性?"(《横渠易说·系辞上》,第206页)由此可见,乾坤之道不仅是人理解和效法的对象,而且具有德性本体的意义。这是张载理学在充分讨论"性与天道"问题的基础之上对于《易传》内涵的进一步发展。

(三)"气"与"神"

张载最后总结说:

散殊而可象为气,清通而不可象为神。

到此为止,张载明确使用了"气"的概念。但他同时指出了另一层次上"不可象"的"神"。张载对"神"的理解,显然也是源于《易传》。《易传·系辞上》《易传·说卦》有所谓"神无方而易无体","阴阳不测之谓神","神也者,妙万物而为言者也"等描述性的说法,以及"精义入神""穷神知化""知几其神"等实践论的说法,张载则将之融入了他对天、气等概念的理解之中,赋予其更明显的宇宙论意义。

张载所谓"神",首先是指天而言。天是一个总括性的概念,神则体现天之生成变化的状态,所谓"天之不测谓神,神而有常谓天"(《正蒙·天道篇》,第14页)。其次,天之生成变化也展现为气之运动,因而神也表现于气化之中,所谓"气有阴阳,推行有渐为化,合一不测为神"(《正蒙·神化篇》,第16页)。气并不仅仅是无止境的自然推行,它还有一个收摄于一的运动方向,前者为化,后者为神。最后,天与气之运动的内在动力在于作为无形、不动的"本体"即"太虚",所谓"神者,太虚妙应之目"(《正蒙·太和篇》,第9页)。而"神"与"虚"恰好构成天之一动一静两种性质。无论是"不测"还是"妙应",都是意指天或气之运动中所具有的难以把握的特征,借以强调的都是德性价值的意义。

在《易传》的语境中,易简、乾坤都是前者创生、后者接纳的关系,由此顺理而下,气也可以涵纳神,所谓"气之性本虚而神"(《正蒙·乾称篇》,第63页)。但与易简、乾坤相比,神与气显示出更强的作用意义。天道借助于气而流行化生,气的特点是"可象",虽然不同于形,但依然有迹可寻。神则微妙难测,必须通过对气之象的把握才能获知。高攀龙释之曰:"散殊可象,有其仿佛之谓,清通不可象,明其不测之意,明非有二也。"① 由于不从"形质"的角度理解气,而是以象见气,所以张载所使用的"气"的概念,便主要表达的是活动义,其中又内含着呈现义,但不能理解为质性的实体义。

所谓"散殊"和"清通",是气的两种存在状态。正如张载所说,"气之为物,散入无形,适得吾体;聚为有象,不失吾常"(《正蒙·太和篇》,第7页),聚与散是气的两种相反方向的运动方式,二者都可成象,但清通则只是状态,既无形,也无象,不可捉摸,不可测度,因而神妙莫测。因此,"散殊而可象为气,清通而不可象为神"所要强调的,与前文的易简之理和乾坤之位相一致,并非是要通过气之流行着眼于万物的质性,而是要表达宇宙流行生化的道之价值本体意义。神不是一个实词,而是对道体的形容。张载说:"易所以明道,穷神则无易矣。"(《横渠易说·系辞下》,第218页)了解天地变化,是为了进一步体悟其背后的不可直接把握的道体,如果把握了道体,变化尽在不变之中,变化也就不足言了。气永远处于变化之中,这种变化是可以直接把握的,因而气化绝不能等同于道体。气具有实在性,但却不是实体,而是在运动变化中的呈现,这是张载特别注意将象与形进行区分的原因。这种非实体性思维,使得张载既成为宋明理学的奠基者,同时又避免了程朱理学将作为宇宙本体和人生价值本体的"理"实体化以后产生的种种问题。

---

① 林乐昌:《正蒙合校集释》,中华书局2012年版,第12页。

张载在本章之末再次强调：

> 不如野马、絪缊，不足谓之太和。语道者知此，谓之知道；学易者见此，谓之见易。不如是，虽周公才美，其智不足称也已。

在张载看来，易与道首要的特点是变化，这也是他使用"野马""絪缊"来理解"太和"的本意。张载将"才"与"智"做了区分，也是为了由之强调学者在宇宙生化不息的过程中"体道"的工夫。才源于天生之气，而知属于个体之德。后者也表现为学圣、体道的工夫，只有通过修养工夫，才能对价值本体有自觉的认识。因此，把气实体化为物，不能领悟背后的生生不已的性命之理，正是张载批评的对象，而"太和"是包含着道体的气之流行运动，失去了道体，当然更不足以言"语道""学易"了。

［原载《宝鸡文理学院学报》（社会科学版）2013年第3期］

张载《西铭》纲要新诠

林乐昌

一 《西铭》的论旨纲要

《西铭》是张载（1020—1077，字子厚，学者称横渠先生）撰写的一篇著名短论。二程兄弟极其看重《西铭》，认为《西铭》之言，"扩前圣所未发"①，"秦汉以来学者所未到"，"孟子以后，未有人及此"。② 因此，《西铭》在程门取得了与《大学》并列的经典地位。朱熹讲友刘清之认为："本朝只有四篇文字好：《太极图（说）》《西铭》《易传序》《春秋传序》。"③ 朱熹更是花费了十数年心力对《西铭》加以研探，并在讲学中与弟子往复讨论，最终撰为《西铭解》。④ 对于《西铭》的论旨和意涵，古今学者解释不一，歧见纷呈。朱熹曾提出："大凡解经，但令纲领是当，即一句一义之间，虽有小失，亦无甚害。"⑤ 朱熹在解读《西铭》的过程中，尤其注重发挥"纲领"或"纲要"的作用。他指出："大抵

---

① （宋）程颐：《答杨时论西铭书》，《二程集》，王孝鱼点校，中华书局1981年版，第609页。
② （宋）程颢：《河南程氏遗书》卷2上，《二程集》，王孝鱼点校，中华书局1981年版，第22、39页。
③ （明）胡广等：《性理大全》卷56《论文》，《孔子文化大全》，友谊书社1989年版，第3430页。
④ （宋）朱熹：《西铭解》，朱杰人、严佐之、刘永翔主编《朱子全书》，上海古籍出版社、安徽教育出版社2002年版，第13册，第141—147页。
⑤ （宋）朱熹：《晦庵先生朱文公文集》卷71《记林黄中辨易西铭》，朱杰人、严佐之、刘永翔主编《朱子全书》，上海古籍出版社、安徽教育出版社2002年版，第24册，第3407页。

《西铭》前三句便是纲要。"① 这对我们诠解《西铭》很有启发。

为了方便诠解,这里将《西铭》全文照录如下:

> 乾称父,坤称母;予兹藐焉,乃混然中处。故天地之塞,吾其体;天地之帅,吾其性。民吾同胞,物吾与也。大君者,吾父母宗子;其大臣,宗子之家相也。尊高年,所以长其长;慈孤弱,所以幼吾幼。圣其合德,贤其秀也。凡天下疲癃残疾、惸独鳏寡,皆吾兄弟之颠连而无告者也。于时保之,子之翼也;乐且不忧,纯乎孝者也。违曰悖德,害仁曰贼;济恶者不才,其践形,唯肖者也。知化则善述其事,穷神则善继其志。不愧屋漏为无忝,存心养性为匪懈。恶旨酒,崇伯子之顾养;育英才,颍封人之锡类。不弛劳而底豫,舜其功也;无所逃而待烹,申生其恭也。体其孝而归全者,参乎!勇于从而顺令者,伯奇也。富贵福泽,将厚吾之生也;贫贱忧戚,庸玉女于成也。存,吾顺事,没,吾宁也。(《正蒙·乾称篇》,第62—63页)

朱熹所谓《西铭》前三句是:"乾称父,坤称母;予兹藐焉,乃混然中处。故天地之塞,吾其体;天地之帅,吾其性。"对此,本文略做调整,以"乾称父,坤称母;予兹藐焉,乃混然中处"为第一句,以"故天地之塞,吾其体;天地之帅,吾其性"为第二句,增加下面紧接着的"民吾同胞,物吾与也"为第三句。本文不以辨析歧见为主,而是以前三句为中心,基于自己的浅见,着重诠解《西铭》的论旨纲要、义理内涵和思路脉络。

本文认为,《西铭》论旨是:基于宇宙根源的仁、孝伦理原则。这涉及宇宙间多个层次、多重维度的关系结构,既包括人与作为宇宙根源的"乾坤"大父母之间的关系,也包括人与人之间的关系,还包括人与物之间的关系。《西铭》的主要义理内涵包括:以"乾坤"大父母为表征的宇

---

① (宋)黎靖德编:《朱子语类》卷98《张子之书》,王星贤点校,中华书局1986年版,第2527页。

宙根源论，以"仁孝"为核心的道德价值论，以"仁人孝子""事天诚身"为担当的伦理义务论和伦理责任论。按照《西铭》的义理内涵及思路脉络，可以把宇宙间一切关系及其结构归结为两个层次、四重维度。所谓两个层次，一指宇宙间以纵向上下关系为特征的"父子"关系结构，二指宇宙间以横向平行关系为特征的"民胞""物与"关系结构。[①] 在第一层次中，又可以再分为两重维度，即人与"乾坤"大父母之间的关系，及人与生身父母之间的关系；在第二层次中，又可以再分为两重维度，即：人与人之间的同胞关系，及人与物之间的伙伴关系。以下，对这里所谓多层次、多维度的关系结构及其所蕴涵的仁爱观略加诠解。

二 《西铭》的多层结构

关于第一层次以纵向上下关系为特征的"父子"关系结构。这部分内容，主要蕴涵于《西铭》的第一句和第二句。这是本文诠解的重点。

《西铭》前两句论说的都是作为宇宙间第一层次的纵向上下"父子"关系结构。

首先看《西铭》第一句："乾称父，坤称母；予兹藐焉，乃混然中处"。"乾称父，坤称母"，这与张载在其《正蒙·大易篇》第十七章所谓"然后推本而言，当父母万物"[②]的意涵完全一致。这里的"推本"之"本"，有本始、本源、根源、源头等涵义。这是张载继承《书经》《易传》之"大父母"观念，为儒家建构的宇宙生成本源理论或宇宙生成根源理论。《尚书·泰誓上》曰："惟天地万物父母。"《易传·说卦》在论述"乾坤生六子"的宇宙生成模式时说："乾，天也，故称乎父；坤，地也，故称乎母。"[③]《说卦》以八卦中的乾坤为父母，其余震、坎、艮、

[①] 本文第一节把宇宙间一切关系及其结构归结为两个层次，即：以纵向上下关系为特征的"父子"关系结构，以横向平行关系为特征的"民胞""物与"关系结构。在本文写作中注意到清儒有类似说法，称作"一直一横之理"，"直上是天地，横去便是民胞物与"。（林乐昌：《正蒙合校集释》，《附录四·李光地记张子西铭》下册，中华书局2012年版，第1004页）

[②] 林乐昌：《正蒙合校集释》下册，中华书局2012年版，第914—915页。

[③] （魏）王弼注、（唐）孔颖达疏：《周易正义》卷9，（清）阮元校刻：《十三经注疏》，中华书局1980年影印本，第94页。

巽、离、兑则为六子女，把作为宇宙根源的乾坤与六种自然现象视为父母与子女之间的关系；《西铭》则据以说明作为宇宙根源的乾坤与人类及自然万物之间的关系。古希腊大哲学家柏拉图指出："凡生成者必由某一原因而生成。因此，发现整个宇宙大父亲和制造者，是一件十分必要而又极其艰苦的工作。"[①] 值得注意的是，《易传》并不区分"乾坤"和"天地"，而张载却特意对二者加以区分。他说："不曰天地而曰乾坤，言天地则有体，言乾坤则无形，故性也者，虽乾坤亦在其中。"（《横渠易说·上经·乾》，第69页）"言天地则有体"，是说人们往往以"天地"表征有形的实体世界；而"言乾坤则无形"，则是说"乾坤"表征的是无形的万物生成根源。在张载看来，"乾坤"比"天地"更具有抽象性质和形上意义，与他所提出的作为万物生成根源之"性"的涵义大体一致。在此意义上，《西铭》首句把"乾坤"称作创生万物的"父母"，其实也就是说"乾坤"乃是宇宙创生万物的根源之"性"，这与张载所谓"性者万物之一源"（《正蒙·诚明篇》，第21页）的界定是完全一致的，只不过《西铭》首句的表述借助了比喻而已。总之，张载对于万物的生成根源有几种不同的称谓："天地"是在具象的意义上加以使用的，"乾坤"是在抽象的意义上加以使用的，而"父母"则是在喻象的意义上加以使用的。另外，《西铭》所谓"乾称父，坤称母"的真实意图，并不在于一定要对"天地"分"父母"，而是格外强调"乾坤""天地"或"父母"是作为宇宙生成根源的"天道"。因此，张载指出："《订顽》（《西铭》的原名）之作，只为学者而言，是所以订顽。天地更分甚父母？只欲学者心于天道，若语道则不须如是言。"（《张子语录·语录上》，第313页）张载撰写《西铭》的意图是要提醒学者用心于"天道"，而不必拘泥于"天地"是否区分"父母"。对于作为宇宙根源的"天道"真正有所识解和体认，才是《西铭》乾父坤母观念的着眼点。

紧接在"乾称父，坤称母"之后的是"予兹藐焉，乃混然中处"。这里的"予"与下文的"吾"，都指人而言。此句中的"兹"字，向为学

---

① ［古希腊］柏拉图：《蒂迈欧篇》，载苗力田主编《古希腊哲学》，中国人民大学出版社1990年版，第375页。

者所轻忽。清儒王引之指出,"兹者,承上启下之词"①。前辈著名古汉语专家杨树达指出,"兹"字可作为承接连词,有"则""斯"等义。② 这启发我们把乾父坤母亦即天道与人类之间的关系,视作宇宙论意义上的父子关系。这种关系从各自的地位看是有上下之分的。古今不少学者将"兹"后之"藐"字,仅解释为人自身形体的藐小。本文认为,"藐"固然有人的体态藐小之义,但在这里的语境中,其重点却是人在面对乾父坤母时的自我定位,"藐"既指人的体态,更指人的心态。张载说:"生有先后,所以为天序;大小、高下相并而相形焉,是谓天秩。"(《正蒙·动物篇》,第19页)关于"天秩",张载还说:"天之生物便有尊卑大小之象,人顺之而已,此所以为礼也。"(《经学理窟·礼乐》,第264页)"天序",说的是在先的宇宙创生根源与在后的万物(包括人类)之间是生成与被生成的关系;"天秩",说的是作为创生根源的天道与被创生之人、物之间是大小、高下、尊卑的关系。在宇宙的这种基本关系中,"自感人类藐小的意识,同时伴有敬畏、尊崇和羞耻心;这种情感通常通过仪典得到表达和加强"③。这里的"藐"字,是作为人子的自况,是相对于乾坤父母的尊上而言的,反衬出人的藐小和卑下。这也表现出张载继承西周"敬天"、孔子"畏天"、孟子"事天"的传统,以地位在下的人对地位在上的无限广大的天或天道报本感恩的尊崇之心。"乃混然中处"的"中",指上述宇宙秩序及其基本关系,表明人有自知之明,并通过自己"存心养性""知化"和"穷神"的工夫,从而与天或天道保持一种亲近的关系,最终达至《西铭》所谓"圣其合德"的境界。

其次看《西铭》纲要的第二句:"故天地之塞,吾其体;天地之帅,吾其性。"在前句阐明了乾坤天道是人类的生成根源这一理据之后,此句进而说明人类的形体和德性都是由天地(乾坤)所赋予的。而在人类的形体和德性中,人的德性是人的身体和行为的统帅。南宋陈亮援引这句

---

① (清)王引之:《经传释词》卷8,江苏古籍出版社1985年版(据王氏家刻本影印),第76页。
② 杨树达:《词诠》卷6,上海古籍出版社1986年版,第236页。
③ [美]保罗·伍德拉夫:《尊崇:一种被遗忘的美德》,林斌等译,商务印书馆2007年版,第73页。

话时，将其改为："塞天地者，吾之体也；帅天地者，吾之性也。"① 经陈亮改动后，人的身体和德性是由天地（乾坤）所赋予的这一本意竟变为：天地要由人的身体去充塞，要由人的德性去统帅。显然，这是一种以人为宇宙中心、以人为宇宙主宰的解读，将人在宇宙中的地位膨胀到了极点，完全颠倒了《西铭》的意涵。其实，用现代语言来表达，张载所要强调的是人在宇宙中、在乾坤天道面前的有限性和谦卑性，是一种非人类中心主义的思想。

根据《西铭》的义理实质看，相对于"乾父坤母"而言，"予"或"吾"应当被理解为乾父坤母的儿子，乾父坤母的天性或天道与人之间是一种宇宙论意义上的"父子"关系，这种相互关系应当遵循《周易正义》孔颖达《疏》所说的"父子之道"②，即父子之间应当奉行的行为准则。张载赋予"父子之道"以具体内涵，主要是仁、孝等道德价值和伦理原则。

关于第二层次以横向平行关系为特征的"民胞""物与"关系结构。《西铭》第三句反映的便是这部分内容。《西铭》第三句是："民吾同胞，物吾与也。"由于乾坤天道是人类和万物的父母，依据这一宇宙根源意识，张载提出了著名的"民胞物与"口号。这就是说，在乾坤天道面前，所有的人都应当视他人为自己的同胞，要以仁爱之心互相对待；对所有的物类都应当视做人类的伙伴，也要以仁爱之心待之。从限于人类谈仁爱，到不限于人类谈仁爱③，这就扩大了仁爱施与的范围，是张载对儒家仁爱观的重要发展。

三 《西铭》的仁孝观念

为了全面理解《西铭》所蕴含的仁爱观，有必要结合《正蒙》有关

---

① （宋）陈亮：《西铭说》，《陈亮集》（增订本）卷23，邓广铭点校，中华书局1987年版，第260页。
② （魏）王弼注、（唐）孔颖达疏：《周易正义》卷9，（清）阮元校刻：《十三经注疏》，中华书局1980年影印本，第94页。
③ 黄建中：《比较伦理学》，山东人民出版社1998年版，第252页。

仁爱或仁孝的论述，以及《语录》言及《西铭》的论述，以形成《西铭》与《正蒙》等著述之间的互证互释。① 张载在《正蒙·诚明篇》中提出：

> 性者万物之一源，非有我之得私也。惟大人为能尽其道，是故立必俱立，知必周知，爱必兼爱，成不独成。(《正蒙·诚明篇》，第21页)

我们可以把这里的"爱必兼爱"视做张载仁爱观的标志性口号。"爱必兼爱"，有其宇宙根源，此即作为"万物之一源"的"性"。在张载的话语系统中，"性与天道合一"(《正蒙·诚明篇》，第20页)，"性即天道"(《正蒙·乾称篇》，第63页)，性与天道与《西铭》当中的乾坤父母同义。以乾坤、天道、天性为宇宙根源的"爱"，必定是公爱而非私爱。对于孟子以来的传统儒家学者一直批评"兼爱"、强调差等之爱而言，张载的这一口号真可谓石破天惊，是对传统儒家仁爱观的突破。前辈著名学者张岱年认为，张载的"兼爱"观是"泛爱主义"，是有进步意义的。② 然而张岱年未及对张载的"兼爱"观进一步展开论述。

借助张载《正蒙》等相关言述加以论析和剖判可以发现，《西铭》所蕴含的仁爱观是以"仁孝"呈现的。就是说，《西铭》仁爱观的基本意涵包括"仁"与"孝"两个方面。

第一，《西铭》关于"仁"的观念。本文把张载的仁爱观分为广义之"仁爱"与狭义之"仁爱"。

张载仁爱观的广义之"仁爱"，其意涵就是《正蒙·诚明篇》所谓"爱必兼爱"与《西铭》所谓"民胞物与"。张岱年指出，张载的仁爱观"综合了孔子的仁与墨子的兼爱"③。张岱年在论及"兼爱"时说："兼的

---

① 二程和朱熹都褒《西铭》而贬《正蒙》。余英时指出，《西铭》是对《正蒙》的总结。(余英时：《朱熹的历史世界》上册，生活·读书·新知三联书店2004年版，第143页) 关于《西铭》与《正蒙》的一致性，容另文讨论。
② 张岱年：《中国哲学发微》，山西人民出版社1981年版，第114页。
③ 张岱年：《中国哲学大纲》，序论，中国社会科学出版社1982年版，第21页。

原则是爱人如己。"① 张载关于"以爱己之心爱人则尽仁"(《正蒙·中正篇》,第32页)的说法正符合这一原则。孟子曾经激烈斥责墨子的兼爱思想,认为墨子兼爱"是无父也"②。孔子虽然重视孝悌,但是并未将仁解释为"亲亲",而是强调"爱人";孟子却有时将仁归结为"事亲""亲亲"。这可能是对于墨子兼爱学说的反响,实际上却降低了孔子仁的宏卓意义。③ 清儒朱一新认为,"孟子推兼爱之弊至于'无父',言似过激"④。儒家对"仁"之根据的认识,有一个演变的过程。包括孟子在内的早期儒家强调仁爱的血缘根据,北宋以来的理学家则重视仁爱的宇宙根源。张载站在其天学立场上,把作为宇宙论哲学本体的"天"("太虚",简称"虚")或天道性命与仁爱连接起来,把"天"或天道性命视做仁爱的根源或本原。他说:"虚者,仁之原。""虚则生仁,仁在理以成之。""天地以虚为德,至善者虚也。"(《张子语录·语录中》,第325、326页)还说:"仁通极其性。"(《正蒙·至当篇》,第35页)这些无疑表明,张载欲将儒家的仁爱置于形而上学基础之上。程颐较早意识到以血缘为根据的仁爱易导致为己之私,他指出:"分殊之蔽,私胜而失仁。"⑤张载同样看到了这一点,只是两人对解决问题的认识和处理方案有所不同。南宋理学家张栻指出:"《西铭》之作,惧夫私胜之流也。"⑥ 这就准确地揭示了张载《西铭》的撰作意图和立论支点。

张载仁爱观的狭义之"仁爱",是指血亲之爱或差等之爱。对此,需要从广义的平等之爱与狭义的差等之爱二者之间的关系着眼考察。其实,张载是把广义之"仁爱"作为一种理念性纲领提出来的,这就突破了孟子以来仅以血缘亲族为仁爱之根据的视野,为平等之爱提供了深层的、

---

① 张岱年:《中国古典哲学概念范畴要论》,中国社会科学出版社1987年版,第171页。
② (汉)赵岐注、(宋)孙奭疏:《孟子注疏》卷6《滕文公下》,(清)阮元校刻:《十三经注疏》,中华书局1980年影印本,第2714页。
③ 张岱年:《中国古典哲学概念范畴要论》,中国社会科学出版社1987年版,第165页。
④ (清)朱一新:《无邪堂答问》,吕鸿儒、张长法点校,中华书局2000年版,第129页。
⑤ (宋)程颐:《答杨时论西铭书》,《二程集》,王孝鱼点校,中华书局1981年版,第609页。
⑥ (宋)张栻:《南轩集》卷33《西铭跋》,《张栻全集》下册,杨世文、王蓉贵点校,长春出版社1999年版,第1009页。

终极的哲理根据，也为矫正"私胜而失仁"倾向提供了可能。而在现实的实践操作层面，张载并不否认当时的宗法社会结构，也不否认血亲之爱或差等之爱，而是主张"施爱固由亲始"。（《张子语录·语录上》，第311页）张载之所以提出平等之爱的理论纲领，是要在肯定"施爱固由亲始"的同时，调动理想或理念的力量，引导和力促仁爱范围的不断扩大，而不是固化乃至屈从于差等之爱的现实。张载广义的"仁爱"，是涵盖了"孝"的观念的。这种"仁""孝"观念，无不渗透和弥漫于前述宇宙间一切关系结构之中。

第二，《西铭》关于"孝"的观念。《西铭》言"孝"的语境，是前述宇宙间以纵向上下关系为特征的"父子"关系结构。这一结构又有其两重维度，指向的是孝行的两类对象：一是对乾坤大父母的孝；二是对生身父母（包括祖先）的孝。先论对乾坤大父母的孝。对乾坤父母之孝，是将日常生活的孝扩大为畏天（道）和事天（道）的宗教行为。① 张载对儒家的"事天"资源做了深刻的总结，他在《西铭》中说："于时保之，子之翼也。""于时保之"，引自《诗经·周颂·我将》"我其夙夜，畏天之威，于时保之"。朱熹的门人黄榦在其《西铭说》中解释道："'于时保之'以下，即言人子尽孝之道，以明人之所以事天之道。"② 明儒刘佲解释说："'于时保之'至末，皆言事天之功，即孝子之事。"③ 黄榦和刘佲都把"事天"作为"孝子"的伦理义务和伦理责任，畏天和事天属于"尽孝之道"和"孝子之事"。这样，《西铭》言孝就不仅指人子"善父母"④，而且还包括人们通过祭天等宗教仪式对乾坤天道这一宇宙根源表达报本感恩和敬畏之情。孝之意涵的扩大，为其注入了神圣性，从而使孝成为宗教信仰的一个重要维度。再论对生身父母的孝。不言而喻的是，张载充分肯定孝敬生身父母是"仁人孝子"所应尽的伦理责任和

---

① 陈致：《原孝》，《诗书礼乐中的传统——陈致自选集》，上海人民出版社2012年版，第174页。
② 林乐昌：《正蒙合校集释》下册，附录四，中华书局2012年版，第1000页。
③ 林乐昌：《正蒙合校集释》下册，中华书局2012年版，第911页。
④ （晋）郭璞注、（宋）邢昺疏：《尔雅注疏》卷4《释训第三》，（清）阮元校刻：《十三经注疏》，中华书局1980年影印本，第2591页。

伦理义务。张载在《西铭》中列举了历史上著名的孝子典范，包括禹、颍考叔、舜、申生、曾参、伯奇等人，足见他对孝敬生身父母的重视程度。

张载还依据《中庸》"诚者天之道，诚之者人之道""君子诚之为贵"等命题，提出："天所以长久不已之道，乃所谓诚。仁人孝子所以事天诚身，不过不已于仁孝而已。故君子诚之为贵。"（《正蒙·诚明篇》，第21页）在张载看来，"不已于仁孝"是以"天所以长久不已之道"亦即"诚"为宇宙论根据的，这就要求君子必须不间断地以"仁孝"作为自己的核心价值规范；"仁人孝子"，是人在宇宙间所应当扮演的角色；而"事天诚身"，则是人所应当履行的神圣信仰和伦理责任。"仁人孝子"观念，源于《礼记》。《礼记·哀公问》曰："仁人事亲也如事天，事天也事亲，是故孝子成身。"张载在《西铭》中，使这种观念得到了空前的加强。

总之，张载把人和万物所生存于其中的宇宙视为一个由纵横关系交织而成的大家庭，一切人或物都是这个大家庭的平等成员，从这里可以看出张载哲学宇宙观、自然观与伦理观交织融合的特征。张载"爱必兼爱"和"民胞物与"的平等之爱并不排斥差等之爱，而且这两种不同层次的爱，有可能为公共与私人两个不同领域的伦理原则的区分提供启发，从而分别作为社会公德与个人及家庭私德的理论资源。平等之爱将更适用于社会公共领域，而差等之爱则应当被限定在私人领域的家族关系之内。因此，《西铭》所蕴含的平等大爱精神将有可能为今人提供积极的传统资源，以批评和矫正差等之爱以裙带关系的形式与公权结合，进而强化以公谋私、权力世袭的官场生态。正是在这里，最能凸显《西铭》仁爱观的当代积极意义。

（原载《宁波市委党校学报》2013年第3期）

《西铭》现代诠释的三个面向
——以冯友兰、张岱年、蒙培元为中心

许 宁[*]

《西铭》是张载所撰的一篇重要哲学文献，亦称《订顽》，文约义丰，言近旨远，受到二程、朱子等理学家的高度肯定和一致推崇，作为代表性的理学经典产生了深远的历史影响。在现当代哲学史中，《西铭》也备受关注，被视为理解张载哲学思想的关键所在。本文以冯友兰、张岱年、蒙培元为例，力求揭示《西铭》现代诠释中所包含的三个面向，就张载哲学思想的时代阐释作具体的个案分析。

一 冯友兰：精神境界的面向

冯友兰先生肯定《西铭》是一部具有纲领性的道学著作。他指出首句"乾称父，坤称母。予兹藐焉，乃混然中处"，明确了人与宇宙的关系，肯定了人在宇宙中的地位。宇宙犹如一个大家庭，而乾坤好比父母，人好比子女，人需要承担作为家庭成员应当担负的责任和义务。由此，就可以推导出"民吾同胞，物吾与也"的结论。

针对将张载哲学体系定性为唯心主义的观点，冯友兰有不同的认识。他提出："因为《西铭》的头一段不是一种本体论的论断，而是人对于宇宙的一种态度，它所说的不是关于宇宙构成的一种理论，而是人的一种精神境界。"[①] 因而"乾父坤母"就不是宇宙本体论的讲法，而是人生境界

---

[*] 许宁：陕西师范大学哲学与政府管理学院哲学系教授、博士生导师。
[①] 冯友兰：《中国哲学史新编》，《三松堂全集》（第10卷），河南人民出版社2001年版，第5册，第131页。

论的讲法。他强调指出,《西铭》不寻求对宇宙本原的形上追问,而旨在凸显精神境界的维度和面向,要求人在"吾生有涯"的有限生命历程中,尽其作为宇宙成员和作为社会成员所应负的责任和义务。这样的话,"责任和义务虽有两重,但人并不需要做两种事。事虽是一种,但意义可有两重"[①]。

那么,"境界"在冯友兰新理学体系中究竟意味着何种含义呢?冯氏认为,"境界"即是人对宇宙人生的觉解。而且伴随着主体觉解程度的不同,意义有晦明之分,境界有高下之判。"人对于宇宙人生在某种程度上所有底觉解,因此,宇宙人生对于人所有底某种不同底意义,即构成人所有底某种境界。"[②] 尽管没有两个人的境界是完全相同的,但从普遍和共同的层面可以大致区分为由低到高的四重境界,即自然境界、功利境界、道德境界和天地境界。

(一) 自然境界

"自然境界的特征是:在此种境界中底人,其行为是顺才或顺习底。"[③]"顺才"就是随顺才性,"顺习"就是随顺习惯。处在自然境界中的人对于其行为的性质,并没有清晰一贯的认识,难以明确其真实而确切的意义。在这一境界层次中,由于随顺个人才性和习惯风俗,日出而作,日落而息,表现为一个浑沌,不知而行,习焉不察,知其然不知其所以然,表面上若有所知,实际上不著不察。

(二) 功利境界

"功利境界的特征是:在此种境界中底人,其行为是'为利'底。"[④]"为利"即是谋求自己的利益。功利境界中的人自觉到其行为的性质,清楚觉解到其行为的意义,或者增长物质财富,或者博取社会名誉。其行为的效果可能会有利于他人和社会,但其行为的动机是求取自己的利益,此重境界比自然境界高。

---

① 冯友兰:《中国哲学史新编》,《三松堂全集》(第10卷),河南人民出版社2011年版,第132页。
② 冯友兰:《新原人》,《三松堂全集》(第4卷),河南人民出版社2001年版,第496页。
③ 同上书,第498页。
④ 同上书,第499页。

(三) 道德境界

"道德境界的特征是:在此种境界中底人,其行为是'行义'底。"① 儒家向来强调义利之辨,重义轻利,体现了道德境界的特征。道德境界和功利境界看起来有相似性,都表现为"求"的行为,而其目的和对象有着根本的分判。求取一己私利的行为,是为利的行为,以"占有"("取")为目的,因而是功利境界;求社会公利的行为,是行义的行为,以"贡献"("与")为目的,因而是道德境界。在功利境界中,人即于"与"时,其目的亦是在"取";在道德境界中,人即于"取"时,其目的亦在于"与"。此重境界又比功利境界高。

(四) 天地境界

"天地境界的特征是:在此种境界中底人,其行为是'事天'底。"② 在此种境界中的人,对宇宙人生有完全彻底的觉解,既知性,又知天;既尽己,又尽物。他深刻体悟到,人不但是社会总体(共同体)的一部分,对社会尽其应尽的责任与贡献;而且是宇宙总体(大全)的一部分,对宇宙亦尽其应尽的责任与贡献。臻至天地境界之时,人的觉解已发展至最高的程度。在此种境界中的人,可称之为圣人。

冯友兰指出,张载的《东铭》《西铭》所彰显的精神境界是不同的,《东铭》至多是讲到道德境界,尚是传统儒学的说法;而《西铭》则体现了张载对于宇宙人生最高的觉解,达到了天地境界,突破了传统旧说,具有极高的思想价值。"此二铭,在横渠心目中,或似有同等底地位,然《西铭》所说,是在天地境界中底人的话……《东铭》说戏言戏动之无益,其所说至高亦不过是在道德境界中底人的话。"③ 冯友兰进一步从文法上进行了具体分疏。他指出《西铭》中关键性的概念是两个代名词,即"吾"和"其"。"吾"指的是作为人类之一分子的个体成员;"其"指的是乾坤、天地,这代表了对于宇宙的根本态度。缘于这一根本态度,

---

① 冯友兰:《新原人》,《三松堂全集》(第4卷),河南人民出版社2011年版,第499页。
② 同上书,第500页。
③ 同上书,第506页。

"吾"作为人类的个体成员,所做的道德或者不道德之行为都与"其"密切相关,因此就产生了一种超道德的意义。所谓"超道德的意义"即是超乎道德境界之上,即是天地境界。仁人孝子作为社会成员,尽人职尽人伦,是道德的事;但他又作为宇宙成员,"事天诚身",所行之事不已于仁孝,尽天职尽天伦,故而又有超道德的意义。

冯友兰高度表彰《西铭》的思想价值:"此篇的真正底好处,在其从事天的观点,以看道德底事。如此看,则道德底事,又有一种超道德底意义。由此方面说,就儒家说,这篇确是孟子以后底第一篇文章。因为孟子以后,汉唐儒家底人,未有讲到天地境界底。"① 从宇宙和大全的角度看,人的行为都是事天的行为。处于天地境界中的人自觉到"其"是宇宙和大全的一部分,并且自同于宇宙和大全。从收摄言,"万物皆备于我";从扩充言,"浑然与物同体","塞于天地之间"。天地境界在这两个方面都达致极高明之境,谓之"合内外之道"。"横渠《西铭》说:'天地之塞吾其体,天地之帅吾其性。'亦是就此二方面说。"②

冯友兰对《西铭》精神境界面向的揭示恰恰体现了他对于中国哲学殊相的体认与自觉,也即在西方哲学的观照下,如何省思和确证中国哲学的思想特色和精神旨趣。"境界"范畴在形上之维的展开,可以对传统哲学以境界为旨归的理论特质作深度的解读与揭橥。境界说是冯友兰新理学思想体系的重要组成部分,冯氏把人生意义世界的建立确立为当代哲学的理想,无须借助于外在的宗教信仰,从而为人生价值提供安身立命之所。以冯友兰为代表的现代新儒家围绕"境界"为核心范畴建构哲学理论体系,可以视之为儒学现代转型的基本路向之一。③ 宋志明对此指出:"冯友兰把儒学诠释为一种内在超越的精神生活方式,力求将其应用于现代社会生活,解决现代人价值迷失的问题,重新明确人生的意义及其归宿。"④

---

① 冯友兰:《新原人》,《三松堂全集》(第4卷),河南人民出版社2011年版,第566页。
② 同上书,第573页。
③ 参见李明《生命存在与心灵超越——现代新儒家人生境界说研究》,人民出版社2011年版。
④ 宋志明:《从"照着讲"到"接着讲"——论冯友兰讲儒学的新思路》,《社会科学战线》2015年第2期。

二 张岱年：人道主义的面向

张岱年先生对"万物一体"的精神境界持怀疑的态度，斥之为"神秘主义"。他评价张载所讲的"'民吾同胞'，所以应该爱人。'物吾与也'，所以也应该爱物。于是有大心体物之说……这样他走向了'万物一体'的神秘主义"[①]。他进一步指出："与万物为一体的神秘境界，实并未有了不得的价值。人生的理想应是人的实生活之趋于圆满，应是生活与世界之客观地改变，不应是内在的经验上的改变。"[②]

人生理想，古代称为人道。张岱年在《中国哲学大纲》中特意说明第二部分之第三篇旧版题为"人生至道论"，后改为"人生理想论"。他指出中国哲学之核心内容是人生论，人生论之核心内容是人生理想论。人生理想论即是关于人生最高准则的理论，代表了中国哲学博大精深的思想精华。在孔子儒学中，从其原则谓之道（仁），从其为当然谓之义。

张岱年指出，"民胞物与"思想为中国近古时代人道主义思想确立了理论基础。他强调："横渠'民吾同胞'正是孔门思想的发展。《西铭》又云：'凡天下疲癃残疾惸独鳏寡，皆吾兄弟之颠连而无告者也。'这更表述了'民吾同胞'的深切含义。所有人民，健康的、残疾的、孤苦的，都是兄弟，都应予以爱助。这可以称为古代的人道主义。"[③]

正是基于古代人道主义的定性，张岱年对张载学说持深厚的同情，强调今天需要宣扬社会主义的人道主义，但对于古代的人道主义亦应予以客观公允的评价，不能一概抹杀其思想价值。他指出，在北宋理学家中，第一个提出宏大崇伟的人生理想的就是张载。张载在宇宙论和人性论的基础上建立其人生理想论。"人生之最高原则，即是泛爱所有之人，

[①] 张岱年：《张横渠的哲学》，《张岱年全集》（第5卷），河北人民出版社1996年版，第40页。

[②] 张岱年：《辟"万物一体"》，《张岱年全集》（第1卷），河北人民出版社1996年版，第82页。

[③] 张岱年：《张载哲学的理论贡献》，《宝鸡师院学报》（哲学社会科学版）1991年第4期。

兼体所有之物，以达到天人内外合一无二之境界。"①

首先，古代人道主义的内容之一是博爱。《西铭》首先肯定人是天地所生成的，以比喻讲人生之道。以父喻天，以母喻地，以同胞兄弟喻人与人，以同类喻人与物之关系。张岱年指出，张载实际上提出了古代人道主义的基本原则："性者，万物之一源，非有我之得私也。惟大人为能尽其道。是故立必俱立，知必周知，爱必兼爱，成不独成。"（《正蒙·诚明》，第21页）也就是说，大人就是能尽人道的人。立必"立己"而且"立人"，知必"周万物而知"，爱必爱己且兼爱别人，成必"成己"而且"成物"。②

其次，平等也是古代人道主义的题中应有之义。《西铭》还认为人人都是天地之子，君主是宗子即一切人的长兄。张岱年强调这种思想看起来平淡无奇，但和以前对于君主的观念比较起来，便显出其特异之处。在以前，惟有君主被认为天之子，同时被认为民之父母。人民是不配作为天之子的，君主与人民不是平辈的兄弟关系。把人民都看成天之子，把君主看成人民的长兄。这是对于传统观念的修正，因而是古代君民观念的重大进步。③

最后，生死是古代人道主义需要解决的难题之一。《西铭》说"存吾顺事，没吾宁也"，意为在活着的时候应积极有所作为，这样生命终结时无所恐惧，而以死为安息。张岱年认为这表明了宋明理学对于生死问题的基本观点，体现了儒家重视现实生活，不承认灵魂不灭，否定所谓来世幸福的宗教信仰的基本特点，仍然贯穿了以"仁"为核心的人道主义的主题。

在张岱年看来，孔子所讲的"仁"是一个崇高而切实的人生理想原则，既在历史上产生了重要影响，在今天亦有其时代价值。"仁"的观念蕴含着主体自觉的向度。所谓"己欲立""己欲达"即要求肯定个人的主

---

① 张岱年：《中国哲学大纲》，《张岱年全集》（第2卷），河北人民出版社1996年版，第367页。
② 张岱年：《张横渠的哲学》，《张岱年全集》（第5卷），河北人民出版社1996年版，第40页。
③ 同上书，第43—44页。

体意识；所谓"而立人""而达人"即要求承认他者的主体意识。因而，"仁"强调兼顾人我，相资互补，确立了人际关系的一项基本原则。由此他强调指出，传统文化的显著特点之一，就是以"人"为中心，这既是儒学的特点，也构成了传统文化的特点。

可能受20世纪80年代人道主义讨论的影响，张岱年比较了中西人道主义的不同。学界一般认为西方近代的人道主义指的是欧洲文艺复兴时期新兴资产阶级反对封建制度、否定宗教神学的一种思想文化运动，意味着主体性的觉醒，通常与阶级属性和意识形态相联系，在历史上曾经起过一定的进步作用。张岱年设问道：那么，人道主义是否仅有资产阶级人道主义与社会主义人道主义两种呢？他的回答是未必然。张岱年对人道主义作了宽泛化的理解和诠释，指出儒学向来以人为本位，以人为出发点，从人的问题出发，又以人的问题为归宿，主张维护人的尊严，重视人的价值，因而儒家思想是人本主义，是古代的人道主义。他明确指出孔子的仁，墨子的兼爱，韩愈的博爱，张载的民胞物与，以及其他的仁爱学说，承认人人有独立的人格，提倡普遍的人类之爱，因而可以称为古代人道主义，可能未必革命，但并不反动。[①] 就宋明理学三大系而言，理学的人生理想是"与理为一"，心学的人生理想是"发明本心"，气学的人生理想是"践形"。张岱年最推崇气学的"践形"理想，肯定其优点在于启导一种活泼充实的生活，最合乎人类生活的本质。

他还指出，与西方重视个体生命不同，古代人道主义更强调群体生活，人道即"人我和谐之道"，所以不应追求"与天为一"的神秘玄思，而是努力实践"与群为一"的生活理想，"必须能与群为一，然后一个人的人格，才可以说达到了圆满。在谋社会大众之整个的好生活之努力中，个人即获得了人格之最大扩展"[②]。通过这样的界定，儒学的思想价值，换言之，儒家哲学中的死的和活的可以获得新的贞定和评价，从而作为一种思想文化资源为发展社会主义人道主义提供参照和借鉴作用。

[①] 参见张岱年《仁爱学说评析》，《孔子研究》1986年第2期。
[②] 张岱年：《生活理想之四原则》，《张岱年全集》（第1卷），河北人民出版社1996年版，第284页。

归根结底,"中国哲学的最大贡献,在于生活准则论即人生理想论,而人生理想论之最大贡献是人我和谐之道之宣示"①。张岱年提出未来新哲学建构,不应只是从西洋哲学思潮引进来,更应当立足于中国本来传统转生出来,因此"今后哲学之一个新路,当是将唯物、理想、解析,综合于一"②,在马克思主义唯物论基础上吸收中国哲学的"仁"(人道主义)和西方哲学"逻辑解析",在内容上将现代唯物主义哲学和古代人道主义传统结合起来,在方法上将唯物辩证法和逻辑解析法结合起来,视之为未来新综合哲学的建构方向,诚属别具慧眼的真知灼见。

三 蒙培元：生态伦理的面向

张岱年注意到了"物吾与也"命题所蕴含的生态思想的面向③,遗憾的是,张先生并未详细阐释这一观点。冯友兰、张岱年的学生蒙培元先生深刻揭示了《西铭》中所蕴含的生态伦理的面向,是当下新拓展的时代课题。

生态问题是一个随着工业革命和环境危机才出现的现代性问题,还是自从人类进入文明社会以后就面临的问题呢?蒙培元认为是后者。他指出只要存在人与自然关系的问题,就存在生态问题,毋宁说,人与自然关系问题本身就是生态问题。

蒙培元强调:"张载直接从性命之学讲天人关系,而不是一般地讲所谓宇宙本体论哲学,而张载所说的性命之学本质上是一种德性学说……建立在自然界的内在价值之上。"④ 显然,蒙培元和冯友兰都反对将《西铭》主旨理解为宇宙本体论,所不同的是,冯友兰主张的是人生境界论,

---

① 张岱年:《中国哲学大纲》,《张岱年全集》(第2卷),河北人民出版社1996年版,第616页。

② 张岱年:《哲学上一个可能的综合》,《张岱年全集》(第1卷),河北人民出版社1996年版,第262页。

③ 例如他指出人类与草木鸟兽共同生存于地球之上,如果不加选择地消灭了所有草木鸟兽,那么人类也就将灭绝了。现在人们多已认识到保持生态平衡的重要性了。参见张岱年《张载哲学的理论贡献》,《宝鸡师院学报》(哲学社会科学版)1991年第4期。

④ 蒙培元:《张载天人合一说的生态意义》,《人文杂志》2002年第5期。

蒙培元则突出了生态伦理说。蒙培元高度肯定自然界本身不仅是有价值的，而且有其"本天之自然"的内生性价值。人的作用乃在于能够实现"天德"，完成"天地之性"，即实现自然界的价值。

蒙培元具体解释道，乾坤就是天地自然，只是更强调其作用、功能意义。人好似幼小的孩子，处于天地之中。"混然中处"意在说明人与天地自然密切的关系，同处于一个无限的生命整体中。"天地之塞"指物质性的气充塞于天地之间，气之凝结便成人成物。"天地之帅"指天地之性构成天地万物的统帅，"统帅"即指生命价值而言。一方面，自然界具有内在的价值；另一方面，人又是自然界"内在价值"的实现者，即自然界有待于人而实现其价值。因此，"在'生命相通'的意义上，人与万物是平等的。因为人与万物都是自然界的儿女，人民是我的同胞兄弟，而万物是我的朋友伴侣（'民胞物与'）"①。扩展伦理关怀的范围是生态伦理的重要特征。蒙培元指出，从孔子开始儒家就形成了敬畏天命的思想，而张载则将其发展为乾父坤母学说，赋予了生命情感意味，使得人类对于大自然犹如对待父母那样，秉持亲近而敬畏的情感，体现为一种真正意义上的生命关怀。②

蒙培元反思，西方哲学提倡科学理性（工具理性），而中国哲学提倡情感理性（价值理性），构成了中西哲学的一个重要区别。只有承认人类有共同的情感，才能建立起来普遍的价值理性。情感理性不仅包括人与人之间普遍性的伦理维度，而且涵盖了人与自然之间的超越性的伦理维度。张载提出"天地之礼"（《经学理窟·礼乐》，第264页）的概念，将原本处理人与人之间关系的"礼"转而在人与天地之间搭建起伦理关系，礼代表了天地之德性，所以对待自然万物也要"以礼性之"（《正蒙·至当》，第37页），这样维护"天地之礼"，就是履行天地仁德，实现自然界的价值。由此，自然界成为人类伦理视域中的重要对象，人类对自然界负有不可推卸、无可逃避的伦理义务和责任。

---

① 蒙培元：《人与自然——中国哲学生态观》，人民出版社2004年版，第10页。
② 同上书，第281页。杜维明亦认为，在《西铭》中，"作为一个个体的人，张载把自己与作为整体的宇宙联系起来，这种亲近意识反映了他深刻的道德生态学的意识"。（杜维明：《存有的连续性：中国人的自然观》，《世界哲学》2004年第1期。）

儒学以"仁"为核心范畴,"仁民"是仁的发用,"爱物"是仁的流行,对象的差异性并不妨碍仁的普遍性,对自然的尊重敬畏反映了不同于人伦日用的超越性伦理关系。"现代的深层生态学,也是从这个意义上承认动植物的生存权利的。这是哲学层面上的生态学。"① 儒家的仁爱表面上看是服务于人类自身的利益,实质上是尊重万物自身的价值与生存权利,是目的性的,而非工具性的。所谓"与天地合其德"的主体,不是以认识自然、主宰自然、征服自然为目的的知性主体,而是以实现自然界的内在价值为目的的德性主体。"人之所以为人之性,就在于'体万物'而无所遗,就在于对万物实行仁爱。这种宇宙关怀,实际上是生态哲学最伟大的精神遗产。"②

张世英认为:"作为有自我意识的人应该首先以民胞物与的态度对待他人和他物。这不是施舍,而是一种责任感,是一种被要求的自我意识。"③ 现代生态哲学所理解的"自我"是与大自然融为一体的"大我"（Self）,而不是狭隘的"自我"（self）或本我（ego）。人只是更大的整体的一部分,而不是与大自然隔膜疏离的、原子式的个体。人的本性不是由自身的本质力量所决定的,而是由人与自然所构成的共同体所决定的。正如美国后现代主义生态学家约瑟夫·伍德·克鲁奇（Joseph Wood Krutch）所言:"我们必须意识到,我们不仅与我们的邻居、我们的国人和我们的文明社会具有某种形式的同一性,而且我们也应对自然的和人为的共同体一道给予尊敬。"④

蒙培元在《西铭》的生态伦理面向中发现了中国哲学的特质,提出了中国哲学是深层生态学的创见。在他看来,与西方哲学传统相比,中国哲学并不宣布"为自然立法",而是主张"为天地立心"（张载语）,强调在人与自然的内在统一中凸显人文精神。"一方面,'天地以生物为心';另一方面,'人为天地立心'。这种人与自然之间的互动的双向关

---

① 蒙培元:《人与自然——中国哲学生态观》,人民出版社2004年版,第416页。
② 同上书,第284页。
③ 张世英:《人类中心论和民胞物与说》,《江海学刊》2001年第4期。
④ [美] 唐纳德·沃斯特:《自然的经济体系:生态思想史》,侯文蕙译,商务印书馆1999年版,第389页。

系，构成人与自然之间的最基本的价值关系。"[1] 换言之，中国哲学不是科学层面上的生态学，而是哲学、宗教层面上的富有强烈人文精神的生态学。蒙培元基于生态伦理的面向对中国哲学史所作的分析，旨在证明"生态性是中国哲学的根本特性"，"中国生态哲学的研究不仅是对当今日趋严重的环境问题的理论回应，更是中国哲学一次全新的自我认知"。[2]

综上所述，冯友兰、张岱年、蒙培元初步探讨了《西铭》现代诠释中所包含的三个面向，其中冯友兰所展开的精神境界面向指涉个体生命对宇宙人生的觉解和意义，并从其境界说诠释了《西铭》的天地境界内涵；张岱年所展开的人道主义面向突出了社会生活中的人际关系，进而分析了古代人道主义的博爱、平等、生死等观念，提倡建构唯物、理想、解析综合于一的新哲学体系；蒙培元所展开的生态伦理面向则彰显了人与自然的关系，认为中国哲学基于价值理性在人与自然之间搭建起伦理关系，因而是一种深层生态学。作为哲学家的个性化研究可能带有一定的偶然性，但从哲学史的发展进程看，《西铭》文本的时代诠释却带有逻辑上的必然性，对于张载哲学思想的深度解读无疑具有重要的启示意义。

（原载《孔子研究》2019 年第 1 期）

---

[1] 蒙培元：《人与自然——中国哲学生态观》，人民出版社 2004 年版，第 420 页。
[2] 张斯珉、乔清举：《中国哲学的"蒙式话语"——蒙培元先生中国哲学研究述评》，《鄱阳湖学刊》2016 年第 5 期。

下编　张载理学影响研究

从"太虚"到"天理"
——简论关、洛学旨的承继与转进

丁为祥

一 引 言

自朱子编定《伊洛渊源录》，理学濂、洛、关、闽的排序就成为一种固定的说法了。由于这一排名左右着人们对理学的了解与钻研的进路，因而人们往往会将这种逻辑位次转化为一种崛起之先后或主从位次。就对理学的理解而言，这种价值与历史位次的含混也直接影响到现代研究者对理学的认知，比如大陆学界长期流行的"气本论"与"理本论"的对立以及在此基础上形成的"两军对战"说，其实就与《伊洛渊源录》的这一排位有关（起码是因此而起）。因而，追溯这一排名的最初形成，并进一步揭示关、洛在学旨上的承继与转进关系，也就成为现代理学研究中一个不能回避的问题。

不过，朱子坚持思想上的价值次序一定程度上是可以成立的，就是说，从思想上总结两宋道学的历史并依据思想发展的逻辑整理宋代道学的价值次序是有一定道理的。但在《伊洛渊源录》中，既然"渊源"主要是指思想发展的逻辑关系，而这种逻辑关系又必须能够证之于实际历史，那么《伊洛渊源录》之先"周程"而后"邵张"的次序就是无法成立的。因为前者固然可以落实于周、程的师承关系；而后者之"羽翼"的定位虽然也承认其先在性，但价值位次的后置就使邵、张之学在思想史上降了一格。从思想发生的实际历史来看，这是说不过去的。更进一步的问题还在于，在朱子对张载所作的按语中，其依据吕大临《横渠先

生行状》的两种不同表达以及杨时、游酢的相关记载,从而又对张载之学作出了如下定性:

> 横渠之学,实亦自成一家,但其源则自二先生发之耳。①

我们这里暂且不论朱子这一论断是否可以成立(因为朱子此说毕竟有前人的说法为据),但由此之后,人们对两宋理学的理解也就形成了一种固定程序。比如自元代始,人们就对理学形成了如下认识:

> 逮仁庙临御,肇兴贡举,网罗彦俊,其程序之法,表彰《六经》,至于《论语》《大学》《中庸》《孟子》,专以周、程、朱子之说为主,定为国是,而曲学异说,悉罢黜之。②
>
> 至宋濂溪周子始,超然独诣,而发其精微之奥于《图》《书》,当其时则有河南二程夫子,实得其学而益扩亦广。故子朱子著《伊洛渊源录》一编,备载其师友之讲明传授,与其见于言行政事之间,所以著明其上承孔、孟之统,下开关、闽之传,其亦《论》《孟》终篇所序之意与!③

这一过程,显然就是一个邵、张之学逐步边缘化的过程。到了明代,居然出现了"河南二程夫子……上承孔、孟之统,下开关、闽之传"的说法,就是说,张载关学似乎已经成为洛学之继起与后来者了。但这一说法却并非于文献无据,因为朱子就认为:"横渠之学,实亦自成一家,但其源则自二先生发之耳。"

这当然不是要追究朱子的责任,但由此形成的理学濂、洛、关、闽

---

① (宋)朱熹:《伊洛渊源录》卷6,载朱杰人、严佐之、刘永翔主编《朱子全书》第12册,上海古籍出版社、安徽教育出版社2002年版,第1002页。
② (元)李世安:《伊洛渊源录》,序,载朱杰人、严佐之、刘永翔主编《朱子全书》第12册,上海古籍出版社、安徽教育出版社2002年版,第1116页。
③ (明)黄仲昭:《伊洛渊源录·序》,朱杰人、严佐之、刘永翔主编《朱子全书》第12册,上海古籍出版社、安徽教育出版社2002年版,第1119页。

的排序却是需要再斟酌的。① 因为这不仅涉及思想发展的逻辑，而且关涉两宋理学的历史。本文并非能够从人际交往、学派演进与思想发展之具体历史的角度来彻底澄清这一问题，但却可以通过理学崛起之历史及其核心概念之演进，对关、洛之学的关系及其不同学旨作出一定的澄清。

二 太极：道学之始发与宇宙之"始源"

以"太极"作为道学崛起之始发概念，人们马上就会想到周敦颐的《太极图说》，而朱子对《太极图说》的诠释也是直接以"太极"等同于"天理"的，因而其对"太极"就有"造化之枢纽，品汇之根柢"②的定位。而在《朱子语类》中，这种以"太极"为宇宙本体的思想也比比皆是，比如：

> 无极者无形，太极者有理也。③
> 太极无方所，无形体，无地位可顿放。④
> 太极只是个极好至善底道理。人人有一太极，物物有一太极。周子所谓太极，是天地人物万善至好底表德。⑤

---

① 朱子从"中和"旧说（丙戌，1166年）到"中和"新说（己丑，1139年）的思想转变就是在程颐之学的启发下实现的，其在《中和旧说序》中回忆说："乾道己丑之春，为友人蔡季通言之，问辨之际，余忽自疑斯理也……则复取程氏书，虚心平气而徐读之。未及数行，冻解冰释，然后知性情之本然，圣贤之微旨，其平正明白乃如此。"参见（宋）朱熹《中和旧说序》，《朱熹集》卷75，四川教育出版社1996年版，第3949—3950页。因此，其同年在《与汪尚书》一书中，对这位多次举荐其自代的父辈学者提出的"二程之于濂溪，一若横渠之与范文正"一说，便明确加以反驳说："周、范之造诣固殊，而程、张之契悟亦异……至其入处，则自濂溪不可诬也。若横渠之于文正，则异于是，盖当时粗发其端而已。受学乃先生自言，此岂自诬者耶?"参见（宋）朱熹《与汪尚书》六，《朱熹集》，第1278页。与二程对周敦颐"茂叔"的称谓相比，这显然是对周、程师徒关系的一种强化塑造。由此之后，也就有了《近思录》之周、程、张的排序与《伊洛渊源录》之先"周程"而后"邵张"的排序。实际上，朱子对周、程关系的塑造，也是包含着某种以道学正统自居之心的。
② （宋）朱熹：《太极图说解》，参见（宋）周敦颐《周敦颐集》，陈克明点校，中华书局1990年版，第4页。
③ （宋）黎靖德编：《朱子语类》卷94，王星贤点校，中华书局1986年版，第2366页。
④ 同上书，第2369页。
⑤ 同上书，第2371页。

太极非是别为一物，即阴阳而在阴阳，即五行而在五行，即万物而在万物，只是一个理而已。因其极至，故名曰太极。①

在朱子这些诠释中，"太极"就是宇宙万物的形上本体，因而《太极图说》也就成为一种以"太极"为本体的宇宙生化论了。关于这一点，前人诠释得非常多，几乎可以说是关于周敦颐哲学的一种基本共识。

但《太极图说》究竟是不是一种包含形上本体意识的宇宙生化论体系则存在着太多的嫌疑。请看周敦颐对"太极"的运用：

无极而太极。

太极动而生阳，动极而静，静而生阴。静极复动。一动一静，互为其根；分阴分阳，两仪立焉。阳变阴合，而生水、火、木、金、土。五气顺布，四时行焉。

五行，一阴阳也；阴阳，一太极也；太极，本无极也。②

很明显，无论"太极"是否包含宇宙本体意识，但它作为阴阳、五行、四时之源则是确定无疑的。因为阴阳、五行、四时历来都是作为宇宙生化论之基本概念出现的，因而仅从《太极图说》的这一体系化运用来看，它就属于典型的宇宙论；而"太极"就是这一宇宙论的始发之源。

但因为朱子对"太极"又有"即阴阳而在阴阳，即五行而在五行，即万物而在万物，只是一个理而已"的规定，这显然是就本体对万事万物之内在性而言的。就此而言，我们也可以承认"太极"确有一定的本体含义，或者也可称之为宇宙本体论或本体宇宙论（在本体论与宇宙论统一这一点上二者可以不加分别）。但所有这些说法，是否就是"太极"所原有的含义呢？让我们从历史的角度来澄清这一问题。

自《周易》提出"《易》有太极，是生两仪"③以来，"太极"一直

---

① （宋）黎靖德编：《朱子语类》卷94，王星贤点校，中华书局1986年版，第2371页。
② （宋）周敦颐：《太极图说》，《周敦颐集》，陈克明点校，中华书局1990年版，第4—5页。
③ （晋）韩康伯注、（唐）孔颖达疏：《周易正义》卷7《系辞上》，（清）阮元校刻：《十三经注疏》，中华书局2009年影印本，第169页。

就是作为朱子所诠释的"造化之枢纽,品汇之根柢"来运用的。仅从"造化""根柢"的角度看,应当说太极本来就指宇宙之始源。① 但在其历史发展中,"太极"是否被赋予本体的含义呢?请看汉儒对"太极"的运用:

  天地未分之前,有太易,有太初,有太始,有太素,有太极,是为五运。形象未分,谓之太易;元气始萌,谓之太初;气形之端,谓之太始;形变有质,谓之太素;质形已具,谓之太极。五气渐变,谓之五运。②

  很明显,这里根本不需要多作分析,从"有太易,有太初,有太素"一直到"质形已具"的"太极"来看,实际上都是就宇宙生化发展之不同阶段而言的。

  甚至,就是到了北宋五子中最年长的邵雍,其所谓"太极"也仍然是作为宇宙之始源来
运用的。比如在《邵雍集》中,其关于"太极"就有如下运用:

  太极既分,两仪立矣。阳下交于阴,阴上交于阳,四象生矣。阳交于阴、阴交于阳而生天之四象;刚交于柔、柔交于刚而生地之四象,于是八卦成矣。八卦相错,然后万物生焉。③

  太极,道之极也;太玄,道之玄也;太素,色之本也;太一,数之始也;太初,事之初也。其成功则一也。④

---

① 关于这一点,仅从《周易》"《易》有太极,是生两仪。两仪生四象。四象生八卦。八卦定吉凶,吉凶生大业"参见(晋)韩康伯注、(唐)孔颖达疏:《周易正义》卷7《系辞上》,(清)阮元刻校:《十三经注疏》,中华书局2009年影印本,第169—170页,这一系列"生"上,就可以看出其"太极"之宇宙始源的含义。
② (清)赵在翰辑:《七纬(附论语谶)·孝经纬》,钟肇鹏、萧文郁点校,中华书局2012年版,第726页。
③ (宋)邵雍:《观物外篇》,《邵雍集》,郭彧整理,中华书局2010年版,第107页。
④ 同上书,第164页。

这两段论述，前者是对《易传》的解释，后者则是对《太玄》的解释，但其"太极"却始终保持着含义的一致性，这就是宇宙之始源。这说明，即使到了邵雍，"太极"也仍然是一个指谓宇宙始源的概念。

如果说邵雍思想本来就源于道家及其宇宙论，因而虽然其年长于周敦颐，但朱子却不会将其视为道学之祖，那么比邵、周更小的张载（张载小周敦颐3岁）又将如何审定"太极"呢？在《正蒙》中，张载对"太极"曾有如下概括：

一物而两体，其太极之谓与！（《正蒙·大易篇》，第48页）
一物两体，气也；一故神，（两在故不测。）两故化，（推行于一）……（《正蒙·参两篇》，第10页）

在张载这一概括中，所谓"一物而两体，其太极之谓与"也许还带有一定的猜测意味，但后面所谓"一物两体，气也"就是对"太极"内涵的明确揭示了，意即"太极"就指"一物两体"的"气"而言。显然，无论是从邵雍的运用还是张载的审定来看，当时的"太极"只能指"一物两体"——阴阳未判之气而言。从这个角度看，"太极"也只是宇宙之始源，而不可能成为万物的形上本体。

但为了塑造周敦颐这位道学之祖，朱子就一定要赋予"太极"以形上本体的地位，这就必须将"太极"等同于天理，于是也就有了"太极非是别为一物，即阴阳而在阴阳，即五行而在五行，即万物而在万物，只是一个理而已"的说法。如果说"太极"就是天理，并具有即物而在的性质，那么它就必须满足于朱子对天理的如下规定："若理，则只是个净洁空阔底世界，无形迹，他却不会造作，气则能酝酿凝聚生物也。"[①]但在朱子对《太极图说》的诠释中，他既赋予"太极"以天理本体的地位，同时又要维系其宇宙生化之作用，所以也就必须承认《太极图说》的"太极动而生阳，动极而静，静而生阴"之能动与生化的作用；至于所谓"五行，一阴阳也；阴阳，一太极也；太极，本无极也"的归根与

---

① （宋）黎靖德编：《朱子语类》卷1，王星贤点校，中华书局1986年版，第3页。

还原，也就明确地反证着"太极"之宇宙始源与生化动力的作用。

朱子这种强为之说曾激起了两个方面的反应：其一就是明代肩负"道统之传"的曹端专门为此作了《辨戾》；其二则是现代研究者对朱子的质疑与反驳。这里一并征引：

> 周子谓"太极动而生阳，静而生阴"，则阴阳之生，由乎太极之动静。而朱子之解极明备矣……及观《语录》，却谓"太极不自会动静，乘阴阳之动静而动静"耳，遂谓"理之乘气，犹人之乘马，马之一出一入，而人亦与之一出一入"，以喻气之一动一静，而理亦与之一动一静。若然，则人为死人，而不足以为万物之灵，理为死理，而不足以为万化之原，理何足尚而人何足贵哉？①
>
> 朱子解"无极而太极"一句没有问题，解"太极动而生阳"一句就不能没有问题。对朱子来说，太极是理，怎么可以动，殊不可晓，所以他一定要曲为之解，而终难自圆其说。②

从明代的曹端到现代学者刘述先两种不同方向的批评，揭破了朱子强行赋予周敦颐"太极"以形上本体地位之无法成立，③ 因而所谓太极天理说等于是朱子为塑造周敦颐这位"道学之祖"而创造的一个理论神话。但无论是格之以曹端的修正还是刘述先的反诘，周敦颐"太极"说之宇宙始源的地位则是无可动摇的。从这一点来看，则所谓宇宙生化论可能反倒是周敦颐"太极图说"的原始含义。

三 从"太虚""天德"到"天理"

由于张载已经给了"太极"以"一物两体，气也"的定位，而其对

---

① （明）曹端：《辨戾》，《曹端集》，王秉伦点校，中华书局2003年版，第23—24页。
② 刘述先：《朱子哲学思想的发展与完成》，台湾学生书局1995年版，第273页。
③ 朱子赋予"太极"以天理本体的地位同时还面临着一个更大的悖论。因为程颢曾明确指出："吾学虽有所受，天理二字却是自家体贴出来。"参见（宋）程颢、程颐《传闻杂记》，《河南程氏外书》卷12，《二程集》，王孝鱼点校，中华书局1981年版，第424页。如果"太极"就是天理，程颢还有必要"自家体贴"一番吗？

天道本体的规定又不取"太极"说，那么张载哲学之非气本论的性质也就由此可以论定。因为如果张载是气本论，那他就完全可以从邵雍、周敦颐所共同认可的"太极"出发；张载不取"太极"作为其哲学的"始发"概念，也说明他根本就不是气本论者。那么，张载哲学的本体究竟是什么呢？这就是"太虚"。

"太虚"原是《庄子》中的概念，以指谓原始而又广袤的虚空，这也是庄子试图超越老子"天下万物生于有，有生于无"① 之沿时间向度对宇宙始源进行追溯的表现。但在庄子哲学中，就已经形成了"虚室生白，吉祥止止"② 的说法；同时又有"唯道集虚。虚者，心斋也"③。而这个"虚室生白"也就从正面——"天地之大德曰生"④ 以及"虚则生仁，仁在理以成之"（《张子语录·语录中》，第325页）的角度重重启发了张载，从而使"太虚"不仅成为"生"的前提，同时也是"仁"的根源与"理"的基础。与之同时，"太虚"也就具有了"大率天之为德，虚而善应，其应非思虑聪明可求，故谓之神……"（《横渠易说·系辞上》，第184页）一说。显然，这就通过庄子具有空间含义的"虚室生白"直接过渡为以"生物为本"的"天地之大德"与"虚则生仁"；同时，又通过"虚者，心斋也"直接过渡为"虚而善应"并作为"性之渊源"的天德。因而，这就明确地划出了一条由庄子之空间、《易传》之生化，到张载天德之仁的演变轨迹。

既然张载的"太虚"是由庄子的空间含义演变为生化的基础、拓展为"虚而善应"的"天德"，那么它同时也就与佛老之空、无本体直接对应起来了。而在张载哲学中，他也始终是将"太虚"作为与佛之"空"、老之"无"对立而又同等的概念来运用的。比如：

---

① （魏）王弼注、楼宇烈校释：《老子道德经注校释》，中华书局2008年版，第110页。
② （战国·宋）庄周：《庄子·人间世》，（清）郭庆藩：《庄子集释》，王孝鱼点校，中华书局2012年版，第155页。
③ 同上书，第152页。
④ （晋）韩康伯注、（唐）孔颖达疏：《周易正义》卷8《系辞下》，（清）阮元校刻：《十三经注疏》，中华书局2009年影印本，第179页。

> 天文地理，皆因明而知之，非明则皆幽也，此所以知幽明之故……见者由明而不见者非无物也，乃是天之至处。彼异学则皆归之空虚，盖徒知乎明而已，不察夫幽，所见一边耳。（《横渠易说·系辞上》，第 182 页）
>
> 彼欲直语太虚，不以昼夜阴阳累其心，则是未始见易；未始见易，而虽欲免昼夜阴阳之累，末由也已。（《横渠易说·系辞上》，第 183 页）

上述两条，前者通过"幽明"来说明佛老空无本体之所以形成，所以说是"彼异学则皆归之空虚"，意即佛老是将"幽明"直接归结为空、无本体的；后者则是通过所谓"彼欲直语太虚，不以昼夜阴阳累其心"的方式来凸显"太虚"的本体地位。这说明，"太虚"就等于佛老之空、无本体，或者说是与其空、无本体属于同一层级的概念。

当张载将"太虚"提升到天道本体层面时，首先面临的一个问题，这就是必须对"太虚"的性质进行再斟酌。请看张载的如下讨论：

> 诚则实也，太虚者天之实也。万物取足于太虚，人亦出于太虚，太虚者心之实也。（《张子语录·语录中》，第 324 页）
>
> 金铁有时而腐，山岳有时而摧，凡有形之物即易坏，惟太虚无动摇，故为至实。（《张子语录·语录中》，第 325 页）
>
> 言虚者未论阴阳之道。（《张子语录·语录中》，第 325 页）
>
> 静者善之本，虚者静之本。静犹对动，虚则至一。（《张子语录·语录中》，第 325 页）

从"太虚者天之实也"到"太虚者心之实也"，说明"太虚"就是贯通天人的本体；而"言虚者未论阴阳之道"一说，也明确提示"太虚"是比阴阳更为根本的概念，而"太虚"之非气以及其超越于气的性质，在这里也得到了典型的表现。因为"太虚"既然内在于阴阳，同时又认为"言虚者未论阴阳之道"，这就说明，"太虚"是比阴阳更为根本的天道本体，当然也就具有超越于气的性质。至于其对"太虚"之"至实"

"至一"的规定,则除了作为宇宙天道的形上本体外,也没有其他任何概念足以承当这样的规定。

这就涉及张载哲学的内部关系。人们之所以会形成各种含混性的理解,关键在于"太虚"与"气"的关系。而人们又常常将"太虚"理解为气的一种本然状态或本来状态,即"太虚"本身就是气,殊不知这只是太虚内在于气的表现。造成这种理解的原因,主要在于张载曾有"太虚不能无气,气不能不聚而为万物,万物不能不散而为太虚"(《正蒙·太和篇》,第7页)一说,或根据其"知虚空即气,则有无、隐显、神化、性命通一无二,顾聚散、出入、形不形,能推本所从来,则深于《易》者也"(《正蒙·太和篇》,第8页)。实际上,这都是张载就"太虚"内在于气且不能脱离"气"而独立存在的表达。非但张载的"太虚"不是气,就是在庄子哲学中,"太虚"也从未在"气"的含义上运用。因为如果"太虚"就是气,那庄子也就无法超越老子"有生于无"之沿时间维度进行追溯的逻辑了。① 在张载哲学中,如果"太虚"就是气的本来状态,那么这与其所批评的"若谓虚能生气,则虚无穷,气有限,体用殊绝,入老氏'有生于无'自然之论"(《正蒙·太和篇》,第8页)也就成为同样的逻辑了;而其从"由太虚,有天之名"到"合虚与气,有性之名"(《正蒙·太和篇》,第9页),简直就无从索解了。

正因为这一原因,所以在张载哲学中,"太虚"往往是作为"气"之超越的形上本体出现的,也是张载从宇宙天道角度所精心选择的本体概念。正因为这一点,张载才常常以所谓"气之体"或"气之本体"来规定"太虚":

> 太虚者,气之体,气有阴阳,屈伸相感之无穷,故神之应也无穷;其散无数,故神之应也无数。虽无穷,其实湛然;虽无数,其实一而已。(《横渠易说·系辞上》,第184页,又见《正蒙·乾称

---

① 关于庄子"太虚"说之空间含义及其对老子"有生于无"之时间维度的扭转,请参阅拙作《"太虚"是怎样成为自然天道之形上本体的?——关于张载哲学的思想史解读》,《南国学术》2017年第2期,第256—271页。

篇》，第66页）

> 太虚无形，气之本体，其聚其散，变化之客形尔；至静无感，性之渊源，有识有知，物交之客感尔。客感客形与无感无形，惟尽性者一之。（《正蒙·太和篇》，第7页）

这种"太虚"与"气"的对比言说，明确地凸显了其相互的形上形下之别。当然，这里还有一点需要辩说：牟宗三曾根据张载"太虚"与"气"的关系，而有所谓"太虚神体"① 一说。人们常常会将这个"神体"理解为"神怪"之神。其实，这完全是一种误解。牟氏的"太虚神体"完全是根据张载规定"太虚"之"虚而善应"的特点提出的，一如张载所谓的"气有阴阳，屈伸相感之无穷，故神之应也无穷；其散无数，故神之应也无数"一样；因而牟氏所谓"神"，都是从"太虚者，气之体"的角度提出的。因为还在《正蒙》的首章，张载就明确地提出了"神者，太虚妙应之目"（《正蒙·太和篇》，第9页）一说。

在张载哲学内部，还有一层关系需要辨析，这就是"太虚"与"天理"②的关系。在张载哲学中，的确有不少"天理"或"理"的概念。但与"太虚"相比，"天理"毕竟属于次一级的概念，而且其"天理"也是从"太虚"角度引申而来的。笔者以为，这一引申的桥梁就是"天德"。比如，张载曾明确指出："存心之始须明知天德，天德即是虚，虚上更有何说也！"（《经学理窟·气质》，第269页）这说明，只有通过"天德"，才能将"太虚"引向"天理"。再请看张载的如下论述：

> 今之人灭天理而穷人欲，今复反归其天理。古之学者便立天理，孔孟而后，其心不传，如荀扬皆不能知。（《经学理窟·义理》，第273页）

---

① 牟宗三：《心体与性体》一，《牟宗三先生全集》，联经出版公司2003年版，第5册，第499页。
② 在张载哲学中，其对"太虚"常简称之为"虚"，以指谓"太虚"的具体落实而言；与之相应，张载也常常将"天理"简称为"理"，并同样是就其具体落实而言的。仅从概念的对应性上就可以看出，"天理"与"太虚"都属于同一性质的概念。

> 万物皆有理，若不知穷理，如梦过一生。释氏便不穷理，皆以为见病所致。(《张子语录·语录中》，第321页)
>
> 明则诚矣，诚则明矣，克己要当以义理战退私己，盖理乃天德，克己者必有刚强壮健之德乃胜己。(《横渠易说·下经》，第130页)

上述几条都是张载对"天理""义理"或"理"的论述，但都以"天德"为中介；而"天德"又是"太虚"的生化表现，因而所谓"天理"，也就是"太虚"在宇宙生化过程中的"条理"与"规则"表现。这就是张载哲学中的"天理"必然从属于"太虚"与"天德"的原因。从人之进德修养来看，则又必须通过"穷理"以复归于"天德"。这又是对"太虚"本体的人生落实而言的，所以又有"明则诚矣，诚则明矣"一说。

当张载通过"太虚""天德"以指向"天理"时，关学向洛学过渡的桥梁就已经形成了。所以，当程颢提出"吾学虽有所受，天理二字，却是自家体贴出来"[①]时，一方面表明此"天理"并不是出自师承传授，同时也说明，洛学的"天理"既不是从周敦颐的"太极"直接过渡而来，也不是通过对"太极"的诠释而来。那么，在当时的思想氛围中，哪里才是程颢"体贴天理"的出发点呢？这就是张载哲学。[②]而程颐以"天理"为标准对"太虚"所展开的诸多批评，也清楚地表现着其"天理"所以形成的出发点。就是说，在北宋五子中，只有张载的"太虚"才代表着二程"天理"说的正源；也只有"太虚"所展现的"天德"关怀，才代表着程颢对"天理"的"体贴"方向。

四 二程"天理"说的落实方向

从理论发展逻辑的角度看，洛学无疑是继关学而起的，但张载去世

[①] （宋）程颢、程颐：《河南程氏外书》卷12，《二程集》，王孝鱼点校，中华书局1981年版，第424页。

[②] 在吕大临所记的《东见录》中，载有程颢关于"'穷理尽性以至于命'，三事一时并了，元无次序，不可将穷理作知之事看"的讨论。此正是对张载将三者作为"三事"的批评，但这也正是洛学对关学继承的表现。参见（宋）程颢《元丰己未吕与叔东见二先生语》，《河南程氏遗书》卷2上，《二程集》，王孝鱼点校，中华书局1981年版，第15页。

后，其弟子东入洛阳，这就构成了洛学的最初一批弟子。[①] 而二程在"体贴"出天理后，也必然要对天理进行论证；而这种论证，既是对张载哲学的继承过程，同时也是划清界限以自立门户的过程。自然，这就表现着二程对理学的发展了。

当二程"体贴"出"天理"时，"天理"自然代表着二程的一种共识，起码是可以替代张载"太虚"的一种共识。但对二程来说，虽然其在以"天理"取代"太虚"上是完全一致的，但在如何理解"天理"、落实"天理"上，二程的看法却并不一致，这就形成了两种不同的走向，从而也就开启了宋明理学中的两种不同进路。

对于天理，程颢确有一番论证，他指出：

> 天理云者，这一个道理，更有甚穷已？不为尧存，不为桀亡。人得之者，故大行不加，穷居不损。这上头来，更怎生说得存亡加减？是佗元无少欠，百理具备。[②]

在这一论证中，所谓"不为尧存，不为桀亡"自然是指天理的客观性而言的；而所谓"大行不加，穷居不损"又指天理的主体落实及其绝对性而言，意即对人来说，虽穷居陋巷，其所蕴含的天理并没有任何减损；虽位极尊荣，但其内在之天理价值也不会有任何增加。从其"天人本无二，不必言合"[③] 以及"只心便是天，尽之便知性，知性便知天，当处便认取，更不可外求"[④] 来看，当然都是就贯彻天理的主体工夫及其境界而言的。

---

① 熙宁十年秋（1077年），张载最后一次路过洛阳，曾与二程讨论道学的《洛阳议论》就出自张载弟子苏昞之手，至于二程门下的其它高弟诸如谢良佐、杨时、游酢以及刘质夫等，都是在张载去世后的元丰年间才从学于二程的。
② （宋）程颢、程颐：《河南程氏遗书》卷2上，《二程集》，王孝鱼点校，中华书局1981年版，第31页。
③ （宋）程颢、程颐：《河南程氏遗书》卷6，《二程集》，王孝鱼点校，中华书局1981年版，第81页。
④ （宋）程颢、程颐：《河南程氏遗书》卷2上，《二程集》，王孝鱼点校，中华书局1981年版，第15页。

如果再从程颢指点吕大临的"识仁篇"来看，那么，其所谓为学入手也就是"学者须先识仁……识得此理，以诚敬存之而已，不须防检，不须穷索……《订顽》意思，乃备言此体。以此意存之，更有何事？'必有事焉而勿正心，勿忘勿助长'，未尝致纤毫之力，此其存之之道"①。由此来看，程颢完全是以主体性的担当精神与实践追求工夫来落实天理的。

程颐则有所不同。这种不同不仅存在着其兄弟不同生活习性的因素，而且也存在着不同职业习惯的影响。众所周知，程颢和张载在嘉佑二年（1057年）同中进士，由此迈入朝廷官员的系列，而程颐则在一考不第之后便绝意科场，始终以讲学为生，这种职业的讲学生涯必然会对其思想形成某种影响。据说程颐"始冠"时曾游太学，胡瑗以"颜子所好何学论"试诸生，而程颐所作的《颜子所好何学论》曾使胡瑗大为"惊异"，并直接聘以"学职"。在这篇为世人所激赏的大作中，程颐所阐发的主要是如何"约其情"的问题，而其正面主张则是"性其情"，至于其所要排除的则始终是所谓"情其性"。他写道：

> 天地储精，得五行之秀者为人。其本也真而静，其未发也五性具焉，曰仁义理智信。形既生矣，外物触其形而动于中矣。其中动而七情出焉，曰喜怒哀乐爱恶欲。情既炽而益荡，其性凿矣。是故觉者约其情使合于中，正其心，养其性，故曰性其情。愚者则不知制之，纵其情而至于邪僻，梏其性而亡之，故曰情其性。凡学之道，正其心，养其性而已。中正而诚，则圣矣。②

在这篇短论中，其最重要的一点就是"觉者约其情使合于中，正其心，养其性，故曰性其情"；相反，"愚者则不知制之，纵其情而至于邪僻，梏其性而亡之，故曰情其性"。这两种主张借以区别的标志，就在于前者是"约其情使合于中"，而后者则是"纵其情而至于邪僻"。显然，

---

① （宋）程颢、程颐：《河南程氏遗书》卷2上，《二程集》，王孝鱼点校，中华书局1981年版，第16—17页。
② （宋）程颢、程颐：《颜子所好何学论》，《河南程氏文集》卷8，《二程集》，王孝鱼点校，中华书局1981年版，第577页。

程颐一起始就表现出了一种压抑其情的趋向,虽然他也将这种倾向称为"性其情",即以性全面主宰其情,实际上则是"约其情使合于中",并认为为学就是"力行以求至"。很明显,其性格中的"严毅"倾向,从其"始游"太学就已经表现出来了。

而在以后的讲学生涯中,程颐的"性其情"便表现出一种较为严格的概念辨析精神。① 比如对道与阴阳的关系,程颐就有如下辨析:

> "一阴一阳之谓道",道非阴阳也,所以一阴一阳道也,如一阖一辟谓之变。②
>
> 离了阴阳更无道,所以阴阳者是道也。阴阳,气也。气是形而下者,道是形而上者。形而上者则是密也。③

在程颐关于"道和阴阳"以及形上与形下的辨析中,他特别强调"所以",以表明这是更深一层原因,当然也是更探其根源的结果。这既是其辨析精神的表现,同时也是其讲学的一种风格和特色。

当程颐将其"严毅"的性格与严格的辨析精神运用于"天理"的落实时,也就表现出了一种格物穷理的遍在性追求。比如,当他按照"万物只是一理"的逻辑展开格物穷理说时,则其所谓格物穷理也就成为一种更求其"所以然"的活动了:

> 格物穷理,非是要尽穷天下之物,但与一事上穷尽,其它可以类推。至如言孝,其所以为孝者如何,穷理如一事上穷不得,且别穷一事,或先其易者,或先其难者,各随人深浅,如千蹊万径,皆

---

① 《伊川年谱》载:"疾革,门人进曰:'先生平日所学,正今日要用。'先生力疾微视,曰:'道着用便不是。'其人未出寝门,而先生没。"参见(宋)朱熹《伊洛渊源录》卷4,朱杰人、严佐之、刘永翔主编《朱子全书》,上海古籍出版社、安徽教育出版社2002年版,第12册,第971页。

② (宋)程颢、程颐:《河南程氏遗书》卷3,《二程集》,王孝鱼点校,中华书局1981年版,第67页。

③ (宋)程颢、程颐:《河南程氏遗书》卷15,《二程集》,王孝鱼点校,中华书局1981年版,第162页。

可适国,但得一道入得便可。所以能穷者,只为万物只是一理,至如一物一事,虽小,皆有是理。①

格物致知说虽然出于《大学》,但也因为程颐的这一阐发才成为理学中一个经典话头的。而其阐发的特色,就在于他将格物与穷理相连,并以穷理作为格物的指向,实际上都是以"万物只是一理"作为基本前提的。所以他认为,"凡眼前无非是物,物物皆有理"②;"至如一物一事,虽小,皆有是理"。这显然是对天理沿着人伦物理方向的一种遍在性拓展。

这样一来,同一个天理,便在二程兄弟间形成了不同的落实走向。程颢是通过主体性的实践追求,从而形成"只心便是天,尽之便知性,知性便知天。当处便认取,更不可外求"的指向;程颐则是通过"万物只是一理"的遍在性逻辑,并以格物穷理的方式走向了对天理的普遍性拓展。程颢的侧重在于主体性的担当与实践性的追求;而程颐的侧重则在于格物穷理的遍在性拓展以及"然"与"所以然"的辨析。

五 洛学对关学学旨的承继与发展

当我们如此梳理关学与洛学的不同学旨时,其相互之间就呈现出一种明显的承继与转进关系。这主要表现在以下几个方面。

首先,从学派崛起的先后来看。当张载最后一次路过洛阳,其与二程讨论道学之要的《洛阳议论》就出自张载弟子苏昞的记录,说明其时二程还没有从学的弟子。而被《二程集》列为卷首的《师说》则出自洛阳的李吁,但李吁并非二程最早的弟子,刘质夫则直到元丰五年才得以"见伯淳先生于洛中",其他如杨时、游酢、谢良佐等人,都是在元丰年(1078年)间入学的。这样看来,当张载弟子三吕以及苏昞、范育在元丰二年(1079年)东入洛阳时,也就构成了二程门下的最初一批弟子;吕

---

① (宋)程颢、程颐:《河南程氏遗书》卷15,《二程集》,王孝鱼点校,中华书局1981年版,第157页。
② (宋)程颢、程颐:《河南程氏遗书》卷19,《二程集》,王孝鱼点校,中华书局1981年版,第247页。

从"太虚"到"天理"

大临之所以被视为程门的首席高弟,也无疑是从张载的评价直接过渡而来的。这说明,当张载与二程展开"洛阳议论"时,二程还未有从学的弟子;而当关洛之学成为并列的学派时,张载已经去世多年了。所以,仅从这一点来看,关洛学派的源流关系就是非常清楚的。①

至于吕大临《横渠先生行状》中的两个版本,"一云'尽弃其学而学焉',一云'于是尽弃异学,淳如也'"②,极有可能是吕大临迎合程门弟子拥戴其师的表现。因为程颐当时就明确指出:"表叔平生议论,谓颐兄弟有同处则可,若谓学于颐兄弟,则无是事。顷年属与叔删去,不谓尚存斯言,几于无忌惮矣。"③ 至于吕大临何以如此,由于其去世早,又缺乏其他文献的旁证,因而也就只能存疑了,④ 但关洛学派不存在"其源则二先生发之"的情况则是确定无疑的。

其次,从最能体现洛学学旨的天理本体论来看。已如前述,周敦颐的《太极图说》并不具备形上本体的含义。张载所谓"一物而两体,其太极之谓与"与"一物两体,气也",就明确揭示了"太极"阴阳未判的本质;至于《通书》中所谓"诚者,圣人之本",即使如孔子的"孝弟也者,其为人之本与"⑤,也是《中庸》中原有的说法,且是从功夫的角度而言的。显然,周敦颐哲学中并没有指向形上本体的概念,其思想

---

① 从年龄和辈分来看,张载是二程的表叔,也比他们大十二三岁;从学派来看,则关学和洛学是不同地域与不同学派的关系。但从理学发展的逻辑来看,则洛学的天理论显然建立在关学对"太虚"本体先行探讨的基础上。当然,这并不排除其相互在学理上的讨论和交流。
② (宋)朱熹:《伊洛渊源录》卷6,朱杰人、严佐之、刘永翔主编《朱子全书》,上海古籍出版社、安徽教育出版社2002年版,第12册,第1002页。
③ 同上书,第1001—1002页。
④ 程门高弟游酢也有关于张载"尽弃其旧学"的记载,其在《书(明道)行状后》云:"年逾冠,明诚夫子张子厚友而师之。子厚少时自喜其才,谓提骑卒数万,可横行匈奴,视叛羌为易与耳,故从之游者,多能道边事。既而得闻先生议论,乃归谢其徒,尽弃其旧学,以从事于道。"参见(宋)朱熹《伊洛渊源录》卷3,朱杰人、严佐之、刘永翔主编《朱子全书》,上海古籍出版社、安徽教育出版社2002年版,第12册,第947页。这似乎是说,张载告别兵家乃是在二程的启发下实现的,所以就有了"尽弃其旧学"一说。其实程门杨时、游酢根本就没有见过张载,但从游酢以告别兵家说张载"尽弃其旧学"到杨时说张载"虽细务必资于二程"就可以看出,当时洛学似乎掀起了一个诋毁张载的高潮,吕大临《横渠先生行状》可能就是受这一思潮裹挟的产物。
⑤ (魏)何晏集解、(宋)邢昺疏:《论语注疏》卷1《学而第一》,(清)阮元校刻:《十三经注疏》,中华书局2009年影印本,第5335页。

也不是二程天理本体论的源头;① 程颢所谓"自家体贴出来"也说明其天理本体论并不是师承传授所得。

从天理本体论所标示的形上指向来看,则只有张载的"太虚"构成了天理本体意识的出发点,而张载本人也曾明确地从"太虚"的角度提出了天理说。虽然"太虚"概念并非张载的原创,但其通过"太虚"与"气"的对比言说,毕竟明确赋予了"太虚"以形上本体的地位。② 同时,张载又通过庄子"虚室生白"与《周易》"天地之大德曰生"以及其自己"虚则生仁"的互诠,明确赋予了"太虚"以"天德"的地位。这样一来,"太虚"便具有了万物之形上本体与价值根源的性质,因而二程对天理的"体贴"也就只能沿着这一方向展开。

当然在这一过程中,还有一个关节需要再辨析,这就是朱熹在"六先生画像赞"中提到的"勇撤皋比"。而这一事件的原委,又原于吕大临《横渠先生行状》所记载的张载与二程的京师之会。就"勇撤皋比"而言,此事容或有之,但这并不能说明张载就"尽弃其学而学",因为这里所谓"其学"究竟指什么呢?如果说是张载的"少喜谈兵",则范仲淹"读《中庸》"③的建议正为此而发(当时二程还不足 10 岁);如果是指佛老之学,则张载"访诸释老之书"本身就是在"读《中庸》"而"犹以为未足"的基础上形成的,而张载"累年究极其说,知无所得,反而求之《六经》"④,也说明这是其自觉选择的结果。这样,所谓"尽弃其学"也就只能指其对《周易》的钻研了。但如果将《横渠易说》与《程氏易传》稍加比较,便不难看出,《横渠易说》属于从卦象易到义理易的过渡形态,而《程氏易传》则属于典型的义理易。从这个角度看,张载

---

① 但周敦颐关于人生的超越追求精神显然已经形成了,比如其所谓的"志伊尹之所志,学颜子之所学",就代表着一种超越追求精神。参见(宋)周敦颐《通书·志学第十》,《周敦颐集》,陈克明点校,中华书局 1990 年版,第 23 页。

② 张载云:"太虚无形,气之本体,其聚其散,变化之客形尔;至静无感,性之渊源,有识有知,物交之客感尔。客感客形与无感无形,惟尽性者一之。"参见(宋)张载《正蒙·太和篇》,第 7 页。这里太虚与气、客感客形与无感无形的对比言说,正是为了突出太虚"无感无形"同时又作为"气之本体"之超越的形上本体性质而言的。

③《宋史·张载传》,《张载集·附录》,章锡琛点校,中华书局 1978 年版,第 385 页。

④ 同上书,第 385—386 页。

也许有可能"撤坐辍讲",但却绝无"尽弃其学"的可能。[①] 因为从卦象易到义理易的转向绝不是轻易就可以实现的,而《横渠易说》是否存在着与其太虚本体论不相协调而与天理本体论相一致的内容呢?这并不是一个难以分辨的问题。仅从《横渠易说》以卦象蕴含义理、诠释义理来看,这一方向本身就代表着《程氏易传》由卦象易向义理易过渡的源头。

最后,从二程的思想规模及其对天理的不同落实来看。关于二程天理本体论之形成前已有所分析,仅就二程各自不同的思想趋向来看,如果离开了张载的太虚本体论及其"性与天道合一存乎诚"[②]的天人贯通规模,则程颢"只心便是天,尽之便知性,知性便知天",包括其"识得此理,以诚敬存之而已,不须防检,不须穷索"等等,无异于全无根据的说法。因而程颢才接着指出:"《订顽》意思,乃备言此体。以此意存之,更有何事?"显然,程颢的天人合一指向本身就建立在张载"性与天道合一存乎诚"的基础上。至于程颐的格物穷理说包括其"万物只是一理,至如一物一事,虽小,皆有是理"等等,如果没有张载自明而诚的"自明诚",也只能是空中楼阁,而张载所谓"万物皆有理,若不知穷理,如梦过一生。释氏便不穷理,皆以为见病所致",恰恰是从儒佛对立的角度阐发出来的。从这个角度看,二程对天理本体不同的落实走向,正是以对张载思想的继承为前提的;至于其发展,说到底又是沿着张载哲学的人伦物理两个不同面向得以实现的。

六 结 语

综上所述,无论是从学派崛起的先后还是从思想发展的逻辑来看,

---

① "尽弃其学"原出孟子对学无根底的陈相见农家"许行而大悦,尽弃其学而学焉"的嘲讽。参见(汉)赵岐注、(宋)孙奭疏:《孟子注疏》卷5下《滕文公章句上》,(清)阮元校刻:《十三经注疏》,中华书局2009年影印本,第5883页。吕大临以此指谓张载与二程的京师之会,只能说是其以自毁其师的方式邀功于程门的表现。因为无论是张载对佛老的钻研还是对《周易》的研究,都不能说是"尽弃其学"。结合其时程门游酢、杨时对张载的编派,只能说程门弟子为争夺道学正统而故意贬低张载。吕大临的《横渠先生行状》可能就是受这一思潮裹挟的产物。

② 张载云:"义命合一存乎理,仁智合一存乎圣,动静合一存乎神,阴阳合一存乎道,性与天道合一存乎诚。"参见(宋)张载《正蒙·诚明篇》,第20页。

张载关学都代表着洛学的正源。那么，从《近思录》到《伊洛渊源录》，其颠倒理学顺序的说法究竟是如何发生的呢？这一点可能与杨时有关。在《伊洛渊源录》关于张载的附录中，朱子曾专门从《龟山集》中找到了杨时的《跋横渠与伊川简》，其中有云：

> 横渠之学，其源出于程氏，而关中诸儒尊其书，欲自为一家，故予录此简以示学者，使知横渠虽细务必资于二程，则其它固可知已。①

而朱子则在其后解释说：

> 案横渠有一简与伊川，问其叔父葬事，未有提耳恳激之言，疑龟山所跋，即此简也。②

当杨时成为洛学弟子时，张载已经去世好几年了，而当时的关学弟子无疑居于程门主流的地位，这样看来，所谓"欲自为一家"之说根本不可能出自张载，而只能出自杨时，出自其与关学弟子争正宗的心理；因而"欲自为一家"之说可能也只能依据程颐批评吕大临的"守横渠学甚固"③而言了。所以，杨时就试图通过张载"有一简与伊川，问其叔父葬事"，以证明"横渠虽细务必资于二程"。"葬事"涉及礼，以葬礼问于同仁，一如"子入太庙，每事问"④一样，本身就是一种礼，杨时以此证明"横渠虽细务必资于二程"，足见其不知礼。实际上，这非但不能说明"横渠虽细务必资于二程"，反而说明张载才是真正的礼教专家；所谓"关中学者，用礼渐成俗"⑤

---

① （宋）朱熹：《伊洛渊源录》卷6，朱杰人、严佐之、刘永翔主编《朱子全书》，上海古籍出版社、安徽教育出版社2002年版，第12册，第1002页。

② 同上。

③ 程颐云："吕与叔守横渠学甚固，每横渠无说处皆相从，才有说了，便不肯回。"参见（宋）程颐：《程氏遗书》卷19，《二程集》，王孝鱼点校，中华书局1981年版，第265页。

④ （魏）何晏集解、（宋）邢昺疏：《论语注疏》卷3《八佾第三》，（清）阮元校刻：《十三经注疏》，中华书局2009年影印本，第5358页。

⑤ "子厚言：'关中学者，用礼渐成俗。'正叔言：'自是关中人刚劲敢为。'子厚言：'亦是自家规矩太宽。'"参见（宋）程颢、程颐《河南程氏遗书》卷10，《二程集》，王孝鱼点校，中华书局1981年版，第114页。

正是张载以礼为教的表现。

杨时重塑关洛之学的企图，还见于其对《西铭》的批评。《伊洛渊源录》卷六载：

> 杨时致书伊川先生曰："《西铭》言体而不及用，恐其流或至于兼爱。"先生答之曰："横渠立言，诚有过者，乃在《正蒙》。《西铭》之为书，推理以存义，扩前圣所未发，与孟子性善养气之论同功，岂墨氏之比哉？《西铭》明理一而分殊，墨氏则二本而无分，子比而同之，过矣。且谓言体而不及用，彼欲使人推而行之，本为用也，反谓不及，不亦异乎？"①
>
> 伊川《答杨中立论西铭》，中立尾书云："判然无疑。"伊川曰："杨时也未判然。"②

从前边力图说明"横渠虽细务必资于二程"到这里又批评"《西铭》言体而不及用，恐其流或至于兼爱"来看，说明杨时确实是在对张载之学吹毛求疵，同时又试图以这种方式邀功于程门；而杨时的这一思路正是朱子视张载关学为洛学"羽翼"者的滥觞。至于其中的不当之处，程颐已经分析得很透彻，无须再赘。但由程颐对《西铭》的这一分析却引发了理学中的一个重大公案，这就是为程颐、朱子所相继阐发的理一分殊问题。

理一分殊固然代表着程朱对宋明理学的一大贡献，但"理一"与"分殊"两个不同层面及其关系却又不能不源于张载。请看张载在《西铭》中对这一关系的表达：

> 乾称父，坤称母，予兹藐焉，乃混然中处。故天地之塞，吾其体；天地之帅，吾其性。民吾同胞，物吾与焉。（《正蒙·乾称篇》，第62页）

---

① （宋）朱熹：《伊洛渊源录》卷6，载朱杰人、严佐之、刘永翔主编《朱子全书》第12册，上海古籍出版社、安徽教育出版社2002年版，第1000页。
② （宋）朱熹：《伊洛渊源录》卷10，载朱杰人、严佐之、刘永翔主编《朱子全书》第12册，上海古籍出版社、安徽教育出版社2002年版，第1062页。

在理学中，真正构成"理一分殊"之基本支撑的就在于"天地之塞，吾其体；天地之帅，吾其性"两句，而这里的"其体""其性"又是一种什么关系呢？请看二程的如下语录：

> 论性，不论气，不备；论气，不论性，不明。二之则不是。①
> 离了阴阳更无道，所以阴阳者是道也。阴阳，气也。气是形而下者，道是形而上者。形而上者则是密也。

显然，宋明理学中的性气、理气包括所谓道器关系实际上就源于张载的"天地之塞，吾其体；天地之帅，吾其性"一说；而这一点不仅是"理一"与"分殊"的理论源头，同时也是其不同层面之立体统一关系的坚实支撑。

让我们再看作为朱子不易之论的理气关系：

> 天地之间，有理有气。理也者，形而上之道也，生物之本也。气也者，形而下之器也，生物之具也。是以人物之生，必禀此理然后有性，必禀此气然后有形。其性其形虽不外乎一身，然其道器之间，分际甚明，不可乱也。②

朱子这里的"其性其形"之说究竟源自哪里呢？这就源于张载的"天地之塞，吾其体；天地之帅，吾其性"一说。当然，这并不是说张载就凭空创造了这两个概念，从而开创了宋明理学形上形下相统一的双重世界。就张载的"其体""其性"而言，实际上又源于其对佛老之学的钻研与批评，比如还在《正蒙》的首章，张载就对佛老的二重背反世界批评说：

---

① （宋）程颢、程颐：《河南程氏遗书》卷6，《二程集》，王孝鱼点校，中华书局1981年版，第81页。
② （宋）朱熹：《答黄道夫》，朱杰人、严佐之、刘永翔主编《朱子全书》卷58，上海古籍出版社、安徽教育出版社2002年版，第23册，第2755页。

> 若谓虚能生气，则虚无穷，气有限，体用殊绝，入老氏"有生于无"自然之论，不识所谓有无混一之常；若谓万象为太虚中所见之物，则物与虚不相资，形自形，性自性，形性、天人不相待而有，陷于浮屠以山河大地为见病之说。(《正蒙·太和篇》，第8页)

分析至此，宋明理学形上形下双重世界之所从来就已经非常清楚了。这就是佛老的世界二重化，并通过否定现实世界的方式为其解脱与出离追求进行论证。但张载则是通过对佛老之学的钻研与反戈一击，从而塑造了儒家"天道性命相贯通"——形上形下相统一的世界，这就是儒家体用不二的世界。所以说，理学形上形下相统一的世界本身就是通过张载的"其体""其性"之说建立起来的。这样，如果我们承认宋明理学确实建构了一个形上形下相统一的世界，那么这一世界的主流与正源也就是以张载关学为代表的。

[原载《哲学与文化》（台北）2018年第9期]

论程颐对张载心性思想之继承和发展

张金兰[*]

北宋理学创立时期，张载、二程有密切的学术交往，他们相互交流、不断切磋，为理学的建立作出重大贡献。吕思勉说："理学家中，规模阔大，制行坚卓，实无如张子者。"[①] 张载建构了宏阔的理学体系，提出理学的一系列重要范畴和命题，[②] 这些范畴经由二程的传承，成为理学体系的核心范畴。[③] 虽然二程与张载思想有显著差异，二程对张载思想也有诸多批评，但他们对张载思想的继承和发展也是显而易见，[④] 表现在心性论方面，程颐对张载思想的继承与发展尤为突出。具体而言有三方面，第一是人性论方面，张载针对秦汉以来人性论的偏蔽，提出了天地之性与气质之性二重结构人性论，为儒学重构了新的人性理论。二程在继承张载二重结构人性论的同时，对其作了表述上的调整，即依据《中庸》所谓"天命之谓性"，把张载的天地之性改为天命之性，完成了理学人性论的建构。第二是心性关系方面，张载主张性大心小，认为通过大心的方式，以心知天，才能实现心性合一的境界。程颢则批评张载的以心知天容易导向外求，认为无须心外求性，表达了心性本一的思想。程颐虽然批评张载的性大心小之说，但由于他的心性合一也是经由工夫实现，因

---

[*] 张金兰：内蒙古师范大学哲学系教授、硕士生导师。

[①] 吕思勉：《理学纲要》，凤凰出版传媒集团、江苏文艺出版社2008年版，第61页。

[②] 张载曾自评《正蒙》说："吾之作是书也，譬之枯株，根本枝叶，莫不悉备，充荣之者，其在人功而已。又如晬盘示儿，百物具在，顾取者如何尔。"参见（宋）张载《张载集》，章锡琛点校，中华书局1978年版，第3页。

[③] 张立文认为张、程之所以是理学思潮的主流派和奠基者，原因之一就是"凸显了理学范畴在理学中的重要地位"。参见向世陵《理学与易学·序》，长春出版社2011年版，第10页。

[④] 钱穆说"二程思想亦极有受横渠影响处"。参见钱穆《中国学术思想史论丛》卷5，安徽教育出版社2004年版，第110页。

而与张载在天人合一境界所达到的心性合一相合。张载、程颐与程颢在心性关系论方面的不同,正展现了理学两种不同的工夫路径。第三是心知之学方面,张载将知分为三种类型——见闻之知、德性所知、诚明所知进行论证。程颐继承了张载关于见闻之知与德性所知的提法,将德性所知变为德性之知,不再提诚明所知,将张载知论的三种类型变为两种类型,这即表明二者对知论的不同理解,也表明理学知论建构的完成。

一 程颐对张载人性论思想之继承和发展

北宋之前儒家人性论最具代表性的是孟子"性善论"、荀子"性恶论"、董仲舒的人性论。"性善论"从先验的角度说明"人性向善",具有普遍性,[①] 但没有合理地解决恶之来源问题;"性恶论"从经验的角度说明人性,但缺乏形上根源;董仲舒以阴阳之说论人性,虽为人性善恶提供了宇宙论根源,却不是本体根据。宋初,面对佛教的巨大冲击,诸儒也都试图解决儒家人性理论存在的问题,但张载之前,这一问题没有合理解决。[②] 张载在人性论问题上的最大贡献就是针对秦汉以来人性论的偏蔽,提出了"天地之性"与"气质之性"二重结构人性论,为儒学重构了新的人性理论。[③]

张载的人性论基于其性论。性在张载哲学中的定位是"合虚与气",这既说明性是"合两之性",[④] 又表明性虽是"万物之一源",却是处于太虚(天)之下的次级范畴。张载首提天地之性和气质之性二重结构人性论,理解张载的二重结构人性论需要强调三点:第一,他所谓的气质

[①] 韦政通将其称为"具体的普遍性"。参见韦政通《中国思想史》上册,上海书店出版社2003年版,第185页。

[②] 佛教将世界和人生区分为本体和现象两个层面,在人性论上则把人性分为超越的性体和现象的情欲两个层面。在佛家看来,儒家只有情欲层面的人性论。如何建立维护传统儒家的人性论,使之上升到本体的层面,同时肯定本体之性与现实之情的一致关系,建构体用一贯的人性论,是儒学家必须面对的问题。参见李祥俊《道通为一——北宋哲学思潮研究》,北京师范大学出版社2006年版,第422—426页。

[③] 韦政通认为横渠的心性论开出一个新的理论规模,在这一点上,横渠才是理学真正的开山人物。参见韦政通《中国思想史》下册,上海书店出版社2003年版,第759页。

[④] "性其总,合两也。"参见(宋)张载《正蒙·诚明篇》,第22页。

之性是有形万物都具备的。他说"形而后有气质之性,善反之,则天地之性存焉"①。气质之性是对有形之物而言的。"气质犹人言性气,气有刚柔、缓速、清浊之气也,质,才也。气质是一物,若草木之生亦可言气质。"(《经学理窟·学大原上》,第281页)气质包括人和物。又说"大凡宽褊者是所禀之气也,气者自万物散殊时各有所得之气"(《张子语录·语录下》,第329页)。由于气扩散开来的状态万殊不一,所以人、物所禀受的气也不同,形成的事物千差万别。气质之性属形而下,体现万物的殊性,就人性而言,气质之性除了自然的差别,还有善恶的不同。② 这为解决实然层面人性中恶之来源提供了依据。第二,张载认为不能离开天地之性说气质之性,因为天地之性是人、物之所以成为其自身的内在根据。天地之性来源于太虚,是天道的体现。张载说:"天所性者通极于道,气之昏明不足以蔽之。"(《正蒙·诚明篇》,第21页)天地之性的终极根源是天道,气质或昏或明都不能遮蔽它的存在。天地之性说明的是万物的共性。就根本而言,天地之性具有至善与恒久的特征,"性之本源,莫非至善"③,"天地之性,久大而已矣"(《正蒙·诚明篇》,第

---

① 二重结构人性论是张载首创,还是张载受张伯端影响提出的,在学界存在争议。因为道教金丹派创始人张伯端(984—1082年)说:"形而后有气质之性,善反之,则天地之性存焉。自为气质之性所蔽之后,如以云掩月,气质之性虽存,先天之性则无有。……"(张伯端:《玉清金笥青华秘文金宝内炼丹诀》,《道藏洞真部·方法类》卷上第八)这段话的首句,与张载所言相同。侯外庐等认为张伯端关于天地之性(或称本元之性)与气质之性相互关系的论述,不如张载讲得那么深入,很可能张载受了他的影响。参见侯外庐、邱汉生、张岂之主编《宋明理学史》(上),人民出版社1984年版,第112页。蒙培元认为张伯端与张载同时稍晚,究竟谁受谁的影响,的确很难断定,但张载作为苦心思索的思想家,提出一系列理学范畴和命题,"天地之性""气质之性"便是其中之一,如果说张载抄袭张伯端,可能性不大。参见蒙培元《理学范畴系统》,人民出版社1989年版,第230页。常裕则认为张载《正蒙》成书早于张伯端《玉清金笥青华秘文金宝内炼丹诀》(以下简称《青华秘文》)。张伯端著《青华秘文》,目的是为了说明和补充《悟真篇》的,其较《悟真篇》思想更加完备。张伯端至熙宁己酉岁(1069年),82岁时始于成都遇异人授以丹诀,乃著《悟真篇》,即使在熙宁己酉岁张伯端归于故山,十年后也已是元丰二年,可见,《青华秘文》的成书时间最早也不超过元丰二年(1079年)。而张载于熙宁十年(1077年)已去世,决不会见到《青华秘文》一书。相反,张伯端内丹学说受到张载心性论的影响。参见常裕、孙尧奎《张载心性理论对张伯端内丹学说的影响》,《山西大学学报》(哲学社会科学版)1999年第3期,第61—63页。以上观点,常裕的更具说服力。

② 气质对道德有"能违"的一面,也有"能助"的一面。参见韦政通《中国思想史》下册,上海书店出版社2003年版,第764页。

③ (宋)张载:《张子全书》,林乐昌编校,西北大学出版社2015年版,第445页。

24页),这是天地之性的形上特质。就人性而言,天地之性是纯善状态,这为解决应然层面人性善之根源提供了依据。第三,在张载的二重结构人性论中,天地之性与气质之性是二而不二的关系。所谓的"二"是指在概念上天地之性与气质之性需有二重划分;加之,气质之性对天地之性会有遮蔽,二者并立。所谓的"不二"是指现实人生,人性只能有一个。天地之性与气质之性犹如水和冰的关系。"天性在人,正犹水性在冰,凝释虽异,为物一也。"(《正蒙·诚明篇》,第22页)气质之性中蕴含天地之性,"神与性乃气所固有"(《正蒙·乾称篇》,第63页)。天地之性则通过气质之性来呈现,"善反之,则天地之性存焉",通过"返"的工夫实现天地之性。

在张载的二重结构人性论中,天地之性将儒家人性论提到超越的本源层面,为人性善之根源提供依据;气质之性则合理说明现实层面万物的差异,为人性恶之来源提供充分根据;对天地之性与气质之性关系的论述,也已达到体用融通的程度。这不仅解决了儒家长期以来关于人性善恶问题的争论,而且将儒家人性论提到几乎可以与佛教媲美的高度,为儒家人性论重构作出重要贡献。[①]

如果说张载的性论处于本源的地位,那么二程的性论则提升到了本体的地位,二程继承张载二重结构人性论,他们用其哲学的最高范畴"天理"来诠释"性"。

程颢所谓的性是天理的自然流行。他说:"盖上天之载,无声无臭,其体则谓之易,其理则谓之道,其用则谓之神,其命于人则谓之性,率性则谓之道,修道则谓之教。"[②]天理有不同的呈现方式,命于人的称作性。程颢强调现实层面性与生之间的密切关系。他说:"'生之谓性',性

[①] 陈植锷认为:张载性二元论差不多囊括了前此一切性学研究的不同观点,在性学史上起到了既总其成又以新面目出现的特殊作用。参见陈植锷《北宋文化史述论》,中国社会科学出版社1992年版,第246页。劳思光认为:张氏对于"性"之理论,影响甚大,盖"性"观念之二分,始于张氏。参见劳思光《新编中国哲学史》(3卷上),广西师范大学出版社2005年版,第137页。

[②] (宋)程颢、程颐:《遗书》卷1《二先生语一·端伯传师说》,《二程集》,王孝鱼点校,中华书局1981年版,第4页。

即气，气即性，生之谓也。"① 人物未生之时，天命之性无处表现，因此，只能从"已生"处言性，即在具体的"所生"中体察此天命之性。而既要从所生之物来谈性，必然要涉及气，天命之性只有通过气禀才可能被领会，离此气禀也就谈不上天命之性。在现有文献中，我们没有看到程颢直接表述"天地之性"与"气质之性"，而"生之谓性"与"人生而静以上"的划分已经隐含了天命之性和气质之性的二重结构，程颢认为从本然的根源处说，性是天命之性，是具超越性的本体；从实然的现象界说，本然之性就蕴含在气质之性中。

程颐直接说"性即理"，将性提到了与理一样的高度来论证。他说："性即理也，所谓理，性是也。"② 程颐先是以天命之性与禀受之性二重结构论人性，他说："性字不可一概论。'生之谓性'，止训所禀受也。'天命之谓性'，此言性之理也。今人言天性柔缓，天性刚急，俗言天成，皆生来如此，此训所禀受。若性之理也，则无不善，曰天者，自然之理也。"③ 人性不能一概而论，"生之谓性"是从禀受的层面言性，天命之性则是从天理的层面言性，从天理的角度看，性是纯善无恶的。接着程颐又用气说明禀受之清浊。"性即是理，理则自尧、舜至于途人，一也。才禀于气，气有清浊，禀其清者为贤，禀其浊者为愚。"④ 超越层面的性之理，对任何人都一样，现实层面的气之禀却各不相同。这就是说，程颐接受了张载关于二重结构人性论的划分。⑤

二程继承张载关于二重结构人性论的划分，一方面对其做了表述上的调整，即依据《中庸》所谓"天命之谓性"把张载的"天地之性"改为"天命之性"，使其更具儒学特质；另一方面把性提升到本体的高度进

---

① （宋）程颢、程颐：《遗书》卷1《二先生语一·端伯传师说》，《二程集》，王孝鱼点校，中华书局1981年版，第10页。
② （宋）程颢、程颐：《遗书》卷22上《伊川先生语八上·伊川杂録》，《二程集》，王孝鱼点校，中华书局1981年版，第292页。
③ （宋）程颢、程颐：《遗书》卷24《伊川先生语十·邹德久本》，《二程集》，王孝鱼点校，中华书局1981年版，第313页。
④ （宋）程颢、程颐：《遗书》卷18《伊川先生语四·刘元承手编》，《二程集》，王孝鱼点校，中华书局1981年版，第204页。
⑤ 劳思光先生认为，伊川此种观点其实是自横渠分"天地之性"与"气质之性"而来。参见劳思光《新编中国哲学史》（3卷上），广西师范大学出版社2005年版，第178页。

行论证，使二重结构关系更为融通。之后，天命之性与气质之性成为后世理学家解释人性论的核心范畴，张、程完成了理学人性论的建构。朱熹认为，气质之说"起于张、程"。此"极有功于圣门，有补于后学"，"前此未曾有人说到此"，"故张、程之说立，则诸子之说泯矣"[1]。

二 程颐对张载心性关系之评说与参鉴

张载对"心"的定位是"合性与知觉"。张载从两个方面处理心性关系。一方面，从天、道、性、心下贯而言，性大心小。首先，性对心有决定作用。因为"合性与知觉，有心之名"。其次，心是性派生的。"性，原也；心，派也。"[2] 再次，性对心具有导向作用。气质之性不是人的本然之性；根源于太虚本体的天地之性乃是人之为人的真正所在。这样，性就为心确立了道德原则和价值导向。最后，从性与心二者的范围看，"性又大于心"，性比心的范围要宽泛。概言之，张载认为性是本原，性高于心。另一方面，从心、性上达天、道而言，心性合一。张载特别强调心对性的能动作用和自觉意识。"天地之性人为贵"[3]，贵就贵在人的能动性和道德自觉性，只有人能通过自己的行动来实现本性的要求。他说"心能尽性，'人能弘道'也；性不知检其心，'非道弘人'也"（《正蒙·诚明篇》，第22页），在努力进行道德践履的过程中，心能够自觉省察和体悟性所赋予的本源根据，并尽力实现和弘扬天道的使命。人能够通过"大心体物"的工夫做到合内外。"大其心则能体天下之物，物有未体，则心为有外。……圣人尽性，不以见闻梏其心，其视天下无一物非我……天大无外，故有外之心不足以合天心。"（《正蒙·大心篇》，第24页）大心就是要充分扩展人的主体自觉性，以道德修养工夫为前提，省悟天赋予人的纯善本性。做到大心才能够认识和体悟天下万物的本性，使得天地之性完全呈现，这样就达至"天人合一"的境界，实现心性

---

[1] （宋）黎靖德编：《朱子语类》卷4《性理一》，王星贤点校，中华书局1986年版，第70页。
[2] （宋）张载：《张子全书》，林乐昌编校，西北大学出版社2015年版，第447页。
[3] 同上书，第446页。

合一。

张载从天道下放、心性上达的双向结构中界定心性关系，程颢的心性关系则建立在心、性、理同一层面的基础上，直接表述为"心性本一"。程颢反对张载将心性二分，对张载心性关系进行批评，他强调"心即理""不可外求"等。① 张载、程颢心性关系的差异体现二者工夫进路不同，张载是下学上达的工夫，程颢是直接体认本体的工夫。② 相较程颢而言，程颐的心性关系显得较复杂。一方面，程颐与程颢有一些相似的话头，似乎表明程颐与程颢一样，只主张"心性本一"。如程颐说"在天为命，在义为理，在人为性，主于身为心，其实一也"③。另一方面，程颐又将心做体用两层结构划分，他说："心一也，有指体而言，有指用而言，惟观其所见如何耳。"④ 程颐与弟子有一段对话，问："心有限量否？"曰："论心之形，则安得无限量？……以有限之形，有限之气，苟不通之以道，安得无限量？孟子曰：'尽其心，知其性。'心即性也。在天为命，在人为性，论其所主为心，其实只是一个道。苟能通之以道，又岂有限量？天下更无性外之物。"⑤ 这里虽有"心即性"的话头，但此段明确表达的是两层意思，第一，就形气上来说心，心是有限量的。人如果不知自省心灵之体，便会拘于气性，滞于对象，障蔽性体之显现，心不能尽性，此时"心性为二"。第二，就心之本然来说心，心性合一。但前提条件是心必须能做到"通之以道"，才可以无限量。也就是说心性合一须由工夫达成，这与张载在天人合一境界上的心性合一是一致的。程颐有一段话，进一步体现他与张载的心性关系更为相合。他说："不当以体会为

---

① 程颢说"尝喻以心知天，犹居京师往长安，但知出西门便可到长安。此犹是言作两处。若要诚实，只在京师，便是到长安，更不可别求长安。只心便是天，尽之便知性，知性便知天（一作性便是天），当处便认取，更不可外求"。参见（宋）程颢《遗书》卷2上《二先生语二上·元丰己未吕与叔东见二先生语》，《二程集》，王孝鱼点校，中华书局1981年版，第15页。

② 郭晓东：《识仁与定性》，复旦大学出版社2006年版，第102页。

③ （宋）程颢、程颐：《遗书》卷18《伊川先生语四·刘元承手编》，《二程集》，王孝鱼点校，中华书局1981年版，第204页。

④ （宋）程颢、程颐：《文集》卷9《伊川先生文五·书启·与吕大临论中书》，《二程集》，王孝鱼点校，中华书局1981年版，第609页。

⑤ （宋）程颢、程颐：《遗书》卷18《伊川先生语四·刘元承手编》，《二程集》，王孝鱼点校，中华书局1981年版，第204页。

非心，以体会为非心，故有心小性大之说。圣人之神，与天为一，安得有二？至于不勉而中，不思而得，莫不在此。此心即与天地无异，不可小了它，不可将心滞在知识上，故反以心为小。"（时本注云："横渠云：'心御见闻，不弘于性。'"）[1] "性大心小"之说出自《张子语录》，[2] 体现张载修养工夫的次第，说明知性与尽性是两个层次，当心有局限不能尽性时，表现为"性大心小"。程颐批评张载的心小性大之说，看似观点对立，但进一步分析，却并不然。"圣人之神，与天为一，安得有二"，这明确表示，只有圣人能做到"合二为一"。这与张载在天人合一境界上所达到的心性合一正好相合。张载所谓"性大心小"的心，是滞在见闻上的知觉之心，不是道德本心。"心之尽性之功未至，则性大心小。"[3] 程颐所说的"不可将心滞在知识上，故反以心为小"，与张载所言一致。其实，张载、程颐都反对"见闻之狭"，且都主张通过修养工夫实现心性合一。

程颢与张载的心性关系存在较大差异，程颐与张载的心性关系却较为相近。程颢与张载的不同，主要是工夫路径的不同；程颐与张载的不同，则主要是表述的不同；程颢的直接体认本体与张载、程颐的下学上达代表了理学修养工夫的两种途径，若从"天人合一"的境界上讲，三者都主张心性合一。

三 程颐对张载心知之学的继承和发展

在心性思想中，张载提出了一对重要的哲理范畴，即德性所知与见闻之知。这就是张载的心知之学。张载的知论分三种类型，即见闻之知、德性所知、诚明所知。见闻之知是依靠知觉产生的知，是知识层面的知；

---

[1] （宋）程颢、程颐：《遗书》卷2上《二先生语二上·元丰己未吕与叔东见二先生语》，《二程集》，王孝鱼点校，中华书局1981年版，第22页。

[2] 尽天下之物，且未须道穷理，只是人寻常据所闻，有拘管局杀心，便以此为心，如此则耳目安能尽天下之物？尽耳目之才，如是而已。须知耳目外更有物，尽得物方去穷理，尽了心。性又大于心，方知得性便未说尽性，须有次叙，便去知得性，性即天也。"参见（宋）张载《张载集》，中华书局1978年版，第311页。

[3] 唐君毅：《中国哲学原论·原教篇》，中国社会科学出版社2006年版，第81页。

德性所知是通过道德修为，达到对天性的认识所获得的道德层面的知；诚明所知是依靠对天性的深层体悟得到的超道德层面的知。① 严格地说，后两种知不是一种知识而是一种道德修养工夫，三层面的知有机地"统一于心"。

张载认为"见闻之知，乃物交而知"（《正蒙·大心篇》，第24页），它是人的感觉器官与外界事物结合得来的一种知识。"人谓己有知，由耳目有受也；人之有受，由内外之合也。"（《正蒙·大心篇》，第25页）这种感性知识是"内外合"的结果，是主体与客体相互结合的产物。对于见闻之知，一方面张载肯定耳目见闻的重要性。他说："闻见不足以尽物，然又须要他，耳目不得则是木石，要他便合得内外之道，若不闻不见又何验？"（《张子语录·语录上》，第313页）"耳目虽为性累，然合内外之德，知其为启之之要也。"（《正蒙·大心篇》，第25页）耳目有启发心思的作用，如果没有耳目，人就如同木石。耳目见闻是人可资利用而与外部世界沟通的基本方式。另一方面，张载强调见闻之知的局限性。他说："天之明莫大于日，故有目接之，不知其几万里之高也；天之声莫大于雷霆，故有耳属之，莫知其几万里之远也。"（《正蒙·大心篇》，第25页）客观事物是无限的，人的耳闻目见则是有限的，人的耳目虽有合内外之功，但要穷尽天下事物之理，却做不到。突破见闻之知的局限，就需要进入另一种求知的路径——德性所知。

张载对德性所知没有界定，只说"德性所知，不萌于见闻"（《正蒙·大心篇》，第24页）。王夫之认为"德性诚有而自喻"②。德性是人性中实有的因素，其潜在性需要道德践履得以达成。从张载的语境中可知，通过"尽心""大心"的道德工夫，完成"穷理""体物"的任务，由此获得的知就是德性所知。达到德性所知意味着"知"进入到一个新阶段，即"明"的境界。而"明"不是最高境界，由德性所知进入诚明所知，方是最高的"诚"的境界。

---

① 学术界一般都将张载知论归为见闻之知、德性所知两种，将德性所知与诚明所知看作是同一范畴。程宜山对德性所知和诚明所知区分开来，分析很有见地。参见程宜山《关于张载的"德性所知"与"诚明所知"》，《哲学研究》1985年第4期。
② （清）王夫之：《张子正蒙注》，中华书局编辑部点校，中华书局1975年版，第122页。

张载对"诚明所知"有明确的表述,"诚明所知乃天德良知"(《正蒙·诚明篇》,第20页)。良知是人性固有的纯善之性,诚明所知就是良知完全呈现的状态。这种知又不同于德性所知,德性所知"犹可勉而至",而诚明所知"非思勉之能强","则必在熟"。德性形成之后,还需一个熟的过程,它的具体表现是"德盛仁熟""穷神知化"。显然,诚明所知比德性所知更高一个层次。实现诚明所知的主要途径是在尽心的基础上做尽性的工夫。尽性是指以直觉思维彻悟宇宙万物的生成根源和造化原理,是贯通性命之源的工夫。张载说"无我而后大,大成性而后圣"(《正蒙·神化篇》,第17页)。尽性才能成性,成性才能成圣。张载知论中,三知的关系,一是就见闻之知与德性所知的关系而言,见闻之知是"合内外"于耳目之内的知,是小知,德性所知是"合内外于耳目之外"的知,是大知。依知觉产生知识层面之知,依性产生道德层面之知。此二者是两种路向,并行不悖。二是就德性所知与诚明所知的关系而言,二者都是基于主体的道德自觉,但程度不同。德性所知是靠道德的修为和努力能够达到的一种境界,是道德层面的知。诚明所知是基于德性所知基础之上依靠"熟"而达到的超道德层面的知,是知的最高境界。修炼成圣就达到诚明境界,也就实现了天人合一。张载一方面重视耳目见闻的作用;另一方面更强调在实现天人合一过程中,道德修养的重要性。因为本体是超验的,靠见闻和思虑,知觉和理性都是无法实现对它的体认,必须借助道德工夫和直观体认来完成。

程颐继承了张载关于见闻之知与德性所知的这对命题,[①] 并将其作了微妙的改动,首先,将"德性所知"变为"德性之知",不再提诚明所知,将张载知论的三个层面转变为两种类型。其次,将"不萌于见闻"改成"不假闻见"。他说:"闻见之知,非德性之知。物交物则知之,非内也,今之所谓博物多能者是也。德性之知,不假闻见。"[②] 虽然仅

[①] 闻见之知的观念是相对于"德性之知"而成立的。把知分为"德性"与"闻见"两类是宋代儒家的新贡献。大略地说,这一划分始于张载,定于程颐,盛于王阳明,而泯于明清之际。参见温伟耀《成圣之道——北宋二程修养功夫论研究》,河南大学出版社2004年版,第123页。

[②] (宋)程颢、程颐:《遗书》卷25《伊川先生语十一·畅潜道录》,《二程集》,王孝鱼点校,中华书局1981年版,第317页。

"萌"与"假"一字之差，却有很大的区别在其中。张载所说德性所知不由见闻生出，这里包含着借助见闻的可能性；程颐则几乎是说德性之知不需要借助见闻。这涉及的是见闻之知与德性之知的关系，是一个复杂的问题。借用杜维明关于见闻之知与德性之知关系的理论可以说明张载、程颐对两种知识关系的不同理解。① 虽然，张载、程颐都强调德性之知的重要性，也都在工夫论的前提下给闻见之知以适当地认可。但是，他们的不同在于，从张载的角度而言，闻见之知在德性之知首出的前提下有比较重要的作用，见闻之知是通向德性之知的条件。从程颐的角度而言，一方面，如果没有工夫在闻见之知与德性之知之间起沟通作用，见闻只是见闻，是外在的经验知识，而德性之知是内在的道德知识，二者不是同一类知识，没有必然联系。所以说"德性之知，不假闻见"。另一方面，如果通过工夫的实际操练，见闻之知的起点皆可以引至德性之知的体会，这就是程颐后来所讲的格物致知。那么相较而言，程颐的知识论"更具有道德主义的特征，却缺乏张载那样的丰富性"②。

见闻之知与德性之知是张载首先提出的一对范畴，③ 他在自己的思想体系中完成心知之学的理论阐释。程颐传承了这对范畴，并作了改动，发展出自己的心知之学。这既表明二者对知论建构的不同理解，同时也表明宋代理学知论的最终完成。

结　语

如果将张载与二程的思想放在理学建构的整体过程中来观察，那么，张载、程颢、程颐的思想有一种层层递进的关系。正如唐君毅所说：张

---

① 杜维明认为处理这一关系有以下方式：一、把德性之知与一般闻见之知区分开来以突出德性之知的特殊作用；二、把一般闻见之知和德性之知统合起来，让闻见之知在德性之知首出的前提下获得适当的位置。参见［美］杜维明《论儒家的"体知"——德性之知的涵义》，载刘述先编《儒家伦理研讨会论文集》，东亚哲学研究所出版社2004年版，第23页。

② 蒙培元：《理学范畴系统》，人民出版社1989年版，第377页。

③ 韦政通认为：德性之知与闻见之知要讨论的问题，是"知"的不同性质和闻见之知与道德实践的关系，以及闻见之知在道德实践中的地位问题。横渠把这个问题提出来，从影响来看，似乎比气质之性说更有功于圣门。参见《中国思想史》，上海书店出版社2003年版，第767页。

载的终点正是二程的起点。① 二程对张载思想的核心内容进行批评与继承，不断推进理学体系走向完善与细化。在心性论方面，程颐继承了张载"天地之性与气质之性"二重人性结构的划分与"闻见之知与德性所知"的理论，并作了进一步发展，使得"天命之性与气质之性""闻见之知与德性之知"成为心性思想中的核心范畴。二程不管是批评抑或赞扬张载，在很大程度上，二程的思想都是接着张载的思想继续发展，从张载到二程，理学建构的主要问题，不管是从广度，还是从深度上都一一展现出来，由于这样的发展，到了南宋，朱熹最终将北宋四子的思想进行了汇总，从而形成了成熟完备的理学体系。

[原载《哲学与文化》（台北）2018 年第 9 期]

---

① 唐君毅说："程子之学无论其自觉不自觉，吾人皆可说之乃以横渠之学之所终，为其学之所始。"参见《中国哲学原论》，原教篇，中国社会科学出版社 2006 年版，第 82 页。

论朱熹的《西铭》诠释模式
——以"理一分殊"为标志

林乐昌

一 贡献与局限并存

宋代理学家善用短篇文字创新思想，总结学说。张载所撰写的《西铭》，就正是这样一篇著名的短论。二程兄弟极其看重《西铭》，认为《西铭》之言，"扩前圣所未发"①，"秦汉以来学者所未到"，"孟子以后，未有人及此"。② 因此，《西铭》在程门取得了与《大学》并列的经典地位。陈亮以《西铭》《易传序》《春秋传序》同为"理学正源"。③ 朱熹讲友刘清之说："本朝只有四篇文字好：《太极图（说）》《西铭》《易传序》《春秋传序》。"④ 程颐率先用"理一分殊"概括《西铭》的意旨。⑤ 朱熹承接了程颐所提出的"理一分殊"命题，花费了十数年心力，往复研探，最终撰为《西铭解》，从而使"理一分殊"成为《西铭》诠释模式的标

---

① （宋）程颐：《河南程氏文集》卷9《答杨时论西铭书》，《二程集》，王孝鱼点校，中华书局1981年版，第609页。
② （宋）程颢、程颐：《河南程氏遗书》卷2上《元丰己未吕与叔东见二先生语》，程颢语，《二程集》，王孝鱼点校，中华书局1981年版，第22、39页。
③ （宋）陈亮：《陈亮集》（增订本）卷23《伊洛正源书序》，邓广铭点校，中华书局1987年版，第252—253页。
④ （明）胡广等纂修：《性理大全》卷56《论文》，《孔子文化大全》，友谊书社1989年版，第3430页。按，刘清之其人，参阅（清）黄宗羲原著、（清）全祖望补修《宋元学案》卷59《清江学案》，中华书局1986年版，第1940—1941页。
⑤ （宋）程颐：《河南程氏文集》卷9《答杨时论西铭书》，《二程集》，王孝鱼点校，中华书局1981年版，第609页。

志，并起到了为《西铭》确定"基调"的作用。①

"理一分殊"最初被程颐提出并由朱熹加以发挥时，还只是一个用以概括《西铭》意旨、意涵比较具体的命题，主要表现的是伦理学意义。但就朱熹一生围绕"理一分殊"的所有论述来看，这一命题并未仅限于《西铭》伦理学这一种意义，而是对其意义有所扩大，使之包含了更普遍的哲学意义，用以揭示事物的一般与特殊的关系、世界的统一性与多样性的关系。② 我们可以把前者称为狭义的"理一分殊"，把后者称为广义的"理一分殊"。朱熹曾说："世间事虽千头万绪，其实只是一个道理，'理一分殊'之谓也。"③ 这句话说的是广义的"理一分殊"。关于广义的"理一分殊"，学术界的研究成果较多④，这里就不赘述。

关于狭义的"理一分殊"，其基本思想是，仁孝或仁爱作为普遍的道德原理，这是"理一"；由于每个人的社会身份不同，因而在实施仁爱的过程中各自遵循的义务和规范也就不同，这是"分殊"。值得注意的是，狭义的"理一分殊"之"分"，与广义的"理一分殊"之"分"，二者的涵义有所区别。广义的"理一分殊"之"分"，有分开、分散等义，也可以理解为世界的复杂性和多样性；⑤ 而狭义的"理一分殊"之"分"，其意涵则当作"名分"。孔颖达解释《礼记·礼运》"礼达而分定"说："分，谓尊卑之分。""尊者居上，卑者处下，是上下分定也。"⑥ 朱熹在《西铭解》中解释"分殊"之"分"为"大小之分，亲疏之等"；他还进一步解释"分殊"说："人物之生，血脉之属，各亲其亲，各子其子，则其分亦安得而

---

① 余英时：《朱熹的历史世界》上册，生活·读书·新知三联书店2004年版，第151页。
② 陈来：《朱子哲学研究》，（第5章《理一分殊》）华东师范大学出版社2000年版，第111—113、120页。
③ （宋）黎靖德编：《朱子语类》卷136《历代三》，王星贤点校，中华书局1986年版，第3243页。
④ 参阅陈来《朱子哲学研究》，第5章《理一分殊》对广义的"理一分殊"所作的全面透辟的论述。此外，蒙培元《朱熹哲学十论》，中国人民大学出版社2010年版，第3章《如何理解世界的统一性与多样性？——"理一分殊"说》，也主要是就广义的"理一分殊"加以讨论的。
⑤ 陈来：《朱子哲学研究》，华东师范大学出版社2000年版，第113页；蒙培元：《朱熹哲学十论》，中国人民大学出版社2010年版，第47页。
⑥ （汉）郑玄注、（唐）孔颖达疏：《礼记正义》卷22《礼运》，（清）阮元校刻：《十三经注疏》，中华书局1980年影印本，第1422页。

不殊哉！"① 依据朱熹这里的解释，"分殊"是以基本的道德原理（"理一"）为根据的，是与人的社会身份和等级差别相适应的具体的道德义务和伦理规范。在狭义的"理一分殊"中，是以"理"对应于"分"，以"一"对应于"殊"的；"一"的主词是"理"，"殊"的主词是"分"。

本文不讨论广义的"理一分殊"，仅以朱熹确立的狭义的"理一分殊"这一《西铭》诠释模式为研究对象。在学术界的过往研究中，有的学者认为"理一分殊"命题符合《西铭》意旨②，也有的学者认为"理一分殊"命题不符合《西铭》意旨。③ 与这两种截然相反的认识都不相同，本文认为，朱熹的"理一分殊"诠释模式与《西铭》意旨之间既有相符合之处，也有不相符合之处。换言之，朱熹在以"理一分殊"模式诠释《西铭》时，贡献与局限是并存的，既有对《西铭》"本意"的发明，也有对《西铭》本旨的偏离。

二 "本意"的发明

朱熹读书，历来"唯本文本意是求"。④ 他对《西铭》的解读，也同

---

① （宋）朱熹：《西铭解》，朱杰人、严佐之、刘永翔主编《朱子全书》，上海古籍出版社、安徽教育出版社2002年版，第13册，第145页。

② 余敦康认为，程朱所谓"理一分殊"的命题，是符合张载《西铭》原意的。参阅余敦康《内圣外王的贯通——北宋易学的现代阐释》，学林出版社1997年版，第360页。

③ 这又有两种不同的认识。一是陈俊民的认识，他指出："在历代各家论究《西铭》之旨中，最权威的说法莫过于程朱理学家的'理一而分殊。'"然而，"'理一而分殊'（或'分立而推理一'），非为张子《西铭》本旨，而是程朱理学的宇宙'理本论'在《西铭》机体上的绝妙附会"。《西铭》的本旨，"是要巩固封建'大一统'的宗法制度"。《西铭》的理学旨趣，是张载"所创现的真正自由的理想人格境界"。《西铭》的理想，是为北宋社会"安置了一个合理而不现实的'民胞物与'的封建乌托邦"。参阅陈俊民《张载哲学思想及关学学派》，人民出版社1986年版，第85、89、94、96、78页。二是冯达文的认识，他在《从西铭开显的境界看道家对张载的影响》一文中认为，"《西铭》论旨在'通天地万物以为一体'，而非程朱所说为'理一分殊'"。还认为，"《西铭》开显的境界追求，必须有藉于道家的本原—本体论"。参阅陈鼓应主编《道家文化研究》第15辑，生活·读书·新知三联书店1999年版，第295页。本文不同意该文主张《西铭》的论旨和境界主要受道家影响的观点，认为《西铭》意旨所依据的主要是《尚书》《诗经》《孝经》《礼记》《论语》《孟子》等儒家经典。参阅林乐昌《正蒙合校集释》，中华书局2012年版，第909—911页。

④ （宋）朱熹：《晦庵先生朱文公文集》卷48《答吕子约》，朱杰人、严佐之、刘永翔主编《朱子全书》，上海古籍出版社、安徽教育出版社2002年版，第22册，第2213页。

论朱熹的《西铭》诠释模式

样以"得张子之本意"①为追求。淳熙戊申（1188年），59岁的朱熹在《西铭解》后之题识中说：

> 始予作《太极》《西铭》二解，未尝敢出以示人也。近见儒者多议两书之失，或乃未尝通其文义，而妄肆诋诃，予窃悼焉。因出此解，以示学徒，使广其传。庶几读者由辞以得意，而知其未可以轻议也。②

《西铭解》从始作到"发明以示学者"③，前后历时十六年之久。由此可见，朱熹对待《西铭》的态度极为严谨。朱熹积十数年之功，以"理一分殊"作为诠释模式，发明《西铭》本意，形成了一套系统的解释，提高了《西铭》的地位，扩大了《西铭》的影响。这些都是朱熹诠释《西铭》的重大贡献。

朱熹本人特别强调，《西铭》"句句皆是'理一分殊'"④。对此，后人并不完全认同。清代关学学者王心敬，在论及《西铭》与"理一分殊"之间的关系时指出："须知'理一分殊'只篇中老老幼幼一段中，余者无概以此尽，通篇失横渠立言命意本旨也。"⑤ 著名华裔美国学者陈荣捷也认为："《西铭》中确未明言'理一分殊'，其中仅有五句或六句可视为隐含此义。"⑥ 本文欲在古人和前贤探究的基础上，透过具体论析，如实

---

① （宋）朱熹：《晦庵先生朱文公文集》卷52《答吴伯丰》，载朱杰人、严佐之、刘永翔主编《朱子全书》第22册，上海古籍出版社、安徽教育出版社2002年版，第2430页。
② （宋）朱熹：《题太极西铭解后》，载朱杰人、严佐之、刘永翔主编《朱子全书》，上海古籍出版社、安徽教育出版社2002年版，第12册，第146—147页。
③ （宋）朱浚：《题朱子三书》，载朱杰人、严佐之、刘永翔主编《朱子全书》，上海古籍出版社、安徽教育出版社2002年版，第12册，第149页。
④ （宋）黎靖德编：《朱子语类》卷98《张子之书一》，王星贤点校，中华书局1986年版，第2522页。
⑤ （清）王心敬：《丰川续集》卷5《横渠先生》，清乾隆十四年刻本。另参见王心敬《论濂洛诸儒·横渠先生》，载《王心敬集》上册，刘宗镐点校，西北大学出版社2015年版，第606页。
⑥ 陈荣捷：《中国哲学文献选编》下册，巨流图书公司1993年版，第621页。按，陈氏此说，所依据的可能是朱熹对当时学者"说"《西铭》的评论："今人说，只说得中间五六句'理一分殊'。"参见（宋）黎靖德编《朱子语类》卷98《张子之书一》，王星贤点校，中华书局1986年版，第2522页。

展现朱熹对《西铭》"本意"的发明。

（一）"理一"的抉发

在长期的探究中，朱熹对"理一"的意涵做了多角度的抉发。在《西铭解》中，朱熹这样界定"理一"："天地之间，理一而已。""盖以乾为父，坤为母，有生之类，无物不然，所谓'理一'也。"[①] 他还认为："乾父坤母而人生其中，则凡天下之人，皆天地之子矣。"[②] 这是说，所谓"理一"，也就是"乾坤"这一生人生物的"父母"。在其他场合，朱熹还把"理一"归结为"乾坤父母"这一宇宙生成论的"源头"，以及宇宙自然的"本体"。朱熹在回答学生《西铭》与墨子兼爱"何以异"之问时说："异以理一分殊。一者一本，殊者万殊。脉络流通，真从乾坤父母源头上联贯出来，其后支分派别，井井有条。""理一，体也；分殊，用也。墨子兼爱，只在用上施行。"[③] 在此基础上，朱熹区分了"天下之父母"与"一身之父母"。他指出："盖乾之为父，坤之为母，所谓'理一'者也。然乾坤者，天下之父母也。父母者，一身之父母也。""故以民为同胞、物为吾与者，自其天下之父母者言之，所谓'理一'者也。"[④] 与此相关，朱熹在解释"乾称父，坤称母"时特别强调："不可弃了自家父母，却把乾坤做自家父母看。"[⑤] 并说："'乾称父，坤称母'，道是父母，固是天气而地质；然与自家父母，自是有个亲疏。"[⑥]

紧接在《西铭》第一句"乾称父，坤称母，予兹藐焉，乃浑然中处"之后，其第二、第三句为："故天地之塞，吾其体；天地之帅，吾其性。"《西铭》的核心话语，是作为宇宙大父母的"乾坤"或"天地"。"天

[①] （宋）朱熹：《西铭解》，朱杰人、严佐之、刘永翔主编《朱子全书》第12册，上海古籍出版社、安徽教育出版社2002年版，第145页。

[②] 同上书，第142页。

[③] （清）黄宗羲原著、（清）全祖望补修：《宋元学案》卷18《横渠学案下》，陈金生、梁运华点校，中华书局1986年版，第775页。

[④] （宋）朱熹：《晦庵先生朱文公文集》卷37《与郭冲晦》，载朱杰人、严佐之、刘永翔主编《朱子全书》第21册，第1638—1639页。

[⑤] （宋）黎靖德编：《朱子语类》卷98《张子之书一》，王星贤点校，中华书局1986年版，第2524页。

[⑥] 同上书，第2525页。

地",是宇宙创生万物的根源性力量。在《易传》及《礼记》"天地之大德曰生""天地者生之本"和"天地"化育万物等观念中,"天地"是宇宙间一切生命的本原,生化万物是天地所固有的根源性力量。早期儒学认为,从终极意义上说,人来自于"天",故《诗经》有"天生烝民"之说,天是人生命的大本亦即终极根源。张载继承了这一早期儒家信念。《西铭》乾父坤母的观念,直接源自《尚书·泰誓》《易传·说卦》。①《西铭》把"乾坤"称作创生万物的"父母",其实也就是说"乾坤"乃宇宙创生万物的根源之"性",只不过《西铭》首句的表述借助了拟人化的比喻而已。朱熹解释《西铭》所使用的宇宙生成论话语,与张载所使用的宇宙生成论话语基本一致;唯一不同的是,朱熹以"理一"概括这些话语,而张载则不采用"理一",只用"乾坤"或"天地"。

无论在朱熹的"理一分殊"命题中,还是在朱熹的理学体系中,"理一"或"天理"都是本体的存在,当然也就含有宇宙根源的意涵。尽管《西铭》毕竟未使用"理一"或"天理"这一类观念,但是这与《西铭》"乾父坤母"的根源性意涵却是一致的。

(二) 纲领的揭示

朱熹认为:"大凡解经,但令纲领是当,即一句一义之间,虽有小失,亦无甚害。"② 朱熹在解读《西铭》的过程中,尤其注重发挥"纲领""纲要"或"大纲"的作用。

朱熹指出:"《西铭》大纲,是理一而分自尔殊。"③ 朱熹以"理一分殊"为《西铭》"大纲",因为在他看来,《西铭》从整体看"合下便有一个'理一分殊'",而且从头至尾,逐句也都是"理一分殊"。④ 这正是本文把"理一分殊"视作朱熹的《西铭》诠释模式的基本依据。

---

① 《尚书·泰誓上》:"惟天地万物父母。"《易传·说卦》:"乾,天也,故称乎父;坤,地也,故称乎母。"
② (宋) 朱熹:《晦庵先生朱文公文集》卷71《记林黄中辨易西铭》,载朱杰人、严佐之、刘永翔主编《朱子全书》第24册,第3407页。
③ (宋) 黎靖德编:《朱子语类》卷98《张子之书一》,王星贤点校,中华书局1986年版,第2524页。
④ 同上书,第2523页。

关于《西铭》的"纲领""纲要""大要",朱熹往往以《西铭》的文句加以表示。他说:"大抵《西铭》前三句便是纲要,了得,即句句上自有'理一分殊'。"① 《西铭》的前三句是:"乾称父,坤称母;予兹藐焉,乃混然中处。故天地之塞,吾其体;天地之帅,吾其性。"(《正蒙·乾称篇》,第62页)第一句"乾称父,坤称母;予兹藐焉,乃混然中处",揭示了人类以乾坤大父母为自己的宇宙根源。第二句和第三句"故天地之塞,吾其体;天地之帅,吾其性",强调了人类与其宇宙根源之间的关系。对于《西铭》第二句和第三句,朱熹阐述得最多。他说:"《西铭》大要在'天地之塞吾其体,天地之帅吾其性'两句。"② 他还说:

> 紧要血脉尽在"天地之塞吾其体,天地之帅吾其性"两句上。上面"乾称父",至"浑然中处",是头;下面"民吾同胞,物吾与也",便是个项。下面便是撒开说,说许多。③

朱熹在回答学生"'天地之塞',如何是'塞'"之问时说:

> "塞"与"帅"字,皆张子用字之妙处。塞,乃《孟子》"塞天地之间";体,乃《孟子》"气,体之充"者;有一毫不满不足之处,则非塞矣。帅,即"志,气之帅"而有主宰之意。此《西铭》借用孟子论"浩然之气"处。若不是此二句为之关纽,则下文言"同胞",言"兄弟"等句,在他人中物,皆与我初何干涉!④

从以上朱熹的论述可以看出,他透过《西铭》纲领或纲要的揭示,紧紧地抓住了理解《西铭》的"关纽",有助于对乾坤天道与人道之间关联的理解。

---

① (宋)黎靖德编:《朱子语类》卷98《张子之书一》,王星贤点校,中华书局1986年版,第2527页。
② 同上书,第2520页。
③ 同上书,第2520—2521页。
④ 同上书,第2523—2524页。

(三) 框架的建构

如果说上述朱熹所揭示的《西铭》"纲领"或"纲要"主要关乎《西铭》思想实质的话，那么，这里所谓"框架"则指朱熹所建构的《西铭》整体结构不同层次之间的关系。朱熹对《西铭》框架的建构，是从多角度着眼的。显而易见，"理一分殊"是朱熹诠释《西铭》的基本框架。其实，这也就是本文所谓"理一分殊"是朱熹的《西铭》诠释模式，二者的意涵没有实质性的区别。在"理一分殊"这一诠释框架当中，最基本的关系就是"理一"与"分殊"二者之间的关系。一方面，朱熹认为"理一者贯乎分殊之中"①；另一方面，他又强调透过"分殊"理解"理一"的必要性："不知分之殊，又乌知理之一哉！"②"分殊"是指人在社会中的不同角色亦即身份担当，以及与之相适应的不同伦理规范。在朱熹看来，"分殊"是理解"理一"的出发点，必须经过主体逐层外"推"的过程，最终才能够达致对"理一"的把握。这正是"盖无适而非所谓分立而推理一者"③。朱熹在建构诠释《西铭》的框架时，与"理一分殊"类似的说法还有"一统万殊"。他主张，"一统万殊"其内部是"一"与"万"的关系："一统而万殊"，"万殊而一贯"④，要以"一"统摄"万"，由"万"推于"一"。

除以上"理一分殊"或"一统万殊"之外，朱熹诠释《西铭》时，还使用过"体"与"用"，"天"与"人"，"父母之道"与"子道"，"事天"与"事亲"等不同的框架表达方式。关于"体""用"框架，朱熹说："理一，体也；分殊，用也"⑤显然，体用框架与上述"理一分殊"具有同一性或对应性。关于"天""人"框架，朱熹说："合下一个

---

① （宋）朱熹：《晦庵先生朱文公文集》卷37《与郭冲晦》，载朱杰人、严佐之、刘永翔主编《朱子全书》，上海古籍出版社、安徽教育出版社2002年版，第21册，第1639页。
② （清）黄宗羲原著、（清）全祖望补修：《宋元学案》卷18《横渠学案下》，陈金生、梁运华点校，中华书局1986年版，第775页。
③ （宋）朱熹：《西铭解》，载朱杰人、严佐之、刘永翔主编《朱子全书》第12册，上海古籍出版社、安徽教育出版社2002年版，第145—146页。
④ 同上书，第145页。
⑤ （清）黄宗羲原著、（清）全祖望补修：《宋元学案》卷18《横渠学案下》，陈金生、梁运华点校，中华书局1986年版，第775页。

'理一分殊'。截作两段，只是一个天人。"① 很显然，"天人"框架与上述"理一分殊"也具有同一性或对应性。

以下，将着重论述朱熹使用比较多的"父母之道"与"子道"或"父子之道"，以及"事天"与"事亲"这两个具有内在关联的框架。朱熹主要依据《书经》《易传》，从《西铭》首句"乾称父，坤称母；予兹藐焉，乃混然中处"中提炼出"父道""母道"与"子道"。② 《周易正义》孔颖达疏则将出自《易传》的这一关系概括为"父子之道"。③ 所谓"父子之道"，可以理解为处理父子之间关系的原则。张载赋予"父子之道"的价值内涵，主要指礼和仁、孝诸观念。按照《西铭》的义理内涵及思路脉络，可以把宇宙间一切关系及其结构归纳为两层、四重。所谓两层，一指宇宙间以纵向上下关系为特征的"父子"关联式结构，二指宇宙间以横向平行关系为特征的"民胞""物与"关联式结构。在第一层次中，又可以分为"乾坤"大父母与人的关系，及生身父母与人的关系；在第二层次中，又可以分为人与人之间的同胞关系，及人与物之间的伙伴关系。总之，张载把人和万物所生存于其中的宇宙视作一个由纵横关系交织而成的大家庭，一切人或物都是这个大家庭的成员。把宇宙间一切关系及其结构归纳为两层、四重，朱熹并没有如此说，这是我们依据《西铭》的思路所作的解析。

"事天"与"事亲"，这也是朱熹使用比较多的诠释框架。"事天""事亲"的思想，源自《礼记·哀公问》。孔子说："仁人之事亲也如事天，事天如事亲。"④ "事天"与"事亲"与前述"父子之道"，虽然意涵不同，但却具有相关性："父子之道"是对宇宙中存在的一种基本关系的客观描述，而"事天"与"事亲"则是人在社会实践中承担的两类伦理

---

① （宋）黎靖德编：《朱子语类》卷98《张子之书一》，王星贤点校，中华书局1986年版，第2523页。

② （宋）朱熹：《西铭解》，载朱杰人、严佐之、刘永翔主编《朱子全书》，上海古籍出版社、安徽教育出版社2002年版，第12册，第141页。

③ （魏）王弼注、（唐）孔颖达疏：《周易正义》卷9《说卦第九》，（清）阮元校刻：《十三经注疏》，中华书局1980年影印本，第94页。

④ （汉）郑玄注、（唐）孔颖达疏：《礼记正义》卷50《哀公问第二十七》，（清）阮元校刻：《十三经注疏》，中华书局1980年影印本，第1612页。

义务。由于人"能知其所自出，故事天如事亲"①，以敬畏之心事奉乾坤天道。与此同时，孝敬自己的生身父母也是"仁人孝子"所应尽的基本伦理义务。"事天"与"事亲"，后来逐渐演化并浓缩为"天"与"亲"二者之间的关系。②

在《西铭》中，张载并未直接说过"理一分殊"，而且也很难用"理一分殊"来概括《西铭》的宗旨或基本意涵。此外，"体"与"用"、"天"与"人"、"父母之道"与"子道"、"事天"与"事亲"等关系表达则都蕴涵于《西铭》的框架结构当中。因此，朱熹所建构的《西铭》诠释框架，为后人提供了多侧面观察《西铭》整体结构及其关系的视角。

三 本旨的偏离

朱熹是对经典义理和前贤思想进行创造性诠释的大师。"理一分殊"，正是他从《西铭》中概括出来的一个诠释框架或模式。但是，从《西铭》文本诠释的视界圆融性的要求看，朱熹对《西铭》本旨的诠释在一定程度上是有所偏离的。根据现代哲学诠释学理论，这种偏离是不可避免的。因为，任何经典诠释要想完全符合其"本意"都是不可能的，朱熹毕竟不是在进行客观的纯学术研究，而是从自己的学术立场出发，对《西铭》的思想义理有所拣择，有些诠释内容则属于他自己的"先见"。在一定意义上，我们可以把朱熹诠释《西铭》本旨出现的偏离视作一种再解读和再创造。朱熹通过对《西铭》的系统诠释，将其纳入了自己的学术脉络和思路轨道，对所涉及的一系列问题都作出了具有程朱学派色彩的回答。朱熹对《西铭》本旨的偏离，主要表现在以下三个方面。

（一）褒《西铭》而贬《正蒙》

朱熹在褒《西铭》的同时，一再贬《正蒙》。这种倾向，很可能受二

---

① （宋）王霆震编：《古文集成》卷49注释引吕大临语，《文渊阁四库全书》本。
② 王夫之认为，周敦颐《太极图说》的宗旨，是欲"推本天亲合一"。参阅（清）王夫之《张子正蒙注》卷9《乾称篇上》，载《船山全书》第12册，夏剑钦点校，岳麓书社1992年版，第351页。

程和李侗的影响。其实，若平情观察则不难看到，《西铭》与《正蒙》这两种文献不仅并不对立，而且在不少重要节点上恰恰是一致的，是可以互相诠释的。余英时指出，张载《西铭》是对《正蒙》的总结。① 我认为，这一判断是准确的。可以说，《西铭》与《正蒙》至少在以下三方面具有一致性。

第一，《西铭》首句蕴涵的"乾坤父母"论或"父子之道"论，与《正蒙》的天道论和性论是一致的。十分明显的是，《西铭》首句"乾称父，坤称母"与《正蒙·大易篇》"然后推本而言，当父母万物"的文义基本吻合。② 张载对宇宙生成根源使用过的称谓包括："乾坤""父母""天地"与"性""道"。在张载看来，"乾坤"比"天地"更具有抽象性质和形上意义，与他在《正蒙·诚明篇》中所谓"性者万物之一源"之"性"更加接近。（第21页）《西铭》首句把"乾坤"称作创生万物的"父母"，其实也就是说"乾坤"乃宇宙创生万物的根源之"性"。此外，张载还认为"性与天道合一"（《正蒙·诚明篇》，第20页）。归纳起来，张载对万物的生成根源有如下几种称谓："天地"是在具象的意义上使用的，"乾坤""性""天道"是在抽象的意义上使用的，而"父母"则是在喻象的意义上使用的。《西铭》提出"乾称父，坤称母"的真实意图，并不在于一定要划分"乾坤""父母"或"天地"，而是格外强调乾坤、天地是作为统一的宇宙生成根源的"道"或"天道"，而且这与张载在《正蒙·太和篇》中所谓"太和"之道的意涵也是一致的。因此，张载指出："《订顽》（《西铭》原名——引者注）之作，只为学者而言，是所以订顽。天地更分甚父母？只欲学者心于天道，若语道则不须如是言。"（《张子语录·语录上》，第313页）这是提醒学者不必拘泥于天地、父母的区分，其实天地、父母的说法无非是"语道"而已。对作为宇宙根源的"道"真正有所识解和体认，才是《西铭》乾父坤母观念的着眼点。

第二，《西铭》蕴涵的仁孝伦理原则，与《正蒙》的伦理价值论是一

---

① 余英时：《朱熹的历史世界》上册，生活·读书·新知三联书店2004年版，第143页。
② 林乐昌：《正蒙合校集释》下册，中华书局2012年版，第714页。

致的。本文强调,《西铭》本旨是基于宇宙根源亦即乾坤（天道）根源的仁孝伦理原则。《西铭》有关哲学宇宙论向伦理学过渡的话语，我们在《正蒙·诚明篇》中同样也可以看到。张载依据《中庸》"诚者天之道"，"君子诚之为贵"等命题提出："天所以长久不已之道，乃所谓诚。仁人孝子所以事天诚身，不过不已于仁孝而已。故君子诚之为贵。"（《正蒙·诚明篇》，第21页）在张载看来，"仁人孝子"是人在宇宙间所应当承担的角色，根源于天道的"仁孝"是人所应当履行的道德规范在价值层面上的集中体现，而"事天诚身"则是人所应当履行的伦理义务。由天道根源引出的仁孝伦理，还扩展为"惟大人为能尽其道，是故立必俱立，爱必兼爱"的诉求。（同上）因而，张载所谓"只欲学者心于天道"，以及"本天道为用"（《正蒙·太和篇》，第8页）等，都是对上述思想的概括①。

第三，《西铭》末句所谓"存，吾顺事；没，吾宁也"，与《正蒙》的生死观是一致的。唐君毅在解释《西铭》时，对其末句"存，吾顺事；没，吾宁也"，就直接使用了《正蒙·诚明篇》的"尽性，然后知生无所得，则死无所丧"（第21页）。他用"生无所得"，解释"存，吾顺事"；用"死无所丧"，解释"没，吾宁也"②。

以上第一和第二这两方面的一致性，恰恰关乎《西铭》本旨。朱熹对《西铭》与《正蒙》这两个文本一褒一贬，显然是缺乏根据的。而且，也正是由于朱熹将二者对立起来，从而导致他失去了参照《正蒙》的内在理路准确理解《西铭》本旨的机会。

（二）以孟子思路解"民胞物与"

张载在《西铭》中提出的"民胞物与"的口号，与他在《正蒙·诚明篇》中提出的"爱必兼爱"的口号，从根本上看是一致的。这两个口号是对儒家传统仁爱观的突破。张岱年指出，张载的仁爱观"综合了孔子的仁与墨子的兼爱"③。张岱年在论及"兼爱"时说："兼的原则是爱

---

① 陈来指出，《西铭》是要解决"如何运用这种对宇宙的观点来看待个人与社会生活"。这就准确地揭示了此意。参阅氏著《宋明理学》，辽宁教育出版社1991年版，第74页。
② 唐君毅：《中国哲学原论·原教篇》，台湾学生书局1984年版，第118页。
③ 张岱年：《中国哲学大纲》，序论，中国社会科学出版社1982年版，第21页。

人如己。"① 张载关于"以爱己之心爱人则尽仁"（《正蒙·中正篇》，第32页）的说法正符合这一原则。张岱年把张载的这种仁爱观称作"泛爱"思想，认为它是有一定进步意义的。② 孟子是当时批判兼爱最激烈的一位儒者，他甚至指斥兼爱是"无父"。孔子虽然重视孝悌，但是未尝将仁解释为"亲亲"，而是强调"爱人"；孟子却有时将仁归结为"亲亲""事亲"。这虽然可以视作对于墨子兼爱学说的回应，但实际上却降低了孔子仁的宏卓意义。③ 清儒朱一新也认为，"孟子推兼爱之弊至于'无父'，言似过激"④。

儒家对"仁"之根据的认识有一个演变的过程。包括孟子在内的早期儒家强调仁爱的血亲根据，北宋以来的理学家则重视仁爱的宇宙根源，或将其置于形而上学的基础上。程颐较早意识到以血缘为根据的仁爱易导致为己之私，他指出："分殊之蔽，私胜而失仁。"⑤ 张载也不可能看不到这一点。张栻指出："《西铭》之作，惧夫私胜之流也。"⑥ 这就准确地揭示了张载撰写《西铭》的意图和出发点。

朱熹基本沿袭了孟子的思路，以差等之爱消解了《西铭》所谓"民胞物与"的仁爱平等观。这表现为，在"理一分殊"的结构中，朱熹格外强调"分殊"，认为"这处若不子细分别，直是与墨氏兼爱一般"⑦。他还用孟子所谓"亲亲而仁民，仁民而爱物"评价《西铭》的"民胞物与"，将二者相提并论、等量齐观，指出："所谓分殊，犹孟子言'亲亲而仁民，仁民而爱物'。其分不同，故所施不能无差等耳。"⑧ 朱熹还指

---

① 张岱年：《中国古典哲学概念范畴要论》，中国社会科学出版社1987年版，第171页。
② 张岱年：《中国哲学发微》，山西人民出版社1981年版，第114页。
③ 张岱年：《中国古典哲学概念范畴要论》，中国社会科学出版社1987年版，第165页。
④ （清）朱一新：《无邪堂答问》，吕鸿儒、张长法点校，中华书局2000年版，第129页。
⑤ （宋）程颐：《河南程氏文集》卷9《答杨时论西铭书》，《二程集》，王孝鱼点校，中华书局1981年版，第609页。
⑥ （宋）张栻：《南轩集》卷33《西铭跋》，《张栻全集》下册，杨世文、王贵蓉点校，长春出版社1999年版，第1009页。
⑦ （宋）黎靖德编：《朱子语类》卷98《张子之书一》，王星贤点校，中华书局1986年版，第2525页。
⑧ （宋）朱熹：《西铭解》，朱杰人、严佐之、刘永翔主编《朱子全书》第12册，上海古籍出版社、安徽教育出版社2002年版，第146页。

出:"'民吾同胞',同胞里面便有理一分殊底意;'物吾与也',吾与里面便有理一分殊底意。"① 显然,朱熹是以孟子的思路来解释《西铭》"民胞物与"的伦理观的。正由于孟子的思路与张载"民胞物与"的仁爱观之间是有所冲突的,因而余英时尖锐地指出,"'民胞物与'可以误归任何一位古代儒家,唯独不能落到孟子身上"②。这正如熊十力所批评的,朱熹等宋儒在这一问题上"疏于反省"③,没有看出孟子的思路有别于《西铭》。

(三) 仁爱观:理论与现实的调和

如前所述,《西铭》的主旨,是基于乾坤(天道)根源的仁孝伦理原则。《西铭》之"仁",体现的是一种普遍的平等的"爱必兼爱"精神。对此,程颢看得很准确,指出《西铭》"意极完备,乃仁之体也"。④《西铭》所谓"仁",是被根源化和形上化了的,"较之以前已臻于更高的层次"⑤。完全可以说,《西铭》是张载仁爱观的理论纲领,或称之为泛爱主义纲领,它体现了儒家在仁爱观方面的更加宏大的视野,从而为儒者提出了普遍之爱和平等之爱的理想。张载仁爱理论所面对的是社会结构的等级主义和"私胜""失仁"的现实,故在其理想与现实之间不可避免地产生了巨大的张力。张载的意图是,"本天道为用",调动平等之爱这一理想的力量,扩大仁爱的范围,以期矫正"私胜"偏差,化解仁爱实践中的"公"与"私"之间的矛盾。这种情形,正如熊十力所指出的:"夫日以兼爱之道,警惕其心,犹不胜私情之弊也,而况可非兼爱以护其私乎?"⑥ 在现实的实践操作层面,张载并不否认当时的宗法社会结构,也不否认差等之爱,而是主张"施爱固由亲始"(《张子语录·语录上》),

---

① (宋)黎靖德编:《朱子语类》卷98《张子之书一》,王星贤点校,中华书局1986年版,第2525页。
② 余英时:《朱熹的历史世界》下册,生活·读书·新知三联书店2004年版,第910页。
③ 熊十力:《读经示要》卷2,《熊十力全集》第3卷,湖北教育出版社2001年版,第800页。
④ (宋)程颢、程颐:《河南程氏遗书》卷2上《元丰己未吕与叔东见二先生语》,《二程集》,王孝鱼点校,中华书局1981年版,第15页。
⑤ 陈荣捷:《中国哲学文献选编》下册,巨流图书公司1993年版,第621页。
⑥ 熊十力:《读经示要》卷2,《熊十力全集》第3卷,湖北教育出版社2001年版,第800页。

第311页)。然而,张载之所以提出平等之爱的理论纲领,是在肯定"施爱固由亲始"的同时,引导和力促仁爱范围的不断扩大,而不是在差等之爱的现实面前止步。

朱熹对"理一分殊"的系统诠释,也可以视作他对儒家仁爱观的总结。"理一分殊"有其内部结构,这表现为:"理一"与"分殊"之间具有等级上的同一性,二者既是理论的、理想的、形而上的,又是现实的、实践的、形而下的,上下两层完全打成一片,很难看到二者之间的区别。《西铭》的仁孝伦理原则,是依据形上的乾坤天道根源引发出来的;而朱熹在其诠释中,则注重从形下的"分殊"推出形上的"理一",甚至把现实的社会关系归结为"理一"或"天理"。朱熹指出:"所谓天理复是何物?仁、义、礼、智,岂不是天理?君臣、父子、兄弟、夫妇、朋友,岂不是天理?"[①] 这里涉及"三纲"之第一"纲"即君臣,而《西铭》将君主视作"宗子",如此则臣民都变成了"旁亲兄弟",从而缩小了君臣间的距离,削弱了君主的绝对权威。[②] 朱熹所谓"理一",在很大程度上是作为现实社会等级关系在其理学本体层面的投射,很难保有其超越性质和地位。对比之下,张载《西铭》的乾坤天道则是作为现实伦理原则的形上宇宙根源,因而《西铭》的乾坤天道是比"理一"更具超越性的理学本体。

综上所论,我们可以看到:在理论方面,张载秉持的是仁爱观的理想主义,而朱熹秉持的则是仁爱观的现实主义;在实践方面,张载奉行的是仁爱观的激进主义,而朱熹奉行的则是仁爱观的保守主义。无论是从朱熹诠释《西铭》的理论框架看,还是从其所能发挥的现实作用看,都具有浓厚的调和主义的色彩。张载"爱必兼爱"的平等之爱并不排斥差等之爱,而且这两种不同层次的爱,有可能为公共与私人两个不同领域的伦理原则的区分提供启发,从而分别作为社会公德与个人及家庭私德的理论资源。平等之爱将更适用于社会公共领域,而差等之爱则应当

[①] (宋)朱熹:《晦庵先生朱文公文集》卷59《答吴斗南》,载朱杰人、严佐之、刘永翔主编《朱子全书》第23册,上海古籍出版社、安徽教育出版社2002年版,第2837页。

[②] 参阅余英时《朱熹的历史世界》上册,生活·读书·新知三联书店2004年版,第156页。

被限定在私人领域的家族关系之内。因此,《西铭》所蕴含的平等大爱精神将有可能为现代社会提供积极的传统资源,以批评和矫正差等之爱以裙带关系的形式与公权结合,进而强化以公谋私、权力世袭的官场生态。正是在这里,最能凸显《西铭》仁爱观的当代意义。

[原载《哲学与文化》(台北) 2016 年第 10 期]

马理实学思想发微

许 宁

黄宗羲称许三原学派"多以气节著，风土之厚，而又加之学问者也"①，马理是明代三原学派的代表性学者之一。他承续关学崇实尚朴的为学宗旨，重视实功、实事、实用、实利，体现了较为鲜明的"崇实黜虚"的实学取向。故而《四库全书总目》称赞马理"务为笃实之学"②，这是极为精辟的见解。遗憾的是，在明代哲学史以及明清实学思潮的相关研究成果中，马理实学思想的价值并未得到应有的肯定和充分的研究。笔者在点校整理《马理集》③的基础上，尝试就马理的实学思想略作展开，从实体论、实修论和实功论三个层面提出初步的探讨。

一 实体论：真实无妄

学界一般认为张载是实学思想萌芽时期的学者，是实学观念最早的奠基人之一。张载继承荀子、王充等古典气论，在本体论层次加以论证。"太虚即气"是张载实学思想的核心命题。一方面，张载认为"太虚"是"气"的本然状态，"气"的变化只是暂时的形态（客形），如"太虚无形，气之本体，其聚其散，变化之客形尔"（《正蒙·太和篇》，第7页）；另一方面又肯定"太虚"与"气"是相即不离的关系，如"气之聚散于太虚，犹冰凝释于水，知太虚即气，则无无"（《正蒙·太和篇》，第8

---

① （清）黄宗羲：《明儒学案》卷9《三原学案》，沈芝盈点校，中华书局2008年版，第158页。
② （清）永瑢等：《四库全书总目》卷176下册，中华书局1965年版，第1575页。
③ （明）马理：《马理集》，许宁等点校，西北大学出版社2015年版。

页)。在张载看来,"太虚"具有天地本原的形上意义。"虚者天地之祖,天地从虚中来。"(《张子语录·语录中》,第326页)"天地之道无非以至虚为实,人须于虚中求出实。……凡有形之物即易坏,惟太虚无动摇,故为至实。"(《张子语录·语录中》,第325页)"太虚"无形且抽象,既是真实存在的万物本原,又是天地万物消散复归的终极状态,并非绝对虚空,而是内在包含了大化流行、生生不已的"至实"。

在张载"太虚即气"命题的基础上,马理明确地提出"太虚即天"的命题,凸显了关学本体论的实学取向。正因为,"太虚者,天之实也"(《张子语录·语录中》,第324页),"由太虚,有天之名"(《正蒙·太和篇》,第9页),"太虚"与"天"构成二而一的关系,属于异名而同实。天又称乾或乾元,又称天道,天是最根本、最真实的存在,是世界万物的形上依据,因此具有"虚"的特性。大畜卦下卦为乾,上卦为艮,为山中之天之象,故马理认为"盖太虚即天,凡山中地上虚而通气者即天"[1]。"太虚"即是天,而天道是真实无妄的。马理指出:"盖乾者,健也,天理真实无间之谓。"[2] "真实无妄,天之道也。"[3] 同时天又兼有"通气"的特性,通过气的聚散变化体现出来。"山,阳物也……中虚而通泽之气。"[4] 真实无妄的天道需要通过阴阳之气得以彰显和呈现,同时阴阳之气的氤氲消长又使得天道的真实无妄获得进一步的确证,这就是"太虚"与"气"相即不离的真正意蕴。

> 盖乾有至健不已之理,而含乎至健不已之气。[5]
> 阴阳者,气也,形而下者也,一阴一阳寓于气之中;非气而为

---

[1] (明)马理:《周易赞义》卷3,《马理集》,许宁等点校,西北大学出版社2015年版,第99页。
[2] (明)马理:《周易赞义》卷1,《马理集》,许宁等点校,西北大学出版社2015年版,第7页。
[3] (明)马理:《周易赞义》卷3,《马理集》,许宁等点校,西北大学出版社2015年版,第95页。
[4] (明)马理:《周易赞义》卷4,《马理集》,许宁等点校,西北大学出版社2015年版,第117页。
[5] (明)马理:《周易赞义》卷1,《马理集》,许宁等点校,西北大学出版社2015年版,第9页。

气之主者，理也，形而上者也。①

各正定其性命之理以主乎气，各会合其冲和之气以含乎理。②

在他看来，天道有理有气，从形而下层面指称阴阳之气，认为气的聚散攻取都属于现象，而莫不体现理的本质，这就是"气含乎理"；究其发动流行的枢纽和主宰，应当从形而上层面去寻求，即理（天、太虚）构成了阴阳之气的本原和本质，这就叫作"理主乎气"。

不仅天道如此，人道亦然。"与物无妄之理，天之命也；在人则为心之理，即天所命也。……盖命之无妄，本乎无极、太极之理；人心之无妄，本乎尽性至命之诚。"③ 马理的实体论在"天之命"的层面上表述为"真实无妄"，在"天所命"的层面上表述为"至诚无妄"，是天道下贯人道一体平铺的。"盖天命与物为性而赋之形，圣人俾物践形而尽其性，皆至诚无妄之道也。"④ 人秉承天道之实理，转化为大中至正的实德（诚），而内在的实德（诚）则有效保证了人的视听言动合乎儒家伦理的要求，从而彰显"履正笃实"的价值意蕴。

马理指出本体论意义上的"真实无妄"（"至诚无妄"）是儒学的理论基础，恰恰构成了儒家与佛老的本质区别。佛老的弊端之一是以形色天性为累。"人有形色即天性之所在。吾尽性则形践，形践则身修，身修则家国天下可齐治而平矣。……岂异端之流以形色为累，所谓玄空之学者耶？"⑤ 以人伦日用的真实性否定"以形色为累"的虚幻性，从儒家修齐治平之实学的视角批评佛老的凌虚蹈空之学。

佛老的弊端之二是以静笃定止为法。"无妄之理，不易明且复也，必尽心知命而知天。斯明其理之正，必诚意正心而知中，斯免其妄之失矣。不然……为达磨面壁之学……老氏之静笃，释氏之禅定……虽自以为至

---

① （明）马理：《周易赞义·系辞》卷上，《马理集》，西北大学出版社2015年版，第242页。
② （明）马理：《周易赞义》卷1，《马理集》，西北大学出版社2015年版，第10页。
③ （明）马理：《周易赞义》卷3，《马理集》，西北大学出版社2015年版，第95—96页。
④ 同上书，第96页。
⑤ 同上书，第93页。

诚无妄，实皆匪正而妄也。"① 在他看来，佛老不明无妄之理，"失正则妄"，所以就产生了"无妄之妄"，归于虚妄的本体论。这样，显然就与"以山河大地为见病""诬世界乾坤为幻化"（《正蒙·太和篇》，第8页）的佛老观点划清了界限。

佛老的弊端之三是以阴阳失和为道。太虚（天）本体内在包含了阴阳交互反复的规律。"盖造化之道，阴阳消息而已。"②"阴阳消息天之道，息而消，消而息，反复其道。"③ 造化就是循环不已、生生不息的天道，即是阴阳、动静、消息、盈虚的变化之道。马理批评佛老"知阴而不知阳，知潜而不知见，知虚而不知诚"④。佛老之徒往往以虚无为体，走向静笃禅定，忽略了万物的阴阳交泰与生成日新。"学老氏者曰'吾能驻景而不死'；学佛氏者曰'吾能涅槃而不生'。是欲阳而不阴，阴而不复阳也，有是理哉？"⑤ "或孤阳而无阴，孤阴而无阳，或阴合而阳离，败俗而乱常，皆非和之道也。"⑥ 从反面凸显了儒家重视阴阳互补、天人共生的价值取向。

正是在维护儒家道统的意义上，马理高度表彰程朱"体认宗旨之真，持守斯道之正，续孔孟既坠之绪，辟佛老似是之非"⑦ 的历史性贡献，在实体论的层面上高扬了张载关学的实学精神。

二 实修论：实践其仁

马理肯定本体与工夫的统一，重视由实践工夫而达致本体，主张切

---

① （明）马理：《周易赞义》卷3，《马理集》，西北大学出版社2015年版，第96页。
② （明）马理：《周易赞义》卷6，《马理集》，西北大学出版社2015年版，第230页。
③ （明）马理：《周易赞义》卷3，《马理集》，西北大学出版社2015年版，第92页。
④ （明）马理：《周易赞义》卷1，《马理集》，许宁等点校，西北大学出版社2015年版，第10页。
⑤ 同上书，第11页。
⑥ （明）马理：《仙释说》，《谿田文集》卷6，《马理集》，许宁等点校，西北大学出版社2015年版，第357页。
⑦ （明）马理：《上罗整庵先生书》，《谿田文集》卷4，《马理集》，许宁等点校，西北大学出版社2015年版，第322页。

实践履,随处用力。"惟其有体,故能有用,二者并行而不相悖者也。"①君子"不徒居之善,又实践其仁,以发所志"②,因而工夫的推扩过程,也即是本体的践履发用,致力于打通本体与工夫。他还指出:"敬非只是闭门叉手静坐,要在随事谨恪做去。若只闭门静坐,即是禅学,有体无用。"③敬并非闭门静坐的修养工夫,而是在人伦日用中的践履和证验。马理将那种主张静坐修养工夫的禅学化倾向斥之为"有体无用"。儒学的真精神应当是体用一源的,能够切实在身心上用力,自然可以产生治国平天下的具体效用。正如马理所指出的那样:"吾儒果真有体无用者哉?但不能用力于身心之学故耳,果能有用力于身心之学者,则天地可位,万物可育,于天下国家何有乎?"④

马理在参加进士考试时,试题以真德秀《大学衍义》为问,马理认为真德秀的观点是"止于齐家,不知治国平天下皆本于慎独工夫"⑤,给予坦率的批评,结果被降等录取。从另一方面也反映了他对于宋儒耽于本体、忽略工夫取向的忧思。

马理亦从修养工夫层面对阳明学提出了批评。"夫良知者,即孩提之童良心所发,不虑而知者也,与夫隐微之独知异矣。与夫格致之后至知,则又异矣。其师曰:'此知即彼知也。'又以中途有悟,如梦斯觉为言,此真曹溪余裔。其师如此,徒可知矣。"⑥由此可见,马理把"知"区分为三种:

一是童蒙良知,语出《周易·蒙卦》。"童蒙之时,但知有良心而已,未有物交之害也。"⑦ "童蒙之人纯心未失,因其纯而养之以正,则纯而

---

① (明)马理:《关中四先生要语·谿田马先生》,《马理集》(附录一),许宁等点校,西北大学出版社2015年版,第605页。
② (明)马理:《周易赞义》卷2,《马理集》,许宁等点校,西北大学出版社2015年版,第63页。
③ (明)马理:《关中四先生要语·谿田马先生》,《马理集》(附录一),许宁等点校,西北大学出版社2015年版,第604页。
④ 同上。
⑤ (清)黄宗羲:《明儒学案》卷9《三原学案》,沈芝盈点校,中华书局2008年版,第164页。
⑥ (明)马理:《上罗整庵先生书》,《谿田文集》卷4《马理集》,许宁等点校,西北大学出版社2015年版,第322页。
⑦ (明)马理:《周易赞义》卷2,《马理集》,许宁等点校,西北大学出版社2015年版,第61页。

诚，诚而明，入于圣矣。"① 此童蒙良知乃是人心未与物交、未受后天习染的本然状态，但马理强调童蒙良知不假思虑，并非现成，而是唯有通过充养发用的工夫而成为仁义道德的善端和萌芽。

二是隐微之独知，语出《中庸》"莫见乎隐，莫显乎微，故君子慎其独也"②。马理指出："存心于隐微之际，于以践形尽性以修其身。"③ "省察于隐微之际，而防其邪私；戒惧于至静之时，而存其实理。"④ 在马理看来，隐微之独知强调践形尽性、存心省察的道德践履工夫，这乃是"尊德性"的路向。

三是格致之知，语出《大学》"致知在格物，物格而后知至"⑤。程颐认为"格"犹穷也，"物"犹理也。朱熹训"格"为至、为尽，训"物"为事，至谓究至事物之理，主张格物即是穷理。因此，格致之知即是学习后天知识，主张通过读书而明道穷理，这乃是"道问学"的路向。

王阳明训"格"为"正"，训"物"为"意"（"意之所在便是物"），故而"格物致知"即是"诚意正心"，两者是二而一，一而二的关系。"故格物者，格其心之物也，格其意之物也，格其知之物也；正心者，正其物之心也；诚意者，诚其物之意也；致知者，致其物之知也。此岂有内外彼此之分哉？"⑥

对此，马理指出若把先天童蒙良知与隐微之知、格致之知相混淆（"此知即彼知"），忽略儒学的道德内省和知识见闻的工夫进路，就会使阳明学产生滑入禅学的危险。正如王廷相所言："儒者以虚静清冲养心，此固不可无者，若不于义理、德性、人事，著实处养之，亦徒然无益于学

---

① （明）马理：《周易赞义》卷1，《马理集》，许宁等点校，西北大学出版社2015年版，第29页。
② （宋）朱熹：《四书集注》，岳麓书社1987年版，第25页。
③ （明）马理：《周易赞义》卷3，《马理集》，许宁等点校，西北大学出版社2015年版，第93页。
④ （明）马理：《周易赞义》卷1，《马理集》，许宁等点校，西北大学出版社2015年版，第13页。
⑤ （宋）朱熹：《四书集注》，岳麓书社1987年版，第6页。
⑥ （明）王守仁：《答罗整庵少宰书》，《传习录中》，《王阳明全集》上册，吴光等编校，上海古籍出版社1992年版，第76页。

矣。"① 马理与薛应旂讨论阳明学之弊端时亦指出："今所在横议，谓圣可立至，书不当读而猎狂自恣，攘窃矫诬，盖又甚于杨墨矣，实自王伯安倡之也！"② 马理认为阳明学提倡不由读书而成圣，这种危害甚于杨墨，脱离工夫而放言所谓"圣可立至"却是虚语空谈，只有通由切实的身心修养工夫而达致良知本体。

可见，马理对于真德秀和王阳明的批评是基于能不能于身心上切实体究，真实践履，由此也凸显了其重视实修、实践的工夫论致思。

三 实功论：实体行用

明代中期以后，内部权力斗争加剧，阶级矛盾激化，农民起义和外患侵扰对统治集团构成了极大的威胁，宸濠之乱和倭寇之乱暴露了明王朝深刻的社会危机。在这样的时代背景下，马理看到"今海内官无善政，邑无善俗，人无善心，民穷而盗起，兵耗而备弛，譬若岩墙而无基，是之谓危"③，进行了深刻地批判反省，斥责"有体无用"的虚学，反对"无其德而妄有作为"的妄用，大力倡导"体具用周"的实学，称之为"有实为体，能行为用"④，对封建、户役、兵防、治边、用人等时政问题阐述了自己的观点，提出了一些富有建设性的构想，体现了其强烈的经世意识。

其实功论主要表现在三个方面：

一是以礼淑世。马理按照张载"以礼为教"的取向，肯定礼源于天地之自然，遵循"合同之妙"，强调观其会通，重视《吕氏乡约》的化民成俗作用，"至于有为之际，则动以克己复礼为事，非其礼也，则弗以履焉"⑤，

---

① （明）王廷相：《雅述·上篇》，《王廷相集》，王孝鱼点校，中华书局1989年版，第3册，第833页。
② （明）薛应旂：《薛子庸语》卷6，明隆庆刻本。
③ （明）马理：《上弥天变疏》，《谿田文集》卷1，《马理集》，许宁等点校，西北大学出版社2015年版，第261页。
④ （明）马理：《周易赞义》卷5，《马理集》，许宁等点校，西北大学出版社2015年版，第182页。
⑤ （明）马理：《周易赞义》卷4，《马理集》，许宁等点校，西北大学出版社2015年版，第127页。

堪称躬行礼教的人格表率。在他看来，礼不仅是个体德性修养切实提升的有效保障，而且是经国济世的根本途径。在明代著名的"大礼议"事件中，马理认为明世宗应当尊奉正统，以孝宗为皇考，继统不继嗣，结果受到明世宗的责罚。马理指出，充分发挥"以礼淑世"的教化功能是有利于维护统治秩序和社会稳定的。"天子有天子之礼，诸侯以至公卿、大夫及士、庶人，莫不有礼。上下无以辨也，以礼辨之；民志无以定也，以礼定之，则天下寡过而治可常保之也。"① 他强调"以礼淑世"，肯定礼乐"定民之志，和民之心"的教化作用。

二是讲学经世。马理平生五仕五已，出仕不一、二年罢归，归家即开馆讲学，传道不辍。李开先评价道："（先生）自筮仕以至谢政，无一日不讲学。"② 他先后讲学于弘道书院、京师宝庆寺、嵯峨书院和商山书院。正德十五年（1520年），马理辞官回乡，督学唐龙为他建造嵯峨精舍，称赞先生得"关洛真传"，为当今硕儒，教学以主敬穷理为基本内容。唐龙对书院讲学之盛况作了如下的描述："三原马子伯循，诵先王之法，希圣贤之轨，典刑所昭，风声斯被。其诸弟子员振衣承响，喁喁以从，其集如云，其立如林……美矣哉！马子之为教也，乃作而言曰：化以教善，德以学成。"③ 嘉靖二十二年（1543年），马理七十岁时归隐商山书院，由于其巨大的感召力，问学者云集，缙绅过访，应之不倦。有明一代，关中不乏如马理这样致力于讲学经世的儒者，如冯从吾、李二曲等力图重建社会的精神文化价值系统，实现"匡时艰""明学术""正人心"的社会教化。

三是修史经世。马理主持编辑《陕西通志》，反映了事必考证、学贵有用的为学宗旨。在马理的主持下，《陕西通志》的编纂自嘉靖二十年（1541年）三月开始，至二十一年（1542年）十一月完成，约一年九个月。该书共四十卷，分土地、文献、民物、政事四纲，下列包括星野、

---

① （明）马理：《周易赞义》卷1，《马理集》，许宁等点校，西北大学出版社2015年版，第48页。

② （明）马理：《谿田马光禄传》，《马理集》（附录三），许宁等点校，西北大学出版社2015年版，第623页。

③ （明）唐龙：《嵯峨精舍记》，《渔石集》卷1，明嘉靖刻本。

山川、疆域、建置沿革、水利、兵防等二十八目,共约一百九十万字。马理广泛查阅史籍并加以考证,匡谬正俗,在《陕西通志序》中指出:"昔所迷者,皆辨而著之……史既舛谬,志益踵讹,悉加正焉。"① 书中还通过绘制天文、地理、山川、城池等相关图画,展现了陕西富有特色的自然地理和人文历史,提供了丰富珍贵的历史资料,被视为明代最有价值的一部陕西省志。

马理的实学思想包含了实体论、实修论和实功论,既继承了传统儒学的经世精神,又发挥了张载关学的实学特质,对于明代中期面临的严重社会危机有深入的反思,就政治、经济、军事、社会等具体问题提出了相应的对策和建议,丰富了明清实学思潮的内涵,在明清实学思想的发展历程中具有重要的理论价值。

[原载《陕西师范大学学报》(哲学社会科学版) 2016 年第 4 期]

---

① (明)马理:《陕西通志序》,《谿田文集》卷 2,《马理集》,第 267 页。

张载关学要旨及其现代诠释

许 宁

张载关学体大思精，富有原创性，既有究极天人的造道之学，又有慷慨激切的治世之术。在 20 世纪哲学史中，张载关学中有若干重要命题经常被加以讨论申述，并引发学界的重视和争鸣，体现了张载关学的理论内涵和时代价值。本文拟从 20 世纪哲学诠释的视角反观张载关学要旨，尝试以三个"四句"来阐述之。

正如方东美所指出的，在张载关学思想体系中，存在着两大核心范畴，一是"太和"；二是"太虚"。"太和"是儒家的根本思想，"太虚"是道家的根本思想。在他看来，如何融通儒道是事关张载哲学建构的大关键，反映了张载关学思想发展的主要路径和根本主张。基于此，本文认为张载关学要旨之一是"由太虚，有天之名；由气化，有道之名；合虚与气，有性之名；合性与知觉，有心之名"（《正蒙·太和篇》，第 7 页），涵摄本体论，可命名为"太虚四句"；要旨之二是"有象斯有对，对必反其为；有反斯有仇，仇必和而解"（《正蒙·太和篇》，第 10 页），属于辩证法，可命名为"太和四句"；要旨之三是"为天地立心，为生民立命，为往圣继绝学，为万世开太平"，关涉境界观，从冯友兰先生说，可命名为"横渠四句"。

一 "太虚四句"及其现代诠释

"太虚四句"在《正蒙》中极为重要，理学本体论的主要范畴在这四句中被系统而逻辑地揭示出来。林乐昌指出："本章四句，在此前各章基础上总结'天''道''性''心'四大基本概念，可视为张载之关学思想纲领。"① 本文认为，"太虚四句"中前两句涉及天道观，后两句涉及心性论，凸显宇宙本体论和心性本体论的双层架构，由此全幅撑扩起理学本体论的理论视野。一般认为，宋明新儒学对先秦儒学的超越体现为"性与天道"的系统展开，而我们看到"太虚四句"中对于"性与天道"的展开无疑是突破性和系统性的。按照朱熹的说法，"太虚"既是"天""道""性""心"的总体，又不杂乎四者。"'由太虚，有天之名'至'有心之名'，横渠如此议论，极精密。"② "太虚四句"作为张载关学思想纲领所蕴含的本体论内容，例如太虚即气、理与气、心统性情、天地之性与气质之性、天德良知与见闻小知、性与天道合一等皆是其架构的逻辑展开。

"太虚四句"既是对古典气论的发展，又是关学本体论的奠基，构成了宋明理学本体论的重要组成部分，具有极为重要的原创性价值。在理学内部，程朱理学和陆王心学都对张载关学本体论予以批评和回应。而在20世纪哲学史的视野中，张岱年首先发现了张载关学的唯物主义特征，认定"以气为本"乃是张载关学本体论的突出贡献，由此视张载为宋明理学分系中"气本论"的代表；牟宗三则从道德形上学的层面肯定"太虚"是张载关学之本体，认为其成为"性体""心体""理体"之宋明理学三系的历史渊源。

本文尝试基于"太虚"和"气"范畴看张载关学本体论的理论价值。

（一）"本体"的阐明：气本抑或虚本

张载认为"太虚无形，气之本体"，"太虚即气，则无'无'"（《正蒙·太和篇》，第8页）。"太虚即气"命题的内涵是指"太虚"的实质是气，而气的存在状态是"太虚"，二者不可分离。故"太虚不能无气，气不能不聚而为万物，万物不能不散而为太虚"（同上书，第7页）。这就以鲜明的本体论导向消解了佛老"以山河大地为见病""诬世界乾坤为幻化"等对于世界真实性的否定。但"太虚即气"的表述也提供了不同解读的空间，如张岱年认为张载"以气为本"，牟宗三则认为是

---

① 林乐昌：《正蒙合校集释》上册，中华书局2012年版，第61页。
② 同上书，第62页。

"太虚为本"。

张岱年在《中国哲学大纲》中指出:"唯气的本根论之大成者,是北宋张横渠（载）。张子认为气是最根本的,气即是道,非别有道。宇宙一切皆是气,更没有外于气的;气自本自根,更没有为气之本的。"① 这是张岱年对张载关学本体论性质的明确界定。张岱年看到了中国哲学的本体概念与西方的本体概念的差异所在,中国的本体概念有其特定的内涵:"本体一词在中国古典哲学中有一定的意义,即本来的恒常的状态之意。"② 在他看来,本体论之本体不是西方意义上与虚幻不实之现象相对的某个"实而不现"的、唯一实在的本体,而是中国传统中所说的最根本的不生或无待、不化或常住、不偏或无滞的本根。

那么,如何理解"以气为本"呢?③ 首先,张岱年明确将"气"规定为哲学意义上的物质范畴。他指出:"中国哲学中所谓气,可以说是最细微最流动的物质,以气解说宇宙,即以最细微最流动的物质为一切之根本。西洋哲学中之原子论,谓一切气皆由微小固体而成;中国哲学中之气论,则谓一切固体皆是气之凝结。亦可谓适成一种对照。"④ 其中,"最细微"是对"气"的物理特征的规定,"最流动"是对"气"的运动特征的规定。

其次,张岱年指出张载将"气"作为世界统一性的物质本原:"张载的唯物论宇宙观的最基本的命题是:一切存在、一切现象都是气。所谓气即是流动性的、没有固定形状的、最细微的物质实体。认为一切存在都是气,就是认为一切存在都是物质,也就是认为世界是物质性的。"⑤ 他认为张载把气理解为一种存在,是物质实体,万物都统一于气,都是实在而非虚幻的,而且是与其它固定有形的物相（现象）相区别。

再次,天地万物是"气"化流行、矛盾运动的结果。张岱年说:"张载认为具体的东西都是气所构成的,而看来似乎空虚无物的天空也是气,

---

① 张岱年:《张岱年全集》第2卷,河北人民出版社1996年版,第76页。
② 同上书,第252页。
③ 张载提过"气化",未提及"气本","以气为本"出自张岱年的概括。
④ 张岱年:《张岱年全集》第2卷,河北人民出版社1996年版,第72—73页。
⑤ 张岱年:《张岱年全集》第3卷,河北人民出版社1996年版,第244页。

所谓道是气的变化的过程，所谓天是气的全体。总而言之，一切都是气。而气是不依赖于人的感觉而独立存在的客观实在。"① 张岱年还说张载的"太虚、气、万物，乃是同一实体的不同状态"②。气本身具有能动性，物之生、灭是由气之聚、散所致。不唯物质世界，张载所说的"天""神""德""道""性""心""理"，并非抽象、神秘的，而是在物质的太虚之气的基础上而言的。对于"太虚即气"的命意，张岱年明确地指出：太虚就是气，气与太虚没有本质的区别，"太虚乃气之本然"③，只是气本来的状态和样子而已，气与太虚的关系，与冰与水的关系相仿佛，不是某种超越的精神实体。

对于唯物论者将张载关学本体论定为气本论的做法，牟宗三非常不满。他称颂张载是"关河之雄杰，儒家之法匠"，指出："横渠以天道性命相贯通为其思参造化之重点，此实正宗之儒家思想，决不可视之为唯气论者。"④ 牟宗三敏锐地看到了"太虚四句"所揭示的本体论是"天道"与"性命"相贯通，属于纯粹正宗的儒家理论构造，因此不能归结为"气"。既然本体不是"气"，那又是什么呢？牟宗三强调："我们通常想'本体'（不是当作范畴看的那个常体）是一，意即形而上的实体。"⑤ 本体是"一"，这个"一"在牟宗三看来，是形而上的实体，万物是其下贯之结果，也是能真实呈现的心性本体。牟宗三认为张载关学本体决非形而下之器（气），而实为形而上之"太虚神体"，"气以太虚——清通之神——为体"。他肯定张载："之言太虚神体，之言天道性命，目的乃在明：宇宙之生化即是道德之创造。故言虚言神、不能离气化。气化是实事，不可以幻妄论。实理主实事，乃立体直贯地成其道德之创造，非只主观的偏枯之境界。"⑥ 可见，牟宗三将张载关学的本体定为有神妙之用、能活动之"太虚"，并将太虚神体与天道性命相结合，这

---

① 张岱年：《张岱年全集》第3卷，河北人民出版社1996年版，第247页。
② 同上书，第297页。
③ 张岱年：《张岱年全集》第2卷，河北人民出版社1996年版，第78页。
④ 牟宗三：《心体与性体》上册，上海古籍出版社1999年版，第375页。
⑤ 牟宗三：《牟宗三先生全集》第21册，台湾联经出版事业股份有限公司2003年版，第46页。
⑥ 牟宗三：《心体与性体》上册，上海古籍出版社1999年版，第405页。

显然考虑到了张载关学本体之刚硬挺拔的客观面——本体宇宙论。而主观方面，"性就太虚神德言，太虚神德之为体即天地万物之性也"①。太虚神体对天地万物、个体生命而言即为性，其是超越的体性，而非抽象之质性。

与张岱年将"太虚即气"之"即"解释为"就是"涵义不同，牟宗三从佛学角度力图给予创造性的诠释，认为："是以此'即'字是圆融之'即'，不离之'即'，'通一无二'之即，非等同之即，亦非谓词之即。显然神体不等同于气。就'不等同'言，亦言神不即是气。此'不即'乃'不等'义。"② 太虚神体自身具有活动性，能向下"直贯"，是更具有道德创生意义的本，既不同于气，也不离于气。"太虚神体"与气之间显现不即不离、体用圆融的关系。可见牟宗三在诠释过程中反对将"气"与超越性和形上性相联系，摒弃了"太虚就是气"的唯物论诠释，坚持气的有限性，为把张载关学本体论去唯物化、为个体生命之心性的提升提供理论论证。

（二）"本体"的分判：三系之中抑或三系之前

基于对张载关学本体论的不同理解，张岱年和牟宗三对张载关学亦有不同的评价，在他们各自的关于宋明理学的"三系说"中，张载关学本体论因而也就被赋予了不同的思想意涵。此处我们应当明确理学分系与理学分派是不同的，黄宗羲等所作的学术史的梳理基本上还属于理学分派，缺乏自觉的分系意识。向世陵指出张岱年、牟宗三等的理学分系工作是比理学分派"更高水平和更大规模上的理论概括和整合，是围绕着更具有决定意义的中心概念和命题而展开的理论模型建构"③。

张岱年注意到北宋时期理学本体论实现了新的转向，形成了三种本体论类型。他明确提出张载气学是宋明理学三系之一，代表了古代优秀气学传统，是中国传统思想中的唯物主义。他在《中国哲学大纲》中肯

---

① 牟宗三：《心体与性体》上册，上海古籍出版社1999年版，第419页。
② 同上书，第393页。
③ 向世陵：《理气性心之间——宋明理学的分系与四系》，人民出版社2008年版，第167页。

定了在宋明时期的程朱理学、陆王心学之外还存在着第三种哲学思潮，即以张载、王廷相、王夫之为代表的气学。他总结道："自宋至清的哲学思想，可以说有三个主要潮流。第一是唯理的潮流……第二是主观唯心论的潮流……第三是唯气的潮流亦即唯物的潮流，始于张载。"①"三派的本体论不同，因而为人伦道德所设定的理论基础也不同。张载从天地万物俱属一气来宣扬'民，吾同胞；物，吾与也'。二程从'万物一理'来断言仁义礼智是天经地义。陆九渊从'心即理'来肯定仁义礼智乃是'本心'。"② 张岱年指出，唯气论就是中国的唯物论。这一论断首次确立了"气学"作为唯物主义传统的历史地位，将"气学"作为与"心学""理学"相鼎立的唯物主义流派。他指出："宋以后哲学中，唯物论表现为唯气论，唯气论成立于张横渠……唯气论其实即是唯物论，西文唯物论原字，乃是唯质或唯料的意思，乃谓质料为基本，而气即是质料的意思，所以唯物论译作唯气论，亦无不可。张子的唯气论并无多大势力，继起的理气论与唯心论，都较唯气论为盛。到清代，唯气论的潮流乃一发而不可遏，王船山、颜习斋，先后不相谋的都讲唯气。"③ 他对唯气论给予了充分肯定，认为气本论代表了哲学的发展趋势。

张岱年力图运用马克思主义唯物论发掘和认识以荀子、王充、张载、王廷相、王夫之、戴震等为代表的唯物主义传统及其价值，出版了《张载——中国十一世纪唯物主义哲学家》《王船山的唯物论思想》《中国唯物论史》等著述，较充分地对中国的气学传统作了唯物主义的解读，其中将张王气学作为宋明理学三系之一，是其开拓性的贡献。李存山认为："在中国学术、思想和哲学的研究史上，张先生的《中国哲学大纲》'首次提出'宋明理学分为程朱理学、陆王心学和以张载、王夫之为代表的唯气论三个派系，这是张先生研究中哲史的一个重要创获和基本论点。"④

牟宗三站在儒家道统的立场上来对宋明理学进行分系，儒家道统在

---

① 张岱年：《张岱年全集》第2卷，河北人民出版社1996年版，第28—29页。
② 张岱年：《张岱年全集》第6卷，河北人民出版社1996年版，第327页。
③ 张岱年：《张岱年全集》第1卷，河北人民出版社1996年版，第272页。
④ 李存山：《张岱年先生的中国哲学史研究》，《哲学研究》2004年第6期。

牟宗三看来就是孔孟之道的传统，重视吾人之心性本体是其基本特征。杨泽波指出："重视本体，是牟宗三三系论的一个重要特点。"① 而在宋明理学分系过程中，牟宗三正是以心性本体为标尺来衡准宋明诸儒。牟宗三将宋明理学分为三系：一，五峰、蕺山"性体"系：此系客观地讲性体，以《中庸》《易传》为主，主观地讲心体，以《论》《孟》为主。本体上"以心著性"，于工夫则重"逆觉体证"。此系还包括濂溪、横渠、明道；二，象山、阳明"心体"系：此系是以《论》《孟》摄《易》《庸》而以《论》《孟》为主。此系只是一心之朗现，一心之伸展，一心之遍润，于工夫亦以"逆觉体证"为主；三，伊川、朱子"理体"系：此系是以《中庸》《易传》与《大学》合，而以《大学》为主。于《中庸》《易传》所讲之道体性体只收缩提炼而为一本体论的存有，即"只存有而不活动"之理，于孔子之仁亦只视为理，于孟子之本心则转为实然的心气之心，因此，于工夫特重后天之涵养以及格物致知之认知的横摄，工夫的落实处全在格物致知。② 牟宗三认为前两系合乎古义，是宋明儒学的正宗，后一系属于"别子为宗"。其判摄的依据主要是文献和义理。从文献看，《论》《孟》《易》《庸》等元典代表了儒学正宗，而以《大学》等为主则代表了旁支；从义理言，将形上本体规定为"即存有即活动"的为儒学正宗，而将本体规定为"只存有不活动"的则为歧出。

　　由此可见，牟宗三从两个方面对张载关学本体论进行了定位：一方面，张载关学以《论》《孟》《易》《庸》为依据，客观地讲性体，主观地讲心体，以"即存有即活动"为特征，因而代表了儒学的正宗和大本；另一方面，"性体"系代表人物是胡宏和刘宗周，而张载与周敦颐、程颢等共同构成了"性体"系圆教模型之先导。他指出："由濂溪、横渠而至明道，此为一组。此时犹未分系也。"③ "北宋前三家（濂溪、横渠、明道）所体悟之道体、性体，以至仁体、心体，皆（1）静态地为本体论的实有，（2）动态地为宇宙论的生化之理，（3）同时亦即道德创造之创造

---

① 杨泽波：《牟宗三三系论论衡》，复旦大学出版社2006年版，第15页。
② 牟宗三：《心体与性体》上册，上海古籍出版社1999年版，第42—43页。
③ 同上书，第38页。

实体。所以既是理，亦是心，亦是神，乃'即存有即活动'者（活动，就是能引发气之生生、有创生性而言）。"① 牟宗三赞扬张载"天道性命相贯通""性体"与"心体"兼备的思想，但牟宗三并没有把张载放在三系之中，而是作为三系之思想"前传"和过渡环节。在牟宗三看来，张载关学虽未分系而实有定位。

（三）"本体"的建构：唯物的新气学抑或道德的形上学

将张载关学本体论定为"气本"还是"虚本"，将张载关学定位为"三系之中"抑或"三系之前"，其致思都是与张岱年、牟宗三各自哲学体系的建构与展开紧密相关的。

张岱年在《中国哲学大纲》"气论二"一节结尾处不无遗憾地说："理气论曾有甚圆满的发展，唯心论也有较圆满的发展，而气论却未有圆满的发展。"② 正是着眼于此，他在诠释张载关学本体论的同时不忘"接着"张王气学来建构自己唯物的新气学体系。他以高度的哲学自觉指出："现代中国治哲学者，应继续王、颜、戴未竟之绪而更加扩展……新的中国哲学，应顺着这三百年来的趋向而前进。"③ 在《事理论》的"自序"中，他就当时学术趋势进行了评述，更加明确了自己的致思取径："学人之中，述颜戴之指者，宗陆王之说者，绍程朱之统者，皆已有人。而此篇所谈，则与横渠、船山之旨为最近，于西方则兼取唯物论与解析哲学之说，非敢立异于时贤，不欲自违其所信耳。"④ 这种"信"就是他所坚持和提倡的哲学信念——把马克思主义哲学唯物论与中国古典哲学中的唯物论优良传统结合起来，而这正是中国哲学的未来和希望之所在。张岱年指出中华人民共和国成立前哲学界自成体系的如熊十力、梁漱溟、冯友兰、贺麟等现代新儒家学者，都继承了中国哲学，特别是宋明理学中的程、朱、陆、王的唯心主义思想，而他自己则注重唯物主义，继承了张载、王夫之的唯物主义传统，从而建构了"接着"张王气学讲的"新气学"

---

① 蔡仁厚：《牟宗三先生学思年谱》，载《牟宗三先生全集》第 32 册，联经出版事业股份有限公司 2003 年版，第 33 页。
② 张岱年：《张岱年全集》第 2 卷，河北人民出版社 1996 年版，第 119 页。
③ 张岱年：《张岱年全集》第 1 卷，河北人民出版社 1996 年版，第 273 页。
④ 张岱年：《张岱年全集》第 3 卷，河北人民出版社 1996 年版，第 114 页。

理论体系①。

李存山指出："张岱年先生在三四十年代，推崇'（横）渠（船）山'之学、颜李之学，又认为马克思主义的新唯物论是'现代最可信取之哲学'，这两方面无疑是相互贯通的。从某种意义上说，中国现代的新唯物论也是'接着'中国传统的气论或气学讲的，亦可谓是'新气学'，它是中国传统哲学在现代流衍、发展和创新的一个重要部分。"②在张岱年看来，"气本论"是唯物论的中国形式，实为中国古典哲学中的优秀传统。而他自觉地以继承和发展"气学"作为自己的哲学使命，展现了将辩证唯物论、逻辑分析方法与张王气学相结合的唯物的"新气学"路向，真正实现了气学从古典形态到现代形态的时代超越。

牟宗三"断定宋明儒学的正宗是建立一'道德的形上学'与'自律道德'"③。所以牟宗三研究张载，肯定"太虚神体"的精神实体性，建构的无非是他从儒家孔孟传统中梳理出来的突显道德价值和心性义理的形上学——道德的形上学。牟宗三辨析了"道德底形上学"与"道德的形上学"的不同。前者是关于道德的一种形上学的研究，以形上地讨论道德的基本原理为主，而道德的形上学是以形上学本身为主，只是从道德进入而已，换言之，道德底形上学侧重道德，而道德的形上学则突出形上学。牟宗三明确指出，道德的形上学，即形上学的成立和可能完全是依据于道德上的，依道德的进路对于万物之存在有所说明，"讨论道德实践所以可能之先验根据（或超越的根据）"④，同时涉及一切存有。这种从道德本心思参天道本源、由道德意识所确立的道德实体来说明宇宙万物之存在的思维模式正是儒家陆王心学的思维模式，这也是牟宗三道

---

① 钟肇鹏：《综合创新发展中国哲学》，载刘鄂培编《张岱年研究》，清华大学出版社2004年版，第83页。张岱年说："我推崇张、王学说，但也不仅是接着他们讲，而是试图做更广的综合。"（刘仲林：《铸造新精神　建设新文化——张岱年先生访谈录》，载《综合创新——张岱年学记》，清华大学出版社2002年版，第326页）说明张先生有着明确的"接着"张王之学讲的自觉意识，可以将他的哲学体系称为"新气学"。

② 李存山：《破除对马克思主义与儒学的"夷夏之辨"》，载《马克思主义与儒学》，当代中国出版社1996年版，第9页。

③ 刘述先：《理一分殊》，上海文艺出版社2000年版，第167页。

④ 牟宗三：《心体与性体》上册，上海古籍出版社1999年版，第7页。

德的形上学的理论核心。

牟宗三一方面认为"康德所说的物自身自应是一个价值意味底概念，而不是一个事实底概念"①；另一方面依中国传统而肯定人有智的直觉，智的直觉是主体沟通物自体与现象的能力。牟宗三从道德的形上学出发，认为"智，就是智的直觉，就是良知明觉之感应"②。这种智的直觉是超越之智性（而非知性），也即是张载所说的德性之知。正因为有此智性，康德由物自体构成的本体界才可以被认识，无执的存有论才可与执的存有论通而为一。

牟宗三肯定人有智的直觉的同时也表明了本体之主体性质，他将康德物自体与现象的区分理解为超越的和主观的，但牟宗三站在中国传统的立场上说，物自体亦是本体故而是良知、仁体、太极、太虚神体，是心体和性体。"儒家惟因通过道德性的性体心体之本体宇宙论的意义，把这性体心体转而为寂感真几之'生化之理'，而寂感真几这生化之理又通过道德性的性体心体之支持而贞定住其道德性的真正创造之意义，它始打通了道德界与自然界之隔绝。这是儒家'道德的形上学'之彻底完成。"③ 其道德的形上学又是"无执的存有论"，意味着有限与无限、存有与活动、知识与道德贯通为一，认为人的道德实践可达至宇宙创生本体之层面。牟宗三指出："在孟子，则将存有问题之性即提升至超越面而由道德的本心以言之，是即将存有问题摄于实践问题解决之，亦即等于摄'存有'于'活动'（摄实体性的存有于本心之活动）。"④ 本心是主客观相统一的本体，既要对心加以限制，又要落到具体的道德主体上。

总之，牟宗三从儒家强调本心本性合一的道德进路出发挺立心性本体，并依智的直觉而打通主客两面，从而建立起圆融形态之道德的形上学。"牟宗三的哲学思想向形上学方面伸展的结果，就是他的道德形上学的诞生，以后他则顺水推舟，独上高楼，沿道德形上学的进路极成了一

---

① 牟宗三：《牟宗三先生全集》第21册，联经出版事业股份有限公司2003年版，第14页。
② 陈迎年：《感应与心物——牟宗三哲学批判》，上海三联书店2005年版，第271页。
③ 牟宗三：《心体与性体》上册，上海古籍出版社1999年版，第155页。
④ 同上书，第22页。

个'圆教'系统,标志着他的哲学之究竟完成。"①

我们看到,张岱年、牟宗三从本体的分判到理学的分系,再到体系的建构,张载关学本体论成为或隐或显的一条逻辑线索。二人对此的诠释向我们提供了20世纪张载关学本体论的两种模式。

首先,从研究进路看,体现了知识的进路与道德的进路的不同。张岱年对张载关学本体论的诠释更多的是一种知识的把握,牟宗三则是道德的把握。张岱年的知识的把握其实是一种对"真"之信念的追求,如其在《天人五论》一书中所表露出来的试图以哲学的方式将世界知识化一样,张岱年将哲学当成求真(继而求善)的学问,在认识真与善的层面上主客体并不是合一的,所以张载关学体系诸范畴往往被张岱年理解为二元性的,如天地之性/气质之性、德性之知/见闻之知等。而牟宗三以心性之学为儒学正统,讲道德的体认,讲践行和践形。指认哲学是生命的学问,是智慧学(实践的智慧论)——最高善论,所以牟宗三诠释的进路自然就是道德的进路。在人性论和认识论方面,牟宗三打破二元之对立,他大谈天地之性的超越性、智的直觉的无限性,力图将这些统一起来。

其次,从治学立场看,体现了"学问的生命"与"生命的学问"的分张。张岱年侧重于从学术出发来把握人生,更像一位哲学专家;牟宗三则更多地从人生,从"生命"方面出发来进行学术的探讨,以儒家精神的捍卫者姿态出场。张岱年对传统气学的诠释与超越具有重要的学术价值。"不仅是因为他的上述诠释为我们正确理解'气本论'哲学提供了新范本,更因为通过他对'气本论'哲学的现代诠释,使我们找到了谋求中国哲学现代化的新路数,即创造性的综合辩证唯物论、逻辑分析方法与中国特色的唯物论(气本论)于一体的'新气学'路数。"② 而牟宗三在《生命的学问》中评析道:"中国的思想界大体是混乱浮浅而丧失其本。此种悲惨命运的总原因,是在'生命的学问'的丧失。"③ 在他看

---

① 王兴国:《牟宗三哲学思想研究——从逻辑思辨到哲学架构》,生活·读书·新知三联书店2005年版,第701页。
② 蒋国保:《张岱年先生"新气学"散论》,《湖南大学学报》(哲社版)2006年第3期。
③ 牟宗三:《生命的学问》,广西师范大学出版社2005年版,第30页。

来，儒释道三教都是"生命的学问"，"中国人'生命的学问'的中心就是心和性，因此可以称为心性之学"。①牟宗三所谓的"本"自然就是儒家之道德本体，即心体、性体、良知抑或太虚神体，透显出儒家心性之学强烈的生命意识。故而刘述先说："牟宗三先生在学术上最大的贡献，在于他对传统儒家内圣之学的义理的疏解，这就是他所谓的'生命的学问'的中心关注之所在。"②

张岱年、牟宗三对张载关学本体论的理解与诠释，既体现了知识与道德的分殊，又是各自学术精神和生命本质的展现。与其说对张载关学本体论的研究启发了他们的哲学思考，毋宁说各自的哲学立场决定了他们诠释的向度和范围，促成张载关学本体论在新的历史条件下的意义分有与视域融合。

二　"太和四句"及其现代诠释

"太和"首见于《周易·乾卦》象辞："乾道变化，各正性命，保合太和，乃利贞。"《正蒙》首篇即为《太和》，首句为"太和所谓道，中涵浮沉升降动静相感之性，是生絪缊、相荡、胜负、屈伸之始"。王夫之指出："太和，和之至也……阴阳异撰，而其絪缊于太虚之中，合同而不相悖害，浑沦无间，和之至矣。未有形器之先，本无不和，既有形器之后，其和不失，故曰太和。"（《张子正蒙注·太和》）林乐昌认为诸家注释中以李光地"以和言道，和者其大用，虚者其本体也……最为得之"③。"太和"是与"太虚"同等重要的哲学范畴。"太和四句"，即"有象斯有对，对必反其为；有反斯有仇，仇必和而解"（《正蒙·太和篇》，第10页），将"太和"之道的发展演变给予了全面的论述，是张载辩证法思想的代表性命题，也是传统辩证法的典型表述。

---

① 牟宗三：《中国哲学的特质》，上海古籍出版社2007年版，第75页。
② 刘述先：《理一分殊》，上海文艺出版社2000年版，第164页。
③ 林乐昌：《正蒙合校集释》上册，中华书局2012年版，第15页。

(一) 冯友兰诠释"太和四句"的三个时期

作为哲学史家的冯友兰对张载"太和四句"的诠释经历了三个时期，具有不同的阶段性特征。

1. 重视"对"的哲学涵义

第一个时期是 20 世纪 30—40 年代，冯友兰以现象论理解阐释"太和四句"，重视"对"的哲学涵义。他最初在《中国哲学史》下册中论述张载理气观时，指出"气虽聚散攻取百途，然皆遵循一定的规律。故宇宙间有几种普遍的现象"①。冯友兰强调："阴阳交感，则气升降飞扬，聚而有象而成为物。有一物必有与之相反者以对之。"② 在关于"对"的矛盾分析中，他看到有现象必存在相互对立的方面和趋势，造成交感、升降、屈伸、聚散的变化，由此形成宇宙间的普遍现象。（1）有一物必有与之相反者，一物与他事物之间的对待关系亦成为此物的一部分，因此"物无孤立"是一种普遍现象。（2）基于事物相互对待而有，相反相仇，则可相和相成的道理，气化聚散的过程亦即同出于太虚，终亦复归于太虚，谓之"和而解"，亦是一种现象。（3）气涵阴阳之性，变化万殊，聚而成物，合而成质，故使得"无一物相肖"。（4）气聚为万物，散为太虚，聚则物成，散则物毁，如此循环不已，又是宇宙间一普遍现象。这一时期冯友兰初步建立了"新理学"体系，在"太和四句"中侧重于"对"的哲学分析，流于气之聚散现象层面的描述，相应对张载辩证法思想也缺乏"了解之同情"。

2. 突出"仇"的斗争作用

第二个时期是 20 世纪 50—70 年代，冯友兰在新中国成立后立志掌握和运用马克思主义的立场、观点、方法，对以前的学术研究表示"忏悔"，并在"忏悔"中重写中国哲学史。出于对当时"左"倾思潮引发的文化虚无主义的异议，冯友兰认为在中国哲学史的教学研究中，对中国古代哲学否定太多，肯定不够，而否定多了，可继承的遗产也就少了，

---

① 冯友兰：《中国哲学史》，载《三松堂全集》第 3 卷下册，河南人民出版社 2001 年版，第 290 页。
② 同上。

明确指出应该对古代的哲学思想作更全面的了解，对传统文化的精神遗产应该有更合理的继承。他指出毛泽东的"批判继承"是对象问题，涉及继承什么；而他主张的"抽象继承"是方法问题，涉及怎样继承。但他不论如何辩解，却遭到了更为猛烈的批判。在这一时期，冯友兰是希望"采取老实态度"，但又带着惶恐困惑、沉重不安的心情从事哲学史研究的。例如，他对"太和四句"定了调和论的调子，下了不彻底性的结论，突出"仇"的斗争作用，颇能代表他此时的研究状态。他指出："张载的辩证法思想，从现代的标准看，也是很不彻底的。最明显的就是，他所说的'仇必和而解'。他认为，两个对立面的斗争（'仇'）的结果，是调和。调和了，矛盾就解决了（'和而解'）。张载认为，宇宙演变的整个过程是阴、阳矛盾的过程，也是阴、阳调和的过程。这个总的调和过程，称为'太和'……张载又认为，对立面的斗争，调和的过程是一个循环的过程。"① 冯友兰指出由于张载不掌握事物辩证发展的过程貌似循环，而实则于循环中有提高的观点，因而暴露出自身哲学辩证法的不彻底性。他强调："和解和循环是张载的辩证法思想的不彻底性的表现的主要的两点。这两点是互相连贯的。对立面的斗争的结果是两个对立面中的一个对立面的胜利。这个胜利的对立面，引起了新的对立面，新的矛盾，新的斗争，使事物有新的内容，新的意义，所以比原来的矛盾、斗争前进了一步，提高了一层。如果对立面的矛盾、斗争，仅只是以调和告终，再一次的矛盾、斗争就没有新的内容，新的意义，所以也就只是循环了。"② 王夫之曾经对《正蒙》进行了注释，涉及"太和四句"的问题。冯友兰认为张载和王夫之辩证法的缺陷是一样的，即没有认识到"对立面的斗争是绝对的"，"这就必然归结到阶级调和的反辩证法的理论"。③ 冯友兰这一时期在不正常的学术氛围中将"仇必和而解"作为张

---

① 冯友兰：《张载的哲学思想及其在道学中的地位》，载《三松堂全集》第13卷，河南人民出版社2001年版，第308页。这篇文章虽刊于1981年1月《中国哲学》（第五辑），但推究其行文观点，应撰于80年代之前。

② 冯友兰：《张载的哲学思想及其在道学中的地位》，载《三松堂全集》第13卷，河南人民出版社2001年版，第309页。

③ 冯友兰：《王夫之的唯物主义哲学和辩证法思想》，载《三松堂全集》第12卷，河南人民出版社2001年版，第582页。

载哲学的局限和不足，以调和论视之，显然有难言之隐。所以，他再三表示之所以作如此评价，并非对古人求全责备。"作为一个中国封建时代地主阶级的知识分子，能有像张载所有的那样的唯物主义和辩证法思想，就是很了不起的。他的唯物主义思想，上承《周易》，但其细密、曲折，都超过了他前所继承的传统，而把它们推进了一步，提高了一层。这就是他的不朽的业绩。"① 这应当是他的心里话。

3. 强调"和"的时代价值

第三个时期是他超越自我的阶段，在生命的最后十年终于达到"海阔天空我自飞"的人生境界。他在《中国哲学史新编》自序中提出，在屡遭折腾之后，他认识到"道理是要自己认识的。学术上的结论是要靠自己的研究得来的。一个学术工作者所写的应该就是他所想的"②。因此要独立思考，自述己见，"修辞立其诚"，不生搬硬套，也不依傍他人。所以，对"太和四句"的研究自然是冯友兰自己的体贴和认识，强调"和"的价值，带有对以往成果进行反思的特点。需要指出的是，《新编》第五十三章"道学的奠基者——张载"是对《张载的哲学思想及其在道学中的地位》一文的改写，而辩证法部分则是重点修改的内容之一，体现了他对过往观点的反思与超越。例如他指出："张载把他的辩证法归结四句话：'有象斯有对，对必反其为；有反斯有仇，仇必和而解。''仇必和而解'可能被认为是他的辩证法思想的弱点和缺点，但是他有他的看法。"③在张载看来，宇宙演变的整个过程是阴阳矛盾的过程，这个总的过程称为"太和"，"太和"并不是没有矛盾，而是有矛盾又有统一。张载的辩证法思想所着重的是"一物两体"，就是说一个统一体有两个对立面。一个统一体是"一"，两个对立面是"二"。他所着重讲的是"一"和"二"的关系，即在不妨碍"一"的存在的前提下，"二"是怎样发生作

---

① 冯友兰：《张载的哲学思想及其在道学中的地位》，载《三松堂全集》第13卷，河南人民出版社2001年版，第309页。

② 冯友兰：《中国哲学史新编》自序，载《三松堂全集》第8卷，河南人民出版社2001年版，第4页。

③ 冯友兰：《中国哲学史新编》，载《三松堂全集》第10卷，河南人民出版社2001年版，第5册，第128页。

用的。按照《系辞上》"一阴一阳之谓道"的说法，指的是在一个阶段内，阴占优势，在另一个阶段内，阳占优势，并不是说只有一个阴，只有一个阳。这样，冯友兰指出"占优势者并不能完全消灭它的对立面"，大概就是张载所说的"仇必和而解"。

冯友兰基于张载"太和四句"的论述辨析了两种辩证法，从而提出他自己的新见解："客观的辩证法只有一个，但是人们对于它的认识和了解可以有很多，至少有两个。一个统一体的两个对立面是矛盾的统一，这是都承认的，但是一种认识可以以矛盾为主；另一种认识可以以统一为主。后者认为'仇必和而解'，前者认为'仇必仇到底'。这是两种辩证法思想的根本差别。"① 这个观点是冯友兰第一次提出来的，以认识矛盾为主还是认识统一为主作为辨析的基础，不仅揭示了传统辩证法思想的本质特征和理论价值，而且具有将马克思主义辩证法和中国传统辩证法进行比较的意味。

（二）"仇必和而解"：作为中国哲学的传统和世界哲学的未来

冯友兰在这三个时期的诠释各有特色，既受到了当时社会文化环境的影响，也是自身哲学思想逻辑演进的必然。冯友兰在《中国哲学史新编》的"总结"中写了两个问题，以作为自己一生研治中国哲学史的心得，一是为从中国哲学史的传统看哲学的性质及其作用；二是为从中国哲学的传统看世界哲学的未来。

对于第一个问题，冯友兰引用了金岳霖的说法，即"哲学是概念的游戏"，指出了这是对于哲学一种真实性质的揭示，但这个论断没有同人类精神境界结合起来，以至于分析概念成为一种游戏。他自己在《新编》绪论中则肯定哲学是人类精神的反思，又进一步提出哲学教授和哲学家的不同之处，前者是仅从文字上了解哲学概念，而后者尝试作更深刻的理解，并把这样的理解融合于他的生活中。因而哲学不仅是"概念的游戏"，而且是"精神的受用"。所以，哲学中对实际无所肯定的概念看似无用，但可能是有大用。"哲学不能增进人们对于实际的知识，但能提高

---

① 冯友兰：《中国哲学史新编》，载《三松堂全集》第10卷，河南人民出版社2001年版，第5册，第130页。

人的精神境界……人的精神境界可能有四种：自然境界，功利境界，道德境界，天地境界。天地境界最高，但达到这种境界，非经过哲学这条路不可。"①

对于第二个问题，冯友兰指出照马克思主义的辩证法思想，矛盾斗争是绝对的，无条件的；统一是相对的，有条件的。这是把矛盾斗争放在第一位。中国古典哲学没有这样说，而是把统一放在第一位。理论上的这点差别，反映在实践上有重大的意义。他指出："在中国古典哲学中，张载把辩证法的规律归纳为四句话：'有象斯有对，对必反其为；有反斯有仇，仇必和而解。'这四句中的前三句是马克思主义辩证法思想也同意的，但第四句马克思主义就不会这样说了。它怎么说呢？我还没有看到现成的话可以引用。照我的推测，它可能会说：'仇必仇到底。'"②

冯友兰由此从三个层面给予分析说明。一是从社会发展看，"仇必和而解"的思想，是要维持两个对立面所处的那个统一体；"仇必仇到底"的思想，则是要破坏两个对立面所处的那个统一体。马克思和毛泽东都是革命家，当然持"将革命进行到底"的主张。但问题在于什么叫"到底"？"底"在哪里？任何革命都是要破坏两个对立面所共处的那个统一体。那个统一体破坏了两个对立面就同归于尽，这就是"底"。革命到这个程度就"到底"了。这是一个事物的总发展过程中的一个阶段。但社会仍然存在，从旧的统一体转入到新的统一体。在新的社会建设过程中，革命家和革命政党作为执政者的任务就不是要破坏什么统一体，而是要维护这个新的统一体，使之更加巩固，更加发展。"这样，就从'仇必仇到底'的路线转到'仇必和而解'的路线。这是一个大转弯。在任何社会的大转变时期，都有这么一个大转弯。"③ 这显然包含了冯友兰对于"无产阶级专政条件下继续革命"理论的批判性反思。"继续"到何时？"到底"到何处？伴随着社会主义建设的进程，应当将重心转到以和谐为主，以发展为重，这是他实事求是得出的看法，也是对改革开放现代化

---

① 冯友兰：《中国哲学史新编》，载《三松堂全集》第10卷，河南人民出版社2001年版，第7册，第648页。
② 同上书，第655页。
③ 同上书，第656页。

事业的深切认同。

二是从哲学内涵看，冯友兰指出，"和"是张载关学体系中的一个重要范畴。所谓"和"，并不是没有矛盾斗争，而是充满了矛盾斗争。所谓"浮沉、升降、动静、相感之性"，就是矛盾；所谓"絪缊、相荡、胜负、屈伸"，就是斗争。张载认为，一个社会的正常状态是"和"，宇宙的正常状态也是"和"。这个"和"，称为"太和"。古典哲学强调和同之辨，"同"不能容"异"，"和"不但能容"异"，而且必须有"异"，才能称其为"和"。冯友兰肯定客观辩证法的两个对立面矛盾统一的局面，就是一个"和"。两个对立面矛盾斗争，当然不是"同"，而是"异"；却同处于一个统一体中，这又是"和"。所以"和"是对立面构成的共处状态，内在包含了矛盾冲突，是建立在斗争性基础上的统一性。因此讲"和"并不意味着不讲矛盾斗争，也不意味着调和循环。应当说这是冯友兰对张载"仇必和而解"认识的新飞跃，又是对古代和谐思想的新论断。

三是从历史趋势看，"仇必和而解"是客观的辩证法，是不以人的主观意愿为转移的历史潮流。国际社会和现代历史是必然向着"仇必和而解"这个方向发展的，尽管这一历史发展过程可能是曲折的。"人是最聪明、最有理性的动物，不会永远走'仇必仇到底'那样的道路。这就是中国哲学的传统和世界哲学的未来。"[①] 也即人类历史尽管充满矛盾冲突、艰难曲折，但富有和谐精神的中国哲学必将为人类社会指明前进的方向，提供有效的对话策略和思想资源。这是冯友兰的最终结论，又是对中国哲学提出的殷切希望。

（三）"仇必和而解"抑或"仇必仇到底"？

冯友兰基于张载"仇必和而解"而对两种辩证法所做的分疏，尤其是将马克思主义辩证法概括为"仇必仇到底"的观点，引发了学界的热烈讨论和持续争鸣。这场讨论大致是围绕三个问题来展开的。其一，"仇必和而解"是否代表了张载的辩证法思想进而代表了传统辩证法的思想；其二，"仇必仇到底"是否代表了马克思主义辩证法的思想；其三，"仇

[①] 冯友兰：《中国哲学史新编》，载《三松堂全集》第10卷，河南人民出版社2001年版，第7册，第657页。

必和而解"是否代表了世界哲学的未来?

关于第一个问题,向世陵认为冯友兰对张载思想的"片面性概括不符合张载思想的原貌",提出并不存在冯氏意义的"两种辩证法"的对立,张载的"仇必和而解"只是矛盾辩证法的一个发展阶段和一定表现形式。"冯友兰两种辩证法的解释是否恰当,关键在对'仇必和而解'的理解是否符合张载思想的原意。"① 在他看来,王夫之和王植的解释比较符合张载思想的"原貌"或"原意",即立足联系和发展的角度把握张载的思想。姑且不论,能否对哲学家的思想作某种究根寻源式的追溯,从而获得真正的"原貌"或"原意"大成疑问。因为在诠释学看来,历史事实和思想真实的"本来面目"怎么可能完全重现呢?事实上,向世陵也承认王夫之和王植解释的角度不同,"与王夫之的天人分合说不同,王植认为张载之意是以人事说天道"。那么,二者究竟谁更接近张载的"原貌"或"原意"呢?根据林乐昌《正蒙合校集释》所载,有熊刚大、王夫之、韩邦奇、张伯行、张棠、周芳、吴讷、刘玑、吕柟、余本、刘儓、高攀龙、徐必达、冉觐祖、李光地、黄百家、华希闵、王植18人注解本段,谁又更接近张载的"原貌"或"原意"呢?② 冯友兰曾说:"我生活在不同的文化矛盾冲突的时代。我所要回答的问题是如何理解这种矛盾冲突的性质;如何适当地处理这种冲突,解决这种矛盾;又如何在这种矛盾冲突中使自己与之相适应。"③ 这是作为哲学家的冯友兰的问题意识。当他在处理研讨历史上的哲学家思想的时候,总是有意或无意带着自己的问题意识开展哲学思考的。大致上说,王夫之和王植为代表的传统解释,即相生相合之和解则为爱,相制相克之反仇则为恶,与冯友兰在20世纪30—40年代所持的见解相类似。但80年代以后,冯友兰在反思"仇必和而解"时是将其视为解决矛盾冲突的基本准则来看待的,就是向世陵所说的"是作者自己而非张载的思想",即冯友兰体现了一位哲学家

---

① 向世陵:《张载的"仇必和而解"与两种辩证法》,《江苏行政学院学报》2009年第4期。
② 林乐昌:《正蒙合校集释》上册,中华书局2012年版,第84—89页。
③ 冯友兰:《三松堂自序·明志》,载《三松堂全集》第1卷,河南人民出版社2001年版,第307页。

力求超越张载哲学，也力求超越自我的睿识与洞见。理解是主观的，而且缘于理解本身所具有历史性，构成了文本与解释者的视界的交织融合，从而形成超越文本与作者的"解释学循环"。正如伽达默尔所言，"本文的意义超越它的作者，这并不只是暂时的，而是永远如此的。因此，理解就不只是一种复制的行为，而始终是一种创造性的行为。"① 与其说是"片面性的理解"，不如说是"创造性的行为"，冯友兰对"仇必和而解"的诠释既是对古典哲学"和为贵""致中和"等和谐思想的高度概括，又是他运用马克思主义的观点、方法予以重新解读的范例②，实现了当代哲学家新的"视界融合"，丰富了"仇必和而解"的哲学意涵。

1957 年，他在《关于中国哲学遗产的继承问题》中首次提出："在中国哲学史中有些哲学命题，如果作全面了解，应该注意到这些命题的两方面的意义：一是抽象的意义；一是具体的意义。过去我个人对中国哲学史中的有些哲学命题差不多完全注意它们的抽象意义，这当然是不对的。近几年来我们才注意这些命题的具体意义。当然，注意具体意义是对的，但是只注意具体意义就不对了。在了解哲学史中的某些哲学命题时我们应该把它的具体意义放在第一位，因为这是跟作这些命题的哲学家所处的具体社会情况有直接关系的。但是它的抽象意义也应该注意，忽略了这一方面，也是不够全面。"③ 应当说，冯友兰对"仇必和而解"的诠释一定程度上体现了"抽象继承法"的自觉应用。在他看来，"仇必和而解"代表了张载的辩证法思想乃至传统辩证法思想。冯友兰的这一新概括，作为学术观点可以争鸣，但并不妨自成一家之说。

关于第二个问题，方克立认为冯友兰"把马克思主义辩证法或者把它的对立统一规律归结为'仇必仇到底'的斗争哲学，这至少是一种误

---

① ［德］伽达默尔：《真理与方法——哲学诠释学的基本特征》上册，洪汉鼎译，上海译文出版社 2004 年版，第 383 页。
② 如冯友兰认为"这四句中的前三句是马克思主义辩证法思想也同意的"，以及反复列举资本主义社会无产阶级与资产阶级的斗争的及最后二者同归于尽的例子，是冯友兰在新中国学习马克思主义，接受马克思主义的一种反映。
③ 冯友兰：《中国哲学遗产底继承问题》，载《三松堂全集》第 12 卷，河南人民出版社 2001 年版，第 94 页。

解"①。刘奔更进一步地提出：（冯友兰）"对于马克思主义哲学确实有误解，而且这误解还不能说小。"② 我们承认这确实是一种"不能说小"的"误解"，但这种"误解"并非是自冯友兰开始的。针对国民党将领邓宝珊所说"共产党的哲学就是斗争的哲学"的观点，毛泽东在中共七大上指出"讲对了"。毛泽东所借用的、肯定的"斗争哲学"，是从无产阶级解放运动和阶级斗争革命实践的角度讲的，它突出了马克思主义辩证法的革命和批判本质。共产党人要改造社会，推动历史前进，当然需要进行不懈斗争的精神。从这个意义上说，没有矛盾斗争，就没有革命，就没有世界，就没有发展。当无产阶级获得政权，人民革命取得胜利的时候，就应当实现革命到建设的重心转移。但毛泽东混淆了人民内部矛盾和阶级矛盾两种不同性质的矛盾，片面强调对立面的斗争，把对立绝对化，"狠抓阶级斗争"，坚持"造反有理"，要求"打倒一切"，在事实上造成了阶级斗争扩大化的后果。许全兴提出："冯友兰认为马克思主义辩证法强调斗争，这符合马克思主义的原意。但他由此推论出马克思主义辩证法主张'仇必仇到底'，则不符合马克思主义的原意。"③ 张岱年则认为，"斗争哲学"本身就违背了马克思主义："冯友兰先生晚年特别赞扬张子此说，从而批评了所谓'仇必仇到底'。事实上，所谓'仇必仇到底'，并不是马克思主义的观点。斗争哲学在'文化大革命'中曾流行一时，专讲'一分为二'，不允许讲'合二为一'，其实违背了马克思主义辩证法。"④ 基于急剧动荡中的社会"大转弯"时期的现实反思，冯友兰将"仇必仇到底"概括为马克思主义辩证法的思想，与其说是一种"误解"，毋宁说是对于毛泽东斗争哲学及其导致"文化大革命"后果的深沉反思。也即马克思主义中国化过程中也有理论曲折，将阶级斗争绝对化和扩大化早已"不符合马克思主义的原意"了，必须走出"仇必仇到底"的思维模式。在他看来，马克思主义必定要与中国的具体实践结合起来，只有这样，"就是'中国的'马克思主义，而不仅是'在中国的'马克

---

① 方克立：《全面评价冯友兰》，《哲学研究》1997年第12期。
② 刘奔：《"仇必仇到底"究竟是谁家之哲学？》，《哲学研究》1998年第11期。
③ 许全兴：《"斗争哲学"与"和的哲学"》，《南京社会科学》1995年第1期。
④ 张岱年：《张岱年全集》第7卷，河北人民出版社1996年版，第563—564页。

思主义"①。对于中国哲学史而言，也蕴含着要摆脱"儒法斗争""两军对垒"研究模式的内在逻辑。

关于第三个问题，冯友兰指出每当国家完成统一，中央政府有效治理，民族关系团结和睦时，就会产生一个反映社会结构理论基础和时代精神内容的广泛哲学体系，当前也面临着这样的时代需求。他对《中国哲学史新编》的撰述有自己的使命感："它应当不仅是过去的历史的叙述，而且是未来的哲学的营养。"②"我所能做的事就是把中国古典哲学中的有永久价值的东西，阐发出来，以作为中国哲学发展的养料，看它是否可以作为中国哲学发展的一个来源。"③"仇必和而解"是他对古典哲学中具有永久价值部分的具体阐发，既对中国哲学的发展有推动，又对世界哲学的未来有贡献。李中华对此予以充分肯定："'仇必和而解'和'太和'哲学所包含的理性价值意义，与基督教传统和西方哲学所包含的价值意义有极大的差别。"④

1993年，美国政治学家塞缪尔·亨廷顿提出"文明冲突论"，引发世界范围的讨论。他将"冷战"后的世界格局概括为西方、儒家、日本、印度、伊斯兰、东正教、拉丁美洲、非洲等八种主要文明的互动，认为文明间的冲突将会取代意识形态与其他形式的冲突而表现为最主要的冲突形式。于是他断定新世纪的冲突根源将不再侧重于意识形态或经济，而文化将是截然分隔人类和引起冲突的主要原因，并且未来最重要的冲突将发生在文明间的断层线上。针对亨廷顿的观点，杜维明指出这是一种基于西方中心主义立场的排斥性理论，应当代之以新轴心时代的文明对话。其理论前提是突破由西方一元现代性论说所形成的全球与本土、现代与传统、西方与非西方的二分对立格局，其思想主旨是建立人类的永续发展、普遍福祉与和平共存，其对话形式是各文明形态的平等、多

---

① 冯友兰：《三松堂自序·明志》，载《三松堂全集》第1卷，河南人民出版社2001年版，第310页。
② 同上书，第311页。
③ 同上书，第313页。
④ 李中华：《哲学与人类的未来——冯友兰对中国哲学与未来世界哲学的阐释》，《南阳师范学院学报》2003年第4期。

元、互补的交流合作。对于论文引起的广泛争议,亨廷顿表示:"我所期望的是,我唤起人们对文明冲突的危险性的注意,将有助于促进整个世界上'文明的对话'。"① 显然,杜维明所强调的"文明对话"是对冯友兰"仇必和而解"思路的具体展开,他还亲自主导和参与了以儒家文明为主体的与其他各主要文明如基督教、犹太教、伊斯兰教以及印度、东亚文明的对话,加强了不同文明的沟通了解,从而产生了积极广泛的社会影响。由此可见,冯友兰基于"太和四句"的阐释对二十一世纪人类社会展开"文明对话"具有重要的启示价值,也是儒家文明独特性的深刻揭示和时代论证。

汤因比在与池田大作的对谈中指出:"世界统一是避免人类集体自杀之路。在这点上,现在各民族中具有最充分准备的,是两千年来培育了独特思维方法的中华民族。"② 在这个意义上,重温冯友兰所说的:"现代历史是向着'仇必和而解'这个方向发展的……这就是中国哲学的传统和世界哲学的未来",会使我们获得高度的文化自信,重新认识和发掘中华优秀传统文化的时代价值,促进中华文明为人类社会作出新贡献。

三 "横渠四句"及其现代诠释

"横渠四句"又因每句以"为"开头,被称为"四为句"③。这四句既是张载一生为学的归宿,也可视为宋儒的文化纲领。张岱年指出:"'为天地立心'——达到对于天地宇宙的正确认识;'为生民立道'——昭示

---

① [美]塞缪尔·亨廷顿:《中文版序言》,周琪等译,载《文明的冲突与世界秩序的重建》(修订版),新华出版社2010年版,第2页。
② [日]池田大作、[英]阿·汤因比:《展望21世纪——汤因比与池田大作对话录》,荀春生等译,国际文化出版公司1999年版,第284页。
③ "横渠四句"在历史上形成了不同的版本。据肖发荣考证,大略有三种。一是"为天地立心,为生民立道,为去圣继绝学,为万世开太平",出现时间最早,见诸《横渠语录》和《近思录》;二是"为天地立心,为生民立极,为前圣继绝学,为万世开太平",见诸真德秀《西山读书记》;三是"为天地立心,为生民立命,为往圣继绝学,为万世开太平",见诸文天祥《文文山先生文集》,后为黄宗羲《宋元学案》引用遂影响最广。(肖发荣:《"立道"、"立极"、"立命"新探——"横渠四为句"的版本流变及其时代精神》,《天府新论》2014年第4期)本文认为,"横渠四句"三种表述略有出入,值得重视考辨,但究其精神实质是一致的,故采通行版本。

人类生活的基本准则;'为去圣继绝学'——弘扬古代哲学的优秀传统;'为万世开太平'——寻求人类共同生存发展的道路。这四句可以说是表达了哲学家的宏愿。"①

(一)"横渠四句"的二重维度

"横渠四句"包含二重维度。

其一,前两句体现了天—人维度。"为天地立心"讲天道,"为生民立命"讲人道。"天地之心"语出《周易》"复卦"彖辞:"复,其见天地之心乎?"天地本无心,其心在人。从天道而言,"大抵言天地之心者,天地之大德曰生,则以生物为本者,乃天地之心也"(《横渠易说·上经·复》,第113页),天地万物呈现盎然生机、勃勃生意,但这乃是生生不息、大化流行的自发过程,没有主体的参与,此"天地之心"归于沉寂,未能显发,故而"天无心,心都在人之心"(《经学理窟·诗书》,第256页),人认识到包括自身在内的天地万物的价值、尊严和崇高,此之谓"立心"。

从人道而言,张载将人性划分为"天地之性"与"气质之性",认为"天地之性"是纯善的,属于人性超越的价值理想层面,也是人性根本所在;"气质之性"是善恶相混的,属于人性的实然存在层面。应通过"诚明两进"的工夫来"尽性""成性""穷神知化",转变气质,趋于至善,为民众指明生命意义,此之谓"立命"。总而言之,是从天人一体的维度论述天道和人道的内在关系。

其二,后两句体现了古—今维度。"为往圣继绝学"谓之往古,"为万世开太平"谓之来今。从往古而言,张载通过对释老"体用殊绝""以心为法""生死轮回"的批判,重新梳理和建构了儒家的"道统"谱系,推尊孔孟,阐扬圣学,以历史的责任感、使命感维持"道统"之不坠,纲常礼教之永续。从来今而言,他要求展开"修齐治平"的外王取向,重建"井田""封建"以及"宗法"制的"礼治"社会,创造和谐有序、公平均富的太平盛世。合而观之,是从历史和现实的维度论述了儒学作

---

① 张岱年:《试谈"横渠四句"》,《中国文化研究》1997年第1期。

为传统社会主流意识形态的价值和作用。

其三，天—人维度不管是天道还是人道，都是围绕着"道"的逻辑化建构，古—今维度无论是往古还是来今，都是"统"的历时性传承。所以，这二重维度又可概括为"道统"二字。所谓"道统"，可以从"道"与"统"两个层面来理解，前者是逻辑的，体现了以仁义道德为主要内容的理论建构；后者是历史的，展布了儒家孔孟之"道"的历时性传承的精神谱系。

正因为"横渠四句"的二重维度包含着丰富的理论意蕴，赢得了二程、朱熹等一致认同，成为宋儒普遍的文化纲领和标志性的思想命题。

（二）马一浮对"横渠四句"的诠释

"横渠四句"在近现代中华民族的深重危机中愈来愈彰显其强大精神感召力，成为中华民族精神现代自觉的重要思想动力。例如"革命先驱李大钊曾以此作为青年朋友的训词，于右任、郭沫若、张岱年等曾先后挥笔书写作为题词，近年温家宝总理接受记者采访或在国外演讲时更是多次援引，台湾国民党前主席连战先生访问大陆时曾用以寄语北大学子"。[①]

值得一提的是，在2010年6月25日，时任国务院总理温家宝看望浙江大学师生。一位大三男生想从政，但对如何从政不大了解，他请总理给他一些建议。"有一句话大家可能很熟悉：要做事，不要做官。"温家宝说："人生的目的是要为老百姓做事，无论是做哪一行，都要用你的专长为人民服务，只要你为人民做了事，作出了贡献，人民都会记住你的。古人张载说过：'为天地立心，为生民立命，为往圣继绝学，为万世开太平。'这样的官，老百姓是欢迎的。"[②]

距此72年前，有一位学者向浙大师生就"横渠四句"曾作过精彩的论述他就是国学大儒马一浮先生。1938年，马先生应浙江大学校长竺可桢之邀为浙大师生演讲。在演讲中，马一浮首先辨析了"君子"与"小人"的不同人格类型。他认为从"君子"的意义看，可以剖分出两层含

---

① 林乐昌：《"为天地立心"——张载"四为句"新释》，《哲学研究》2009年第5期。
② 嵇哲：《一张满满当当的行程表——温家宝总理在浙江的30个小时》，《浙江日报》2010年6月28日第1版。

义：一是成德之名；一为在位之称。根据"德名即爵名"的命名原则，可知古人是先必有德而后居其位，在位称为"君子"，所以是成德之名。与"君子"两层含义相对应，"小人"也有两层内涵：从前义，小人即为无德之人；从后义，小人即为卑贱小民。因此严格"君子"与"小人"之辨，是明确正确人格取向的当务之急。

因此马一浮期望诸生能孜孜以求，以成就君子自期，尤其是在外敌入侵、民族患难、国家危亡的历史关头，君子被赋予了新的时代内涵和精神特质，而完成人格也就更为艰难和可贵，更要挺立人格，抖擞意志，竖起脊梁，猛著精采，堂堂正正地做一个人。他特别拈出"横渠四句"，作为人格典范的基本原则，"须知人人有此责任，人人具此力量，切莫自己诿卸，自己菲薄"[1]，在担负救国救民的历史使命中成就个人的完满人格。

贺麟指出，马一浮的文化观，"使得他对于人类文化，特别民族文化有了坚强信心。当然这是很有高远识见，能代表中国正统思想的文化观"[2]。他在浙大宣讲"横渠四句"，颇觉此语伟大，缓声吟咏，自成音节，深感其意义光明俊伟，寄托了先圣的精神，若能制歌谱曲，而广为传诵，令学生歌唱，必能振作民族精神，增强文化自信，使广大民众和青年学生知道"吾国固有特殊之文化，为世界任何民族所不及。今后生只习于现代浅薄之理论，无有向上精神，如何可望复兴？"[3]

1. 为天地立心

儒家认为人为万物之最贵者，故而《礼运》曰"人者，天地之心"，是指君子止于至善，以立人极，便是与天地合德，这样孔孟所讲的"仁民爱物"即是"为天地立心"之意。同时"一人之心，即天地之心"，指人心之善端即天地之正理。孟子讲四端，先举恻隐之心，是因为假若没有恻隐，人便麻木不仁，没有感觉，羞恶、辞让、是非等善端也就无从推出。所以马一浮从天道统贯人道，指出天地以生物为心，人心以恻

---

[1] 《马一浮集》第1册，浙江古籍出版社、浙江教育出版社1996年版，第5页。
[2] 贺麟：《五十年来的中国哲学》，辽宁教育出版社1989年版，第17页。
[3] 《马一浮集》第2册，浙江古籍出版社、浙江教育出版社1996年版，第564页。

隐为本；天地之大德曰生，人心之全德曰仁。他主张挺立主体意识，发扬道德理性，具备价值判断能力，尤其在民族危亡、国家战乱的条件下，知所抉择取舍，不投降、不妥协、不懈怠，只要人人有此心，就会立起天地之间的大心。剋实言之，"仁，人心也"（《孟子·告子上》），因而"学者之事，莫要于识仁求仁，好仁恶不仁，能如此，乃是'为天地立心'"①。

2. 为生民立命

孟子曰："夭寿不贰，修身以俟之，所以立命也。"（《孟子·尽心上》）朱子注曰："立命谓全其天之所赋，不以人为害之。"命又分正命和非命，正命是尽其道而死，非命是死于桎梏。马一浮指出，君子应当尽正命而去非命，但是，非命并不仅仅意味着身体桎梏之祸，更昭示着人心陷溺之灾。因此君子立志"须是令天下无一物不得其所，方为圆成"②，而这乃是顺应天道仁德、豁显万物一体的行为。所谓"万物一体"，即是认识到万物处于同一生命体中。正如张载所说的："凡天下疲癃残疾、惸独鳏寡，皆吾兄弟之颠连而无告者也。"（《正蒙·乾称篇》，第62页）圣人与民同患，未有众人皆忧而己能独乐，众人皆危而己能独安者，必拯民出于水火，全其正命。此种政治理想与抱负用孔子的话来说是"老者安之，朋友信之，少者怀之"。马一浮从人道上应天道的角度指出，如果能有万物一体的气象、襟怀、抱负，便是"为生民立命"。

3. 为往圣继绝学

为何圣学反成绝学？马一浮认为圣学即是义理之学，此理人人本具，不为尧存，不为桀亡，在圣不增，在凡不减，其成为绝学的根本原因在于常人受习气拘蔽，难识义理，从而走向衰绝。那么现在有无振兴之必要呢？马一浮的答案是肯定的。他指出时下学者囿于习俗，不知圣贤分上事即吾性分内事，所以终身读书，为见闻知识所困惑，缺乏形上追求，汩没自性，既虚度了人生，又戕害了人格。如濂、洛、关、闽诸儒深明义理之学，可谓直接孔孟，远迈汉唐，造成宋明新儒学的发展。所以今

---

① 《马一浮集》第1册，浙江古籍出版社、浙江教育出版社1996年版，第5—6页。
② 同上书，第6页。

日学者立志，也要坚信心中禀性无二，圣人可学而至，特别是值此抗战期间，人心晦盲否塞、人欲横流之时，更要深研义理，承继绝学，自拔于流俗，不致戕贼天性。马一浮谆谆告诫，圣学作为义理之学，在横渠绝非夸词，在当下更为急务，切勿以心性为空谈而安于卑陋，这就是在抗战时期需要大力提倡儒学、"为往圣继绝学"的现实意义。

4. 为万世开太平

与西方政治制度相比，马一浮更为推崇中国社会传统的伦理政治模式。在马一浮看来，太平曾是历史事实而非幻想的乌托邦。例如尧之"光被四表，格于上下"，文王之"自西自东，自南自北，无思不服"。马一浮推尊"不赏而劝，不怒而威，不言而信，无为而成"①的治理模式，称为政治的极轨。在梳理历史兴亡教训的基础上，他认为孟子提出的王霸之辨仍有其现实意义。霸者以力服人，以力假仁；王者以心服人，以德行仁。所以孔孟"仁政"学说的要旨在于贵德不贵力，因为他们都有德无位，未能实现自己的理想和抱负，但在后世始终代表着中国传统政治文化的核心价值与基本理念，所以横渠不曰"致"而曰"开"，"致"是实现之称，"开"是期待之谓。如果能率由儒家仁政之道，终究有实现之日。

然而，当时流行的政治文化以欧美为最佳模式，以国家富强为治道标准，以希特勒、墨索里尼为英明领袖，马一浮认为是大错特错的。传统政治哲学强调所谓安危、存亡、治乱要在心术上判，而时人只在物质上判，不知道富强只是富强，并非真正的"治"道。他结合秦亡教训，指出欧美国家，尤其是德国、意大利，"富强则有之，然皆危亡之道，傈傈不可终日，亦不可名治"②。历史最终验证了马一浮的远见卓识。

在此基础上，他认为中国正处于夷狄侵陵、多难兴邦的时刻，因此国人要动心忍性，决不能只想着按照欧美政治模式跻身现代强国而止，特别是青年学子更要胸怀理想，养成刚大弘毅的人格，以济时艰，以成盛业。这些话可谓振聋发聩，有助于纠正或以西方资本主义政治制度为

---

① 《马一浮集》第1册，浙江古籍出版社、浙江教育出版社1996年版，第7页。
② 同上书，第264页。

唯一的民主模式,或以高昂的生态成本换取经济增长的、非持续的、急功近利的发展战略,或以外在事功显赫发达作为判断个人成就的单一尺度等错误倾向。

(三)"横渠四句"与中华民族精神的现代自觉

马一浮详细解说"横渠四句",为诸生"更进一解",在新的历史条件下提出了时代诠释,旨在让青年学子在民族危亡的关头,培养刚大之资,鼓舞斗志信心,积极投身救亡运动,以济蹇难,"树我邦国,天下来同"[1],实现中华民族及文化的伟大复兴,这也是现代新儒家共同的致思和期待。冯友兰在《中国哲学史》"自序"中说:"此第二篇稿最后校改时,故都正在危急之中。身处其境,乃真知古人铜驼荆棘之语之悲也。值此存亡绝续之交,吾人重思吾先哲之思想,其感觉当如人疾痛时之见父母也。吾先哲之思想,有不必无错误者,然'为天地立心,为生民立命,为往圣继绝学,为万世开太平',乃吾一切先哲著书立说之宗旨。无论其派别为何,而其言之字里行间,皆有此精神之弥漫,则善读者可觉而知也。"[2] 而他在《新原人》的《自序》一开篇就指出:"'为天地立心,为生民立命,为往圣继绝学,为万世开太平。'此哲学家所应自期许者也。况我家国民族值贞元之会,当绝续之交,通天人之际、达古今之变、明内圣外王之道者,岂可不尽所欲言,以为我国家致太平,我亿兆安心立命之用乎?虽不能至,心向往之。非曰能之,愿学焉。"[3] 在他的晚年著作《中国哲学史新编》的第八十一章《总结》中,更将"横渠四句"作为自己孜孜以求的哲学理想,令人感佩不已。方东美肯定"横渠本此天地并生、万物同体之襟怀,发挥民胞物与之生命胜情,而建立其哲学体系,旨在'为天地立心,为生民立命,为往圣继绝学,为万世开太平'。

---

[1] 马一浮:《拟浙江大学校歌歌词》,载《马一浮集》第1册,浙江古籍出版社、浙江教育出版社1996年版,第98页。

[2] 冯友兰:《中国哲学史》下册,自序一,载《三松堂全集》第4卷,河南人民出版社2001年版,第463页。

[3] 冯友兰:《新原人》,自序,载《三松堂全集》第4卷,河南人民出版社2001年版,第463页。

其形上学体系处处充满此种精神之使命感。其志宏、其愿伟矣!"①

现代新儒家对"横渠四句"的诠释是中华民族精神在近现代危机中逐步自觉的象征。"民族精神"是民族意识的最高层面、指民族成员在长期的社会实践中创造的反映本民族整体利益和基本价值趋势或目标的价值观念和民族意识。② 从形成的过程看,民族精神是民族共同体在一定的地理环境下长期形成的,它集中地体现了一个民族的生活方式、行为准则、道德操守、价值观念等。

在1840年鸦片战争之后,中国一步步沦为半封建半殖民地社会,尤其是"七七"事变,日本帝国主义发动侵华战争,造成中华民族的空前危机。历史表明,外在的危机愈深重,内在的民族种性也愈能够被激发出来,其民族意识也愈高涨,民族精神的凝聚力和向心力也愈强大。如果说,宋明理学家囿于"道统"之争,对中华民族精神的认识还处在郁而未彰的自发阶段,那么现代新儒家则焕发了自觉的民族精神的认同意识。

余英时精辟地指出:"自熊十力起,新儒家都有一种强烈的道统意识,但是他们重建道统的方式则已与宋明以来的一般取径有所不同。"③宋明以来的理学各派由于自身立场的殊异,提出了不同的传承谱系,导致了"道统"之争。他们试图运用"道统"强化儒学的神圣性和权威性,捍卫自身理论的正统性与合法性,确保儒学成为社会的主流意识形态,造成在社会各阶层的广泛传播和持续影响。但同时由于"道统"的狭隘性不利于思想文化的兼容并包、百家争鸣,存在着唯我独尊、攻乎异端的片面化倾向,削弱了学术思潮发展的内在活力。

而现代新儒家在贞下起元、存亡绝续之际,以承接圣贤血脉、民族慧命自任,展现出强烈的担当意识和历史使命感。与宋明理学相比,又包含了新的时代内容,深化了"道统"论的内涵和境界,在"道"与"统"两个方面都进行了有益的探索,超越了"为往圣继绝学"的层面,

---

① 方东美:《中国哲学精神及其发展》上册,中华书局2012年版,第15页。
② 冯契:《哲学大辞典》,上海辞书出版社2001年版,第1005页。
③ 余英时:《钱穆与新儒家》,载《余英时文集》第5卷,广西师范大学出版社2006年版,第24页。

将宋明理学的"道统论"升华为中华民族精神的时代自觉。

一是天—人维度上"道"的建构。尽管现代新儒家并未专事于民族精神的研究,但他们从历史、文化、民族的视角进行了新的阐述,丰富和深化了中华民族精神的历史内涵和时代意蕴。如冯友兰把民族精神称之为"道统""国风",指出中华民族依靠这种民族精神,成为世界上最大的民族,而"在眼前这个不平等的战争中,我们还靠这种国风支持下去。我们可以说,在过去我们在这种国风里生存,在将来我们还要在这种国风里得救"①。现代新儒家出入中西,俯仰古今,勇于造道,有梁漱溟的"新孔学"、熊十力的"新唯识学"、马一浮的"新经学"、冯友兰的"新理学"、贺麟的"新心学"等之理论建构。梁漱溟在新文化运动激进的反传统氛围中要替孔子作出说明,通过西、中、印三大文化的历时性划分,对儒家文化的复兴充满信心和期待,建立了"新孔学"体系。熊十力援佛入儒,肯定儒家思想的精髓在于"尊生健动"的哲学精神和生命态度,以哲学化的表述和系统性的建构,深刻揭示了儒学的真精神,建立了"新唯识学"体系。马一浮则肯定"六艺该摄一切学术",力图将中西文化归纳到以六艺为代表的整体价值系统中,从六艺之道、六艺之教、六艺之人等层面分别展开为现代"新经学"的本体论、教化论和境界论。冯友兰指出程朱理学是最好的文化传统,自认承接程朱理学一派,结合新实在主义,运用逻辑分析方法,"接续"宋明以来的理学,建构了"新理学"体系。贺麟是西方哲学的研究专家和翻译名家,但他在接续传统儒学的方面,可以说是继承和发展了陆王心学,以"心即理"为宗旨,结合新黑格尔主义,借助逻辑化的建构方法,创立了"新心学"体系。

二是古—今维度上"统"的传承。现代新儒家认为弘传民族精神的最好方式就是通过书院讲学实践,大力推行、传播传统文化。他们对以西方学校制度为模式、以科学知识为本位、以功利价值为取向的现代大学制度表示了不满,秉承古代讲学精神,创办了著名的三大书院,以继绝学,以弘道统。1939年,马一浮在抗日战争时期,为培养文化传人、读书种子,在四川乐山乌尤寺创办复性书院,书院起名"复性",意在涤

---

① 冯友兰:《新事论》,载《三松堂全集》第4卷,河南人民出版社2001年版,第324页。

除习心、复原本性，宗旨是讲明学术，注重义理，使学者深造自得，养成刚大贞固的人才，表明了他是对传统书院精神的继承。同年，张君劢在云南大理创办民族文化书院。他在《民族文化书院缘起》中提出书院根本宗旨为"德智交修，诚明并进"，即培植、奖进有志于民族文化复兴之人才。与建设新文化相应，他对书院也有新的设想："今日而言书院制之复兴，非有一种新白鹿洞之规制不可矣。"因为"以朱熹白鹿洞书院为典型的一种新式教育，乃是一种旨在使学者心中产生新信念并建立学者品格的真正创新"①。1940年，梁漱溟在重庆创办勉仁书院，为诸生宣讲《中国文化要义》，深沉思考民族国家命运问题，揭橥中华民族精神的理论旨趣。现代新儒家流落到港台后，在"花果飘零"中，他们仍执着于文化慧命的"灵根自植"。在钱穆的眼中，"中国传统教育制度，最好的莫过于书院制度"②。原因在于，书院着重培养通儒的人文主义精神是传统教育中最有价值、最值得保存的。他与唐君毅在香港创办新亚书院，仿效宋明书院制，旁采西方大学导师制，上溯宋明儒家自由讲学精神，教导青年学子回归孔孟之道，在中西文化的融会贯通中，追求中华民族精神的现代化。

四　重新评价张载在宋代理学中的地位

在20世纪哲学史中，这三个"四句"既是张载关学的诠释重点，又成为新哲学的思考原点，不能不使我们反过来重新思考张载在宋代理学发展中的历史地位。

宋代理学思潮崛起需要从"三教合一"的历史趋势中加以透视，理学家们往往出入佛老，返归"六经"，对佛老既有吸收，又有批评，实现了儒学心性论的义理转向和价值重构，其中儒道关系具有重要的思想史意义。儒道关系涉及宋代儒学开宗立派的发轫者的问题。周敦颐是最早作援道入儒努力的学者，朱熹誉之为"伊洛渊源"，张栻尊之为"道学宗

---

① 张君劢：《新儒家思想史》，中国人民大学出版社2006年版，第43页。
② 钱穆：《新亚遗铎》，生活·读书·新知三联书店2004年版，第11页。

主", 学界一般也认为他是宋明理学的开创者。程朱学者从理学源流追溯, 通过尊周以抬高程朱一系的正统地位, 进而认为《太极图说》义理彰著, 包罗万有, 忽略甚至贬低、抹杀张载及《正蒙》的理论贡献。如称张载所言"太虚""太和", 不外乎周敦颐"无极""太极"之旨。① 又如张伯行指出:"《正蒙》所说道理……皆不出周子《太极图》范围之中。"② 学界囿于朱子旧说, 长期对此习焉不察, 而将周敦颐视为理学的创立者, 对张载的理论贡献缺乏充分的认识, 是十分遗憾的, 应当重写理学的发展史。

周敦颐所面对的是"合老庄于儒"的历史任务, 但缘于对周氏《太极图》来历的质疑, 周敦颐的学术纯洁性和融会儒道的努力一直受到不同程度的批评。如陆九渊反对"以无极字加于太极之上", 认为这属于"老氏宗旨"。黄宗炎毫不隐晦地说:"周子《太极图》, 创自河上公, 乃方士修炼之术也, 实与老庄之长生久视, 又属旁门。"③ 毛奇龄则认为周敦颐、邵雍等"篡道教于儒书之间","道学者, 虽曰以道为学, 实道家之学也"④。

方东美肯定周敦颐是五代以后第一个走上哲学思想正路的人, 有道德品格, 富有正气, 但又指出他开而不创, 尚不具备开创者的资格。因为周敦颐一方面企图复兴儒家思想, 但对原始儒家的创造精神未能发挥, 精神气质趋于萎缩, 未得"孔孟真传"; 另一方面, 他又援道入儒, 而于道家真正的精髓难有体会, 故不能放胆开拓境界, 不够宽宏广大。方东美指出如果将周敦颐确立为北宋儒学复兴运动的宗主, 是存在很大的疑问的, 从理学思潮发展的高度, 他认为若"讲前期的宋代儒学, 要救周濂溪的弊病, 最好直接就接着讲张横渠"⑤。方东美强调:"假定宋儒里面只有一个周濂溪, 要谈文化复兴, 我想一定很困难。要等到张横渠这一

---

① 林乐昌:《正蒙合校集释》上册, 中华书局2012年版, 第15页。
② 同上书, 第1页。
③ (清) 黄宗羲原著、(清) 全祖望补修:《宋元学案》卷12《濂溪学案下》, 陈金生等点校, 中华书局1986年版, 第514页。
④ (清) 毛奇龄:《辨圣学非道学文》, 载《西河文集》, 清嘉庆元年刻本。
⑤ 方东美:《新儒家哲学十八讲》, 台湾黎明文化事业股份有限公司1993年版, 第219页。

位才气纵横的陕西好汉出现了,宋学才有了生气。"① 宋代形成了几个主要的学派,"就地域上来分,第一个就是所谓'关学','关学'就是张横渠的学说"②。方东美对张载关学评价非常之高。他指出:"有这样子大气磅礴的思想表现,最有精神,最有气魄,在宋儒中首推张横渠!"③ 他认为张载关学可救濂溪思想偏狭敛缩之弊,"首推"张载作为宋代儒学"发轫者"角色,赞扬关学在宋代学术流派中的"第一"地位,实际上是高度肯定张载作为理学开山的历史地位。

冯友兰在《中国哲学史新编》中提出了"谁是道学的创立者"的问题,指出将周敦颐视为道学的创立者,只是一个误会,道学真正的奠基者应该属于张载与二程。④ 李泽厚在《宋明理学片论》中也提出了类似的意见:周敦颐被尊为"宋儒之首","这其实是朱熹抬出来以建立'道统'的结果,并不真正符合历史和思想史的真实。关于宋代理学的形成逻辑应有新的叙述和解释"⑤。所以,在李泽厚看来,真正为理学"创榛辟莽奠基开路"的是张载,"周、邵都不过是开端发引,真正为宋明理学奠定基础的,是提出'心统性情''天理人欲''天地之性'与'气质之性''德性所知'与'见闻之知'和《西铭》这些宋明理学基本命题和基本原则的张载。张载《正蒙》一书……在表现宋明理学从宇宙论到伦理学的体系结构上,具有非常鲜明的代表意义"⑥。他也注意到张载关学的崇尚生气、气魄的特点:"张载以充满了运动、变化、发展、对立诸辩证观念的气一元论,……闪烁着生气勃勃的力量和颇为博大的气魄。"⑦

韦政通在《中国思想史》中指出:"宋明时代所以能称为儒学的复兴,最重要的原因之一,是因为心性论在这一时期获得最大的发展。儒

---

① 方东美:《新儒家哲学十八讲》,台湾黎明文化事业股份有限公司1993年版,第217—218页。
② 同上书,第203页。
③ 同上书,第291页。
④ 冯友兰:《中国哲学史新编》,载《三松堂全集》第10卷,河南人民出版社2001年版,第5册,第51页。
⑤ 李泽厚:《宋明理学片论》,载《中国古代思想史论》,人民出版社1985年版,第222页。
⑥ 同上书,第223页。
⑦ 同上书,第224页。

学到了这个时代，才算真正建立了心性之学，被朱熹推崇为理学开山者周敦颐，如前章所说，他对心性问题还未能正视，他在这方面远不及王安石，王安石比横渠小一岁，若以王氏心性论与横渠相比，自又不如远甚。横渠的心性论，不但能完全与孟子相应，而且和天人合一论一样，能在孟子的思路上开出一个新的理论规模，他的理论深深地影响了他以后的心性学家。朱熹对横渠的宇宙论，有不相契处，对他的心性论，可谓推崇备至。毫无疑问，在这一点上，横渠才是理学真正的开山人物。"[1]

近年，刘述先亦对张载在宋代理学中的地位问题进行了反思。他指出，濂溪被尊为宋代理学的开祖，"其实这样的理解并未必符合当时思想史发展的线索"[2]，而张载"兴趣宽广，创思不竭，虽有苦心力索之象，却开启了多方面的可能性……有本体宇宙论的欣趣，而归之于心性论的实践。而横渠有更强烈的宇宙发生论的玄思，思想的表述由释老二氏翻出，不落传统窠臼"[3]。

杨国荣认为："太虚即气、气为万物之源，更多地表现为对实然（天道之域的对象世界）的理解，伦理之序与社会责任则以当然（人道之域的价值理想与规范系统）为实际的内容，从前者到后者的推绎既体现了天道与人道的沟通，又表现为当然与实然的统一。以气质之性和天地之性的预设为前提，人的感性规定与理性本质呈现相关而又相分的关系，而德性之知的二重内涵，则进一步预示了理学发展的不同路向。在以上方面，张载的哲学无疑构成了理学在实质意义上的开端。"[4]

基于以上论述，可见20世纪真正有识见的哲学史家对张载的学术贡献都有共同的认识，对朱熹的观点提出了强烈的质疑，否定周敦颐"道学宗主"的地位，高度赞扬张载关学对于理学的开创性和奠基性的贡献，充分肯定张载作为理学开山的历史地位。真正会通儒道、开创理学的使命历史性地落到了张载身上，通过关学的理论形态表现出来。

---

[1] 韦政通：《中国思想史》下册，上海书店出版社2003年版，第759页。
[2] 刘述先：《张载在宋代理学的地位重探》，载《儒家文化研究》第4辑，生活·读书·新知三联书店2012年版，第3页。
[3] 同上书，第19页。
[4] 杨国荣：《张载与理学》，《人文杂志》2008年第6期。

由此，我们也可以进一步发现，张载关学的原创性即缘于其思想来源的多元和包容。因为老庄和孔孟都是大气磅礴的，张载采取辗转的从道家思想中来寻找儒家的路径，故而于宋儒之中成就一代气魄浑厚的思想家。张载关学有两大范畴，一曰"太和"；一曰"太虚"。方东美对此指出："'太和'是儒家的根本思想，'太虚'是道家的根本思想，这儒道两家的思想如何融会贯通起来，成为一体，而摆在一个统一的思想结构里面。"①"太和"的涵义明确，肯定宇宙是一广大和谐、生机充沛的动力系统，人与万物旁通交感，熔融浃化，统于太一。他进一步又用"太和"诠释"太虚"，以儒摄道，批评过去将张载"太虚即气"理解为"气涵太虚"所或"气等同太虚"的错误观点，指出"太虚"与"气"是一种相摄互入的蕴含关系，即"太虚摄气，气摄太虚；太虚入气，气入太虚。二者……实和合而无间"②。黄宗羲充分肯定张载强调从初学工夫入手，然后才能够达至最高境界的主张，认为这样就坚持了儒学的基本精神和立场，否则便"荡而无可持守，早已入漆园篱落"③，从而与周敦颐"合老庄于儒"且又"以道家为学"的学术性格作了明确地区隔与划分。

20世纪哲学史的诠释为重新评价张载的理论贡献和历史地位提供了新的视角。张载在北宋时期既援道入儒，又以儒摄道，以"太虚四句""太和四句""横渠四句"为纲领，涵摄本体论、辩证法和境界观，格局宏大，义理精微，境界高远，较好地解决了儒道融通的历史使命，使自身的哲学体系建构达到了新的理论高度，其对宋明理学的理论贡献远远超过周敦颐，与二程一道并为理学的真正开创者。

（原载《儒藏论坛》第十辑，四川大学出版社2016年版）

---

① 方东美：《新儒家哲学十八讲》，台湾黎明文化事业股份有限公司1993年版，第308页。
② 方东美：《中国哲学精神及其发展》下册，中华书局2012年版，第338页。
③ （清）黄宗羲原著、（清）全祖望补修：《宋元学案》卷18《横渠学案下》，陈金生点校，中华书局1986年版，第777页。

参考文献

（以下各类文献皆按作者姓氏拼音排序）

一　古代文献

（明）曹端：《曹端集》，王秉伦点校，中华书局2003年版。

（宋）晁公武：《郡斋读书志校证》，孙猛校证，上海古籍出版社1990年版。

（宋）陈亮：《陈亮集》（增订本），邓广铭点校，中华书局1987年版。

（清）陈澧：《东塾读书记》，杨志刚点校，生活·读书·新知三联书店1998年版。

（宋）程颢、程颐：《二程集》（全4册），王孝鱼点校，中华书局1981年版。

（明）冯从吾：《关学编（附续编）》，陈俊民点校，中华书局1987年版。

（明）黄宗羲：《明儒学案》（全2册），沈芝盈点校，中华书局1986年版。

（宋）黄宗羲原著、全祖望补修：《宋元学案》（全4册），陈金生、梁运华点校，中华书局1986年版。

（宋）黎靖德编：《朱子语类》（全8册），王星贤点校，中华书局1986年版。

（宋）李焘：《续资治通鉴长编》（全20册），上海师范大学古籍整理研究所、华东师范大学古籍整理研究所点校，中华书局2004年版。

（明）李颙：《二曲集》，陈俊民点校，中华书局1996年版。

（宋）吕本中：《童蒙训》，《文渊阁四库全书》本。

（明）马理：《马理集》，许宁等点校整理，西北大学出版社 2015 年版。

（清）阮元校刻：《十三经注疏》（全 2 册），中华书局 1980 年影印版。

（宋）邵雍：《邵雍集》，郭彧整理，中华书局，2010 年版。

（宋）司马光：《书仪》，《文渊阁四库全书》本。

（五代）谭峭：《化书》，丁祯彦、李似珍点校，中华书局 1996 年版。

（明）唐龙：《渔石集》，明嘉靖刻本。

（元）脱脱等：《宋史》（全 40 册），聂崇岐等点校，中华书局 1985 年版。

（明）王夫之：《宋论》，舒士彦点校，中华书局 1995 年版。

（明）王夫之：《张子正蒙注》，夏剑钦点校，《船山全书》第 12 册，岳麓书社 1992 年版。

（明）王守仁：《王阳明全集》，吴光、钱明、董平、姚延福编校，上海古籍出版社 1992 年版。

（明）王廷相：《王廷相集》（全 4 册），王孝鱼点校，中华书局 1989 年版。

（清）王心敬，《王心敬集》（上、下册），刘宗镐、苏鹏点校，西北大学出版社 2015 年版。

（清）王引之：《经传释词》，江苏古籍出版社（据王氏家刻本影印）1985 年版。

（清）王梓材、冯云濠辑：《宋元学案补遗》（全 10 册），沈芝盈、梁运华点校，中华书局 2012 年版。

（明）薛应旂：《薛子庸语》，明隆庆刻本。

（宋）佚名编：《诸儒鸣道》（全 2 册），山东友谊书社据南宋理宗端平二年（1235）浙刻本 1992 年影印版。

（清）永瑢等：《四库全书总目》（全 2 册），中华书局 1985 年影印版。

（宋）张栻：《张栻全集》（全 3 册），杨世文、王蓉贵点校，长春出版社 1999 年版。

（宋）张载：《张载集》，章锡琛点校，中华书局 1978 年版。

（宋）张载：《张子全书》，林乐昌编校，西北大学出版社 2015 年版。

（宋）周敦颐：《周敦颐集》，陈克明点校，中华书局 2009 年版。

（宋）朱熹：《四书章句集注》，中华书局编辑部点校，中华书局 1983 年版。

（宋）朱熹：《朱子全书》（全 27 册），朱杰人、严佐之、刘永翔主编，上海古籍出版社、安徽教育出版社 2002 年版。

（清）朱一新，《无邪堂答问》，吕鸿儒、张长法点校，中华书局 2000 年版。

二 学术著作

蔡仁厚：《中国哲学史大纲》，吉林出版集团有限责任公司 2009 年版。

陈静：《自由与秩序的困惑：〈淮南子〉研究》，云南大学出版社 2004 年版。

陈俊民：《三教融合与中西会通：中国哲学及其方法论探微》，陕西师范大学出版社 2002 年版。

陈俊民：《张载哲学思想及关学学派》，人民出版社 1986 年版。

陈来：《古代思想文化的世界——春秋时代的宗教、伦理与社会思想》，生活·读书·新知三联书店 2002 年版。

陈来：《宋明理学史》，辽宁教育出版社 1991 年版。

陈来：《朱子哲学研究》，华东师范大学出版社 2000 年版。

陈迎年：《感应与心物——牟宗三哲学批判》，上海三联书店 2005 年版。

陈植锷：《北宋文化史述论》，中国社会科学出版社 1992 年版。

陈钟凡：《两宋思想述评》，东方出版社 1996 年版。

程宜山：《张载哲学的系统分析》，学林出版社 1989 年版。

丁为祥：《虚气相即——张载哲学体系及其定位》，人民出版社 2000 年版。

丁为祥：《学术性格与思想谱系——朱子的哲学视野及其历史影响的发生学考察》，人民出版社 2012 年版。

邓广铭：《邓广铭治史丛稿》，北京大学出版社 1997 年版。

方东美：《中国哲学精神及其发展》，中华书局 2012 年版。

方东美：《新儒家哲学十八讲》，台北黎明文化事业股份有限公司1993年版。

冯契：《哲学大辞典》，上海辞书出版社2001年版。

冯友兰：《三松堂全集》（全14册），河南人民出版社2002年版。

葛荣晋、赵馥洁、赵吉惠主编：《张载关学与实学》，西安地图出版社2000年版。

葛兆光：《中国思想史》第2卷，复旦大学出版社2000年版。

龚杰：《张载评传》，南京大学出版社1996年版。

郭晓东：《识仁与定性》，复旦大学出版社2006年版。

贺麟：《五十年来的中国哲学》，辽宁教育出版社1989年版。

侯外庐、邱汉生、张岂之主编：《宋明理学史》（全2册），人民出版社1987年版。

侯外庐主编：《中国思想通史》第4卷（上册），人民出版社1959年版。

胡元玲：《张载易学与道学》，台湾学生书局2004年版。

黄建中：《比较伦理学》，山东人民出版社1998年版。

姜广辉主编：《中国经学思想史》（全4卷），中国社会科学出版社2003、2007、2010年版。

姜国柱：《张载的哲学思想》，辽宁人民出版社1982年版。

姜国柱：《张载关学》，陕西人民出版社2001年版。

劳思光：《新编中国哲学史》（全四册），广西师范大学出版社2005年版。

李存山：《中国气论探源与发微》，中国社会科学出版社1990年版。

李祥俊：《道通为一——北宋哲学思潮研究》，北京师范大学出版社2006年版。

李学勤主编：《十三经注疏》（全册），标点本，北京大学出版社1999年版。

李泽厚：《宋明理学片论》，载《中国古代思想史论》，人民出版社1985年版。

李泽厚：《中国古代思想史论》，人民出版社1985年版。

林继平：《李二曲研究》，陕西师范大学出版社 2006 年版。

林乐昌：《张载理学与文献探研》，人民出版社 2016 年版。

林乐昌：《正蒙合校集释》（上、下册），中华书局 2012 年版。

刘培育：《道、自然与人——金岳霖英文论著全译》，生活·读书·新知三联书店 2005 年版。

刘述先：《理一分殊》，上海文艺出版社 2000 年版。

刘述先：《论儒家哲学的三个大时代》，香港中文大学出版社 2008 年版。

刘述先：《朱子哲学思想的发展与完成》，台北：台湾学生书局 1995 年版。

刘笑敢：《老子古今》（全 2 册），中国社会科学出版社 2006 年版。

楼宇烈校释：《王弼集校释》，中华书局 1980 年版。

吕思勉：《理学纲要》，东方出版社 1996 年版。

马一浮：《马一浮全集》（全 6 册），吴光主编，浙江古籍出版社 2013 年版。

苗春德主编：《宋代教育》，河南大学出版社 1992 年版。

蒙培元：《理学范畴系统》，人民出版社 1989 年版。

蒙培元：《人与自然——中国哲学生态观》，人民出版社 2004 年版。

蒙培元：《朱熹哲学十论》，中国人民大学出版社 2010 年版。

牟宗三：《从陆象山到刘蕺山》，台湾学生书局 1993 年版。

牟宗三：《牟宗三先生全集》（全 32 册），联经出版事业股份有限公司 2003 年版。

牟宗三：《生命的学问》，广西师范大学出版社 2005 年版。

牟宗三：《心体与性体》（全三册），台北正中书局 1990 年版。

庞朴：《一分为三论》，上海古籍出版社 2003 年版。

庞万里：《二程哲学体系》，北京航空航天大学出版社 1992 年版。

漆侠：《宋学的发展和演变》，河北人民出版社 2002 年版。

钱穆：《国史大纲》（修订本），商务印书馆 1994 年版。

钱穆：《宋代理学三书随劄》，生活·读书·新知三联书店 2002 年版。

钱穆：《宋明理学概述》，九州出版社 2010 年版。

钱穆：《中国学术思想史论丛》（全 7 卷），安徽教育出版社 2004

年版。

钱穆:《朱子新学案》(全3册),巴蜀书社1986年版。

饶宗颐:《中国宗教思想史新页》,北京大学出版社2002年版。

陕西省哲学学会编:《气化之道——张载哲学新论》,陕西人民教育出版社1992年版。

唐君毅:《中国哲学原论·导论篇》,中国社会科学出版社2005年版。

唐君毅:《中国哲学原论·原性篇》,中国社会科学出版社2005年版。

唐君毅:《中国哲学原论·原道篇》(上、下册),中国社会科学出版社2005年版。

唐君毅:《中国哲学原论·原教篇》,中国社会科学出版社2005年版。

汤用彤:《魏晋玄学论稿》,人民出版社1957年版。

王兴国:《牟宗三哲学思想研究——从逻辑思辨到哲学架构》,生活·读书·新知三联书店2005年版。

王云五:《宋元教学思想》,台湾商务印书馆1971年版。

韦政通:《中国思想史》(上、下册),上海书店出版社2003年版。

温伟耀:《成圣之道——北宋二程修养功夫论研究》,河南大学出版社2004年版。

向世陵:《理学与易学》,长春出版社2011年版。

向世陵:《理气性心之间——宋明理学的分系与四系》,人民出版社2008年版。

熊十力:《熊十力全集》(全10册),湖北教育出版社2001年版。

徐复观:《两汉思想史》第2卷,华东师范大学出版社2001年版。

徐世昌等:《清儒学案》(全8册),沈芝盈、梁运华点校,中华书局2008年版。

杨树达:《词诠》6卷,上海古籍出版社1986年版。

杨向奎:《宗周社会与礼乐文明》,人民出版社1992年版。

杨泽波:《牟宗三三系论论衡》,复旦大学出版社2006年版。

喻博文:《正蒙译注》,兰州大学出版社1990年版。

余敦康:《内圣外王的贯通:北宋易学的现代阐释》,学林出版社1997年版。

张岱年：《张岱年全集》（全8册），河北人民出版社1996年版。

张岱年：《中国古典哲学概念范畴要论》，中国社会科学出版社1987年版。

张岱年：《中国哲学大纲》，中国社会科学出版社1982年版。

张岱年：《中国哲学史史料学》，生活·读书·新知三联书店1985年版。

张君劢：《新儒家思想史》，中国人民大学出版社2006年版。

张立文：《朱熹思想研究》（修订本），中国社会科学出版社2001年版。

张学智：《明代哲学史》，北京大学出版社2000年版。

宗福邦等主编：《故训汇纂》，商务印书馆2003年版。

朱伯崑：《易学哲学史》（中册），北京大学出版社1988年版。

三　译著

［美］艾兰：《水之道与德之端：中国早期哲学思想的本喻》，张海晏译，上海人民出版社2002年版。

［美］包弼德：《斯文：唐代思想的转型》，刘宁译，江苏人民出版社2001年版。

［美］陈荣捷：《中国哲学文献选编》（全2册），台北巨流图书公司1999年版。

［美］陈荣捷：《朱子新探索》，华东师范大学出版社2007年版。

［日］池田大作、［英］阿·汤因比：《展望21世纪——汤因比与池田大作对话录》，荀春生等译，国际文化出版公司1999年版。

［美］杜维明：《杜维明文集》（全5卷），武汉出版社2002年版。

［英］葛瑞汉：《中国的两位哲学家：二程兄弟的新儒学》，程德祥等译，大象出版社2000年版。

［日］荒木见悟：《李二曲》，东京明德出版社1989年版。

［美］黄秀玑：《张载》，台北东大图书公司1988年版。

［德］伽达默尔：《真理与方法——哲学诠释学的基本特征》（上下册），上海译文出版社2004年版。

［德］康德：《论教育学》，赵鹏、何兆武译，上海世纪出版集团2005

年版。

［英］李约瑟：《中国科学技术史》第二卷《科学思想史》，科学出版社、上海古籍出版社1990年版。

［日］山根三芳译：《正蒙》，日本明德出版社1970年版。

［美］本杰明·史华慈：《古代中国的思想世界》，江苏人民出版社2004版。

［美］田浩编：《宋代思想史论》，杨立华、吴艳红等译，社会科学文献出版社2003年版。

［美］田浩：《朱熹的思维世界》（增订版），台北允晨文化实业股份有限公司2008年版。

［法］韦尔南：《希腊思想的起源》，秦海鹰译，生活·读书·新知三联书店1996年版。

［美］唐纳德·沃斯特：《自然的经济体系：生态思想史》，商务印书馆1999年版。

［美］保罗·伍德拉夫：《尊崇：一种被遗忘的美德》，林斌等译，商务印书馆2007年版。

［日］小野泽精一、福永光司、山井涌主编：《气之思想——中国自然观与人观的展开》，李庆译，上海人民出版社1990年版。

［美］许倬云：《西周史》（增订本），生活·读书·新知三联书店2001年版。

［美］余英时：《东汉生死观》，侯旭东等译，上海古籍出版社2005年版。

［美］余英时：《余英时文集》，广西师范大学出版社2006年版。

［美］余英时：《朱熹的历史世界：宋代士大夫政治文化的研究》（上下册），生活·读书·新知三联书店2004年版。

四 期刊论文

常裕、孙尧奎：《张载心性理论对张伯端内丹学说的影响》，《山西大学学报》（哲学社会科学版）1999第3期。

程宜山：《关于张载的"德性所知"与"诚明所知"》，《哲学研究》

1985年第4期。

杜维明:《存有的连续性:中国人的自然观》,《世界哲学》2004年第1期。

方克立:《全面评价冯友兰》,《哲学研究》1997年第12期。

蒋国保:《张岱年先生"新气学"散论》,《湖南大学学报》(哲学社会科学版)2006年第3期。

李存山:《张岱年先生的中国哲学史研究》,《哲学研究》2004年第6期。

李中华:《哲学与人类的未来——冯友兰对中国哲学与未来世界哲学的阐释》,《南阳师范学院学报》2003年第4期。

林乐昌:《"为天地立心"——张载"四为句"新释》,《哲学研究》2009年第5期。

林乐昌:《20世纪张载哲学研究的主要趋向反思》,《哲学研究》2004年第12期。

林乐昌:《论"关学"概念的结构特征与方法意义》,《中国哲学史》2013年第1期。

林乐昌:《张载成性论及其哲理基础研究》,刊于《中国哲学史》(北京)2005年第1期。

林乐昌:《张载理观探微》,《哲学研究》2005年第8期。

刘奔:《"仇必仇到底"究竟是谁家之哲学?》,《哲学研究》1998年第11期。

刘述先:《张载在宋代理学的地位重探》,载《儒家文化研究》第4辑,生活·读书·新知三联书店2012年版。

蒙培元:《张载天人合一说的生态意义》,《人文杂志》2002年第5期。

宋志明:《从"照着讲"到"接着讲"——论冯友兰讲儒学的新思路》,《社会科学战线》2015年第2期。

王昌伟:《王心敬续〈关学编〉与康乾之际关中理学传统的建构:兼论清代学术的区域化进程》,余英时、黄进兴、王汎森编《思想史》第5辑,台北联经出版公司2013年版。

向世陵:《张载的"仇必和而解"与两种辩证法》,《江苏行政学院学报》2009 年第 4 期。

许全兴：《"斗争哲学"与"和的哲学"》，《南京社会科学》1995 年第 1 期。

杨国荣：《张载与理学》，《人文杂志》2008 年第 6 期。

张岱年：《仁爱学说评析》，《孔子研究》1986 年第 2 期。

张岱年：《张载哲学的理论贡献》，《宝鸡师院学报》（哲学社会科学版）1991 年第 4 期。

张世英：《人类中心论和民胞物与说》，《江海学刊》2001 年第 4 期。

张斯珉、乔清举：《中国哲学的"蒙式话语"——蒙培元先生中国哲学研究述评》，《鄱阳湖学刊》2016 年第 5 期。

后　记

这部题为《张载理学论集：思想·著作·影响》的新书，是我主持的国家哲学社会科学基金重大招标项目"张载学术文献集成与理学研究"（批准号：10&ZD061）的阶段成果之一。该项目于 2010 年立项，2017 年结项，结项成果既有专著书稿，也有论文和论文集书稿。该项目的结项成果有专著书稿二十二种（包括论文集书稿一种），其中四种专著书稿已经于结项之前出版，包括：林乐昌著《正蒙合校集释》上、下册（北京：中华书局 2012 年版），张金兰著《关洛学派思想关系研究——以张载、二程为主》（台湾新北：花木兰文化出版社 2013 年版），邸利平著《吕大临道学阐释——在工夫论的视域中》（台湾新北：花木兰文化出版社 2014 年版），林乐昌著《张载理学与文献探研》（北京：人民出版社 2016 年版）；其余十数种著作书稿正陆续交付中华书局，将由该书局以丛书的形式分两套于 2020 年出版，以纪念张载诞辰 1000 周年。该项目的论文成果也很丰硕，结项时整合为论文集书稿，题为《张载理学思想及其历史影响论集》，收入了本项目团队十多位成员从 2011 年至 2017 年以来公开发表的论文 40 多篇。但限于经费，这部论文集书稿未能纳入中华书局的丛书出版计划。

今年初，我所在的陕西师范大学哲学与政府管理学院推出学术著作出版计划，我所申请的书稿《张载理学论集》获批。学院规定每本著作的字数不能超过 25 万字，因而收入这部书稿的论文只好以本院学者的论文为主，致使十数篇论文未能收入这部书稿。

收入这部书稿的论文，曾先后发表于《哲学研究》、《哲学与文化》、《中国哲学史》、《北京大学学报》（哲学社会科学版）、《复旦学报》（哲学社会科学版）、《文史哲》、《孔子研究》、《陕西师范大学学报》（哲学社会科学版)、《西北大学学报》(哲学社会科学版)、《孔学堂》(中国思想文化评论)、《长安大学学报》(社会科学版)、《宝鸡文理学院学报》(社会科学版)、《宁波市委党校学报》等海内外学术期刊,个别论文曾被收入论文辑刊《儒藏论坛》(四川大学出版社)。在此,对这些学术期刊或辑刊的责编所付出的辛勤劳动表示诚挚的谢意。

在对这部书稿进行格式调整和引文核对的工作中,丁为祥教授指导的博士生李山峰和我指导的博士生郭秋桂做了大量的技术性工作。在书稿交付中国社会科学出版社之后,责任编辑朱华彬编审以其高度负责的专业态度认真审阅了书稿,提出了许多中肯的修改意见。在此,对他(她)们为这部书稿所做的一切表示由衷的谢意!同时,也感谢我所在的陕西师范大学哲学与政府管理学院对本书的支持。

林乐昌　谨识

2019 年 10 月 8 日于西安